ISBN 978-0-282-00294-7
PIBN 10616574

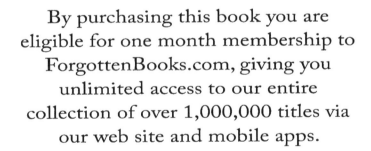

l'esame della Camera dei Deputati; ed infine lo stesso illustre Capo del Governo, Luigi Luzzatti, ha assunto impegno preciso di proporre nel prossimo novembre una riforma elettorale, nella quale si faccia della R. P. almeno un parziale esperimento.

In queste condizioni dunque sarebbe adatto il terreno per un'opera di propaganda proporzionalista; invece, come ho già detto, che questo mio lavoro, pur giungendo a conclusioni favorevoli alla rappresentanza proporzionale, mantenga la forma nella quale è stato pensato e composto: quella cioè di un libro imparziale di indagine, di osservazione e di studio, che si propone di fornire al lettore gli elementi per rendersi conto del grave tema e per giudicare autonomamente della teoria proporzionalista alla quale non mancano tenaci avversari; i metodi coi quali in oltre cinquanta anni si è cercato di tradurla in pratica; i risultati che essa ha dato nei paesi nei quali è stata applicata, e per dedurne infine se possa convenire di introdurla anche in Italia e, nel caso, quale sistema sia da prescegliere per ch'esso si adatti meglio alle nostre condizioni politiche e perché possa dare gli effetti più soddisfacenti.

Io mi sono fidato anzitutto su due punti che

reputo assolutamente esatti e cioè che una riforma dei nostri sistemi elettorali sia necessaria e
che (come approvava, su mia proposta, il IV Congresso del Partito Radicale Italiano nel novembre scorso) « non si debba abbandonare il sistema del collegio uninominale, se non con la certezza di addivenire ad un sistema più logico, più
civile, più equo che concilii, quanto più possibile, i vantaggi della circoscrizione ampia con la libertà degli elettori e dei candidati ».

Che lo scrutinio di lista maggioritario puro e
semplice rappresenti un danno assai più grave del
collegio uninominale mi è parso — allo stato della scienza e della esperienza — di non poter nemmeno più discutere, ma ho creduto bene di ana-
lizzare i varii sistemi di rappresentanza delle minoranze, integratori dello scrutinio di lista maggioritario e che taluno potrebbe pensare opportuno di adottare anche oggi in Italia e, specialmente, il voto limitato, il voto cumulativo, il voto
unico.

In contrapposto ai sistemi di rappresentanza
delle minoranze ho studiato quindi i sistemi proporzionali veri e propri lumeggiandone il fondamento comune e raggruppandoli secondo i loro

Ma, pur   n tr urand tutte le applicasi ni minori, vi erano tre pa si nei quali mi pareva me_ rita e studio piu parti l reggiut il cammin fatto in lunghi anni dalla id a pr p rs nali tu e cioe: la Svi zera d ze il   t ma d lla nc rren_ za delle l t i e eta rat ed   tal largamei t adottato; il Belgi d u si t ma rganic ed ingegno f i i a di di ci anni n ltimi re_ sultati; la Fran iu d r , attrave   tudi ed adat_ tamenti piu   me t li i, la R. P. sta per rip r_ tare ia vitt ria.

Dovevo p i ricord ire le antiche simpatie u c_ tate or s n quasi quaranta anni dal i idea pr _ pors i alistu in Italia e riallac iarle alle att v tu nuove che ora si ride t n e. i spera, n n per assopirsi, dop brevi entu mi, c me quelle di un tempo

Infine, traendo frutt d ll   tud fatt di tutti gli altri sist mi e pe ialm nte dalla eritica dei resultati ottenuti, mi   n acc int all'ardu c mpito di indagare c m quale met d la R. P. d vrebbe, a parer mio, es ere ad tt ta per le n tre elezioni politiche.

Ne mi sarebbe pars di aver c mpiut il mi lavoro se non ave i pres ne ame le bie i ni che si sono m sse e si mu v n alla R. P. e n n

Italia, e non in Italia soltanto; se io non sarò riuscita a scriverlo avrò almeno spianato la via perchè altri vi riesca meglio di me.

In Italia manca poi assolutamente un libro che tenga conto del più recente movimento proporzionalista, pur così intenso e così fecondo di resultati; e che discuta le modalità con le quali la R. P. potrebbe adottarsi in Italia, tenendo conto delle condizioni del nostro Paese. Anche a questa lacuna ho creduto di provvedere. — —

In ogni caso, mi terrò già largamente compensato delle mie fatiche — e non sono state nè brevi nè lievi — se avrò contribuito a diffondere nel mio Paese la conoscenza della R. P. e ad accrescere per essa le simpatie di quanti hanno fede nella onestà e nella giustizia.

« La Rappresentanza Proporzionale — ha detto Paolo Deschanel alla Camera Francese — ha la sorte di tutte le grandi idee, di tutti i grandi progressi dapprima misconosciuti, sdegnati, scherniti. Sono ancora pochissimi anni non le si faceva nemmeno l'onore di discuterla. Idee di professori! si diceva. Ed è stato così di tutti i grandi progressi politici e sociali, perchè è più facile respingere una idea nuova che cercare di comprendere le ragioni di adottarla ».

*R. P. merita di essere adottata nel nostro Paese,
poichè non vi è per lo studioso sodisfazione maggiore di quella del vedere dai propri studii deri-
vare la utilità pratica di contribuire a render migliore il costume e più elevato il viver sociale.*

*In tutti i buoni, io credo, è ormai diffuso in
Italia il desiderio vivo di detergere da tante im-
purità e da tante vergogne quel regime parlamentare che è pur sempre il più valido presidio
delle nostre libertà e il più vigoroso strumento
del progresso dei nostri ordinamenti civili.*

*E tutti i buoni, io credo, potrebbero ripetere
le parole che Luigi Luzzatti diceva nel novembre scorso dalla sua cattedra di diritto costituzionale nella Università di Roma: (1) « Chi non
avverte il bisogno di un più spirabil aere colle-
gato con la rappresentanza delle idee e non dei
minori interessi? » Ma occorre, per giungere a
questo, diceva l'on. Luzzatti in quella occasione, « una riforma delle leggi elettorali intesa ad
abbattere le cerchie anguste e a dare alle opinioni organizzate la loro giusta rappresentanza pro-*

---

(1) Cfr. in *Nuova Antologia*, 1 Dic. 1909 p. 527.

tanti alle influenze locali e di portare alla luce del Parlamento le idee organiche superiori, che si dividono in nobili partiti, e non soltanto i particolari interessi appagati a scapito della gloria e dell'onore della Nazione ».

Per raggiungere un siffatto nobilissimo intento può bastare una semplice riforma di procedura o anche una sostituzione del sistema vigente con lo scrutinio di lista integrato da un qualsiasi sistema empirico di rappresentanza delle minoranze?

Io ardisco sperare che la lettura di questo volume varrà a persuadere che questa domanda non può avere se non una risposta recisamente negativa, e che il rinnovamento del meccanismo elettorale e del regime parlamentare non può chiedersi se non ad un sistema di rappresentanza proporzionale, che, non soltanto permetterà di conseguire una equa distribuzione dei mandati fra i varii partiti, ma consentirà al deputato (e ciò vale anche di più) di svolgere una azione indipendente e sincera, perchè gli darà modo di rispondere della propria azione ad un corpo elettorale più omogeneo e più fido.

Occorre dunque diffondere la conoscenza del-

COLLEGIO UNINOMINALE. SCRUTINIO DI LISTA E RAPPRESENTANZA DELLE MINORANZE

La *ricerca* dei difetti di un sistema elettorale e
dei rimedii, dei mutamenti, delle trasformazioni
che siano capaci di renderlo meglio rispondente
alla sua funzione che e quella di permettere alla
volontà ed al sentimento di un popolo di ottenere
sincera ed equa *rappresentanza* deve essere oggetto così *delle* indagini teoriche dello scienziato,
come *degli* studii *dell*'uomo di Stato il quale miri
allo scopo pratico di vedere quali e quante *delle*
conclusioni *della* scienza sia utile e possibile tradurre in concrete riforme.

Numerosi scritti, molteplici indizii, varie manifestazioni ci consentono di affermare che il sistema *elettorale* oggi vigente in Italia, e concorde-

... . qual modo, indipendentemente dal numero di cittadini a cui sia concesso il diritto di voto, si possa ottenere che quelli che già lo posseggono oggi o l'otterranno domani siano garantiti che esso concorra a dare al Paese una equa, *leale* e genuina rappresentanza di tutte le idee.

Il nostro sistema elettorale, quale oggi è, non consente davvero di raggiungere questo intento: esso è cattivo, o almeno — e ciò per consenso veramente unanime — difettoso e imperfetto. Credo qui superfluo ripetere una documentazione che ho fatto altrove e che è autorevolmente confermata da scritti che contemporaneamente al mio o poco dopo hanno veduto la luce (1), e più ancora *dalla* voce pubblica che ha trovato un'eco ga-

---

(1) Cfr. la RELAZIONE SULLA RIFORMA ELETTORALE da me presentata insieme con l'on. LUIGI FERA al IV Congresso del Partito Radicale Italiano nel novembre del 1909; lo studio del Deputato LEONE CAETANI: LA RIFORMA ELETTORALE. IL SISTEMA PROPORZIONALE E L'EVOLUZIONE DEL PARLAMENTARISMO, Roma 1909 e l'altro più recente dell'avv. GIOVANNI SABINI: LA RIFORMA DEL SISTEMA ELETTORALE IN ITALIA, Torino 1910

ro Giolitti presentando il 4 maggio 1909 alla Camera dei Deputati un Disegno di Legge, (1) che, per le vicende parlamentari, non è ancora venuto in stato di relazione, e che mirava a introdurre modificazioni nella nostra legge elettorale politica. Le circoscrizioni elettorali da tale disegno di legge erano però lasciate immutate con tutte le loro stridenti ingiustizie e le riforme si limitavano, con evidente insufficienza, a modificare la composizione dei seggi, forse peggiorandola, e ad inasprire le sanzioni penali pei reati elettorali.

Un passo assai più ardito in questo senso rappresentava invece una proposta di legge di iniziativa del deputato Lucca, (2) svolta e presa in considerazione il 24 marzo 1908. Tale proposta

(1) MODIFICAZIONI ALLA LEGGE ELETTORALE POLITICA — Leg. XXIII. Sess. prima — ATTI PARLAM. — CAM. DEI DEP. — Docum. n 96.

(2) MODIFICAZIONI AL TESTO UNICO DELLA LEGGE ELET. TORALE POLITICA. Leg. XXII — ATTI PARLAM. — CAM. DEI DEP. — Docum. n. 979.

dichiarazione la composizione dei seggi poteva
cosi essere opportunamente modificata e l'elettore
avrebbe dovuto votare con una scheda, stampata
di ufficio, contenente i nomi dei varii candidati
il che avrebbe impedito quasi completamente il
riconoscimento dei voti, nonchè la possibilità della scheda girante e così eliminato molti casi di
corruzione.

La proposta dell'onorevole Lucca conteneva,
anche per le operazioni di scrutinio e di proclamazione, nuove disposizioni che rappresentavano
senza dubbio un notevole miglioramento in confronto col sistema vigente.

Più recentemente poi una parte delle disposizioni contenute nella proposta di legge dell'on.
Lucca è stata accolta in una proposta di legge
dell'on. Gallini, letta alla Camera nella tornata

---

zione nel Collegio di Albano Laziale (17 Aprile 1910)
i tre candidati competitori hanno discusso, concluso
e sottoscritto, insieme col Prefetto della Provincia di
Roma, un concordato inteso appunto a stabilire che
nel seggio di ciascuna sezione vi fosse almeno un
rappresentante di ogni candidato. E non è questo il
solo esempio di compromessi offerti e combinati fra
partiti avversi per lo stesso scopo. Anche in ciò dunque il costume precorre la legge .

dell'11 maggio 1910 (1) : anche in questa difatti
si prescrive la dichiarazione obbligatoria di candidatura, lasciando però facoltà ai candidati di
farla fino alle 9 ant. del mattino stesso della votazione, il che non può non dar luogo ad inconvenienti : quindi alla scheda stampata si consentono
aggiunte manoscritte. La proposta Gallini dispone pure modificazioni nella formazione dei
seggi e stabilisce che l'elettore voti contrasse-
gnando il nome del candidato che intende sia
eletto deputato.

Tali precedenti ho voluto ricordare soltanto per
riconoscere che col perequare le circoscrizioni e-
lettorali e col riformare, con ardimento e con sag-
gezza, la procedura è possibile diminuire o diri-
mere quegli che ho chiamato i mali e i difetti ac-
cessori del presente sistema. Ma il collegio uninominale offre poi inconvenienti e difetti assolutamente intrinseci per abolire i quali non vi è
altro mezzo che abolire il sistema stesso che sul
collegio uninominale s'impernia.

Constatiamo anzi tutto come il sistema del collegio uninominale sia indissolubilmente congiunto

(1) Cfr. ATTI PARLAMENTARI. CAMERA DEI DEP. Leg.
XXIII. 1ª Sessione. Tornata 11 maggio 1910 - p. 6705.

al principio maggioritario, che dà tutto il valore alla volontà della metà più uno dei votanti e rende assolutamente nulla la volontà opposta della metà meno uno. Cosicchè tino a quando esista il collegio uninominale avremo sempre !a possibilità che pochissimi voti possano cambiare il resultato della elezione; che gli eletti rappresentino una esigua parte del corpo elettorale, pure già così scarso in confronto con la populazione; che vi siano deputati eletti con meschine votazioni, mentre nei collegi nei quali, a cagione della più diffusa cultura, il numero degli iscritti è maggiore, candidati che avranno riportato un numero di voti di gran lunga superiore a quello di molti candidati eletti in altri collegi, rimarranno soccombenti.

E se è vero che in pratica il collegio uninominale consente una fortuita compensazione di fatto per la quale i partiti di minoranza riescono ad essere rappresentati in Parlamento, è pur vero che, per gli stessi capricci della sorte, potrebbe avvenire che la maggioranza degli eletti rappresentasse complessivamente la minoranza dei votanti. Ma oltre a queste ingiustizie nei resultati delle elezioni fatte col sistema del collegio uninominale, i difetti intrinseci, inscindibili dal sistema stes-

so sono assai più gravi e più temibili nell'ordine
morale. Le accuse contro il collegio uninominale
sono state tante volte ripetute e sono così univer-
salmente note che possiamo dispensarci dal ri-
prenderle qui in esame; nè credo d'altronde che
alcuno pensi di porre in dubbio che il collegio
uninominale faccia, così nella scelta del candidato come nell'attività politica dell'eletto, preponderare gli interessi locali sui generali; che l'elettore nella circoscrizione ristretta voti molto più
spesso obbedendo ad una simpatia personale, ad
un tornaconto individuale, ad una pressione eser-
citata in nome di clientele e di consorterie, piuttosto che secondo una idealità politica ben definita la quale determini la libera scelta fra i candidati. Ed è altrettanto difficile negare che il collegio uninominale dia modo al Governo di esercitare una ingerenza più efficace, e al candidato una
corruzione più intensa.

E' chiaro perciò che tutti coloro i quali reputa-
no i mali intrinseci del collegio uninominale di
gran lunga superiori agli scarsi ed incerti vantaggi che esso può offrire propugnano la sua a-
bolizione. I sostenitori di tale tendenza demolitri-
ce non sono però d'accordo nel decidere quale sistema gli si debba sostituire.

LO SCRUTINIO DI LISTA
CON E SENZA RAPPRESENTANZA DELLE MINORANZE.

Certuni a tale proposito non vedono più in là della sostituzione di circoscrizioni vaste e pluri-nominali alle presenti ristrette e uninominali e riesumando vecchie e fallaci illusioni sfatate dall'esperienza si ripromettono dal sistema dello scrutinio di lista la rigenerazione dei costumi e-lettorali e la conseguente elevazione della compagine parlamentare.

A tale riguardo io ho già avuto occasione di esprimere nettamente il mio pensiero : se lo scrutinio di lista deve essere applicato secondo il principio maggioritario io sono ad esso recisamente contrario (1).

---

(1) Vedi in proposito oltre al mio già citato studio sulla RIFORMA ELETTORALE l'altro scritto: DIFETTI E PERICOLI DELLO SCRUTINIO DI LISTA SENZA RAPPRESENTAN-ZA PROPORZIONALE IN *Rivista d'Italia*, novembre 1909 alle cui conclusioni ha fatto completa adesione la *Critica Sociale* nel numero del 16 gennaio 1910.

E ci compiacciamo assai che anche la *Nuova Antologia*, l'autorevole periodico che della causa proporzionalista si mostra amico fervido e convinto, in una

Senza voler ripetere qui la lunga e minuta di-
sputa teorica fra i partigiani dei due sistemi, nella
quale da scrittori e da statisti di tutti i paesi sono state addotte e confutate tutte le ragioni possibili che militano a favore dell'uno o dell'altro
e che, per citare un esempio solo, furono, fino
alla sazietà, affacciate e dibattute nella discussione memoranda che il Parlamento italiano fe-

NOTA pubblicata nel fascicolo del 1 Dicembre 1909
(pp. 523-528), nella quale esprime pure benevolo giudizio sulla nostra Relazione al Congresso Radicale,
concordi perfettamente nelle idee da noi sostenute circa la necessità di sfuggire ai mali del Collegio uninominale ,senza incorrere in quelli dello scrutinio di lista maggioritario. Scrive infatti la *Nuova Antologia* :
« Lo scrutinio di lista, a semplice voto di maggioranza, presenta inconvenienti peggiori [*che non il
Collegio uninominale*]. Non parliamo di quell'infelice
esperimento fattosi, alcuni anni or sono in Italia, con
collegi a pochi deputati e col voto limitato nelle circoscrizioni di 4 o 5 [*veramente in quelli di 5 soltanto!*] Era naturale e logico che fallisse. Non era uno
scrutinio di lista : era un'aggregazione di collegi uninominali. Ma anche lo scrutinio di lista vero e proprio, a larghe circoscrizioni, di un minimo di 10 o 12
deputati, è inammissibile : sarebbe l'espressione bru-
tale della prepotenza della maggioranza e delle liste
ufficiali ».

ce nel 1881-82 sulla Riforma elettorale (1). ci basta di asserire che le ingiustizie e le sperequazioni che il principio maggioritario produce col
sistema unominale, sono di gran lunga aggrava-
te dal sistema dello scrutinio di lista. E per quanto concerne particolarmente l'Italia credo di avere già sufficientemente dimostrato nei miei scritti ora ricordati che l'esperimento del sistema dello scrutinio di lista quale fu fatto in Italia dal
1882 al 1891 non incoraggia certamente a ripeter-
lo, poichè dopo tre elezioni generali compiutesi
col sistema dello scrutinio di lista maggioritario
quelli stessi che alcuni anni prima ne erano stati
fervidi propugnatori chiesero il ripristino del collegio uninominale, come una liberazione (2); e

_____

(1) Cfr. il pregevolissimo riassunto che degli argomenti di tale discussione fa il BRUNIALTI nel suo
COMMENTO ALLA LEGGE ELETTORALE POLITICA del 1882:
vi si trovano raggruppati gli oratori che presero
parte alla discussione secondo la tesi da ciascuno di
essi sostenuta e vi sono pure schematicamente enu-
merati gli argomenti che dal complesso dei discorsi
risultano addotti a favore di ciascheduno dei due
sistemi.

(2) Basta leggere le Relazioni Franchetti (Leg. XV.
Doc. n. 298 A) Genala (Leg. XVI. Sess. 3ª. Doc. n

credo di aver dimostrato altresì che nelle presenti
condizioni sociali e politiche dell'Italia, lo scrn-
tinio di lista, anche se temperato da un meccanismo che assicuri la rappresentanza delle minoranze, renderebbe assai più difficile, di quel che non
sia col sistema vigente, di costituire un Assemblea Nazionale nella quale fossero rappresentati
tutti i sentimenti, i convincimenti e gli interessi
che vibrano nel Paese.

Ho deliberatamente detto : anche se temperato
dalla rappresentanza delle minoranze perchè oggi quasi tutti i fautori dello scrutinio di lista lo
considerano come necessariamente integrato da
un sistema di rappresentanza delle minoranze.
A tal punto che i sistemi miranti ad assicurare
una rappresentanza alle minoranze per molti si

53-53 bis A) Carmine (Leg. XVIII. Doc. n. 67-68 A)
presentate alla Camera dei deputati ed i discorsi
pronunciati alla Camera nella discussione dell'Aprile 1891 per l'abolizione dello scrutinio di lista e se-
gnatamente quelli dei deputati Tittoni e Barazzuoli e
del Nicotera, allora Ministro dell'Interno, per trarne il
profondo convincimento che lo scrutinio di lista
maggioritario in Italia nel decennio 1882-1891 fu un

confondono addirittura coi sistemi proporzionali, o costituiscono almeno una categoria speciale dei mezzi coi quali è possibile raggiungere la proporzionalità nella rappresentanza.

Tali sono il voto limitato, il voto cumulativo, il voto unico con tutte le loro varie applicazioni. Non occorre soffermarsi e spiegare che cosa essi siano perchè non v'è trattato di diritto costituzionale che non se ne occupi ampiamente e moltissimi lavori speciali li enumerano, li classificano, ne espongono e discutono il funzionamento e ne registrano la genesi, lo sviluppo e le applicazioni pratiche da essi trovate nelle varie legislazioni. (1) Ad ogni modo, riservandoci di esaminarli

(1) Cfr. ad es., oltre a tutti i trattati di carattere generale il SARIPOLOS, LA DÉMOCRATIE ET L'ELECTION PROPORTIONELLE, Livre IV. Sect. II, nel quale per ciascuno di tali sistemi vi sono anche speciali ed accurate indicazioni bibliografiche; e così pure cfr. le opere del BONNEFOY, OSTROGORSKI, CHRISTOPHLE, GENALA, BRUNIALTI, ORLANDO, AMABILE ecc. ecc. a mano a mano citate nel corso del nostro studio e ricche tutte di indicazioni bibliografiche. Per la Bibliografia vedi anche il DIGESTO ITALIANO alle voci, DIRITTO ELETTORALE, ELEZIONI, MINORANZE, SCRUTINIO (SISTEMI DI) ecc.

più tardi in rapporto col principio della proporzionalità della rappresentanza, vediamo ora se gli
effetti che da ognuno di essi potremmo riprometr-
terci sarebbero tali da farci desiderare di abolire
il sistema del collegio uninominale per sostituirvi lo scrutinio di lista integrato con la rappresentanza delle minoranze.

II. VOTO LIMITATO

Cominciamo dal voto limitato. Come è noto esso consiste nell'indebolimento artificiale della
maggioranza allo scopo di ottenere una rappresentanza alla minoranza, ed a tal fine l'elettore
possiede un numero di suffragi inferiore al numero dei rappresentanti da eleggere. Tale sistema presuppone necessariamente l'esistenza di circoscrizioni plurinominali che debbano eleggere
ciascuna non meno di tre deputati, perchè se questi fossero soltanto due occorrerebbe assegnare
un seggio alla maggioranza e uno alla minoranza, quali che fossero le loro forze rispettive.

Il voto limitato, o, come anche si chiama, incompleto e parziale, proposto dal Condorcet in
un *Plan de Constitution* presentato alla Conven-

zione nel 1793 e riproposto nel 1836 dal conte
Grey quando si discuteva alla Camera dei Lords
il *bill* di riforma dei municipi irlandesi, introdotto
nella costituzione di Malta nel 1852, ha avuto numerose ed importanti applicazioni in Inghilterra, in Svizzera, negli Stati Uniti, al Brasile, in
Spagna ed in Portogallo nella seconda metà del
Secolo XIX : ed esso è notissimo fra noi perchè
fu applicato in Italia dalla legge del 1882 nella
quale si stabiliva che nelle trentacinque circoscrizioni che dovevano eleggere cinque deputati ciascuna, l'elettore potesse votare soltanto per quattro nomi : sotto questa forma il voto limitato fu
abolito nel 1891 insieme con lo scrutinio di lista,
ma esso rimane tuttora nella nostra legislazione
per le elezioni amministrative, nelle quali, come
si sa, all'elettore è consentito di votare soltanto
per i quattro quinti dei candidati da eleggere.

Senza ripetere gli argomenti troppe volte di-
battuti nell'abbondantissima letteratura su questo argomento, limitiamoci a osservare che, paragonato con lo scrutinio di lista puramente maggioritario, esso appare, come infatti è stato riconosciuto da tutti, un miglioramento, ma le garanzie e i benefici che esso apporta sono così me-
diocri che sono ben lungi dal farci preferire lo

scrutinio di lista con voto limitato al collegio uninominale.

Il Genala nel suo bel volume (1) del 1871 scriveva : « Il voto limitato è indubbiamente preferibile alle nostre procedure elettorali ; è anche sodisfacente agli occhi di coloro che si appagano di
vedere bene o male rappresentate alcune minoranze ; ma è giudicato un ripiego grossolano ed
empirico da coloro che lo raffrontano coi principii dominanti della proporzionale rappresentanza ».

Siffatto giudizio corrisponde completamente a
quello, che oltre venti anni più tardi ne dava un
illustre professore svizzero, giudizio che il Saripolos fa suo ponendolo a conclusione dell'esame
da lui fatto del voto limitato : « Esso costituisce —
dice il professor Wuarin (2) — senza dubbio un
progresso sullo stato di cose generalmente in vigore, ma lascia sussistere taluni dei suoi inconvenienti più gravi di modo che i riformisti decisi,
nonostante la sua facilità di attuazione e le conquiste già numerose e importanti da esso fatte,

---

(1) GENALA. DELLA LIBERTA' ED EQUIVALENZA DEI
SUFFRAGI etc. Milano 1871, pag. 92.

(2) WUARIN. L'ÉVOLUTION DE LA DÉMOCRATIE EN
SUISSE in *Révue des Deux Mondes*, 1.er août 1891.

lo giudicano un palliativo e domandano meglio
di ciò ».

Tra i più severi ed i più recenti citiamo il giudizio di un italiano, dell'Amabile, il quale afferma
che esso importa « riduzione dell'indipendenza,
dell'efficacia del suffragio e della facoltà di graduazione della lista »; non tutela la minoranza
contro la sopraffazione della maggioranza e dà
luogo ad inconvenienti tanto maggiori « quanto
maggiore è la limitazione imposta all'estrinseca-
zione del suffragio ». (1)

Anche sulle conquiste numerose e importanti di
questo sistema occorre però fare numerose riserve
perchè gran parte delle legislazioni che lo avevano adottato, lo hanno poi abbandonato, insieme,
s'intende, con lo scrutinio di lista del quale esso
non è che un accessorio ed un correttivo; così
l'Inghilterra che lo aveva adottato nel 1867 per
dodici collegi tricorni lo aboliva nel 1879; l'Italia
lo conservava soltanto dal 1882 al 1891; il Porto-

(1) AMABILE La proporzionalità nella rappresentanza politica e il sistema dell'urna multipla. Napoli 1901 - p. 45.

gallo dal 1884 al 1896 e il Brasile dal 1873 al 1881 (1).

Ma del voto limitato, piuttosto che continuare nel citare testimonianze altrui, vediamo i resultati effettivi, quali l'esperienza li ha dimostrati ed anche il semplice ragionamento li fa intuire:

1. *il voto limitato non sempre assicura alla minoranza una rappresentanza, perchè una maggioranza forte e disciplinata può sempre occupare tutti i seggi (2).* Infatti si supponga che una circoscrizione debba eleggere tre rappresentanti ed i votanti siano 8400 così divisi: 5100 del partito nero e 3300 del partito rosso: ciascun elettore non potrà votare che per due nomi. Siano A. B. C. candidati neri e D. e E. candidati rossi. Se il partito nero è ben organizzato potrà dividere i propri elettori in tre gruppi presso a poco uguali che voteranno così: 1700 per A e B, 1700 per B e C; 1700 per A e C. Così ciascuno dei tre candidati neri riporta all'incirca 3400 voti ed è eletto, mentre i candidati rossi che hanno ottenuto i 3300

---

(1) Cfr. VILLEY, Législation électorale comparée ecc. Paris 1900 pag. 131.

(2) Cfr. SARIPOLOS cit. II, pag. 275 e ANSON, ROSIN, ESMEIN e HACH ivi ricordati.

voti di cui disponeva il loro partito rimangono soccombenti. In tal caso il voto limitato ha fallito il suo scopo perchè non è riuscito ad assicurare nemmeno una terza parte della rappresentanza ad una minoranza che pure era i 2 3 della maggioranza. Inoltre la possibilità di eludere lo spirito della legge può consigliare alla maggioranza di ricorrere al trucco che ora abbiamo dimostrato possibile, anche quando, per errate previsioni o per insufficiente organizzazione, il trucco debba in pratica volgersi a suo danno. Supponiamo che nel caso ora esaminato il partito rosso fosse riuscito, contrariamente a quanto si aspettavano gli avversari, a portare alle urne 3500 elettori: orbene esso vedrebbe eletti i suoi due candidati D ed E mentre la maggioranza non otterrebbe che un seggio. Giusta punizione, dirà taluno, di una eccessiva ingordigia e meritata applicazione del vecchio proverbio chi troppo vuole.... con quel che segue; ma intanto rimarrebbe il fatto iniquo che 5100 elettori sarebbero rappresentati da un deputato e 3500 da due:

2. *il voto limitato concede alla minoranza una rappresentanza purchessia che non è in alcun modo proporzionata alle sue forze e può essere quindi scarsa o eccessiva.* Infatti l'assegnazione

del numero dei posti riserbati alla maggioranza
ed alla minoranza viene fatta preventivamente alle elezioni e fissata per legge in modo uniforme
per tutte le circoscrizioni e quindi in misura completamente arbitraria. Così può accadere che in
una circoscrizione la maggioranza si componga
di 25000 elettori e la minoranza di 5000, mentre
in un'altra la maggioranza e la minoranza quasi si pareggino essendo l'una di 15,100 elettori
e l'altra di 14.900 elettori : orbene i 25,000 della
prima circoscrizione avranno tanti rappresentanti
quanti i 15,100 della seconda ed i 14,900 della
prima tanti quanti i 5000 della seconda. Tipico
a tale proposito è quello che è avvenuto a Roma
nelle elezioni amministrative del novembre 1907 :
non essendosi presentati alle urne i clericali e
non avendo voluto i liberali conquistare maggioranza e minoranza, come pure sarebbe stato loro
facilissimo, riuscirono eletti per la maggioranza
64 consiglieri con una media di oltre 15,000 voti
e i 16 posti riserbati per legge alla minoranza toc-
carono a candidati che raccolsero appena sette od
ottocento voti : quelli stessi sedici posti sarebbero
spettati ad una minoranza forte e compatta di oltre 14.000 elettori ;

    2. il voto limitato assicura *ad ogni modo una*

rappresentanza soltanto alla minoranza più numerosa. Infatti può benissimo accadere che i partiti in lotta non siano soltanto due, ma tre, quattro e magari anche più. Orbene il voto limitato assegna i posti della maggioranza al partito più forte, quelli della minoranza al partito che vien subito dopo per forza numerica ed esclude irremissibilmente tutti gli altri .anche se siano a loro volta considerevoli e di ben poco inferiori a quelli che hanno ottenuto la rappresentanza;

4. *il voto limitato può attribuire il maggior numero dei seggi ad una minoranza del corpo elettorale.* Ciò deriva, come logica conseguenza, da quanto si è detto di sopra. E' naturale che con questo sistema non si possa procedere col criterio della maggioranza assoluta, ma con quello della maggioranza relativa. Ora si supponga il caso di una circoscrizione nella quale si debbano eleggere dieci deputati ed abbiano preso parte alla votazione ventimila elettori, divisi in quattro partiti, forti rispettivamente di 6000, 5500, 4500 e 3000 voti: il partito che ha riportato 6000 voti otterrà gli otto seggi assegnati alla maggioranza; quello che ha raccolto 5500 voti i due seggi riserbati dalla legge alla minoranza: agli altri due partiti non spetterà alcuna rappresentanza. Ed

intanto i 4 5 dei seggi toccheranno ad un partito
che non è neppure la terza parte del complesso
dei votanti. E' chiaro che le assurdità prospettate
in questo e nel precedente capoverso avverranno
tanto più facilmente ed avranno effetti tanto più
perniciosi quanto più saranno vaste le circoscrizioni elettorali;

5. *il voto limitato spinge i candidati ed i parti-*
ti, quanto e più che il semplice scrutinio di lista
maggioritario, a coalizioni ed a compromissioni
ripugnanti e demoralizzatrici. E profondamente
umano infatti che quando taluni pur diversi
di   idee, di tradizioni e di aspirazioni,   sono
oppressi da uno stesso avversario, dimenti-
chino, sia pur momentaneamente, le proprie di-
scordie per prestarsi man forte ad abbattere l'an-
tagonista comune, salvo a riprendere subito dopo
le liti e gli odii di prima. Torniamo a considerare l'esempio recato testè. Abbiamo veduto che
nella circoscrizione da noi presa a modello i due
partiti meno numerosi che avevano raccolto 4500
e 3000 voti non erano riusciti ad ottenere alcun
rappresentante. Orbene sarebbe bastato che essi
riunissero le loro forze per conquistare gli otto
posti della maggioranza. Quale triste suggerimento per l'avvenire contiene una siffatta consta-

tazione! Quei due partiti saranno magari le due
ali estreme del corpo elettorale, ma la necessità
delle cose suggerirà loro, od almeno infonderà
in loro la mala tentazione, di far votare ai propri
aderenti una scheda comune nella quale vi siano
quattro candidati di un colore e quattro di un altro completamente opposto, riuniti soltanto dalla
dura necessità di sopraffare per non essere sopraf-
fatti.

Sono forse queste nostre supposizioni soltanto
teoriche? No, esse si fondano specialmente sulla
pratica, per quanto non sia facile formulare giudizi precisi sui resultati dati dal sistema perchè.
trovandosi questo necessariamente connesso con
lo scrutinio di lista, i difetti della parte principale
del sistema assorbono e, in un certo modo, na-
scondono quelli della parte accessoria. Nè le o-
pinioni concordano sempre : guardiamo per esempio alla Spagna nella quale il sistema vige dal
1878 e dove, nei collegi a tre deputati, l'elettore
può votare due nomi; nei collegi a quattro e cinque deputati tre nomi; in quelli a sei, quattro; a
sette, cinque; a otto, sei. Orbene noi troviamo
uno scrittore spagnuolo, il Posada, (1) il quale

(1) POSADA, TRATTATO DE DERECHO POLITICO, Madrid
1894, T. II, p. 527.

si manifesta risolutamente contrario al voto limitato, perchè questo, a parer suo, toglie alle elezioni il carattere politico che esse debbono avere
perchè « col voto limitato si vede l'elettore che
vota per candidati delle idee più opposte » e giudica quindi che l'esperienza spagnuola sia decisiva contro questo sistema. Ma il Saripolos (1)
non crede che questa mancanza di carattere politico nelle elezioni dipenda dal voto limitato, piuttosto che dalle condizioni generali del paèse. Sta
il fatto però che col collegio uninominale o col
sistema belga questi confusionismi non potrebbero accadere.

Afferma il Saripolos che il Lefèvre-Pontalis, (2)
attribuisce al sistema eccellenti effetti. A noi veramente non sembra che il Saripolos sia stato
esatto interprete del pensiero del Lefèvre, il quale, se si compiace che le disposizioni legislative
vigenti in Spagna contengano una notevole rappresentanza delle minoranze, fa poi un quadro
così fosco del modo nel quale le elezioni spagnuo-

---

(1) SARIPOLOS, *op. cit.* II, 286.

(2) LEFÉVRE-PONTALIS. LES ÉLECTIONS EN EURO-
PE ecc. Paris, 1902. Chap. VI. (LES ÉLECTIONS EN ESPA-
GNE) pagg. 259 et suiv.

le si svolgono che è ben difficile scorgere in mezzo a tanti mali gli « eccellenti effetti » dei quali il Saripolos parla.

Meglio dunque non prendere come elemento di prova quanto avviene in Spagna e confessare che manca la possibilità di vedere se il voto limitato assicuri ai varii partiti una equa rappresentanza, come nel suo rapporto sulle elezioni spagnuole ha fatto il diplomatico inglese George Young (1).

In Portogallo la legge del 1901 ha esteso lo scrutinio di lista, che prima vigeva per le città di Lisbona ed Oporto, a tutte le circoscrizioni elettorali, eccettuate quelle delle colonie. Nei collegi nei quali sono da eleggersi otto o sette deputati alla minoranza sono riserbati due posti ; in quelli a sei, cinque, quattro e tre un posto : mediante questa limitazione del voto la legge ha inteso di assicurare alla minoranza almeno trentacinque seggi su centoquarantotto.

---

(1) REPORTS FROM HIS MAJESTY'S REPRESENTATIVES IN FOREIGN COUNTRIES AND IN BRITISH COLONIES RESPECTING THE APPLICATION OF THE PRINCIPLE OF PROPORTIONAL REPRESENTATION TO PUBLIC ELECTION. London, 1907 - pag. 47 e seg.

Non abbiamo molte notizie sugli effetti di questo sistema in Portogallo, ma il Ministro inglese a Lisbona F. H. Villiers in una relazione (1) al Ministro degli Esteri dichiara che, pur essendo la legge così recente da non costituire ancora una sufficiente prova, già si reputa che un ritorno ai collegi uninominali darebbe una espressione più esatta del sentimento del corpo elettorale e quindi già si pensa all'abolizione dello scrutinio di lista.

Ad ogni modo è certo che lo scrutinio di lista a voto limitato, pur non avendo mai per effetto una giusta ripartizione dei seggi fra i partiti contendenti può comprendersi ed essere in pratica tollerabile quando due soli forti partiti si disputino il predominio della cosa pubblica. Ma quando i partiti in competizione sono più di due, esso è destinato a produrre in pratica tali inconvenienti da non essere a lungo tollerato. Togliamo anche a questo proposito un esempio dalla realtà. Il Saripolos cita il caso delle elezioni comunali di Berna nelle quali alla minoranza si riserbavano col voto limitato un quarto dei seggi. Fino a quando vi furono due soli partiti in lotta, cioè

---

(1) Cfr. REPORTS, citati. pag. 41.

i radicali e i conservatori, il sistema apparve tollerabile, ma quando un terzo partito, il socialista, entrò in lizza ne apparve manifesta tutta l'ingiustizia. Per esempio nelle elezioni del 3 dicembre 1893 i radicali con 1755 voti ottennero quindici seggi, i conservatori con 1264 ne ebbero otto e i socialisti con 1081 nessuno(1).

Ma è tempo che noi diciamo qualche cosa del voto limitato rispetto all'Italia.

Come è noto, e come abbiamo già accennato, l'esperimento dello scrutinio di lista in Italia dal 1882 al 1891 rappresentò un vero fallimento : se fosse vero che il voto limitato avesse di per sè potenza a costituire un sufficiente correttivo dello scrutinio di lista in tali circostanze si sarebbe dovuto avvertire un notevole divario a tutto beneficio del voto limitato fra le circoscrizioni nelle quali questo vigeva e le altre nelle quali non si era lasciata alcuna rappresentanza alla minoranza.

A tale proposito il Saripolos scrive : « Il voto limitato non fu affatto abolito in Italia come una ri-

---

(1) Cfr. GFELLER, DEUX ÉLECTIONS INTERESSANTES EN SUISSE, *Revue mensuelle de l'Association Reformiste de Bruxelles;* douzième année pag. 322.

forma disgraziata come affermano i nostri avversarii, e specialmente il Frère-Orban e il Woeste.
La verità è che la rappresentanza delle minoranze
non avendo ricevuto che un'applicazione trascurabile nel 1882, lo scrutinio di lista maggioritario,
come d'altronde lo scrutinio uninominale maggioritario, non offriva che inconvenienti : da ciò
questo passaggio alternativo dall'uno all'altro di
tali sistemi di scrutinio ». (1)

E il Pyfferoen (2), favorevole all'esperimento
dello scrutinio di lista col voto limitato, in Italia,
scrive : « Se si è abbandonato lo scrutinio di lista e il voto limitato in Italia non è certo stato
per considerazioni d'interesse generale, ma per
restituire ai deputati quella specie di feudo elettorale che lo scrutinio uninominale assicura loro
nelle proprie circoscrizioni ».

Tali ragionamenti non reggono : il voto limitato era stato adottato soltanto in 35 circoscrizioni

---

(1) SARIPOLOS, *op. cit.*, Vol. II, pag. 289.

(2) PYFFEROEN, LE VOTE LIMITÉ EN ITALIE, *Revue
mensuelle de l'Ass. Ref.* douzième année (1893) p. 184
et LE SCRUTIN UNINOMINAL DANS LES RÉCENTES ÉLECTIONS
ITALIENNES, stessa rivista quatorzième année (1895)
pag. 107.

su 135 e se il voto limitato avesse funzionato bene
mi pare evidente che si sarebbe formata piuttosto
la tendenza a estenderlo nelle circoscrizioni che
non lo possedevano; invece non solo lo scrutinio
di lista con voto limitato fu accomunato nelle stesse critiche mosse a tutte le elezioni fatte con scrutinio di lista esclusivamente maggioritario, ma
quando si propose di lasciare sussistere lo scrutinio di lista, almeno nelle grandi città, nelle
quali tutte vigeva il voto limitato, la Camera si
manifestò contraria anche a questo e volle, anche
per le grandi città, che dovevano essere divise
in più collegi, il ritorno alla circoscrizione uninominale. L'emendamento, pel mantenimento dello scrutinio di lista nelle grandi città, proposto dai
deputati Engel e Sineo nella Seduta del 24 aprile
1891, veniva infatti respinto con 211 voti contro
72 (1). Ed è pure notevole che a respingerlo si trovavano d'accordo deputati conservatori come gli
onorevoli Barazzuoli, Bonghi, Di Rudinì, Luzzatti, Salandra, Sonnino ecc. e deputati democratici come gli onorevoli Agnini, Barzilai, Cavallotti, Enrico Ferri ecc.

_____

(1) Cfr. ATTI PARLAMENTARI, CAM. DEI DEP.; LEG.
XVII. Discussioni pag. 1428 e seg.

Mi sono alquanto attardato nell'esame del voto limitato sopratutto perchè ai giorni nostri tra
gli avversarii del collegio uninominale si è formata una forte tendenza che propugna lo scrutinio di lista con voto limitato, ed a chi obietta loro il triste esperimento già fatto in Italia essi re-
plicano che i mali allora incontrati sarebbero al-
lontanati dal fare la circoscrizione più ampia, e
cioè almeno provinciale, e dall'applicare in tutte
le circoscrizioni, la rappresentanza delle minoranze mediante voto limitato.

Ora io sono fermamente convinto che, a parte qualsiasi considerazione teorica, lo scrutinio
di lista con vòto limitato sarebbe dannosissimo
in Italia e ci farebbe perdere tutto quanto già abbiamo ottenuto nella organizzazione dei partiti e
nella onesta competizione delle idee.

A conferma di ciò da quella discussione avvenuta nell'aprile del 1891 nella nostra Camera dei
Deputati, discussione che pose capo all'abolizione
dello scrutinio di lista, che fu, per parte della
grandissima maggioranza degli oratori, una feroce requisitoria, una spietata demolizione dello
scrutinio di lista e che è tanto più importante perchè sintetizzava le impressioni vive di tre successive elezioni generali politiche, attingiamo le au-

torevoli testimonianze di due insigni parlamentari
appartenenti a diverse parti politiche.

Diceva, nella tornata del 21 aprile, l'on. Sineo,
il quale come abbiamo detto, era favorevole al
mantenimento dello scrutinio di lista almeno nelle
grandi città : « Riconosciamo l'utilità dello scopo
che si propongono coloro che tendono con mille
diversi sistemi, che vanno dal voto limitato al
complicatissimo quoziente ad assicurare alle minoranze nella rappresentanza nazionale un intervento corrispondente alla loro reale importanza...
Ma bisogna pur confessare che la rappresentanza della minoranza, come è stata accolta nella
legge del 1882, ha dato cattivissimi risultati. Non
è stata la rappresentanza della minoranza, è stata la rappresentazione delle sorprese, degli equi-
voci e delle mistificazioni. »

E l'on. Di Rudini, allora Presidente del Consiglio, nella seduta del 23 aprile così si esprimeva : « Fui lieto che nella legge elettorale del
1882 fosse introdotto il principio della rappresentanza della minoranza. Ed era col voto limitato che si voleva ottenere la rappresentanza della minoranza e col metodo che fu speri-
mentato come il più acconcio, il più opportuno, e
il più pratico. Ebbene, o Signori, quali ne furono

gli effetti? Essi furono deplorevoli, bisogna pur confessarlo. La rappresentanza della minoranza, così come è stata disposta ed introdotta nella nostra legge elettorale, ha avuto effetti che io debbo deplorare perchè il collegio uninominale, malgrado tutti i suoi difetti, aveva dimostrato la sua attitudine a dare alle minoranze una rappresentanza più sicura e più completa di quella che non avessero con la legge del 1882. »

Eppure negli anni ai quali si riferivano questi severi giudizii si era ben lontani da avere nelle lotte elettorali quei varii e sufficientemente definiti raggruppamenti politici che oramai si hanno nella maggior parte d'Italia!

Ora io credo di avere già dimostrato (1) con ragioni teoriche e con esempi pratici che il voto limitato nelle presenti condizioni politiche del nostro Paese sarebbe, anche assai più del regime vigente, pericoloso e nocivo a tutti i partiti senza eccezione ed abbasserebbe di molto il livello della nostra viva politica falsando l'espressione

---

(1) Mi richiamo a questo proposito in tutto e per tutto al mio articolo già citato: DIFETTI E PERICOLI DELLO SCRUTINIO DI LISTA ecc., nella *Rivista d'Italia* del Novembre 1909.

della volontà popolare così in quelle regioni dove le lotte si fanno sulla base di clientele personali, come nelle altre nelle quali i partiti esistono e la loro vita è assai più evoluta.

Il voto cumulativo.

Esaminiamo ora in qual modo risponda al concetto di rappresentanza delle minoranze un altro sistema : quello del voto cumulativo.

Con questo procedimento l'elettore dispone di tanti voti quanti sono i rappresentanti da eleggere, ma è in suo arbitrio di concentrarli tutti sopra un candidato solo o di distribuirli in modo uguale o disuguale, come meglio crede, sopra parecchi candidati. Le applicazioni pratiche che esso ha avuto non sono molto importanti e non ci offrono una sufficiente esperienza. Proposto in Inghilterra da James Garth Marshall nel 1853, esso era già stato posto dal conte Grey nella costituzione del Capo di Buona Speranza del 1850 e dal 1852 è colà in vigore per la elezione del *Legislative Council* mentre non lo si è mai applicato per l'elezione della *Legislative Assembly*. Il Governatore Hely Hutchinson in una sua relazio-

ne (1) del 20 dicembre 1906, si limita a segnalare
il fatto ma non dice una parola sui resultati della
esperienza di ormai più che mezzo secolo e sulla
ragione per la quale non si è esteso il sistema alla
elezione di ambedue le assemblee.

Dal 1870 il voto cumulativo fa parte della costituzione dello Stato dell'Illinois negli Stati
Uniti d'America con queste precise disposizioni : « Nelle elezioni pei rappresentanti all'Assemblea Generale se l'elettore desidera dare più di
un voto a un candidato esprimerà la sua intenzione sulla scheda con parole e con cifre, il che può
essere fatto in una delle forme seguenti : M. A.
— M. B. — M. C., il che significa un voto per
ciascuno dei tre candidati nominati ; oppure. M.
A., 1 voto e 1 2 — M. B., 1 voto e 1 2 ; oppure
M. A. due voti, N. B. un voto ; oppure M. A.
tre voti » (*Legge 9 aprile 1872, cap. 46 § 54*).

E per le elezioni amministrative : « In tutte queste elezioni ogni elettore potrà votare per tanti
candidati quanti sono i consiglieri da eleggere
nella sua circoscrizione ; potrà anche distribuire
questi voti o frazioni di voto fra i candidati, a suo
piacimento : i candidati che avranno il maggior

---

(1) REPORTS cit. pag. 105.

numero di suffragi saranno dichiarati eletti. »

Anche sui resultati di questa esperienza non abbiamo molte informazioni : da una parte è notevole il fatto che nell'Illinois essa resista all'esperienza da quaranta anni ; dall'altra non si può non tenere conto del fatto che nessun altro Stato della Confederazione Nord Americana si sia indotto a seguire l'esempio dell'Illinois : anzi mentre la Costituente dello Stato d'Ohio nel 1874 aveva con 14 voti contro 38 approvata l'introduzione del voto cumulativo nelle elezioni legislative, il popolo, per *referendum,* lo respinse.

Ad ogni modo pare che il resultato complessivo del voto cumulativo nell'Illinois, fino dalla sua prima applicazione, fosse sodisfacente, nel senso che, in virtù sua, i mandati risultarono distribuiti in modo assai equamente proporzionale alle forze dei due partiti. Infatti, prima della sua introduzione, 327,000 elettori repubblicani avevano ottenuto 42 mandati e 123,000 democratici 43 : col voto cumulativo 240,837 voti repubblicani elessero 86 deputati ; 187,250 voti democratici 67. Parrebbe anche che i resultati morali del sistema fossero stati buoni facilitando la scelta dei candidati migliori e attenuando l'antagonismo fra il nord del Paese che prima eleggeva soltanto rappresentanti repubblicani, e il sud che non eleggeva che democratici. (1)

Ma questo esperimento dell'Illinois ci consente di renderci ben conto del principale difetto del sistema mostrandoci come, pel suo retto funziona-mento, siano condizioni *sine qua non* una abilis-sima organizzazione dei partiti ed una forte di-sciplina nel corpo elettoràle. Se i comitati eletto-rali dirigenti sbagliano nei loro calcoli o il corpo elettorale non li segue può accadere benissimo che la maggioranza dei seggi sia conquistata dalla minoranza dei voti e viceversa. Il partito di maggioranza rischia infatti, se non sa valuta-re le proprie forze, di accumulare troppo i suoi voti o di disperderli troppo; da ciò il naturale predominio dei comitati elettorali i quali gravano sulla libertà individuale degli elettori (2). Per-chè « il computo preventivo da parte dei partiti della forza di cui dispongono » è indispensabile

(1) Cfr. SARIPOLOS cit. Vol. II, pag. 266 e seg. il quale trae le notizie specialmente da una lettera del MEDILL al *Cincinnati Commercial* del 2 dicembre 1872.

(2) Cfr. MASON, PROPORTIONAL REPRESENTATION ecc. New York 1895 e FORSTER, COMMENTARIES ON THE CONSTITUTION OF THE UNITED STATES, Boston 1895.

dice il Vauthier (1). E il Lindsay, segretario del-
l'ambasciata d'Inghilterra nel Nord-America al
quale dobbiamo un accuratissimo rapporto, scritto nell'agosto 1906, sulle elezioni dell'Illinois
mette bene in rilievo l'importanza di sapere calcolare prima delle elezioni la forza elettorale
di ciascun partito e di regolarsi in conseguenza
nella presentazione dei candidati (2). L'errore
infatti è sempre punito con un danno per il partito. Il Saripolos (3) ci dà, traendola da un autore americano, la notizia che in un distretto
nelle elezioni generali del 1892 ed in tre in quelle del 1894 la minoranza dei votanti ottenne la
maggioranza dei seggi : per esempio in quelle
del 1894 nel 45° distretto i repubblicani raccolsero 20,768 voti e i democratici 19,492 : ma i voti repubblicani si divisero così fra i due candidati del partito : Callahan voti 11,140 ; Lathrop
9628 : invece i voti dei democratici si distribuiro-

(1) VAUTHIER, DES PROCÉDÉS ÉLECTORAUX ET DU
VOTE CUMULATIF, Révue Internationale de sociologie,
avril 1898.

(2) REPORTS cit. pag. 60.

(3) SARIPOLOS op. cit., Vol. II, pag. 268. Egli rileva le notizie da COMMONS, PROPORTIONAL REPRESEN-
TATION, New York 1896.

no 9793 a Black e 9699 a Tipfit. Black e Tipfit riuscirono eletti insieme con Callahan e. i democratici ebbero così due seggi mentre uno solo
ne toccava ai repubblicani più numerosi di loro.
Taluno potrebbe osservare che i repubblicani in
questo caso furono giustamente puniti della loro
indisciplina, ma bisogna pur riconoscere che il
difetto è veramente nel sistema e non già nel corpo elettorale, perchè non è possibile che, dovendosi votare per due candidati, i voti si dividano
fra essi per metà con matematica esattezza, specialmente quando la votazione è complicata dal
voto cumulativo. E' anche opportuno notare, il
che il Saripolos non ha fatto, che tra i due partiti correva una differenza di soli 1276 voti e cioè,
disponendo ciascun elettore di tre voti, di soli
425 elettori. Ma esempi assai più interessanti,
anche perchè più recenti, ci offre la relazione
del Lindsay, che li trae dalle elezioni del 1904.
Nel quarto distretto i repubblicani raccolsero
22.245 voti concentrandoli su di un sol candidato;
i democratici 20.193 voti divisi su due candidati
in ragione di 10.397 e 9796; i socialisti 10.550
tutti su un candidato. Così ciascun partito ottenne un seggio. E' chiaro che il partito repubblicano ha fatto una valutazione delle proprie forze

inferiore alla realtà, il partito democratico superiore alla realtà. Infatti se il partito repubblicano, invece di concentrarli su un sol nome, avesse diviso i 22,245 voti dei proprii 7415 elettori su due candidati A e B, a ciascuno di essi sarebbero toccati all'incirca 11,000 voti e ambedue sarebbero risultati eletti qualunque fosse stata la linea di condotta scelta dagli altri partiti. Difatti il terzo posto sarebbe spettato ai democratici se questi avessero raccolto i 20,103 suffragi dei propri 6731 elettori su un solo candidato, ma se li avessero divisi fra due, come effettivamente hanno fatto, avrebbero lasciato conquistare il terzo posto dai 3500 socialisti che avrebbero concentrato su di un solo candidato 10,500 voti, mentre i due candidati democratici avrebbero al più raccolto su ciascheduno dei candidati propri 10,000 voti. Insomma dalla relazione del Lindsay appare che nelle elezioni del 1904 nell''Illinois il partito repubblicano si tenne ad una tattica timida, preferendo la certezza di conquistare un seggio a correre il rischio di non averne nessuno, e spesso così ne conquistò soltanto uno anche quando poteva averne due, disponendo, nella circoscrizione, della maggioranza dei voti. Ciò gli accadde per esempio, oltre che nella 4ª, nelle cir-

coscrizioni 9ª, 36ª, 40ª, 48ª. Invece il partito democratico prescelse la tattica audace, arrischiando
di perdere tutto per l'ingordigia di conquistare
due seggi invece di uno. E tale tattica talvolta
gli andò bene, talvolta gli andò male. Per esempio nella 18ª circoscrizione i repubblicani votaro-
no per due candidati che ottennero 12,742 e
12,595 voti e furono eletti; il terzo posto sarebbe
spettato ai democratici che contavano circa 18,000
voti. Ma essi tentarono il colpo di conquistare
due seggi: divisero i voti in 9316 ad uno e 8670
ad un altro candidato e il seggio fu portato via
invece dai proibizionisti che concentrarono 10,160
voti su di un solo candidato. Per contro vi sono
circoscrizioni nelle quali questa tattica audace riesce loro favorevole: nella 36ª circoscrizione, con
33,356 voti divisi fra due candidati, conquistano
due seggi mentre i repubblicani ne sacrificano
34,218 per conquistarne uno solo; nella 40ª con
32,225 divisi fra due candidati conquistano ugualmente due seggi mentre i repubblicani sciupano
le loro forze concentrando 36,141 voti su di un
solo candidato; nella 48ª del pari i democratici
con meno di 32,000 voti hanno due seggi lascian-
done uno solo ai quasi 35,000 suffragi dei repub-

blicani che commettono anche quí l'errore di cumularli su di un solo candidato.

Bastano questi esempii per dimostrare quanto il sistema sia pericoloso ed aleatorio, poichè un errore di apprezzamento commesso dai capi di un partito vale a spostare completamente i resultati della elezione.

Eppure, complessivamente, nell'Illinois il sistema, come il Lindsay riconosce, riesce efficace per assicurare la rappresentanza alla minoranza. I distretti elettorali sono 51, ciascuno dei quali elegge tre rappresentanti all'Assemblea dello Stato. In questa uniformità di circoscrizioni gli errori dei partiti tendono a compensarsi e ad elidersi cosicchè il Lindsay ci mostra come le elezioni dell'8 novembre 1904 siano riuscite, mediante il voto cumulativo, ad assicurare allo Stato dell'Illinois una rappresentanza quasi proporzionale. Per assicurarsene il Lindsay confronta le votazioni avvenute, sempre nell'Illinois, nello stesso giorno, e naturalmente con voto singolo, pel Presidente degli Stati Uniti. Il candidato repubblicano ottenne il 58,77 % dei voti: nelle elezioni legislative il partito repubblicano conquistò 91 seggi e cioè il 59,49 % della rappresentanza. La corrispondenza, come si vede, è quasi perfetta. Il partito democratico, il cui candidato alla presidenza della Confederazione, ottenne il 30,43 % dei voti ebbe 57 deputati eletti e cioè il 37,25 %. della rappresentanza. Questo eccesso, pel quale il partito democratico venne a conquistare sette od otto seggi più di quelli che proporzionalmente gli sarebbero spettati, si spiega probabilmente col fatto che una parte degli elettori i quali avevano votato pel candidato socialista alla presidenza, non essendovi in alcune circoscrizioni candidati socialisti per l'Assemblea, riversarono i loro voti sui candidati democratici : tale eccesso, almeno in parte, dipende però anche da quella tattica audace che abbiamo sopra illustrato. Le minoranze più esigue e cioè i proibizionisti e i socialisti che nella elezione alla presidenza degli Stati Uniti avevano raccolto rispettivamente il 3,23 e 6,43 % dei votanti dello Stato dell'Illinois non ottennero che due seggi ciascuno nelle elezioni legislative, e cioè l'1,32 % dell'Assemblea, mentre i proibizionisti, secondo una proporzionalità matematica, avrebbero dovuto avere cinque seggi e i socialisti otto. Ma è bene notare che nessun sistema proporzionale, nemmeno, come vedremo, quello belga, riesce ad assicurare una esatta rappresentanza alle minoranze troppo esi-

gue : il solo modo per garantirla loro sarebbe il
sistema del quoziente, purchè tutto il territorio
dello Stato costituisse un collegio unico. Infatti
ognuno comprende che le percentuali 3,23 e 6.43
nella elezione presidenziale sono ottenute col totale complessivo dei voti raccolti in tutte le cin-
quantuna circoscrizioni   dell'Illincis dai partiti
proibizionista e socialista, e in tal modo nessun
voto va sprecato : ma quando quel numero di voti, che nel suo complesso costituisce una percentuale già così scarsa, va diviso in cinquan-
tuna parti, quante sono le circoscrizioni, si comprende come in ognuna di esse non possa rappresentare una forza elettorale sufficientemente
considerevole per ottenere al partito una rappresentanza. E ai sostenitori del sistema maggioritario che pensino a farsene un'arma per dire che
in fin dei conti, nessun sistema di proporzionalità,
empirica o razionale, ha per effetto la giustizia
assoluta, è bene fare osservare che con un sistema maggioritario i proibizionisti e i socialisti non
avrebbero ottenuto nemmeno quei quattro seggi
che il voto cumulativo ha loro permesso di avere.

E' doveroso dunque riconoscere che in quanto
ad equità distributiva il voto cumulativo ha dato
all'Illinois risultati sodisfacenti. E questo abbia-

mo voluto documentare, non soltanto per dovere scientifico, ma anche perchè in una conferenza contro la Rappresentanza Proporzionale tenuta all'Associazione della Stampa di Roma dal-
l'avv. Teixeira, il 1° aprile 1910, abbiamo sentito
citare l'esempio delle elezioni del 1904 nell'Illinois come un documento che il voto cumulativo
non garentisce nel suo complesso una giusta rappresentanza.

Per altre minori applicazioni pratiche del voto
cumulativo come sarebbero nella elezione dei
membri dei Consigli scolastici (*School Boards*)
in Inghilterra, secondo l'*Elementary education
Act* del 1870, nella Colonia libera delle Isole della Baia dell'Honduras, nelle elezioni dei consigli
di amministrazione delle società per azioni in alcuni Stati della Confederazione Nord-Americana,
e per proposte di applicazione di voto cumulativo, che non furono mai approvate, rimandiamo
il lettore alle opere, più volte citate del Genala,
del Saripolos, del Bonnefoy, del Villey, ed ai numerosi autori da loro ricordati. A suo tempo vedremo come del voto cumulativo abbiano pensato
di valersi i proporzionalisti francesi. Ma guardiamo piuttosto come nel suo insieme il voto cumulativo sia stato giudicato.

Le sentenze, come è naturale, sono varie. Il Genala (1) dice che il voto cumulativo « badando
agli effetti che in complesso produce merita di venire anteposto non solo alle nostre forme elettorali, ma benanche al voto limitato perchè raggiunge lo scopo con maggiore sicurezza ed estensione di questo. Tuttavia anch'esso è una forma
imperfetta, uscita dalla mente degli statisti inglesi come uno spediente buono e accettabile per
i loro collegi tricorni, ma non ispirato ai veri
principii di ragione. »

Lo Zanardelli, nella sua Relazione del 1880,
così lo giudica : « Questo sistema, sebbene semplice, lo è meno del voto limitato, esige una grande disciplina nei partiti, una grande sagacia nei
medesimi, perchè quel partito che si inganna sulla proporzione delle proprie forze, accumulando
troppi o troppo pochi voti, è quasi certo di perdere qualche posto; sicchè di questo sistema si
vide spesso avvantaggiarsi largamente la minoranza. » (2)

_____

(1) GENALA, op. cit. pag. 101.

(2) ATTI PARL. CAM. DEI DEP. Leg. XIV. Sess. 1ª.
Relazione presentata il 21 Dic. 1880. Doc. 38 A. p. 162.

L'Orlando (1) osserva che « questo sistema ha
il difetto di pretendere dai comitati elettorali una
preventiva valutazione delle proprie forze e dagli
elettori una disciplina che è quasi impossibile.
Mancando tali elementi (sovra tutto il primo) o
le minoranze non saranno rappresentate, e il sistema non raggiungerà il suo scopo o, anche, le
minoranze diventeranno maggioranze e ciò non
è ammissibile. La prima ipotesi, strana ma vera, avverrà più facilmente quanto maggiore sarà la forza della minoranza. »

E noi possiamo accettare tali osservazioni del-
l'Orlando, ma non, ce lo consenta l'illustre Maestro, gli argomenti sulle quali egli le fonda.

Dice l'Orlando : « In un collegio a tre nomi un
partito sia forte di 1000 voti, un altro di 999 : i
capi di quest'ultimo credendo (e come si potrà
rimproverarneli ?) di essere maggioranza voteranno tre nomi, come anche il primo partito il
quale otterrà vittoria completa per tutta la lista. »

Cominciamo dall'osservare che, avverandosi l'i-
potesi dell'Orlando, non si tratta più di voto cu-

(1) ORLANDO. PRINCIPî DI DIRITTO COSTITUZIONALE
IV ediz. Firenze 1905, pag. 116.

mulativo perchè i due partiti in competizione
hanno spontaneamente rinunciato a valersi dello
strumento che la legge poneva loro a disposizione, e avendo ambedue votato per tanti candidati
quanti erano i candidati da eleggere, l'esempio
si riduce ad un caso di scrutinio di lista puramente e semplicemente maggioritario e quindi l'Orlando deve far carico allo scrutinio di lista e non
al voto cumulativo, al principio maggioritario e
non a quello di rappresentanza delle minoranze
dei tristi effetti della sua ipotesi, che cioè ai 1000
toccasse tutto e ai 999 nulla. Ma è logicamente
ammissibile questa ipotesi dell'Orlando ? Assolutamente no; perchè, ove sia in vigore il voto cumulativo, due partiti che si illudano ciascuno per
conto proprio di essere maggioranza, concentre-
ranno indubbiamente i propri voti su due candidati in una circoscrizione chiamata a eleggere
tre deputati, e si illuderanno ciascheduno di conquistare i due seggi mentre all'effetto pratico il
partito in minoranza non riuscirà che ad elegger
ne uno. E quindi in questo caso l'errato apprezzamento delle proprie forze non recherà al partito
(s'intende tenendo ferma l'ipotesi che due partiti
soltanto siano in competizione come ha supposto
l'Orlando) alcun nocumento. Il pericolo invece

si avrà, come chiaramente ci mostrano i ricordati esempi dell'Illinois, quando la maggioranza
e la minoranza siano, non quasi equivalenti come l'Orlando ha supposto, ma invece di proporzioni assai diverse e specialmente quando nello
spazio di tempo che intercede fra due elezioni si
sia sensibilmente spostato il rapporto numerico
fra due partiti, oppure si speri, o si creda, da un
partito che ciò sia avvenuto di fatto mentre in
realtà non sia così.

Bisogna però distinguere diversi casi :

1°) che siano in lotta due soli partiti ;

2°) che siano in lotta più di due partiti.

Nel primo caso o la maggioranza è saggia e di-
screta e si contenta di due posti (sempre nella sup-
posizione di collegi tricorni) e lascia il terzo posto
alla minoranza. Ed in tal caso nulla da dire, salvo
che possono ripetersi gli inconvenienti di mancanza di proporzione già lamentati a proposito
del voto limitato. Oppure la maggioranza crede
di soverchiare talmente la minoranza da poter
conquistare tutti i seggi : ma s'inganna perchè
la minoranza, cumulando tutti i suoi voti su di
un candidato solo, riesce a ottenere un seggio.
Fin qui nulla di male poichè la minoranza, sia
pure contro le previsioni e i desiderii della mag-

gioranza non ha ottenuto se non quanto legitti-
mamente le perveniva. Ma se la differenza numerica tra maggioranza e minoranza è scarsa e
questa ha votato per due nomi e quella per tre
potrà darsi che la minoranza veda ambedue i suoi
candidati uscire vittoriosi dalle urne mentre alla
maggioranza non toccherà che un seggio.

Nel secondo caso poi, quando cioè i partiti in
competizione siano più di due ci pare difficile che
la maggioranza sia così cieca da tentare la conquista di tutti e tre i seggi, ma se così faccia,
è quasi certo che non potrà ottenere che un seggio. Assai più probabile sarà che essa si contenti
di presentare due candidati e li veda riuscire. Ma
il terzo posto ? Dovrebbe toccare alla minoranza
più forte, ma se questa si illude di potere essa
conquistare due seggi e vota per due candidati
correrà assai spesso pericolo di rimanere a mani
vuote perchè il terzo seggio sarà preso da un terzo partito, più debole del secondo ma che, più
saggio o meno ingordo, avrà raccolto tutte le sue
forze elettorali su di un nome solo.

E, sinceramente, che l'ingordigia sia punita non
ci rincresce troppo e ci pare una giusta lezione
della quale un partito sa poi far tesoro per l'avvenire. Guardiamo infatti : l'Orlando affaccia que-

st'altra ipotesi : « In un collegio a tre nomi il
partito I sia forte di 550 votanti e quindi di 1650
voti, il partito II di 400, quindi di 1200 voti. Il
partito I vota per tre candidati, cui darà 550 voti
ad ognuno, il partito II vota per due candidati
ai quali darà 600 voti. Così avverrà che il partito
II, pur essendo inferiore all'altro di 150 voti,
avrà due rappresentanti su tre. »

Orbene non è evidente che il partito I, il quale ha disdegnato di mettere in opera il voto cumulativo, è giustamente punito dell'avere voluto carpire tutti e tre i mandati, mentre avendone
due avrebbe già avuto qualche cosa di più del
giusto, in quanto era inferiore ai 2/3 del corpo e-
lettorale? Il partito I ha voluto disconoscere il
diritto alle minoranze di avere una, sia pur modesta, rappresentanza, e ne è stato punito. E
quanto noi osserviamo contro quest'ultimo e-
sempio dell'Orlando, serva di risposta anche ad
analoghi esempi citati da altri autori (1).

Troppo severi quindi a noi, che pure siamo
tutt'altro che entusiasti del voto cumulativo, sem-

(1) Cfr. VILLEY cit. pag. 133. ROSIN. MINORITA-
TENVERTRETUNG UND PROPORTIONALWAHLEN, Berlin 1892,
pag 40; SABINI. LA RIFORMA ecc. pag. 75 ed altri
ancora.

brano i giudizi di alcuni autori su questo sistema : come quello dell'Aubry-Vitet (1) il quale
scrive : « E' uno strumento di confusione, di sorpresa, d'arbitrio ; è la possibilità per la minoranza di usurpare il posto della maggioranza » e del
Villey « E' un rimedio empirico che può divenire una scatola a sorpresa », o del nostro Amabile che dice addirittura : « Lungi dal chiamare
empirico il sistema del voto cumulativo, sarebbe
meglio qualificarlo addirittura come un espediente arbitrario..... : a prima vista ci apparisce fondato sull'arbitrio e sul capriccio ; nella pratica
può diventare facile strumento di sorpresa e di
confusione, ed è dotato, come diceva Hare, di
popular dissatisfaction, senza contare la difficoltà
materiale del processo di scrutinio » (2).

Poichè non è giusto dimenticare i pregi che altri
ricordano come per esempio la grande semplicità del sistema (3), il suo facile adattamento al si-

_____

(1) AUBRY-VITET. Le su'frage universel d'an7
l'avenir. *Revue des deux Mondes.* Mai 1870.
(2) AMABILE, *op. cit.* p. 67-68.
(3) Cfr. BENOIST, La Crise de l'Etat moderne
pag. 126.

stema dello scrutinio di lista (1) e la sua utilità
nell'assicurare una certa uguaglianza elettorale;
ed è anche vantaggioso che il voto cumulativo si
possa senza sforzi proporzionare a tutti i gradi di
capacità elettorale (2), e che « riunisca i vantaggi
dello scrutinio di lista (larghe circoscrizioni) e
quelli dello scrutinio uninominale (conoscenza
dei candidati da parte degli elettori. » (3).

Ci sembra anche degno di nota che il voto cumulativo trovi benevolo giudizio presso un'autorevole scrittore che, per ragioni di principio, è deciso avversario della Rappresentanza proporzionale : l'Esmein (4). Egli scrive : « Il voto cumulativo presenta la stessa semplicità del voto limitato, ma non ha nulla d'arbitrario e si può anche
sostenere che si fonda su di un altro principio
che il solo diritto delle minoranze.... ed offre
anche questo vantaggio, che può funzionare

_____

(1) NAVILLE, ETUDE EXPÉ9IMENTALE DU VOTE CUMU-
LATIF, (LES PROGRÉS DE LA RÉFORME ELECTORALE EN 1874 ET
1875, Genève 1876) p. 25.

(2) NAVILLE, ibid. p. 27.

(3) SARIPOLOS. *op. cit.;* Vol. II, p. 261

(4) ESMEIN · ELÉMÉNTS DE DROIT CONSTITUTIONNEL
FRANÇAIS ET COMPARÉ, Cinquième edition. Paris 1909.
p. 283.

anche col principio della maggioranza assoluta :
se la maggioranza è ben disciplinata occorrerà
anche che il candidato della minoranza, per essere eletto, ottenga un numero di suffragi superiore alla metà più uno. Di tutti i sistemi di rappresentanza proporzionale il voto cumulativo è
il più semplice e il migliore. »

Dopo quanto abbiamo detto sul voto cumulativo il lettore ci demanderà se noi pensiamo che
esso possa essere giudicato utile e conveniente
per l'Italia.

Premettiamo una considerazione assai grave.
Il voto cumulativo offre senza dubbio incremento
ad una delle più gravi piaghe del regime elettorale : alla corruzione. Infatti la compra della
coscienza di un elettore acquista tanto maggior
valore in quanto l'elettore possiede più suffragi
e può riversarli tutti su un solo candidato, che,
magari, senza scrupoli, potrà agire per conto
proprio all'infuori dei partiti, ed assicurarsi, senza troppa difficoltà, il numero di voti necessario
per essere eletto. Supponiamo che in una circoscrizione che debba eleggere cinque deputati
vi siano 9000 votanti. Un candidato il quale
riesca ad accapparrarsi 2000 elettori sarà matematicamente sicuro, qualunque possa essere la

forza e l'azione dei partiti e dei candidati concorrenti, di garentirsi la elezione. Siffatto pericolo non è sfuggito al Saripolos ed è così riconosciuto da un fautore del voto cumulativo:
« La corruzione elettorale mediante la compra
delle coscienze, doppiamente facile nel collegio
uninominale che nello scrutinio di lista con voto
cumulativo, è più difficile invece nello scrutinio
di lista semplice che in quest'ultimo, e la differenza è tanto più grande quano più grandi sono
le circoscrizioni di cui si tratta. » (1).

Ora tale pericolo del sistema mi pare da pren-
dersi in grandissima considerazione in Italia,
specialmente se si pensi che, con tale sistema, sarebbe quasi impossibile adottare la scheda stampata d'ufficio e da consegnarsi dl seggio, metodo che io reputo molto utile a cotenere la corruzione perchè rende difficilissim il riconoscimento del modo nel quale l'elettoe ha votato e
quindi assai aleatorio che la coruzione riesca
utile al corruttore. E' anche da tenrsi in conto
che il voto cumulativo funziona meglio in circoscrizioni non molto estese che in rcoscrizioni

----

(1) VAUTHIER. RÉFORME DES PROCÉDÉS ÉLECTORAUX
PAR LE VOTE CUMULATIF, Paris 1896. p. 36.

ampie; ora, se ciò sarebbe utile per la conoscenza che gli elettori è bene abbiano dei candidati,
non otterremmo di sgominare e di annegare nel
numero degli elettori e nella vastità delle circoscrizioni le clientele che si sono formate nel collegio uninominale. Sarebbe necessario tenersi
nella maggior parte dei casi a collegi di tre deputati e sarebbe pericolosissimo formare circoscrizioni di più che cinque deputati, perchè in una
circoscrizione molto vasta diventa davvero arduo,
anche pei più abili conoscitori dell'ambiente, fare, con una certa approssimazione di esattezza,
calcoli e previsioni sui resultati elettorali, e quindi diventano tanto più facili e al tempo stesso
più gravi quanto alle conseguenze, gli errori di
valutazione. Senza dire che, estendendo troppo
le circoscrizioni, si accrescerebbe infinitamente
l'autorità dei comitati elettorali, e si renderebbe
necessaria da parte del corpo elettorale una fer-
rea disciplina, molto simile alla passiva docilità,
quale non è lecito aspettarsi dalle nostre masse
elettorali.

Gl'italiani, facili agli entusiasmi, inclini alle
simpatie ed alle antipatie personali, difficilmente saprebbero rinunciare a non spendere tutta
l'influenza che dalla legge sarebbe loro accor-

data, a vantaggio del candidato preferito. Il
comitato elettorale direbbe : votate per A e B ;
ma tutti quelli che, pur aderendo alle idee del
comitato, preferiscono A. a B. probabilmente
non avrebbero lo spirito di sacrificio e di disciplina di rinunciare ad accumulare tutti i proprii
voti su A. e altrettanto farebbero i fautori di B.
Ciò produrrebbe in molti casi uno spreco di voti
dati al candidato più popolare e più simpatico e
una insufficienza di voti per gli altri candidati
dello stesso partito, con manifesta alterazione dei
resultati complessivi e, se, nonostante la dispersione, più candidati di uno stesso partito fossero
eletti, si avrebbe a lamentare una notevole differenza di autorità e di prestigio fra di essi.

Nè possiamo dimenticare che, volendo abolire il collegio uninominale, si deve scegliere un sistema che impedisca al sistema abolito di continuare a sopravvivere, sotto mentite spoglie, nel
sistema nuovo. Una delle principali ragioni per
le quali lo scrutinio di lista, come fu adottato in
Italia nel 1882, fece così cattiva prova, fu appunto
che nei collegi plurinominali continuarono di fatto ad esistere gli antichi collegi uninominali, e
spesso coloro che di questi erano stati i rappresentanti sotto l'antico regime, per quanto diver-

si, e non di rado opposti, per idee e per programmi, costituirono una lista unica, multicolore, come l'iride, formando come una società in accomandita, nella quale ciascuno portava, a beneficio comune, il capitale dei voti personali sui quali prima faceva assegnamento nel proprio collegio. Ora, adottando il voto cumulativo, la legge potrebbe essere elusa anche più completamente di quel che non avvenne nel 1882. Difatti si supponga che tre degli attuali collegi uninominali si fondano in uno solo, e agli elettori siano accordati tre voti ciascuno : orbene se gli elettori di un deputato uscente, eletto col sistema uninominale, gli si mantengono fedeli e votano compatti per lui cumulando su di esso tutti i voti di cui dispongono, il deputato riuscirà indubbiamente eletto e sarà in sostanza il rappresentante precisamente di quello stesso aggregato di elettori che lo mandavano prima alla Camera.

Chi conosca la forza di resistenza degli interessi e dei puntigli campanilistici in Italia e la pertinacia delle clientele personali, specialmente in molte regioni d'Italia, comprenderà facilmente che il voto cumulativo rischierebbe in tal guisa di lasciare immutato lo *statu quo* in gran parte del paese e forse proprio là dove è maggiore il biso-

gno di un salutare rinnovamento e di lotte non
più fondate sulla base di competizioni personali
e su antagonismi di interessi.

In quanto agli effetti che il voto cumulativo
potrebbe avere in Italia, rispetto ai partiti politici,
pur essendo sempre arrischiati in materia di riforma elettorale i prognostici, si può, con un
certo fondamento, prevedere che là dove le competizioni politiche sono più vive e più definite, e
cioè nell'Italia settentrionale e centrale, i partiti
popolari avrebbero indubbiamente da guadagnar-
vi. Si può garentire che nell'alta e media Italia i
partiti popolari guadagnerebbero, in ognuna delle circoscrizioni a tre nomi, almeno un seggio,
ed in parecchie potrebbero conquistarne due, il
che darebbe loro più di un centinaio di seggi sui
305 che spettano all'Italia settentrionale e centrale. Crediamo poi che difficilmente il voto cumulativo permetterebbe ai partiti di lottare indipendentemente l'uno dall'altro; le coalizioni e i confusionismi, coi loro malefici e perniciosi effetti
sulla politica generale e sull'azione parlamentare,
continuerebbero a costituire una triste necessità.

Concludendo sul voto cumulativo, io lo stimo
assai preferibile al voto limitato e perciò non pos-

so accettare il giudizio del Majorana (1) che anche soltanto sotto qualche aspetto « il voto limitato e il cumulativo, nonostante le loro differenze modali, si equivalgono ». Credo anzi che il voto cumulativo, nonostante tutte le riserve da me
fatte, possa valere a correggere efficacemente lo
scrutinio di lista perchè, mi servirò di parole di
Ernesto Naville, il voto cumulativo « permette
ma non assicura la rappresentanza proporzionale. » (2) E perciò se in Italia vigesse lo scrutinio
di lista, o si volesse ad ogni costo introdurvelo, io
accetterei il voto cumulativo come un indiscutibile miglioramento, ma essendo la questione posta
in modo diverso, e dovendosi abbandonare il sistema del collegio uninominale, mi sembra che il
voto cumulativo non valga a far così dimenticare
i difetti dello scrutinio di lista, nè che, al tempo
stesso, permetta di fruire dei vantaggi che esso
offre—fra i quali in prima linea, l'ampiezza delle
circoscrizioni e il carattere politico anzichè personale della lotta — in modo che meriti la pena

---

(1) MAJORANA ANGELO: Del parlamentarismo —
Roma 1885 pag. 262 e seg.

(2) NAVILLE Les Progrès de la Réforme électorale en 1874 et 1875, e seg Geneve 1876, p. 30.

di abbandonare il regime del collegio uninominale quando, s'intende, questo sia liberato da tutti
quei difetti non intrinseci che ora lo rendono più
intollerabile nel nostro Paese.

Giustamente osserva il Laffitte (1) che il voto
cumulativo è una forma incompleta di rappresentanza proporzionale e che si può cercare una
forma più esatta per conseguirla. Guardiamo
dunque se tra i metodi di rappresentanza delle
minoranze quello del voto unico rappresenti una
approssimazione maggiore alla giusta rappresentanza di tutte le idee.

IL VOTO UNICO.

Il voto unico, diciamolo con le parole del Genala, (2) consiste in ciò: « che gli eleggendi del
collegio debbono essere parecchi; che ciascun
elettore deve votare per un candidato solo: che
debbono proclamarsi eletti quelli che hanno raccolto il maggior numero di suffragi ».

Le sue applicazioni legislative sono assai scar-

(1) LAFFITTE — LA RÉFORME ÉLECTORALE, LA REPRÉ-
SENTATION PROPORTIONNELLE, Paris, 1897, p. 41.
(2) GENALA, *Op. cit.* pag. 101.

se. Nel campo delle semplici proposte, il Genala rammenta che il Condorcet nel già ricordato *Plan de Costitution* consigliava questo metodo per la nomina dei giurati, e che fu proposto da Alex Mackay (1) nella *Edinburgh Review* nel 1852 e riproposto con maggior tenacia da un altro scrittore inglese il Merchant (2) che proponeva, reputandole sufficienti per tutelare i diritti delle minoranze, circoscrizioni comprendenti sette deputati ciascuna.

Nel 1871 questo sistema fu proposto in Grecia dal ministero Coumoundouros, ma il progetto non andò innanzi per la caduta del ministero : il progetto divideva la Grecia in tredici collegi, ciascuno dei quali doveva eleggere da tredici a quindici deputati ; gli elettori non potevano votare che per un solo candidato, e sarebbero stati dichiarati eletti quei candidati che avessero raccolto un numero di voti uguale almeno alla metà più uno del quoziente elettorale (3).

Il voto unico è stato attuato nella città libera

---

(1) MACKAY, The expected Reform bill, Jan. 1852, p. 218, 228 ecc.

(2) MERCHANT, Representation of minorities, with a scheme of redistribution, London 1869.

(3) Questa proposta greca ed altri tentativi per at-

di Amburgo per la elezione della *Bürgeraus-
schuss* (Delegazione borghese) in seno alla *Bür-
gerschaft* (Camera Bassa) nella quale ciascun
membro, per l'elezione dei diciannove componenti della dieta, vota per un solo candidato e sono
eletti quelli che hanno raccolto il maggior numero di suffragi e non meno del quarto dei suffragi
stessi. Ma l'applicazione più importante del voto
unico è quello della legge Brasiliana 9 gennaio
1881, la quale disponeva: « nella elezione dei
membri delle Assemblee provinciali il voto è uninominale; sono eletti i cittadini che riuniscono
un numero di voti almeno uguale al quoziente
elettorale calcolato sul totale dei votanti ». L'e-
sperimento brasiliano è giudicato sodisfacente
dal barone d'Ourèm che vi dedica un lungo e
minuto studio. (1) Ma la proposta concreta di vo-

tuare in Grecia la rappresentanza delle minoranze
o la rappresentanza proporzionale, sono oggetto di
studio particolarmente accurato nel SARIPOLOS,
Vol. II. pag. 296 e seg. Cfr. anche BONNEFOY, p. 98.

(1) D'OURÉM. LES DEBATS DU PARLEMENT BRÉSILIEN
RELATIFS À LA REPRÉSENTATION PROPORTIONNELLE nel volu-
me: LA REPRÉSENTATION PROPORTIONNELLE, ÉTUDES DE
LÉGISLATION ET DE STATISTIQUE COMPARÉES PUBLIÉES PAR
LA SOCIÉTÉ POUR L'ÉTUDE DE LA R. P. — Paris 1888, pa-
gine 257-337.

to unico, che a noi interessa di più, è quella presentata e vigorosamente sostenuta nel Parlamento italiano dal Genala : ed è curioso che, per
quanto ci consta, tale proposta sia passata sotto
silenzio da quasi tutti gli autori stranieri che
hanno parlato del voto unico. Ma prima di occuparcene guardiamo brevemente quali giudizi
questo sistema ha meritato.

Il Saripolos si mostra contro di esso di una e-
strema severità scrivendo : « Questo sistema è
tutto ciò che vi è di più inammissibile ; esso lascia
troppo gran giuoco al caso ; permette a una minoranza disciplinata di usurpare i diritti della maggioranza e di ottenere la maggior parte dei seggi.
Questo sistema, come il voto cumulativo, importerebbe una organizzazione quasi militare dei partiti, accorderebbe eccessiva importanza ai politicanti e ai comitati elettorali, e non saprebbe mai
garantire l'attuazione dei principii democratici
e il potere della maggioranza ». Per confermare
tale suo giudizio il Saripolos invoca un'autorità
per noi di grande valore, quella di Giuseppe Zanardelli che nella sua monumentale relazione alla legge elettorale politica del 1880 scriveva : «Fu
pure proposta una votazione a scrutinio di lista,
ma con voto unico per ogni elettore ; titolo di riu-

scita la semplice maggioranza relativa, la quale
potrebbe far vacillare fortuitamente l'elezione fra
un enorme cumulo ed una non meno enorme dispersione di voti, rendendo possibile che, per effetto di tale cumulo o di tale dispersione, la minoranza ottenga il maggior numero di deputati. » (1)

Il che è senza dubbio esatto, ma non autorizza il
Saripolos a dire che col voto unico « le minoranze possono eleggere qualche deputato; basta supporre una minoranza disciplinata di fronte a una
maggioranza che disperda i suoi voti. » Così dicendo parrebbe quasi che ove la maggioranza,
non disperda i suoi voti, il sistema sia assolutamente privo di qualsiasi efficacia.

Invece assai meglio il Bonnefoy dice:
« non si può disconoscere che con questo sistema
le minoranze non possano essere rappresentate »
e infatti lo stesso esempio concreto che il Saripolos adopra dimostra l'ingiustizia di queste sue
conclusioni. Supponiamo — egli dice — di avere
una circoscrizione chiamata ad eleggere cinque
deputati : il partito I° conta 1000 elettori, il parti-

---

(1) ATTI PARL.; CAM. DEI DEP. LEG. XIV — Prima
Sess. — Doc. 38 A p. 158.

to II° 700 : A. B. C. e D. candidati del partito I°
raccolgono 250 voti ciascuno; E. ed F. del partito II° 350 voti ciascuno : risultano eletti E. ed F.
del partito II°; A. B. e C. del partito I°.

Orbene in questo esempio dove mai il Saripolos scorge la dispersione dei voti del partito di
maggioranza? In questo caso, da lui citato, il sistema ha funzionato così egregiamente da dare
gli stessi resultati che in quella situazione politica avrebbero dato il metodo d'Hondt o quello del
Naville. Il difetto del sistema, come vedremo fra
poco, non è dunque questo, e sotto quest'aspetto
è perciò strano che il Saripolos, che ha pure avuto
parole di giusta e quasi benevola considerazione
pel voto cumulativo e perfino per quello limitato,
giudichi il voto unico ciò che c'è di più inammissibile. Ma la trascuranza o la scarsa simpatia
dalla maggior parte degli scrittori di Diritto costituzionale e in particolar modo di questa speciale materia verso il voto unico dipende forse da
tre cause e cioè : dalla scarsa diffusione pratica
avuta dal sistema; dall'essersi confuso il voto
unico non trasferibile col voto unico trasferibile,
che ha avuto notorietà tanto maggiore; dall'essersi infine probabilmente ritenuto da alcuni, co-

me dall'Amabile, che il voto unico sia applicabile soltanto col collegio unico.

Non certo così la pensava il Genaia il quale, fin
dal 1871, giudicava il voto unico come contenente
qualche pregio di più e qualche difetto di meno
del voto limitato e del voto cumulativo, sui quali
aveva la superiorità segnalata della unità del
suffragio, della grandissima semplicità che lo
mette alla portata della mente di qualsiasi elettore, e della minore influenza che consente alle manovre dei partiti. Riconosceva invece che un grave difetto del sistema, anzi una causa principale
di difetti, consisteva nel principio della maggioranza relativa. E fondava la constatazione di tali
difetti su questi due esempi : si supponga una
circoscrizione nella quale siano da eleggere tre
rappresentanti e partecipino alla votazione 900
elettori dei quali 500 liberali e 400 conservatori.
Ora se i liberali dànno 200 voti ad A, 150 a B,
150 a C e i conservatori 145 a D, 130 a E e 125
a F riusciranno eletti tutti i liberali e nessun
conservatore. Se invece i liberali danno 400 voti
ad A e 100 a B e i conservatori 250 a D e 150 ad
E, riusciranno eletti un solo liberale (A) e due
conservatori (D, E).

Ma noi osserviamo che se nel primo caso la

minoranza è rimasta soprafatta ciò è dipeso unicamente dalla sua pretesa di occupare tutti i seggi del collegio, e se invece nel secondo caso la
maggioranza è rimasta sacrificata e la minoranza
ha ottenuto più del giusto, ciò è derivato dalla
insipienza o dalla disgregazione della maggioranza che si è preoccupata unicamente di far riuscire il candidato A, e vi è naturalmente riuscita, ma a danno dell'altro suo candidato B. Ad
ogni modo il solo fatto che un sistema elettorale
renda possibili e non ostacoli in alcun modo inconvenienti di questa natura costituisce una forte ragione per sconsigliarne l'adozione.

Complessivamente il Genala nel suo libro del
1871 così esprimeva il suo giudizio :

« Tutto bene ponderato io non esito un
momento, benchè sappia di andare contro al-
l'opinione di quasi tutti gli scrittori, a giudicare il voto unico una procedura di gran lunga
superiore, non solo alle nostre attuali, ma be-
nanco al voto limitato e al cumulativo, perchè
questi partecipano a tutti i vizi del voto unico
senza partecipare ai suoi pregi più ragguarde-
voli ». Aggiungeva però subito : « ad onta di
questo suo valore relativo, il voto unico non applica perfettamente la libertà e l'uguaglianza elet-

torale ; per la quale cosa è dovere della scienza
di procedere oltre instancabile, fin tanto che abbia trovato quell'organismo, che si possa chiamare umanamente perfetto. » (1)

Coerente a queste opinioni scientifiche il Genala fu convinto e ardente proporzionalista, ma
quando si persuase che in Italia i tempi non erano
maturi per l'adozione di un sistema proporzionale vero e proprio, sostenne da legislatore, come
aveva fatto da studioso, che il miglior sistema
intermedio era quello del voto unico.

Durante la discussione della riforma alla legge
elettorale politica, il Genaia presentò il seguente
emendamento che fu da lui svolto e sostenuto
nelle sedute 9 e 10 maggio 1881 e 13 gennaio, 3 e
7 febbraio 1882.

« art. 63 — L'elettore.... scrive sulla scheda
il nome di un solo candidato. »

« art. 72 — Il Presidente dell'adunanza dei
presidenti proclama eletti coloro che hanno ottenuto : più del terzo dei voti nei collegi a due deputati ; più del quarto dei voti nei collegi a tre
deputati ; più del quinto dei voti nei collegi a
cinque deputati. »

---

(1) GENALA, op. cit. pag. 105.

« art. 73 — Se tutti i deputati da eleggersi
nel collegio non sono nominati al primo scrutinio,
a termini dell'articolo precedente, si procede nel
giorno fissato dal decreto di convocazione, a una
votazione di ballottaggio fra i candidati che abbiano ottenuto il maggior numero di voti in numero triplo dei deputati che sono rimasti da eleggere ».

« art. 74 — Nello scrutinio di ballottaggio
l'elettore vota : per un solo candidato nel collegio nel quale restano da eleggere uno o due deputati ; per due candidati nel collegio nel quale restano da eleggere tre o più di tre deputati. I suffragi possono essere dati soltanto ai candidati fra
i quali si fa il ballottaggio. Si devono proclamare eletti coloro che hanno ottenuto il maggior
numero di voti. »

Il Genala, dinanzi alla prossima adozione dello
scrutinio di lista, egli che già nel suo libro di dieci anni prima si era mostrato così fermamente
avverso a questo sistema, (1) temeva sopratutto

----

(1) Basti citare le seguenti parole: « Lo scrutinio di
lista è un metodo di votazione peggiore di quello che
si fonda sui collegi a un solo deputato.... e male avvi-
sano il signor G. RICCIARDI (NUOVA LEGGE ELETTORA-
LE DA VENIR PROPOSTA ALLA CAMERA, 1867; L'ELEZIONE DEL

che l'elettore fosse dallo scrutinio di lista posto
in condizione di votare per candidati che non
conosceva, impostigli dai comitati e dai giornali.
Il voto unico avrebbe invece lasciato l'elettore
libero di scegliere fra i varii candidati quello che
gli fosse sembrato più degno di essere eletto per
le sue qualità personali, a parità di opinioni politiche; il che avrebbe risposto egregiamente al
concetto di designazione di capacità che si tende a sostituire a quello di mandato come base
della rappresentanza. E sotto questo aspetto pareva al Genala che il sistema da lui escogitato
fosse assai più vantaggioso così del collegio
uninominale, nel quale la scelta è troppo ristretta,
come dello scrutinio di lista nel quale l'elettore
è sottoposto a una disciplina di partito più severa, e costretto o a subire candidati che non sono
di suo gradimento, oppure a perdere l'effetto dei
propri voti e favorire gli avversarii. Inoltre il suo
metodo, mentre utilizzava la parte buona dello

PARLAMENTO NAZIONALE; Roma 1870) e altri molti in Italia i quali chiedono, come rimedio delle attuali ingiustizie, lo scrutinio di lista per provincie. Sarebbe,
per dirla alla buona, cadere dalla padella nella bra-
ce ». GENALA, Op. cit. pag. 55.

scrutinio di lista, e cioè l'ampliamento delle circoscrizioni, non toglieva il modo di farsi valere
ai legittimi interessi locali. Il compito dell'elettore veniva reso più facile così dal punto di vista
materiale, come da quello intellettuale; le operazioni di scrutinio erano facili, rapide e sicure, la
rappresentanza delle minoranze era garantita in
modo quasi proporzionale e, coll'assicurare agli
elettori l'efficacia del loro suffragio, si sarebbero
rese meno frequenti le coalizioni che paralizzano
la vita pubblica, la corruzione che la demoraliz-
za, le astensioni che la indeboliscono e la violenza che la rende odiosa.

Pel caso che nel primo scrutinio vi fosse stata
un'eccessiva dispersione di voti, in modo che
non si fosse riusciti a provvedere a tutti i seggi,
il Genala accettava in via transitoria il ballottaggio a maggioranza relativa e tra i candidati che
avevano riportato le maggiori votazioni nel primo scrutinio. Con ciò si rinunciava, accettando
il ballottaggio, al rigoroso principio della proporzionalità facendo una concessione all'opinione pubblica prevalente.

Tale sistema, da parte di chi l'ha attentamente
studiato, ha meritato benevoli apprezzamenti:

così il Sarraute (1) lo giudica « un tentativo legislativo tanto generoso quanto abile e ingegnosa-
mente concepito » e il Brunialti (2) lo dichiara
« una tra le soluzioni più semplici di un problema
che si presenta alla scienza nostra altrettanto facile nella sua espressione, quanto, nell'applicazione sua, difficile e incerto ».

L'emendamento proposto dall'on. Genala fu
respinto, ma non appena lo scrutinio di lista
maggioritario, ai primi esperimenti pratici, si manifesta anche più inadatto e pericoloso di quanto
gli stessi suoi più accaniti avversarii avessero
osato prevedere, e la tendenza ad abolirlo diviene
sempre più generale e vivace nella Camera e
nel Paese, egli ripropone il suo metodo e lo
sostiene vigorosamente con una dottissima
relazione (3) nella quale dimostra, che il suo
metodo tendeva ad armonizzare, sulla base del-

---

(1) SARRAUTE. LES DÉBATS DU PARLEMENT ITALIEN
RELATIFS À LA REPRÉSENTATION PROPORTIONNELLE nel volu-
me cit. LA R. P., ÉTUDES DE LÉGISLATION ET DE STATISTI-
QUE COMPARÉES. pag. 444-454.

(2) BRUNIALTI. DIRITTO COSTITUZIONALE vol. I., pa-
gina 606.

(3) ATTI PARL.; CAM. DEI DEP.; LEG. XVI; Sessione
Terza. Doc. 53-53 bis A.

l'esperienza, le parti migliori dei due sistemi dello scrutinio di lista e del collegio uninominale.

Il Genala aveva presentato il suo progetto alla Commissione che doveva riferire sulle proposte Bonghi e Nicotera per l'abolizione dello scrutinio di lista, il 10 maggio 1889, e la Commissione, avendolo riconosciuto meritevole di studio, aveva nominato, perchè lo esaminasse e ne riferisse entro venti giorni, una Sotto-giunta che di fatti presentò la sua relazione nella seduta del 15 giugno 1889.

Il dibattito sui tre metodi in discussione (scrutinio di lista, collegio uninominale, progetto intermedio Genala) fu così vivo che la commissione non si trovò in maggioranza su di alcuno dei tre e deliberò di lasciare la decisione alla Camera, fornendole gli argomenti a favore e contro per ciascuna delle tre proposte.

Il sistema propugnato dal Genala nel 1889 nelle sue linee generali riproduceva quello da lui presentato nel 1881, ma nei particolari ne differiva alquanto.

Il collegio, nel nuovo sistema, doveva essere abbastanza ampio per offrire all'elettore maggiore libertà di scelta e conferire all'elezione un carattere più generale, più largo, più politico. Ma

l'ampiezza non doveva essere eccessiva « perchè
quando il collegio è troppo grande, anzichè offrire ed accrescere i pregi di una scelta più libera,
più spontanea, più elevata li offusca fino a produrre l'effetto contrario ».

Si rinunciava quindi alle circoscrizioni a quattro ed a cinque deputati, giustificando la loro abolizione col dire che quando il collegio è troppo
ampio è difficile costituirlo con elementi omogenei; grandi le distanze fra parte e parte di
esso; non agevoli i rapporti; ignoti gli elettori
fra loro; i candidati moltissimi e poco o punto conosciuti dagli elettori. Quindi, eccessiva
influenza dei comitati, dei giornali, delle propa-
gande partigiane; preponderanza esagerata dei
grossi centri; organizzazione soverchiante la
spontaneità; o incertezza o confusione. »

Per ovviare a tali difetti il Genala proponeva
che le provincie fossero tutte divise in collegi a
due o a tre deputati e mostrava che si sarebbe potuto avere, a seconda che si fosse data la prevalenza ai primi od ai secondi, un numero massimo
di 238 collegi, o un numero minimo di 193 : se si
fosse cercato di costituire i collegi delle due specie in numero quasi uguale tra loro si sarebbe a-
vuto all'incirca un paio di centinaia di circoscri-

zioni. La popolazione media compresa nelle circoscrizioni sarebbe stata di circa 171,000 abitanti
in quelle a tre deputati; di circa 114,000 in quelle
a due : il numero medio degli elettori iscritti rispettivamente di 14,294 e 9530.

Ma il Genala era propenso a far preponderare
il numero dei collegi tricorni in modo da dividere
il territorio nazionale in 193 collegi dei quali 122
avrebbero eletto 366 deputati e 71 ne avrebbero
eletti 142.

Il Genala nella relazione del 1889 ribadiva, in
sostegno del voto unico, gli argomenti già svolti
nelle discussioni del 1881-82, dicendo che esso è
preferibile perchè un cittadino deve disporre di
un sol voto; perchè altrimenti si dotano i cittadini di diverso potere politico secondo la diversa
grandezza della circoscrizione cui appartengono; (1) perchè la scelta è più facile e più sicura

---

(1) È stato giustamente osservato che questa differenza di potere politico è più apparente che reale, perchè se un cittadino in una circoscrizione a due deputati concorre alla elezione di due soli rappresentanti,
mentre un altro in una a cinque, fa pesare la sua
volontà sulla scelta di cinque rappresentanti è anche
vero che il suffragio del primo è di tanto più efficace,

e perchè il voto unico evita che dove c'è forte disciplina o tirannia di partito, questo imponga la
lista e « denaturando l'elezione la possa far diventare piuttosto il voto per un programma anzichè
la coscienziosa scelta di uomini onesti e capaci. »
Osservava infatti il Genala che « lo scrutinio di
lista non solamente ingrossa e gonfia la quantità
dei suffragi, ma ne falsa e peggiora anche la qualità. Esso tende a riunire sopra una medesima lista i voti di elettori aventi idee ed interessi diversi e, talvolta, anche contrari; di guisa che i
suoi grossi numeri non di rado rappresentano il
resultato di mostruose coalizioni, o l'effetto di
grande ignoranza e confusione, o il portato delle
corruzioni e del denaro, anzichè quello della libera e intelligente e coscienziosa scelta degli elettori ». Mostrava poi che la proporzione dei voti
dispersi, rispettivamente alla massa dei votanti,
era massima con lo scrutinio di lista puro e semplice, ancora grande col collegio uninominale,
assai inferiore col voto unico.

Rispondeva anche all'obiezione che, mentre
lo scrutinio di lista dava la pace ai candidati della

quanto minore è il numero degli elettori fra i quali
la potestà elettorale è divisa: quindi il potere politico fra i due elettori viene ad essere compensato.

stessa lista, il metodo nuovo porterebbe la guerra, obbligherebbe i candidati a battere tutto il collegio e renderebbe necessaria l'azione dei comitati, osservando: « Certo che i candidati dovranno col nuovo metodo combattere una lotta politica più aperta nel seno del loro collegio, contro quelli del partito avverso; la qual cosa potrà essere incomoda o incresciosa pei candidati, ma è altamente utile nell'interesse politico dell'elezione per educare i cittadini e far loro prendere parte più viva alla vita politica. Si avrà, allora, una lotta schietta ed aperta, mentre lo scrutinio di lista l'ha in molti luoghi annullata e in altri l'ha resa sorda e coperta ».

Si era anche obiettato che il nuovo metodo avrebbe offeso gli interessi della maggioranza dando una soverchia rappresentanza alle minoranze. Ma il Genala replicava che, poichè per l'elezione a primo scrutinio si richiedeva che il candidato avesse riportato i 2/8 dei voti nei collegi a tre deputati e i 3/8 nei collegi a due deputati, il che equivaleva ad una media di oltre 2000 voti « un così cospicuo numero di elettori, concordi tutti sopra un unico e medesimo nome, darebbe una più che sufficiente garanzia di serietà di scelta e d'importanza *effettiva* dei vari gruppi rappresen-

tati. E notava che nelle elezioni a scrutinio di lista nel 1882 si era avuto un deputato eletto con
1999 voti (Napoli II) ed un altro con 1441 voti
(Grosseto) ambedue a primo scrutinio, mentre,
ristabilendosi il collegio uninominale, anche dopo
l'avvenuto allargamento del suffragio, in non
pochi collegi si sarebbero avuti deputati eletti con
appena qualche centinaio di voti.

Quindi, concludeva il Genala, « le minoranze
non avranno, nè potranno mai avere col nuovo
metodo una esagerata parte della Camera, anche
per effetto del correttivo esercitato dai ballottaggi e pel fenomeno costante della tendenza nel corpo elettorale a rieleggere gran parte dei deputati
uscenti. E i partiti di maggioranza, nell'apprezzare il nuovo sistema, dovevano anche tenere conto che, con esso, i radicali (così allora si designa-
vano complessivamente tutti i partiti popolari)
non avrebbero più potuto conquistare tutti i seggi di una circoscrizione, come era più volte avvenuto con lo scrutinio di lista. D'altronde il nuovo
metodo non era punto ideato in vista di far entrare alla Camera le minoranze, ma bensì per dare
efficacia al voto di tutti gli elettori, qualunque
fosse il loro partito politico e indipendentemente
da quest'ultimo, e quindi per assicurare la giusta

e sincera rappresentanza del corpo elettorale, quale esso è in fatto e sopratutto allo scopo di garentire che la maggioranza avesse effettivamente gli eletti che le competono, la qual cosa non sempre avviene nel regime maggioritario sia con lo scrutinio di lista, sia col collegio uninominale.

Quindi, riassumendo, al Genala pareva che il voto unico offrisse scelta libera e coscienziosa; non più coalizioni fra candidati; diminuzione nelle ragioni di astensione dalle urne; maggiore rapidità nelle operazioni elettorali; minor pericolo di brogli; sincerità morale e materiale; utilizzazione del maggior numero possibile di voti.

Nemmeno questa volta le proposte del Genala trovarono accoglimento nella Camera Italiana: la chiusura della sessione fece decadere le proposte di legge Bonghi e Nicotera e con esse la relazione Genala con relativo controprogetto. Nella sessione successiva (l'ultima della XVI legislatura) le proposte Bonghi e Nicotera furono ripresentate, e su di esse riferirono lo stesso Bonghi·per la maggioranza della Commissione e il Di San Giuliano per la minoranza.

Il sopraggiunto scioglimento della Camera fece di nuovo decadere le proposte di ristabilimento del collegio uninominale che, ripresentate al

principio della XVII* legislatura, dovevano finalmente divenire legge : su di esse riferì questa
ultima volta l'on. Carmine e fu respinto il metodo del Genala, benchè questi si limitasse a chiedere che fosse almeno posto in esperimento in alcune provincie.

Noi abbiamo voluto esaminare ampiamente tale metodo, nonostante la sua scarsa fortuna parlamentare, sia per la sua importanza intrinseca e
per la sua non spregevole originalità, sia perchè
quando si volesse trovare una via intermedia tra
il regime maggioritario e quello proporzionale si
potrebbe anche oggi tornare da taluno a pensare
al voto unico.

Inoltre molti degli scopi che il Genala credeva
di poter conseguire col proprio sistema sono gli
scopi stessi che si propongono i fautori dei sistemi proporzionali : quindi se il sistema Genala
apparisse accettabile, la necessità di adottare un
vero e proprio sistema proporzionale, potrebbe
essere meno vivamente sentita.

Ma il voto unico, quale il Genala lo proponeva, o, magari, con qualche modificazione potrebbe, con convenienza ed utilità applicarsi oggi in
Italia ?

Guardiamo : ci pare intanto difficile negare

la sua semplicità e il suo fondamento di onestà : è degno di nota anche che esso non offre gli
incentivi alla corruzione che abbiamo rilevato
nel sistema del voto cumulativo e potrebbe essere
facilmente attuato con la scheda stampata di ufficio, consegnata dal seggio e nella quale l'elettore
dovesse limitarsi a segnare il nome del candidato
pel quale intende votare.

Ma ci pare ugualmente certo che esso presenterebbe gravissimi inconvenienti e cioè :

la permanenza degli antichi collegi uninominali che continuerebbero ad esistere sotto forma
larvata ed a funzionare implicitamente nelle nuove circoscrizioni, come notammo a proposito del
voto cumulativo, tutte le volte che non esistesse
una minoranza abbastanza forte da porre in pericolo serio i candidati che già riuscivano, quasi
senza competizione, nel collegio uninominale ;

l'insufficiente ampliamento delle circoscrizioni, che non ci libererebbe dalle gare campanilisti-
che, dalla intemperanza degli interessi locali, dalle clientele personali del sistema vigente ;

l'impossibilità di evitare che su di un candidato molto popolare ed influente si accumuli un
soverchio numero di voti che, mentre, nella parte superflua, non giova a lui, diminuisce la rap-

presentanza dovuta ad un partito con beneficio
di candidati che riportino scarse votazioni : il
quale difetto rende necessario il correttivo del
ballottaggio che, a sua volta, annulla il principio
stesso sul quale è imperniato il sistema;

l'incapacità a garentire una equa rappresentanza e ad evitare le coalizioni dei partiti, in quelle circoscrizioni nelle quali parecchi partiti politici discretamente organizzati siano in lotta.

Infatti supponiamo alcuni casi pratici di funzionamento del sistema del voto unico ideato dal
Genala.

Prendiamo per esempio un collegio tricorne risultante da tre degli attuali collegi in modo che
esso venga ad avere circa 9000 elettori iscritti.
Non esistendo nella regione minoranze fortemente organizzate i tre deputati uscenti che nelle votazioni a collegio uninominale riuscivano eletti
all'incirca con 2000 voti ciascuno, continueranno
tranquillamente a fare assegnamento sulla propria
antica base elettorale come se la riforma non
fosse avvenuta. Occorrerebbe infatti che nella
intera circoscrizione si trovassero oltre 2000 elettori che si accordassero su un nome nuovo per
mettere in pericolo uno degli uscenti. E avvenen-
do il caso che, fra i tre uscenti, uno sia di autorità

e di popolarità maggiore, ad esempio, per essere
stato al Governo e per aver la possibilità di tor-
narvi presto, si avrà che su di lui convergeranno
quattro o cinque mila voti, rendendo impossibile agli altri di raggiungere la cifra elettorale fissata per l'elezione a primo scrutinio. Sarà necessario il ballottaggio e i quattro o cinque mila voti che si erano raccolti sul candidato autorevole,
convergendo ora sui candidati più affini a quelli
già eletti impediranno di nuovo alla minoranza di
farsi valere. Quando poi in tutto il collegio si sia
formato un raggruppamento tale, che valga ad
assicurare certamente un seggio alla minoranza,
fra gli antichi deputati si sacrificherà il più debole o il meno simpatico : i voti che prima erano divisi fra tre, saranno divisi fra due, ma, sostanzialmente, il collegio uninominale non avrà avuto dal voto unico, nella forma proposta dal Genala, quel colpo decisivo che è necessario dargli
per far sparire i mali che esso produce.

Il lettore intenderà agevolmente che ci sarebbe
assai facile trarre da molte e molte provincie, specie dell'Italia meridionale, esempi concreti per dimostrare, sulla base delle statistiche delle elezioni
passate, la fondatezza delle nostre affermazioni.
Si pensi invece a una di quelle provincie dell'al-

ta Italia, nelle quali le lotte fra i partiti sono più
intense : si supponga che vi siano 12,000 votanti
e che perciò occorrano almeno 3000 voti per l'e-
lezione a primo scrutinio : supponiamo i voti così divisi ; liberali 3200 ad un candidato e 1100
voti ad un altro ; socialisti 2900 voti ; radicali
2800 ; clericali 2000. A primo scrutinio riesce e-
letto soltanto un candidato liberale perchè egli
solo ha superato la prescritta quota dei 2/8 dei votanti. Il ballottaggio, come è noto, si effettua col
principio maggioritario e quindi, anche determi-
nandosi il blocco dei popolari da una parte, dei
monarchici e dei clericali dall'altra, si avrà la
riuscita del secondo candidato liberale e del clericale e l'esclusione completa della minoranza popolare : ossia 6300 elettori avranno disposto di
tutti e tre i seggi della circoscrizione mentre a
5700 non sarà toccato alcun rappresentante. E
pur disponendo, contrariamente alla proposta del
Genala che anche il ballottaggio avvenga col
voto unico non si evitano gli inconvenienti. Nel
caso nostro i liberali otterranno sicuramente un
secondo seggio e potranno riversare il di più dei
loro voti, o sul radicale, o sul clericale, escludendo però in ogni caso il candidato dei socialisti
che pure costituiscono la minoranza più for-

te. E se tornassimo al più antico progetto Genala con circoscrizioni assai più grandi, si eviterebbero alcuni pericoli, ma s'incorrerebbe in altri, forse maggiori, tanto che lo stesso proponente ha sentito l'opportunità di rinunciarvi.

Non voglio insistere più oltre su questo argomento e perciò lascio senz'altro al lettore di giudicare quanto spesso il voto unico si risolverebbe in pratica in un travestimento o del voto limitato o del voto cumulativo, assumendo a volta a volta i difetti che noi abbiamo rilevato essere proprii dell'uno o dell'altro sistema.

Perciò, riassumendo, posso anche pel voto unico venire a conclusioni non molto disformi da quelle che mi ha suggerite l'esame del voto cumulativo. Se vigesse lo scrutinio di lista, o questo stesse per essere adottato senza che vi fosse la possibilità d'impedirlo, mi sembrerebbe da accettare il voto unico, preferendolo forse a tutti gli altri sistemi di rappresentanza delle minoranze, perchè esso è di gran lunga superiore allo scrutinio di lista puramente e semplicemente maggioritario ed al voto limitato e, nel complesso, ci pare migliore anche del voto cumulativo.

Ma finchè vige il sistema del collegio uninominale, del quale pure abbiamo riconosciuto tutti i difetti, diciamo : non abbandoniamolo per cambiarlo con un sistema ibrido che ne conserva quasi tutti i mali, introduce mali nuovi e non dà alcuna garanzia nè d'indipendenza ai partiti nè di giusta rappresentanza di tutte le idee.

Il voto unico, quale fu proposto in Grecia e applicato in Brasile, introduceva un elemento nuovo, che manca nel sistema del Genala, e che è tratto dai veri sistemi proporzionali che esamineremo nel corso del nostro lavoro. Tale elemento ci offre il passaggio per accennare al sistema del collegio unico il quale consiste nel dar facoltà ad ogni elettore di votare per un solo candidato, formando però per le operazioni di scrutinio un collegio solo di tutto il territorio dello Stato e proclamando eletti coloro che hanno raccolto il maggior numero di voti, oppure una quantità di voti uguale al quoziente che resulta dal dividere il totale dei votanti per il numero dei deputati da eleggere.

Di questa seconda forma che combina il voto unico col quoziente parleremo a suo tempo; limitiamoci ora ad accennare brevemente al collegio unico a maggioranza relativa.

IL COLLEGIO UNICO SENZA QUOZIENTE.

La sua prima idea si può fare risalire fino a
Condorcet e Saint-Just nel 1793; fu poi proposto
in Francia da Emile De Girardin più volte dal
1850 al 1870 e da Miss Catherine Hume (1) in
Inghilterra nel 1868; fu discusso da una commissione del gran consiglio del cantone Neuchâtel,
ma incontrò sempre scarse simpatie e non ebbe
mai alcuna applicazione pratica. Il Genala, riconoscendo in esso gravissimi difetti lo giudicava
però preferibile agli altri sistemi di rappresentanza delle minoranze « quando fosse applicato a
un campo elettorale non troppo vasto e a un numero di eleggendi non troppo grande. » (2)

E' evidente che il collegio unico lascia la massima libertà all'elettore e permette il costituirsi di
raggruppamenti liberi determinati soltanto dalla
affinità di idee, ma, affidandosi al principio della
maggioranza relativa, rende   inevitabile una
grandissima dispersione di voti, e assai difficile

---

(1) La Hume giudicò il collegio unico superiore a
tutti gli altri sistemi e propose un sistema per appli-
carlo nel *Social Economist* del 1868.

(2) GENALA, *op. cit.*, p. 109.

lo scansare il pericolo che risultino eletti candidati che abbiano raccolto scarsissime votazioni. Candidati popolari infatti potrebbero, in territorii vasti come quello del Regno d'Italia, raccogliere diecine di migliaia di voti mentre riuscirebbero del pari eletti candidati che avessero raccolto solo scarsissime votazioni : è vero che a questa sperequazione si potrebbe, almeno in parte, ovviare fissando, come proposero in Francia il Prevost-Paradol e il Campagnole, un *minimum* di voti necessario alla elezione, il che importerebbe però la rinuncia al numero fisso di rappresentanti in tutte le legislature. Nemmeno con ciò si toglierebbe però mai una notevole sproporzione nella rappresentanza dei varî partiti a seconda che ciascuno di essi avesse avuto una tendenza a concentrare o a disperdere i voti. Ma la più grave obiezione che può essere mossa al collegio unico, il quale, in fin dei conti, non è altro che un grandissimo ampliamento del collegio plurinominale col voto unico, da noi precedentemente esaminato, è quella che esso si presta meglio di qualsiasi altro alla corruzione : pensate che i voti dati ad un candidato siano validi per lui da Sondrio a Girgenti, e che, anche oggi in Italia, non occorrerebbero più di 3500 o 4000 voti per essere

certi della elezione. Qual'è il ricco ambizioso e
corruttore che non potrebbe permettersi il lusso
di comprarsi un seggio in Parlamento? Si aggiunga poi che le operazioni di scrutinio necessariamente complicate, lunghissime e com-
piute, almeno nelle operazioni definitive, lontano dal luogo di votazione, si presterebbero a
tutti i sospetti e toglierebbero alla grandissima
maggioranza del corpo elettorale la possibilità
del controllo. Senza dire che, anche in questo
mastodontico collegio, i raggruppamenti municipali di fedeli elettori intorno all'ex-deputato del
collegio uninominale continuerebbero ad avere
una influenza predominante nel determinarne la
rielezione.

Per queste e per altre ragioni il collegio unico
è sembrato sempre un'utupia, così che gli stessi
fautori del sistema dell'Hare, hanno cercato di
eliminarlo dal metodo del quoziente. Tanto che
noi avremmo quasi rinunziato a farne parola, se
una recente iniziativa italiana non avesse riaffac-
ciato la proposta del collegio unico.

Alludiamo a quella dell'avv. Stefano Scala,
direttore dell'*Italia-Corriere di Torino*, il quale
il 20 gennaio 1910 inviava una circolare a tutti
i membri del Parlamento bandendo un *referen-*

dum per un sistema di collegio unico a maggioranza relativa. Ma poichè la proposta dello Scala
non mira ad una semplice rappresentanza delle
minoranze, ma ad una vera e propria rappresentanza proporzionale, ne rimandiamo l'esame al
capitolo che tratterà dei sistemi razionalmente
proporzionali.

ALTRI SISTEMI

PER LA RAPPRESENTANZA DELLE MINORANZE.

Per ragioni analoghe noi rimandiamo a più
tardi l'esame del sistema di voto graduato proposto in Germania dal Burnitz-Varrentrapp e in
Francia dal Furet e dal Briant e propugnato più
recentemente dal deputato socialista Breton, perchè, a parer nostro, ingiustamente lo si confonde,
anche dai più autorevoli scrittori della materia,
coi sistemi di rappresentanza delle minoranze,
come fanno gli stessi Saripolos e Bonnefoy (1),
e ci pare anzi strano che essi non abbiano rilevato le analogie che tale sistema, almeno nei resultati, ha con quello del comun divisore.

_____

(1) SARIPOLOS. *Op. cit.* Vol. II p. 293 — BONNE-
FOY. *Op. cit.* p. 94.

Tralasciamo invece, soltanto per amore di brevità, di occuparci di altri minori sistemi che non sono se non esercitazioni accademiche di spiriti inventivi sulle basi fondamentali del voto limitato e del voto cumulativo e pei quali quindi non avremmo se non da ripetere le critiche fatte ai sistemi-tipo.

A questa categoria appartiene, ad esempio, quello del Séverin de la Chapelle, detto della lista frazionaria e proporzionale che già Maurice Vernès (1) nel 1888 giudicava « una semplice variante del voto limitato che rischia di rendere molto inesattamente le proporzioni reali dei partiti » e che il Saripolos (2) giudica « una combinazione del voto cumulativo e del voto limitato ». Il sistema cosi è riassunto dallo stesso suo proponente : (3) « Le schede degli elettori non porteranno nelle circoscrizioni a due rappresentanti che un

---

(1) VERNÈS. LES PRINCIPES DE LA REPRÉSENTATION PROPORTIONNELLE nel vol. cit. LA R. P. ÉTUDES DE LÉGISLATION ET DE STATISTIQUE COMPARÉES p. 53.

(2) SARIPOLOS. Op. cit. T. II pag. 295 e segg.

(3) SÉVERIN DE LA CHAPELLE. LA RÉFORME ELECTORALE, LE SCRUTIN DE LISTE FRACTIONNAIRE ET PROPORTIONNELLE, in Réforme économique del 16 maggio 1897. E dello stesso autore : LA LISTE FRACTIONNAIRE ET LES

sol nome, e in tutte le altre che la metà più uno
dei nomi da eleggersi. Gli elettori sono liberi di
scrivere sulle loro schede nomi tutti differenti o di
non scrivervi che uno o più nomi cumulativamen-
te ripetuti, nei limiti sopra indicati. » .

Lo spirito che informa tale proposta è ben spie-
gato da un articolo in suo favore pubblicato dal
Drumont nella *Libre Parole* e che è riferito dal
Bonnefoy.

Scrive il Drumont (1) a proposito di questa
« combinazione ingegnosa del voto limitato e del
voto cumulativo » : « Il vantaggio della lista frazionaria è che essa rispetta, così sul terreno elettorale, come nelle Assemblee politiche, il principio della necessità di una maggioranza. Ma essa tende a costituire soltanto una maggioranza
preponderante e non già una maggioranza assoluta ed onnipotente ».

Il sistema del Severin de la Chapelle non è
dunque in alcun modo proporzionale, poichè si
propone di garentire la prevalenza in ogni caso
ad una maggioranza che può essere anche nume-

LISTES CONCURRENTS ENTIÈRES COMPARÉES in *Révue catholique des institutions et du droit*, deuxième série
dizièmo vol. (1893) pag. 43, 173, 245.

(1) Cfr. BONNEFOY op. cit. p. 97.

ricamente molto inferiore alle varie minoranze
riunite, ma non è detto che vi riesca perchè richiede quelle condizioni di esatte previsioni nei
comitati elettorali e di disciplina negli elettori
che rendono aleatorio e pericoloso il funzionamento del voto cumulativo, ed inoltre contiene
quell'arbitraria ripartizine dei seggi che è propria del voto limitato.

Ormai dunque siamo in condizioni di affermare che tutti i sistemi finora da noi esaminati costituiscono sforzi più o meno ingegnosi, più o
meno riusciti per attenuare l'oppressione a cui sono soggette le minoranze, ma essi hanno tutti in
comune il difetto di non impedire che la minoranza si sostituisca alla maggioranza o che la maggioranza soverchi di troppo una o tutte le minoranze. Insomma tutti questi sistemi alleviano,
senza nemmeno la sicurezza di sempre riuscirvi,
i mali del sistema maggioritario, sopratutto quale è impersonato nello scrutinio di lista, ma sono
fondati in gran parte sul caso, come dal caso dipende che nel frazionamento di uno Stato in tanti piccoli collegi uninominali, le minoranze trovino la via ad essere rappresentate.

Chi crede perciò che sia un dovere escogitare
un sistema che assicuri quanto più possibile il

diritto in ciascun cittadino di esprimere un voto
valido, e l'equa ripartizione dei mandati fra le
idee ed i partiti, e chi, pur avvertendo tutti i
danni e tutte le iniquità del collegio uninominale
e tutta la perniciosa influenza che esso esercita
sulla vita politica di una Nazione, scorge e teme
i danni anche più gravi dello scrutinio di lista maggioritario, non può non essere persuaso che ad altri criteri, e ad altri sistemi che a
quei criterii s'informino, occorre chiedere il rinnovamento e la purificazione dei regimi elettorali,
che sono tanta parte nella vita di un popolo go-
vernato da liberi ordinamenti costituzionali.

FONDAMENTO E CONTENUTO COMUNE
DEI SISTEMI PROPORZIONALI

Per quanto possano essere grandi la varietà e
il numero dei sistemi che si sono escogitati o messi in pratica per attuare il principio della proporzionalità nella rappresentanza, tale principio rimane semplice e chiaro nella sua essenza e costituisce, come è naturale, il fondamento comune di
tutti i sistemi proporzionali e lo scopo che ciascuno di essi crede di raggiungere nella maniera
più completa e più perfetta.

Si tratta cioè di ripartire i seggi assegnati ad
una determinata circoscrizione elettorale fra i diversi partiti che hanno partecipato all'elezione,
proporzionalmente al numero degli elettori che,
col loro voto, hanno mostrato di essere favorevoli
a ciascuno dei partiti stessi.

S'intende che tale ripartizione è indipendente
da una organica ed ufficiale costituzione di partiti politici e non tien conto se l'elettore abbia
significato col suo suffragio totale o parziale adesione alle idee di un partito : essa si fonda sulla risultanza materiale delle elezioni e sul modo
nel quale si sono raggruppati i suffragi intorno ai

varii candidati che erano in competizione, per
stabilire che la elezione dei rappresentanti deve,
quanto più esattamente è possibile, dipendere
dal rapporto numerico che passa tra ciascun gruppo di elettori che abbiano manifestato una volontà
comune e la totalità degli elettori che presero parte alla votazione.

Questo principio così semplice e di equità così
intuitiva sembrerebbe non dover trovare ostacoli teorici e non li troverebbe difatti se non urtasse
contro una consuetudine mentale inveterata quale è quella di attribuire il diritto di far valere la
propria volontà soltanto alla maggioranza.

Ma è ormai troppo nota e troppo largamente
accettata la distinzione profondamente giusta che
fino dal 1846 Victor Considérant (1) faceva tra diritto di deliberazione e diritto di rappresentanza
perchè noi ci attardiamo a confutare coloro i
quali ancora oggi a tale distinzione si oppongono.

La maggioranza ha diritto di deliberare e nessuno pensa a contestarle tale diritto, ma non ha
il diritto esclusivo di essere rappresentata.

_____

(1) CONSIDÉRANT: DE LA SINCERITÉ DU GOUVERNÉ-
MENT REPRÉSENTATIF OU EXPOSITION DE L'ÉLECTION VERIDI-
QUE. Genève 1846.

Quando una Assemblea deve prendere una determinazione che ne esclude ogni altra contraria o contradittoria o semplicemente diversa è naturale ed indispensabile che tale determinazione sia conforme alla volontà dei più, sia che si tratti di eleggere il Capo dello Stato, di nominare un presidente o di approvare una legge; ma quando si tratta di costituire un organo composto di molteplici membri la cui scelta è deferita ad un corpo elettorale, ogni componente di quel corpo elettorale ha diritto che la volontà che egli esprime per la scelta dei rappresentanti sia valutata in modo perfettamente identico a quella di qualsiasi altro.

Si afferma per contro che nel governo rappresentativo la maggioranza degli elettori ha lo stretto diritto di scegliere la rappresentanza nazionale nella sua integrità e si nega che una assemblea rappresentativa debba essere, in piccolo, l'imagine del corpo elettorale che rappresenta. (1)

_____

(1) L'ESMEIN (DROIT CONSTITUTIONNEL FRANÇAIS ET COMPARÉ. CINQUIÈME ÉDITION, Paris 1909, pag. 271) vuole distruggere il significato proporzionalista della famosa frase del Mirabeau: « *Gli Stati sono per la nazione ciò che una carta ridotta per una estensione fisica; sia in grande, sia in piccolo, la copia deve sem-*

Molti, a dire il vero, hanno ormai abbandonato
queste opposizioni teoriche al principio della proporzionalità, ma v'è chi ancora se ne fa forte contro di esso e non dobbiamo ricusarci di esaminar-
le. Si guardi per esempio come l'Esmein per ultimo le riprende e le sostiene ostinatamente. (1)

pre avere le stesse proporzioni dell'originale ». L'E-
smein rileva che il Mirabeau pronunciando tale frase
agli Stati di Provenza il 30 Gennaio 1789 prima dell'e-
lezione degli Stati Generali, mirava soltanto a prote-
stare contro la rappresentanza distinta dei tre ordini
con uguaglianza d'influenza per ciascuno di essi negli Stati Generali. A me pare un vero sofisma negare
l'importanza di questa frase come affermazione di un
desiderio, sia pur confuso, di proporzionalità fra il
corpo elettorale e l'Assemblea.

Del resto male ha dimenticato l'Esmein che il Mirabeau, commentando alla Tribuna della Costituente la
dichiarazione dei diritti dell'uomo pronunciava questa frase anche più esplicita: « Una assemblea rappresentativa, per essere legislativa, deve riprodurre
con le loro proporzioni tutti gli elementi del corpo elettorale senza che gli elementi più considerevoli, possano far scomparire i minori ». (Cfr. BONNEFOY:
op. cit. p .73).

Gli elementi nei quali di divide un corpo elettorale
possono cambiare col mutare tempi, ma il principio
affermato resta per tutti i casi diversi integro!

(1) ESMEIN. Op. cit. pag. 270 et suiv.

Dice dunque l'Esmein : tale assioma sarebbe e-
satto se la funzione di una Assemblea legislativa fosse soltanto quella di essere rappresentativa :
dovrebbe essere incontestabilmente così di una
assemblea elettiva, ma semplicemente consultiva.
Una siffatta maniera di costituzione non avrebbe
difatti che lo scopo di fare entrare nella Assemblea e di far partecipare alle sue discussioni i
rappresentanti di tutti gli interessi distinti e di
tutte le opinioni serie esistenti nel corpo elettorale. Ma le Assemblee rappresentative-legislati-
ve non discutono soltanto, ma decidono ed esercitano così un attributo della sovranità. Esse debbono dunque essere composte secondo il principio
maggioritario per assicurare il principio di decisione che appartiene alla maggioranza.

Come è possibile non intendere subito che la
ritorsione di un tale ragionamento è insita nelle
stesse argomentazioni che dovrebbero giustificar-
lo? Infatti è ben facile rispondere che se una assemblea dovesse soltanto decidere potrebbe fino
ad un certo punto coonestarsi il criterio dell'E-
smein ; mentre appunto perchè essa è chiamata a
discutere ed a decidere soltanto dopo che idee ed
opinioni in contrasto fra loro si siano liberamente manifestate, è necessario che nell'Assemblea

trovino posto i rappresentanti non già di una sola tendenza, ma di tutte le tendenze, di tutti i partiti che si agitano nella vita pubblica.

Del resto perchè la decisione sia conforme al
volere dei più non occorre che una Assemblea sia
composta di rappresentanti monocordi perchè ad
ottenere tale risultato è sufficiente che la maggioranza e non la totalità dell'Assemblea sia dello stesso parere. Ora, i sistemi proporzionali sono
i soli che garentiscono alla maggioranza degli
elettori di ottenere la maggioranza dei seggi,
mentre può accadere, ed è effettivamente accaduto, che col sistema maggioritario sia di scrutinio
uninominale, sia di scrutinio di lista, la maggioranza dei seggi nell'Assemblea sia appunto toc-
cata alla minoranza del corpo elettorale.

D'altronde l'Esmein — e noi lo consideriamo
qui come l'interprete di quanti hanno combattuto e combattono con gli stessi argomenti il principio della proporzionalità — propugna è vero la
teoria che la maggioranza del corpo elettorale
ha il diritto di ottenere tutti i seggi perchè il governo rappresentativo è necessariamente il governo della maggioranza e si fonda in modo essen-
ziale sull'idea che il governo di un paese deve
appartenere per un tempo determinato ai rappre-

sentanti scelti a tale scopo dal corpo elettorale,
ma si affretta anche ad aggiungere che una assemblea rappresentativa la quale fosse costituita
soltanto di rappresentanti della maggioranza sarebbe composta nel peggiore dei modi. « Il regime rappresentativo — continua il dotto scrittore
— è essenzialmente regime di discussione e di
libero dibattito e non si discute utilmente e spesso si delibera imprudentemente se non si hanno
dinanzi contradittori ed avversari. Una maggioranza senza minoranza oppositrice può essere il
più pericoloso di tutti i modi di governo. E' utile, è anzi necessario che ciascun partito serio ed
onesto possa fare intendere la sua voce e proporre
le proprie dottrine in Parlamento. » (1)

Ed allora? A questo punto non si può fare a
meno di chiedersi se chi scrive così sia proprio lo
stesso autore che sostiene contemporaneamente
che la maggioranza ha diritto a tutto e la mino-

---

(1) Si dice però che non v'è alcun bisogno per questo che un partito abbia nell'Assemblea un numero
di rappresentanti in proporzione con la sua forza:
basta anche un solo in una Assemblea per far sentire
la voce di un partito. Ma questa è teoria! In pratica
una voce isolata nell'Assemblea, fosse anche quella
del più saggio e del più eloquente, conta assai meno

ranza non ha diritto a nulla. E la contradizione
appare tanto più evidente perchè l'Esmein reputa che il diritto di rappresentanza non sia suddivi
so fra i singoli elettori, ma appartenga collettivamente a tutto il corpo elettorale. Quindi la sud-
divisione di un paese in circoscrizioni elettorali
risponde a necessità di indole puramente pratica,
ma se queste non esistessero ed il territorio di uno
Stato costituisse un Collegio Unico, il principio
maggioritario produrrebbe precisamente quello
che ben a ragione l'Esmein dice il più pericoloso
di tutti i modi di governo. È evidente difatti che
la metà più uno degli elettori eleggerebbe tutti i
rappresentanti, mentre i suffragi della metà meno uno degli elettori non varrebbero ad eleggere
nemmeno un rappresentante.

Non insistiamo nella contradizione, paghi di
aver constatato che per l'Esmein è necessario
che ogni partito serio ed onesto sia rappresentato
in Parlamento. Ma come ottenere nella pratica

di una voce modesta, ma confortata dalla solidarietà
di un certo numero di rappresentanti. Quindi l'efficacia che una idea esercita in una Assemblea dipende
senza dubbio dalla bontà dell'idea stessa e dal valore
di coloro che la rappresentano, ma anche, e non poco, dal loro numero.

che avvenga ciò che in principio si nega? L'E-
smein lo confessa subito : « Non vi è minoranza
di qualche entità che non divenga maggioranza
in alcune circoscrizioni, soprattutto con lo scrutinio uninominale. In quelle essa potrà fare eleggere i candidati di sua scelta : spetta ad essa di
scegliere i suoi capi ed i suoi rappresentanti più
utili per presentarli candidati nei collegi dei quali
essa dispone ». Dunque i sostenitori del regime
maggioritario, dopo avere ammesso che se esso
avesse in un paese completa applicazione false-
rebbe il carattere stesso del governo rappresentativo e costituirebbe un grave pericolo, sono costretti a fidarsi, per ottenere il necessario correttivo, esclusivamente della cecità del caso.

Perchè non vale dire che in pratica quella che
è minoranza in tutto il Paese riesce quasi sempre
ad essere maggioranza in qualche singola circoscrizione : ciò è puramente aleatorio e potrebbe
avvenire anche il contrario ; potrebbe cioè in tutte le circoscrizioni prevalere la regola senza lasciar posto all'eccezione.

Ma, consentendo anche che l'eccezione possa
sempre avverarsi, ciò che veramente importa è
prendere atto che anche i più accaniti sostenitori
del sistema maggioritario sostengono che una

miranti a far sì che le minoranze fossero sicuramente rappresentate. Ma come rappresentate?
In un modo purchessia, con un numero di rappresentanti qualsiasi che non fosse in alcun modo
in rapporto con la importanza numerica delle
minoranze stesse, oppure in modo equo? Come
si comprende, dal riconoscimento del diritto che
le minoranze siano rappresentate al concetto che
esse abbiano diritto di essere rappresentate in
modo adeguato il passo è breve e perciò non doveva essere difficile — almeno in teoria — il passaggio dai sistemi di suffragio limitato o cumulativo ai veri e propri sistemi proporzionali.

Si aggiunga a ciò che il regime maggioritario
riesce in pratica spesso a contraddire il principio
stesso sul quale si regge ed i fortuiti raggruppamenti nelle circoscrizioni possono avere effetti
perfettamente contrari a quelli che il principio
della maggioranza richiederebbe, cosicchè il concetto della proporzionalità della rappresentanza
appare perciò non soltanto la garenzia delle minoranze, ma anche quella delle stesse maggioranze
cosicchè il principio comune di ogni sistema proporzionale può essere riassunto nella formula as-
sunta a propria divisa dall'Associazione riformi-

sta belga nel 1882 : « il potere alla maggioranza
reale del paese; i! controllo alle minoranze; una
rappresentanza esatta di tutti gli elementi serii
del corpo elettorale ».

Vedremo nel corso del nostro studio con quanta varietà di sistemi si sia cercato di dare pratica
attuazione a questo che era il fondamento del
principio stesso della proporzionalità della rappresentanza.

Dovremmo è vero dare prima una maggiore e-
stensione alla trattazione teorica del fondamento
giuridico di questo principio, ma crediamo di a-
stenercene, specialmente perchè tale discussione
nella abbondantissima letteratura sull'argomento
è stata fatta sotto ogni aspetto, da tutti i punti di
vista e, come suole accadere, riproducendo al-
l'infinito, con parole diverse, gli stessi argomenti. (1)

Diremo soltanto che gli avversarii del proporzionalismo, si compiacciono ora di affermare spesso che la rappresentanza proporzionale risponde

(1) Cfr. SARIPOLOS. T. II pag. 67-133 e BONNE-
FOY. pag. 498-509 che riassumono tutta la questione
con larga citazione di fonti, venendo a conclusioni
diametralmente opposte.

al concetto arretrato, secondo il quale il rappresentante non sarebbe che un mandatario, un delegato dell'elettore, e quindi non si addice più alla teoria moderna che scorge nell'elezione, non un diritto, ma una pubblica funzione, non una delegazione di poteri, ma una « designazione di capacità » secondo la felice espressione che Vittorio Emanuele Orlando ha fatto accettare alla scienza costituzionale italiana e straniera.

Anche noi accettiamo questa teoria, ma essa lascia immutato il fondamento della rappresentanza proporzionale : infatti quando la legge riconosce in un cittadino le qualità necessarie a concorrere alla scelta collettiva di coloro che debbono comporre l'organo legislativo dello Stato intende che egli eserciti tale sua funzione in condizioni di perfetta uguaglianza con tutti gli altri cittadini che della stessa funzione sono investiti e fin tanto che lo Stato conserva nel cittadino la qualità di elettore, questi ha una legale pretesa a partecipare efficacemente alla scelta dei deputati. Ora come dice il Naville « l'eguaglianza degli elettori, che diviene, per la natura collettiva dell'azione di eleggere, l'uguaglianza dei gruppi elettorali, importa il carattere proporzionale della rap-

presentanza » (1). Accettando dunque la designazione di capacità invece della delegazione di potere nell'elettore, il regime maggioritario ci presenta pur sempre la stessa ingiustizia : quando
1000 elettori sono chiamati a designare tre capaci
di esercitare il potere legislativo, perchè la designazione di 501 dovrà valere a scegliere tutti e
tre i rappresentanti e la designazione differente
di 499 dovrà essere assolutamente inefficace ?

Quindi respingiamo l'affermazione del Bonnefoy che la rappresentanza proporzionale sia contraria ai principii della scienza costituzionale perchè il suo fondamento giuridico riposa sull'idea
che l'elettore eserciti un diritto e non già una
funzione pubblica.

Anche la funzione pubblica deve essere eserci-
tata con pari efficacia da tutti i cittadini (2) e noi

---

(1) NAVILLE. THÉORIE DES ÉLECTIONS REPRÉSENTATI-
VES nel volume LA QUESTION ÉLECTORALE, deuxième edit.
Genève 1871, p. 206.

(2) Tale concetto ci pare perspicuamente espresso
anche dal SARIPOLOS (op. cit. Vol. II, pp. 65-66)
quando dice: « L'elezione proporzionale non cambia
affatto i principii classici del governo detto rappresentativo e non implica in alcun modo un « diritto »
per gli elettori e i partiti ad essere « rappresentati »

domandiamo ad un qualsiasi sistema proporzionale di garentire appunto la partecipazione effettiva di tutti i cittadini nella nomina dell'organo

---

al parlamento; essa non porta modificazioni se non ai *procedimenti e modi elettorali*, senza toccare affatto i principii e la natura del governo rappresentativo in una democrazia; l'elezione proporzionale applica esattamente e strettamente i principii di questa forma di Stato che sono superiori alla forma del suo governo che resta intatta. Al diritto della rappresentanza personale e proporzionale degli elettori o dei partiti sotto il governo diretto-rappresentativo, noi opponiamo la funzione dell'elezione collettiva e proporzionale, sotto la democrazia *rappresentativa pura* ».

Nè, del resto, tale concezione più moderna discorda con quanto dicevano i proporzionalisti che erano termi all'idea che la Assemblea dovesse essere per la popolazione ciò che la carta geografica è pel territorio. Venti anni circa prima del SARIPOLOS un Italiano al quale dobbiamo un bello e organico studio sulla rappresentanza proporzionale, il RACIOPPI, scriveva:

« Essa (la scuola proporzionalista) parte dal concetto che la elezione è libera designazione di rappresentanti ,non è battaglia, non è lotta; e però nella elezione deve trovarsi posto per tutti, e però tutti debbono potere di loro libera e spontanea volontà indicar l'individuo che credono degno della loro fiducia; e però tutti debbono di proprio diritto, senza lotte, senza

legislativo in modo che le designazioni di capacità fatte da tutti i componenti il corpo elettorale influiscano in modo uniforme nella scelta dei legislatori.

---

spogliazioni, senza negazione del dritto altrui sceglievasi il proprio rappresentante. Essa tende a trovare un sistema elettorale che sia rispondente ai suoi concetti; e, senza preoccuparsi del numero e della qualità degli elettori, senza richiedere necessariamente il suffragio ristretto o il suffragio universale, ma accettando il corpo elettorale coi suoi pregi e coi suoi difetti qual'è, essa tende a stabilire le norme *pratiche* di procedura per cui la lotta sia abolita, e ciascenno possa liberamente e secondo coscienza disporre del suo suffragio, con la certezza di non vederlo andare perduto ».

I SISTEMI HARE-ANDRAE
E I SISTEMI DA ESSI DERIVATI

METODI EMPIRICI E RAZIONALI DI R. P.

Se il principio sul quale si fondano e lo scopo al quale mirano sono comuni a tutti i sistemi proporzionali, questi, come abbiamo già accennato, sono numerosissimi e diversificano assai l'uno dall'altro nei metodi coi quali hanno creduto di attuare nel migliore dei modi il principio della proporzionalità.

Generalmente si è creduto opportuno dividere tali sistemi in due grandi categorie chiamando empirici od arbitrari quelli compresi nell'una e razionali o matematici quelli compresi nell'altra. (1) Noi preferiamo invece la divisione assai

---

(1) Cfr. SARIPOLOS, BONNEFOY, CHRISTO-PHLE, OSTROGORSKI, GENALA ecc. L'HOSTOS, *Lecciones de Derecho Constitutional* usa l'espressione « metodos arbitrarios e metodos matematicos » ma la più comune è la distinzione in empirici e razionali.

più netta fatta da alcuni scrittori tedeschi (1) i
quali separano recisamente i metodi che mirano
soltanto a limitare il prevalere della maggioranza, assicurando una rappresentanza qualsiasi alla
minoranza, da quelli i quali tendono a garentire
a tutti i gruppi elettorali una rappresentanza
adeguata alla loro forza numerica.

E ciò perchè stimiamo un errore fondamentale
quello di considerare la rappresentanza proporzionale come uno dei metodi, sia pure il più per-
fezionato, di rappresentanza delle minoranze e
crediamo anzi che in tale confusione debba ri-
cercarsi la causa dell'avversione di molti contro
di essa. Per noi essa è la giusta rappresentanza
dei partiti e delle opinioni e quindi essa deve
proporsi e conseguire l'intento di trattare alla
stessa stregua così la maggioranza come le minoranze.

Perciò deliberatamente, prima ancora di en-

---

(1) Così il BERNATZIK contrappone alla *Minori-
täten Vertretung* la *Proportionalenvertretung (Das
System der Proportionalwahl* ecc.) e l'EINHAUSER
(*Proportionalwahl* ecc.) distingue pure la *Minoritä-
tenvertretung* dalla *Proportionalwahl*, facendo corri-
spondere alla prima le *empirischen Versuchen* al secondo i *rationalistischen Proportionalverfahren.*

trare nella trattazione vera e propria della rappresentanza proporzionale, noi abbiamo voluto esaminare a parte nel primo capitolo i più noti
ed importanti sistemi di rappresentanza delle minoranze, quali il voto limitato, il voto cumulativo
ed il voto unico, che abitualmente sono indicati
dagli autori sotto il titolo comprensivo di metodi empirici di rappresentanza proporzionale.

Nessuno pensa a negare che essi, in maniera
più o meno accettabile, più o meno efficace, val-
gano ad attenuare le ingiustizie del sistema maggioritario e costituiscano quasi come un ponte
fra questo ed il sistema proporzionale. Ma se ac-
cettassimo il concetto che, per questo solo fatto,
essi diventino un mezzo, sia pure empirico ed arbitrario, del raggiungimento della proporzionalità della rappresentanza, non sappiamo perchè
fra tali metodi empirici non dovrebbe trovar posto anche il sistema del collegio uninominale.

Infatti lo sminuzzare il territorio dello Stato
in tante piccole circoscrizioni fino a dividere in
più parti le grandi città, disgregando così in
molteplici, esigui raggruppamenti il corpo
elettorale, è senza dubbio un sistema atto a consentire che — anche per solo effetto di combina-
zioni fortuite — le minoranze trovino il modo e

la via di farsi valere, forse tanto come col voto
cumulativo e col voto unico e certo assai più e
meglio che col voto limitato.

La riprova pratica di ciò sta nel fatto, che è
dover nostro di riconoscere lealmente, che i sistemi uninominali tanto accusati — e giustamente — pei difetti e i pericoli di varia natura che essi presentano, hanno però sempre permesso —
e noi lo vediamo anche ora in Italia — che si co-
stituissero nelle Assemblee, mediante una sorta
di compensazione di fatto, forti e varii gruppi di
minoranze quali forse non sarebbe stato possibile alle minoranze di ottenere coi sistemi empirici
surricordati.

Tra questi esiste senza dubbio un rilevante divario anche sotto l'aspetto della proporzionalità:
il voto limitato, per le ragioni già da noi dette, ne è la negazione, mentre il voto cumulativo
ed il voto unico hanno almeno questo che li rav-
vicina ai sistemi proporzionali: che un gruppo di elettori che stia all'intero corpo elettorale come l'unità sta al numero dei rappresentanti da eleggere sarà sempre sicuro di ottenere
il proprio rappresentante. Si supponga infatti
che un collegio debba eleggere 5 rappresentanti
ed all'elezione partecipino 5000 elettori: una

quinta parte di essi, e cioè 1000, sarà sempre sicura, sia col voto cumulativo che con quello unico, di ottenere, quale che sia il modo nel quale si
contengano gli altri 4000 elettori, un rappresentante. Ma tutta la proporzionalità del sistema si
riduce a questo e regge soltanto a questa limi-
tatissima ipotesi.

A parer nostro sono da considerarsi dunque
come proporzionali soltanto quei sistemi che si
sogliono dire proporzionali razionali.

Limitandoci però anche solamente a questi, essi sono ancora tanti che l'esaminarli uno ad uno
sarebbe noiosissimo, non risponderebbe allo scopo ed ai limiti del presente lavoro e non sarebbe
nemmeno utile a chi, come noi, si propone soprattutto di indagare, attraverso l'esperienza del
passato, quale sistema elettorale sia da stimarsi
meglio adatto alle condizioni presenti dell'Italia.

Difatti questi sistemi che superano di molto il
centinaio possono assai facilmente raggrupparsi
intorno ad alcuni tipi principali e noi desideriamo specialmente di tener conto : 1°) di quelli dai
quali tutti gli altri sistemi sono derivati; 2°) di
quelli che rappresentano una successiva, lunga e
minuta elaborazione in modo che, rispetto ai primi dai quali derivano, possono, nel momento

presente, considerarsi come punti d'arrivo; 3°) di quelli che sono già adottati nella legislazione di qualche Stato, od hanno probabilità di esserlo prossimamente.

II. SISTEMA DELL'HARE

Il sistema di Tomaso Hare non solo è il capostipite di una numerosa discendenza e costituisce il pernio intorno al quale si sono, per almeno una ventina di anni, dibattute quasi esclusivamente le battaglie proporzionaliste in tutto il mondo civile, ma è anche quello al quale è dovuta la rapida diffusione dell'idea della rappresentanza proporzionale.

Esso fu dall'Hare esposto e sostenuto in un suo scritto pubblicato nel 1857 (*The machinery of representation*), e poi più ampiamente in un altro libro edito nel 1859 (*The election of representatives, parliamentary and municipal*) che ebbe altre tre edizioni, l'ultima nel 1873, contenenti alcune varianti ed aggiunte.

La proposta dell'Hare richiamò subito su di sè l'attenzione del pubblico ed ebbe per primo divulgatore un deputato inglese che la compendiò

e la spiegò riassumendola chiaramente (1), e poi,
per banditore ed apostolo tanto fervente quanto
autorevole, il filosofo John Stuart Mill che ebbe
per essa espressioni di entusiastica ammirazione
nel suo libro sul Governo Rappresentativo e nel
discorso pronunciato alla Camera dei Comuni
il 29 Maggio 1867. (2)

Dare qualche cenno bibliografico anche som-
mario degli studii sul sistema dell'Hare è impossibile perchè equivarrebbe a prendere in esame tutta la sterminata letteratura che sulla questione
della rappresentanza proporzionale si è accumu-

---

(1) FAWCET. MR. HARE'S REFORM BILL SIMPLIFIED
AND EXPLAINED. London 1860.

(2) MILL. IL GOVERNO RAPPRESENTATIVO, trad. ital.
nella Biblioteca di Scienze Sociali diretta da A. BRU-
NIALTI. — Pel discorso, che fu anche pubblicato a
parte (PERSONAL REPRESENTATION — SPEECH of JOHN
STUART MILL, delivered in the House of Commons
May 29th 1867 with an appendix containing notices
of Reports, Discussions and Publications on the System in France, Geneva, Germany, Belgium, Den-
mark, Sweden, the Australian Colonies and the United States; London 1867), vedi larghe citazioni in O-
STROGORSKI, nel volume cit. LA R. P., e negli allegati alla relazione BENOIST nei documenti della Camera dei Deputati di Francia. (IX Legisl. N. 160).

lata in oltre mezzo secolo ed alla quale tutti i
paesi civili hanno recato abbondante contribu-
to. (1) Non v'è infatti libro od articolo od opuscolo scritto sull'argomento dal 1860 in poi nel
quale, poco o molto, non si tratti del sistema del-
l'Hare.

Fissiamone piuttosto i tratti fondamentali : le
sue basi sono due : il « quoziente » ed il « voto
singolo trasferibile ».

Il quoziente è la misura dei suffragi che il candidato deve ottenere per essere eletto e si ottiene
dividendo il numero complessivo dei votanti pel
numero dei candidati da eleggersi. Tale concetto
si fonda su questo ragionamento : se gli elettori
sono centomila e i rappresentanti da eleggersi
cento è chiaro che ogni gruppo di mille elettori
che si trovino d'accordo nel volere uno stesso
rappresentante ha diritto di ottenerne la elezione e, reciprocamente, il rappresentante che sarà
la centesima parte dell'assemblea legislativa deve

(1) Basti citare i nostri GENALA e BRUNIALTI, il
SARIPOLOS, il BONNEFOY, il KLOTHI, il CAHN,
il BENOIST ecc. che, con le larghe citazioni bibliografiche serviranno anche di scorta sufficiente a chi
voglia approfondire lo studio sul sistema di Hare.

avere raccolto i suffragi della centesima parte del corpo elettorale.

Per ottenere che tale proporzionalità tra suffragi ed eletti sia mantenuta è necessario che tutto il territorio dello Stato formi una sola circoscrizione elettorale in modo che vi sia un unico quoziente. E così difatti concepì primitivamente l'Hare il suo sistema e, soltanto per considerazioni pratiche, si acconciò poi a consentire nella proposta che il Regno Unito dovesse dividersi in tre grandi circoscrizioni elettorali, indipendenti l'una dall'altra per le operazioni elettorali e per la fissazione del quoziente. Ma il sistema, sebbene con qualche scapito della uguaglianza nelle proporzioni, potrebbe benissimo funzionare, come è stato difatti proposto, (1) dividendo il territorio di uno Stato in larghe circoscrizioni che non

---

(1) Per esempio in Inghilterra da COURTNEY (cfr. ANSON, LAW AND CUSTOM OF THE CONSTITUTION, Oxford 1892) e da LUBBOCK (nel suo volume REPRESENTATION cap. IV) il quale difese il suo sistema alla Camera dei Comuni in occasione della discussione sulla terza riforma elettorale, nel marzo del 1884 (cfr. LES DÉBATS DU PARLEMENT ANGLAIS, nel volume cit. LA R. P., ETUDES ecc. pag. 150).

fossero di un'ampiezza tale da renderne in pratica quasi impossibile il funzionamento.

Comunque sia le circoscrizioni *chiuse* sono abolite e sostituite da collegi *volontari* o, come anche si sono chiamati, *elettorali personali,* i quali non sono che gli spontanei raggruppamenti di elettori che, in tutta la circoscrizione, si sono trovati concordi nel votare per lo stesso candidato.

Fino a questo punto siamo ancora dunque al sistema del collegio unico con voto uninominale del quale già abbiamo parlato trattando della rappresentanza delle minoranze, ma con in più la misura raziolmente fissata, dei voti necessarii per l'elezione.

Ma vedemmo che nel collegio unico la difficoltà massima consisteva nel fatto che i candidati più popolari raggiungessero una votazione molto superiore a quella di altri che pure dovevano essere dichiarati eletti per completare il numero di rappresentanti fissato. Stabilito poi il concetto del quoziente è naturale che se i primi eletti lo superano gli ultimi non possano raggiungerlo.

Da ciò nasce nell'Hare il pensiero del trasferimento del voto che si fonda su questo procedimento : quando un candidato ha già raccolto i voti necessarii per raggiungere il quoziente, tutti

gli altri voti che, essendo per lui superflui, andrebbero sprecati, si considerino come non emessi a suo beneficio, e perchè la volonià di quegli
elettori, che avevano dato il voto del quale non si
tiene conto, influisca nondimeno sui resultati delle elezioni si consideri come non scritto sulla scheda quel nome e si consideri invece come candidato preferito il candidato del quale l'elettore aveva
scritto il nome dopo quello che si è eliminato perchè appartenente ad un candidato riuscito già e-
letto per effetto dei voti di altri elettori.

Perciò, mentre effettivamente il voto va ido che
l'elettore dà è uno solo, tanto che il Benoist potè chiamare il sistema Hare « uno scrutinio uninominale nello scrutinio di lista », è nondimeno
necessario che l'elettore compili una vera e propria lista di preferenza che richiede discernimento e avvedutezza non indifferenti nell'elettore, il
quale, mentre compila la scheda, non sa a favore di quale dei candidati che egli vi include andrà
il suo voto, e, si noti anche questo, non lo saprà
mai, nemmeno dopo lo scrutinio, perchè la sua
scheda si sarà confusa tra innumerevoli altre.

Ma contro questo sistema si opponevano gravi
difficoltà che lo stesso Hare non si dissimulava :
anzitutto esso lasciava alla sorte una influenza

preponderante nel determinare l'elezione : infatti si supponga che si abbia un quoziente di 1000
voti e che vi siano 2000 schede che portino tutte
come primo nome quello di A ; ma, di esse, 1000
rechino per secondo nome B e le altre 1000 per secondo nome C. Quando di queste duemila schede
mille sono uscite dall'urna A viene dichiarato
eletto e si continua lo spoglio : ora, dopo A, chi
sarà eletto : B o C? Ciò nel sistema proposto da
Hare dipendeva unicamente dalla sorte e cioè dal
fatto, puramente casuale, che tra le 1000 schede
che avevano servito a fare eleggere A fossero in
prevalenza quelle che recavano come secondo nome B o le altre.

Altra difficoltà : dato l'inevitabile frazionamento di voti fra i candidati che sono sempre in numero assai superiore agli eligendi è matematicamente impossibile che tutti gli eligendi raggiungano il quoziente. Anche questa difficoltà affati-
ca la mente di Hare che nelle sue successive pubblicazioni si affanna a superarla con soluzioni diverse. Quando il numero dei candidati che ottengono il quoziente è inferiore a quello dei rappresentanti (useremo le parole del Genala) « o si
tien fermo il quoziente e il numero dei rappresentanti riesce inferiore al fissato, o si tiene fermo

questo numero e allora si abbandona in parte il quoziente ».

L'Hare prescelse questa seconda via ed a volta a volta propose:

l'eliminazione dei candidati che non potevano raggiungere in alcun modo i voti necessari per essere eletti, cominciando da quelli che hanno il minor numero di suffragi e trasmettendo i loro voti ai surroganti e cosi via fino a che non si siano ottenute in tal guisa le nuove quote necessarie a completare il numero dei rappresentanti;

l'eliminazione con scrutinio di lista, contando a ciascun candidato non eletto tanti voti quante sono le volte che il suo nome figura sulle schede, senza badare se le schede furono utilizzate o no ed a qual posto il nome sia segnato in ordine di preferenza;

l'eliminazione con scrutinio di lista e con valore decrescente dei voti, regolandosi cioè come nel caso precedente, ma assegnando a ciascun voto un valore graduale secondo l'ordine di preferenza nella scheda dalla quale si toglie e cioè contando per 1 il voto in prima fila, per 1/2 il voto in seconda, per 1/3 il voto in terza ecc.;

l'eliminazione eseguita come nei due casi

precedenti, ma servendosi soltanto delle schede
non utilizzate a favore dei candidati già eletti;

l'eliminazione con successivo abbassamento
del quoziente, consistente nel cancellare tutti i
nomi di coloro che non raggiungessero nemmeno
la metà del quoziente, trasferendo i loro voti ai
candidati surroganti e quindi nel continuare finchè sia necessario la esclusione dei candidati che
hanno ottenuto minor numero di voti, oppure
nell'abbassare di un voto per volta il quoziente
togliendo un voto a ciascuno dei candidati già
dichiarati eletti per passarlo ai loro surroganti
immediati. (1)

Il Lubbock per evitare in gran parte la necessità di siffatte operazioni proponeva non solo le
circoscrizioni assai meno ampie ma anche che il
quoziente fosse fissato dividendo il numero dei
votanti non già pel numero dei rappresentanti
da eleggersi ma per questo numero più uno.

Infine l'Hare abbandonò tutti questi varii sistemi di eliminazione e li sostituì con quello della
scelta, consistente nel completare il numero fis-

_____

(1) Cfr. GENALA *op. cit.* pagg. 127 e segg. — Cfr.
anche nel DIGESTO ITALIANO la voce SCRUTINIO (SISTE-
MI DI).

sato di rappresentanti, scegliendo i candidati che,
pur non avendolo raggiunto, si fossero maggiormente avvicinati al quoziente.

Il che faceva dire ad uno dei più fervidi fautori
del sistema del quoziente, al Genala, che così
l'Hare non risolveva le difficoltà, ma soccom-
beva sotto di esse, e che si arrendeva a diserezione « lasciando la cura di completare la Camera
al metodo condannato della maggioranza relativa. »

Altre sottili disposizioni escogitava l'Hare per
attenuare il grave difetto dell'influenza lasciata
al caso nell'ordine fortuito di estrazione delle
schede dall'urna, ma con non molto successo
pratico, tanto che egli stesso non era soddisfat-
to dell'opera propria e che tutti gli autori di sistemi proporzionali che hanno per base quello
dell'Hare si sono sforzati a modificarlo e cambiarlo in questo punto, cosicchè, per esporre tutte
le soluzioni proposte, dovremmo fare appunto
quell'esame dei singoli sistemi, in fondo rassomi-
gliantisi, che abbiamo detto di non volere e di
non poter fare.

Diremo soltanto che, per evitare quanto è possibile l'influenza della sorte, si è pensato ad un
criterio di ripartizione percentuale dei voti ripor-

tati da un candidato in più di quelli necessarii
per la sua elezione.

Se cioè il quoziente era 1000 ed A ha avuto
2000 voti, vi sono 1000 voti da attribuire ai candidati che sono segnati al 2° posto in quelle schede e si constata che 800 recano per 2° nome B ;
700 C e 500 D : allora si stabilisce le proporzioni :

$$2000 : 800 :: 1000 : x = 400$$
$$2000 : 700 :: 1000 : x = 350$$
$$2000 : 500 :: 1000 : x = 250$$

E così dei 1000 voti superflui per A se ne at-
tribuiranno rispettivamente 400 a B, 350 a C,
250 a D. (1)

Si è pure pensato, nel sistema così detto Au-
straliano, a conteggiare ciascun gruppo di voti
riportato da ogni singolo candidato, secondo il
valore percentuale rispetto alla massa totale dei
voti, ma il sistema è così complicato che rinun-
ciamo a descriverlo. (2)

Eppure, nonostante le gravi imperfezioni e le

(1) Cfr. CAETANI, op. cit. pp. 70 e segg.
(2) Vedilo minutamente descritto in REPORTS cit.
pp. 64 segg.

dubbiezze e difficoltà a cui dava luogo, il sistema
dell'Hare, suscitò, come dicemmo, ammirazione
fervente, tanto era il fascino del principio che si
proponeva di attuare e non sono mancate di esso
pratiche attuazioni.

IL SISTEMA DELL'ANDRAE.

Intanto il principio stesso che informava il sistema dell'Hare con la combinazione del quoziente e del voto trasferibile era stato applicato
in Danimarca fino dal 1855 prima cioè che l'Hare pubblicasse la sua proposta, il che dimostra
una volta di più, osserva il Mill « che le idee intese a rimuovere le difficoltà derivanti da una situazione generale dello spirito umano o della
società si presentano contemporaneamente, senza
comunicazione di sorta, a parecchie menti superiori. » (1)

L'Andrae, già ufficiale di stato maggiore, matematico insigne e nel 1855 ministro delle Finan-
ze in Danimarca, immaginò la sua riforma e la
fece introdurre nella costituzione e nella legge

----

(1) Cfr. MILL. GOVERNO RAPPRESENTATIVO. Nota al
cap. VII.

elettorale che furono in quell'anno promulgate insieme dal Re. e, superando ₁i contrasti della prima applicazione il suo sistema fu mantenuto, salvo lievissime modificazioni, nella costituzione del 1863, in quella del 28 luglio 1866 e nella legge elettorale del 12 luglio 1866. (1)

Il sistema elettorale dell'Andrae, la cui pater-

(1) Per la rappresentanza proporzionale in Danimarca, oltre alle consuete opere generali e a quelle in esse citate, confronta in special modo il *Report by* M. LYTTON, *Her Majesty's Secretary of Legation, on the Election of Representatives for the Rigsraad,* Copenaghen, 1 luglio 1863, che è pubblicato in appendice alla seconda edizione del discorso di J. S. MILL su *Personal Representation;* i DÉBATS DU PARLEMENT DANOIS RELATIFS À LA REPRÉSENTATION PROPORTIONELLE del DARESTE nel cit. vol. LA R. P., ETUDES ecc. pp. 338 e segg.; il rapporto importantissimo del Ministro inglese a Copenaghen, Mr. VAUGHAN spedito al Ministro degli Esteri Grey il 26 Marzo 1906 (in REPORTS *cit.* pag. 16 e segg.; le « NOTES SUR LE SYSTÈME D'ANDRAE ET LES ÉLECTIONS AU LANDTAG» tratte da una tesi di scienze politiche scritta nel 1904 dal conte JEAN DE NICOLAY dopo un suo viaggio in Danimarca, e pubblicate come allegato III° alla Relazione BENOIST già cit. (Leg. IX, n. 190) pp. 390 e segg. e infine FLANDIN, INSTITUTIONS POLITIQUES DE L'EUROPE CONTEMPORAINE — Tomo IV — Paris 1909, pp. 221 e segg.

nità volle rivendicare senza fortuna un altro uomo politico danese, lo Tscherning, che fu Ministro della guerra nel 1848, è applicato dunque
in Danimarca (e costituisce la più antica attuazione legislativa del principio proporzionale) senza interruzione da ben cinquantacinque anni. Bisogna però osservare che esso ha una applicazione che non può, nei suoi resultati, servire troppo di norma per altri Paesi, per le
speciali condizioni nelle quali la elezione in cui
esso è stato introdotto, si svolge. Infatti occorre
ricordare che il Parlamento Danese si compone
di due Camere : il Landsthing e il Folkething.
Quest'ultimo, o Camera Bassa, è eletta a scrutinio diretto e uninominale con suffragio universale, con voto segreto e scheda racchiusa in busta,
mentre il sistema proporzionale è in uso per la
Camera Alta, o Landsthing, il quale si compone
di sessantasei membri, dei quali 12 nominati dal
Re, 1 eletto dall'Isola di Borholm, 1 dalle Isole
Feroë, 7 dalla città di Copenaghen e 45 da 9
grandi circoscrizioni elettorali che comprendono
insieme città e comuni rurali.

I membri elettivi rimangono in carica otto anni
e sono rinnovati per metà ogni quattro anni e,
tranne quello delle Isole Feroë, che è designato

dal Parlamento locale, vengono eletti mediante una elezione a due gradi.

Gli elettori di primo grado sono di due specie : elettori primarii semplici (tutti i cittadini elettori pel Folkething) ed elettori primarii censitarii.

Gli elettori di secondo grado sono di tre specie : quelli eletti dagli elettori primari semplici ; quelli eletti dagli elettori primari censitarii ; quelli che sono elettori direttamente per censo elevato.

Gli elettori di secondo grado delle prime due categorie vengono eletti dagli elettori di primo grado a maggioranza relativa : ancora dunque, fino a questo punto, nel sistema non v'è traccia di rappresentanza proporzionale.

Questa entra in opera soltanto nell'ultima fase della elezione.

Gli elettori di secondo grado delle tre categorie surricordate si riuniscono nel capoluogo della circoscrizione in assemblea pubblica, presieduta da un delegato di nomina regia.

Si procede al voto senza discussione : gli elettori ricevono dal presidente una scheda, divisa in tanti quadri quanti sono i membri del Landsthing da eleggersi.

Ogni elettore scrive nella scheda i nomi dei

candidati di sua scelta : può anche scrivere un nome soltanto.

Il numero delle schede consegnate al presidente è diviso pel numero dei membri da eleggersi ed il quoziente serve di base alla elezione : ciascun candidato che l'avrà raggiunto sarà proclamato eletto.

Le schede sono tratte dall'urna ad una per volta dal presidente che legge a voce alta il primo nome che vi è scritto : il nome è registrato da due membri del seggio, composto a norma di legge da consiglieri comunali o provinciali.

Quando un candidato si trova così ad aver raccolto un numero di voti pari al quoziente elettorale è proclamato eletto e, pel momento, le schede già esaminate, non sono altrimenti calcolate.

Continua invece lo spoglio delle schede rimaste nell'urna. Se esse recano come primo nome quello del candidato già proclamato eletto, di questo nome non si tiene conto e si considera il secondo come se fosse il primo della lista.

Il candidato che a sua volta si trova così ad ottenere un numero di voti uguali al quoziente elettorale è proclamato secondo eletto e si continua lo spoglio, seguendo lo stesso procedimento, finchè rimangono schede nell'urna.

Se l'applicazione di tale metodo non ha dato luogo ad alcuna elezione, o se il numero degli eletti proclamati non è uguale a quello dei rappresentanti da eleggersi si proclamano eletti quelli che hanno raccolto il maggior numero di voti, purchè abbiano raccolto un numero di voti superiore alla metà del quoziente.

Infine, non avverandosi tale condizione, l'elezione potrà essere fatta a semplice maggioranza in seguito ad un nuovo spoglio di tutte le schede e prendendo da ciascuna di esse tanti candidati quanti sono i rappresentanti restati da eleggere. A parità di voti decide la sorte.

Nessuno vorrà negare che questo sistema sia assai complicato, e d'altra parte il fatto che esso sia applicato soltanto ad elettori di secondo grado, di numero limitato e di levatura certo superiore alla comune, perchè provenienti da una assai severa selezione, toglie all'esperimento gran parte del suo valore probatorio.

All'inversa è assai degno di nota e di considerazione che questo metodo si sia mantenuto inalterato per così lungo periodo di tempo, tanto più che altri metodi più semplici sono conosciuti ed apprezzati in Danimarca.

Poichè è d'uopo ricordare che se sono fal-

liti tutti i tentativi per applicare alla elezione dei membri del Folkething il sistema proporzionale, questo trova un altra applicazione
nella elezione delle commissioni dei due rami del
Parlamento per la quale deve essere usato tutte le
volte che dodici membri del Landsthing o quindici del Folkething ne facciano domanda. In
Danimarca esso viene applicato anche in casi minori per elezioni di consigli congregazionali, di
consigli amministrativi di Banche, in elezioni
commerciali ecc., e finalmente l'11 dicembre 1903
il Folkething ha approvato un disegno di legge
proposto dal Doinser per l'applicazione della
proporzionalità nelle elezioni municipali. Ma in
tutti questi diversi tentativi invece di valersi del
sistema Andrae o Hare si è preferito ricorrere allo scrutinio di lista proporzionale ed alla ripartizione col comun divisore, secondo il sistema vigente nel Belgio.

Il voto singolo trasmissibile è stato anche applicato nel 1893 dalla repubblica di Costa-Ri-
ca (1) per l'elezione dei deputati nelle circoscri-

---

(1) Cfr. NAVILLE LA DÉMOCRATIE, LES SYSTÈMES ÉLEC-
TORAUX ET LA REPRÉSENTATION PROPORTIONELLE nella *Revue politique et parlémentaire*, settembre 1896.

zioni che debbono eleggere almeno tre deputati
e nel 1896, con le modificazioni introdotte nel sistema Hare dal Clark, in Tasmania (1). Ora poi
nel 1909 la costituzione data da Edoardo VII al-
l'Africa Australe dispone all'articolo 134 che
« l'elezione dei Senatori e dei membri dei comitati esecutivi per parte dei consigli provinciali...
si farà conformemente al principio della rappresentanza proporzionale, disponendo ogni elettore di un voto singolo trasmissibile ». È lasciato
al Governatore generale di fissare le regole pel
modo di votazione, trasmissione del voto e scrutinio, regole che rimarranno in vigore fino a disposizione contraria del Parlamento. (2)

CRITICA DEI SISTEMI
CON VOTO SINGOLO TRASMISSIBILE

Riassunta cosi per sommi capi la materia che
concerne i sistemi proporzionali fondati sul quoziente e sul voto singolo trasmissibile, non ci
addentreremo nella discussione delle critiche e
delle difese a cui tali sistemi hanno dato origine :

(1) REPORTS cit. pagg. 96 e segg.

(2) DARESTE. LES CONSTITUTIONS MODERNES, Troisième, édition, Paris 1910, t. II, p. 679.

soltanto quando dovremo delineare lo svolgimento dell'idea proporzionalista in Italia, ritorneremo ancora sul vecchio sistema per vedere quale ripercussione esso abbia avuto nel nostro Paese. Ma ora è utile soltanto una constatazione e una domanda. La constatazione è questa : che i sistemi Hare, Andrae e i loro numerosi derivati non hanno mai ottenuto, fuori della ristretta cerchia degli studiosi, un successo di persuasione tale da raccogliere un largo consenso della pubblica opinione e permettere in conseguenza larghe applicazioni legislative; cosicchè oggi noi possiamo considerarli come definitivamente sorpassati, perchè la tendenza prevalente è volta ormai verso altri sistemi fondati su altri principii e sui quali ancora dobbiamo portare il nostro esame.

La domanda è questa : il voto trasmissibile ed il quoziente, dopo più di cinquant'anni di elaborazione scientifica e di esperienza pratica, per quanto limitata come abbiamo veduto, appaiono una soluzione sodisfacente della proporzionalità nella rappresentanza ? A noi pare di no. Anzitutto il voto singolo associato al quoziente non soddisfa per considerazioni tecniche, poichè o esso rimane semplice nelle sue linee quale da pri-

ma si presentò alla mente dell'Hare; ed allora
è imperfetto e può anche riuscire ingiusto come
tutte le cose per le quali ci si affida, anche soltanto in parte, all'opera del caso; oppure esso
viene reso più preciso e più equo ed allora è in-
voluto di tali complicazioni che lo rendono poco
maneggevole e sopratutto poco comprensibile al
corpo elettorale al quale deve necessariamente
apparire come una selva di cifre e di calcoli inac-
cessibile ai profani.

E nemmeno soddisfa per altre considerazioni:
il dare la possibilità ad un candidato di essere
eletto in una vastissima od anche soltanto vasta circoscrizione riportando i non molti voti
dai quali è costituito il quoziente, lascia l'adito
alle corruzioni e alle clientele personali. Nè l'e-
lettore potrà mai rendersi ben conto del valore
del proprio voto. Se, infatti, egli vota per candidati appartenenti tutti ad un medesimo partito,
egli in pratica non può fare quasi nulla per determinare l'elezione dei candidati che in seno
allo stesso partito sono da lui preferiti: se invece,
lasciandosi guidare da concetti puramente personali, egli compila una lista nella quale entrino
uomini di idee politiche diverse, egli non saprà
nemmeno mai all'elezione di quale candidato e

perciò al rafforzamento di quale tendenza politica abbia concorso col proprio suffragio.

Ma peggio ancora il voto singolo trasmissibile risponde alle necessità politiche generali. Noi vogliamo sì sottrarre l'eletto alla servitù di un ristretto corpo elettorale che vede sopratutto in lui un procuratore di affari, ma non vogliamo nemmeno — perchè non lo crediamo giovevole alla vita pubblica — che il deputato si senta completamente avulso dal corpo elettorale, e non abbia, in una cerchia ben definita di elettori, i giudici naturali e costanti dell'opera propria. Ora il voto singolo disgrega completamente l'unità del corpo elettorale e spezza recisamente i vincoli tra eletto ed elettore. Non solo: per il retto funzionamento delle Assemblee politiche è necessario che, in seno alle Assemblee stesse, i rappresentanti si raggruppino secondo programmi definiti e tendenze determinate e che i componenti di questi varii gruppi o partiti siano stretti fra loro da una comunanza di origini, da una solidarietà di opere, che debbono trovare corrispondenza e fondamento nei raggruppamenti organici del corpo elettorale.

Per spiegare e giustificare questa nostra condanna del voto singolo, noi dovremmo sopratut-

to mostrare quanto esso sia inferiore, a parer
nostro, ad altri sistemi più semplici, più chiari
e più organici : passiamo dunque ad esaminarli
con la sicurezza che, dopo avere avuto i necessarii
elementi di confronto, il lettore stesso sarà sen-
z'altro persuaso della loro superiorità in **paragone** dei sistemi finora esaminati.

SVIZZERA, NELLA SERBIA E NELL'AR-
GENTINA.

IL PRINCIPIO DELLA CONCORRENZA DELLE LISTE

I sistemi finora esaminati avevano per fondamento l'elettore singolo e si preoccupavano di
lasciargli la più ampia libertà di scelta e di ga-
rentirgli la indipendenza più assoluta, e al tempo stesso, l'efficacia del suo voto senza che
quasi egli dovesse pensare a mettere in accordo
la propria volontà con quella di altri cittadini :
i sistemi che ora verremo esaminando considerano invece l'elettore come facente parte di raggruppamenti determinati da affinità di opinioni
sulle quali tali raggruppamenti si fondano.

Il primo tipo del sistema della concorrenza delle liste è dovuto ai ginevrini Morin e Bellamy e
le loro proposte, discusse e modificate dall'*Asso-*

ciation Réformiste costituitasi a Ginevra nel
1865, (1) furono presentate al Gran Consiglio di
Ginevra dove però non furono approvate.

Ecco le linee fondamentali di tali proposte che
costituiscono il punto di partenza di una serie di
altre proposte che da quella prima derivano.

Trenta elettori presentano prima della elezione
una lista di candidati che si suppone preparata
da un partito o da un raggruppamento qualsiasi liberamente formatosi. Ciascuna lista comprende tanti candidati quanti sono i deputati da e-
leggere nella circoscrizione plurinominale. I nomi dei candidati sono disposti in ordine alfabetico; le varie liste presentate sono contradistinte con un numero d'ordine. L'elettore depone nel-
l'urna una scheda la quale deve contenere il numero d'ordine della lista prescelta e i nomi di
tanti candidati quanti sono i rappresentanti da
eleggere oppure, se si crede di applicare il voto
limitato, i nomi di tanti candidati quanti la limitazione stabilita dalla legge consente; per e-
sempio i 2/3.

----

(1) Cfr. TRAVAUX DE L'ASSOCIATION RÉFORMISTE DE GE-
NÈVE (1865-1871) récueillis par ERNEST NAVILLE,
Genève 1871.

Ciò costituisce quello che si è detto il «doppio voto simultaneo » perchè, come chiaramente spiega il Bonnefoy (1) « l'elettore votando vota insieme e contemporaneamente per una lista a favore della quale il suo suffragio sarà computato quando si ripartiranno i seggi fra le liste, e per uno, due o più candidati ai quali il suo suffragio sarà computato quando si ripartiranno i seggi fra i candidati iscritti in una medesima lista ».

Allo spoglio si comincia col contare le schede valide e a stabilire il quoziente elettorale o cifra di ripartizione nello stesso modo come si pratica nei sistemi con voto singolo. Si numerano poi i voti raccolti da ciascuna lista, fondandosi sulla indicazione del numero d'ordine rispondente e ciascuna lista che ogni scheda deve recare. Ciò serve a fissare quanti rappresentanti debbano essere assegnati a ciascuna lista proporzionatamente al numero di voti da essa raccolti e cioè a seconda di quante volte in questo totale è contenuto il quoziente che si è preso per cifra di ripartizione.

Se la ripartizione così eseguita non distribuisce fra le liste tutti i seggi ai quali si deve prov-

_____

(1) BONNEFOY *Op. cit.* pag. 113.

vedere, quelli rimasti sono assegnati alle liste
che hanno le frazioni più grosse.

Dopo questo primo spoglio si proclama il resultato, quindi si procede allo spoglio delle schede raccolte da ciascuna lista per contare il numero di voti accordati a ciascun candidato, e di
ciascuna lista si proclamano eletti i candidati
che hanno riportato le maggiori votazioni, secondo il numero di rappresentanti a cui essa ha
diritto per effetto della prima ripartizione.

Poichè sarebbe lungo e poco profittevole seguire tutte le trasformazioni e modificazioni di
questo sistema che è stato oggetto di lunghi e
pazienti studi tra i quali meritano il primo posto
quelli di Ernesto Naville, infaticabile apostolo
della rappresentanza proporzionale, vediamo anche qui a quali resultati l'idea informatrice di
questo sistema sia giunta, esaminando le sue concrete applicazioni in Svizzera, nella Repubblica
Argentina ed in Serbia. (1)

---

(1) Ci varremo per questo esame delle applicazioni
legislative del sistema della concorrenza delle liste.
specialmente del SARIPOLOS *Op. cit.* T. II, pagg.
367-462; BONNEFOY, *op. cit.* pagg. 117-139; REPORTS
cit., Relazione compilata dal segretario della Lega-
zione Inglese a Berna HICKS-BEACH sui materiali

LA R. P. NEL CANTON TICINO.

Dopo venticinque anni di ininterotta propaganda, la prima vittoria del principio della proporzionalità in Svizzera fu ottenuta nel Canton Ticino nel 1890. La spinta decisiva venne dalla constatazione di una più clamorosa ingiustizia del regime maggioritario. Nelle elezioni del settembre di quell'anno i conservatori con 12,783 suffragi avevano ottenuto 77 seggi al Consiglio cantonale, mentre i liberali con 12,166 voti ne avevano ottenuti soltanto 35. Scoppiò una vera rivoluzione che portò alla revisione della costituzione e si convocò a tale scopo una Costituente che fu eletta col sistema del voto proporzionale, secondo la legge del 5 dicembre 1890, votata dal Gran Consiglio della repubblica e del Cantone

fornitigli dai consoli inglesi di Zurigo e di Ginevra, pagg. 57-60; e dei voluminosi allegati alla già citata Relazione BENOIST che contengono abbondantissimo materiale per la riforma elettorale in Svizzera (pp. 56-176) nonchè del FREY, LES LOIS SUISSES SUR LA R. P. — Genève 1897 e del KLOTI DIE PROPORTIONAL-WAHL IN DER SCHWEIZ, GESCHICHTE, DARSTELLUNG UND KRITIK Bern, 1901.

Ticino in seguito ad accordi presi fra i partiti,
sotto l'auspicio delle autorità federali. Tale legge
per la elezione della Costituente divideva il Cantone in diciasette collegi dei quali quelli di Lu-
gano e di Locarno dovevano eleggere nove deputati; quelli di Chiasso, di Mendrisio, di Ma-
gliasina otto; quelli di Cevio e di Castro sette;
quelli di Pregassona, Taverna, Annio, Ascona-
S. Nazzaro, Russo-Intragna, Bellinzona sei;
quelli di Gimbiasco e Faido cinque e quelli d'O-
sogna e Airolo quattro.

Le principali disposizioni erano le seguenti:

art. 3 — Ciascun gruppo di elettori cantonali ha diritto di essere rappresentato al Gran Consiglio adempiendo le formalità stabilite dalla presente legge. La rappresentanza di ciascun gruppo è proporzionale al numero di voti raccolti nel
rispettivo collegio dalla propria lista secondo
che è constatato dallo spoglio delle schede nello
scrutinio.

art. 4 — Ciascun gruppo redige la lista dei
proprii candidati. Per essere valida la lista deve
essere firmata da almeno dieci elettori e contenere almeno i nomi di due candidati. Lo stesso elettore non può firmare più di una lista.

art. 5 — La lista così firmata deve essere pre-

sentata al Commissario del distretto nel quale
è compreso il collegio elettorale, dieci giorni almeno prima di quello fissato per le elezioni. Il
commissario rilascia una dichiarazione che atte-
sti l'effettuata presentazione.

art. 6 — Un candidato non può essere inscritto in più di una lista. Se è inscritto in più
di una, il commissario lo invita immediatamente
a optare per una di esse. Mancando l'opzione si
deciderà a sorte su quale lista debba essere mantenuto il candidato, avvisando almeno uno dei
firmatari di ciascuna delle liste interessate affinchè possano, se credono, assistere al sorteggio.
Il nome di un candidato non può essere mantenuto su di una lista se egli vi si oppone : in tal
caso il suo nome è cancellato d'ufficio dalla lista.
I firmatari di una lista dalla quale è stato cancellato un candidato per opzione, sorteggio o ri-
fiuto, possono sostituirlo con un altro, notifican-
dolo al Commissario almeno sei giorni prima dello scrutinio. L'atto di notifica deve essere firmato da tutti coloro che avevano firmato la lista
prima presentata.

art. 7 — Ciascun gruppo stabilisce la denominazione della propria lista. La denominazione
diventa proprietà del gruppo e nessun altro grup-

po ha diritto di usarne una uguale nello stesso collegio finchè quel gruppo non ha rinunciato a tale denominazione. Questa deve essere indicata in testa alla lista presentata al Commissario.

art. 8 — Il Commissario provvede di ufficio alla stampa di tutte le liste presentate e trasmette a ciascuna amministrazione comunale dei collegi interessati un numero, proporzionato a quello degli elettori, di buste, di schede stampate e di schede bianche, ma con la denominazione del gruppo stampata. Una copia di ogni lista presentata sarà affissa a cura delle amministrazioni comunali alla sede del Comune non più tardi della vigilia dell'elezione.

Due giorni prima di quello dell'elezione, l'amministrazione comunale farà rimettere al domicilio dell'elettore una copia stampata di tutte le liste, una scheda bianca con l'indicazione di ciascun gruppo e una busta ufficiale.

art. 9 — Pel voto l'elettore può fare uso così della scheda stampata che di quella manoscritta. La scheda deve essere bianca. La cancellazione di uno o più nomi di candidati iscritti in una scheda stampata non è causa di nullità.

art. 10 — L'elettore può votare per tutti i candidati di una lista o soltanto per una parte di es-

si. Nessuno può votare per candidati di liste diverse. Le schede recanti nomi di candidati appartenenti a liste diverse o di persone la cui candidatura non è stata ufficialmente presentata, sono nulle. L'omissione della denominazione della
lista o la sua dichiarazione inesatta non importa-
no la nullità della scheda.

In base a tali disposizioni si comprende facilmente come dovesse avvenire lo scrutinio, semplicissimo. Il seggio doveva constatare quante
schede valide fossero state deposte a favore di
ciascuna lista e quanti voti fossero stati raccolti
da ogni singolo candidato di ciascuna lista, e
poi inviare il processo verbale e i plichi delle
schede valide annullate e contestate al Presidente del Tribunale del distretto nel quale il collegio
era compreso. All'indomani un seggio presie-
duto dal presidente del Tribunale in seduta pubblica, nel capoluogo del distretto, doveva procedere alla constatazione definitiva dei resultati, alla proclamazione degli eletti, stabilendo la somma
totale di voti validi riportati da ciascuna lista, il
quoziente elettorale e, sulla base di esso, il numero di deputati da attribuire a ciascuna lista.
A tal proposito l'articolo 18 disponeva : « Ciascuna lista ha diritto a tanti deputati quante volte

il quoziente elettorale è compreso nel numero dei
voti validi da essa riportati. Se da tale calcolo risultano frazioni, il deputato che rimane da eleggere è attribuito alla lista alla quale è rimasta la
frazione più elevata, purchè tale frazione sia superiore alla metà del quoziente elettorale. Altrimenti
il deputato rimasto da eleggere è attribuito alla lista che ha ottenuto il più gran numero di schede
valide. Lo stesso avviene in caso di parità delle
frazioni. Se le liste hanno ottenuto un numero
identico di schede valide la decisione è rimessa
alla sorte ».

Stabilito il numero di deputati spettanti a ciascuna lista, l'ufficio conteggia i voti ottenuti da
ciascun candidato e proclama eletti per ciascun
gruppo quelli che hanno ottenuto il maggior numero di voti. I non eletti avevano diritto di su-
bentrare agli eletti del rispettivo gruppo nel caso
di rinuncia, dimissioni o morte di alcuno di essi.

La Costituente, eletta con questa legge della
quale abbiamo voluto dare una precisa nozione
al lettore perchè è veramente un modello del genere, propose una costituzione che applicava la
rappresentanza proporzionale nelle elezioni del
Gran Consiglio, del Consiglio di Stato, dei Con-
si g Comunali e dei giudici. La Costituzione,

approvata dal popolo per referendum, con debole maggioranza, fu ratificata dal Consiglio federale il 17 aprile 1891.

La legge elettorale che applicava tali disposizioni per le elezioni del Gran Consiglio è del novembre 1891, ma fu poi sostituita dalla legge 2 dicembre 1892, ancora vigente (1). In massima ta-

---

(1) *Cfr.* Le disposizioni principali della legge in ANNUAIRE DE LEGISLATION ETRANGÈRE T. XXII (1892) p. 640. Vedi *ibid* p 772 anche la legge 22 maggio 1891 per le elezioni municipali con voto proporzionale.

Il funzionamento della R. P. nel Canton Ticino per le elezioni al Gran Consiglio è stato recentemente esposto in modo semplice e chiaro dal signor CARLO SAMBUCCO nella *Nuova Antologia* del 16 Febbraio 1910 (pp. 730-735). Il SAMBUCCO, pur constatando i soddisfacenti resultati del sistema ticinese, non è favorevole al *panachage*. Quanto al metodo di ripartizione dei seggi fra le liste, egli, comparando il metodo svizzero con quello del d'Hondt osserva: «Il sistema che viene seguito per il Gran Consiglio del Canton Ticino ha - comparativamente al sistema belga - un pregio; questo: che ogni partito, pur non molto numeroso, ottiene i suoi rappresentanti. E' questo evidentemente un pregio, se ci è caro il principio che il Parlamento deve rispecchiare con la maggior fedeltà possibile la coscienza politica del Paese. Ma a questo pregio va, secondo alcuni, compagno un difetto:

le legge è modellata sulla legge del 1890 per la
elezione della Costituente, ma la diversità di alcune disposizioni merita di essere rilevata.

In quella l'elettore non aveva il diritto di votare per candidati compresi in liste diverse, anzi
ciò gli era inibito sotto pena di nullità della scheda. L'art. 11 della nuova legge gli consentiva
invece tale facoltà che ha per effetto di accordare
maggiore libertà di scelta all'elettore e di renderlo
più indipendente dai partiti, ma che non è priva
di inconvenienti e di contradizioni che rilevere-
mo a suo luogo.

All'elettore era però proibito di dare più suffragi allo stesso candidato.

Un'altra innovazione si aveva nella determinazione del quoziente, che veniva fatta dividendo
la somma totale di voti ottenuti dalle diverse liste pel numero dei deputati da eleggersi, più uno.
Tale espediente che abbiamo già trovato nel

quello di favorire il dividersi il frazionamento dei
partiti. Nel parer mio, il frazionamento di un partito è tal fatto che anche un sistema come quello
da me esposto non può esercitare se non minima influenza al frazionamento favorevole, se influenza si
voglia ammettere. Certo è però che al sistema belga
l'accusa non potrebbe in alcun modo essere mossa ».

gruppo dei sistemi con voto trasmissibile, e che
è stato sostenuto in Svizzera dal prof. Hagenbach-Bischoff tende a rendere più facile la ripartizione di tutti i seggi fra le liste.

In effetto esso si riduce ad abbassare artificialmente il quoziente : per esempio se in una circoscrizione che deve eleggere cinque deputati si
hanno 6000 voti validamente espressi il vero quoziente sarebbe 1200 (6000 :5) invece con questo
sistema del « più uno » esso viene abbassato a
1000 (6000 : 5 + 1).

Così se in quella circoscrizione i 6000 voti erano
ripartiti fra tre liste in questo modo : lista A voti
2300 ; lista B voti 2100 ; lista C voti 1600 ; col sistema del quoziente esatto non si sarebbero assegnati che tre seggi perchè 2300 : 1200 = 1 ; 2100 :
1200 = 1 ; 1600 : 1200 = 1. Invece col quoziente ridotto a 1000 i 5 seggi sono subito distribuiti senza bisogno di operazioni complementari dandone
2 alla lista A, 2 alla B, 1 alla C.

Ma anche col sistema del « *più uno* » — sebbene con minore frequenza — non si riesce sempre
a distribuire subito tutti i seggi fra le liste : per
provvedere a questo caso mentre la legge del 1890
assegnava i seggi rimasti indistribuiti alle liste
che avessero i residui più elevati, purchè non in-

feriori alla metà del quoziente, la legge del 1892
dispone che i seggi rimasti vadano, uno per ciascuno, ai gruppi che abbiano ottenuto almeno il
quoziente e le più forti cifre totali di voti.

Tale cambiamento ha importanza notevole perchè è tutto a favore delle maggioranze e sopratutto contro le minoranze più esigue, con alterazione manifesta del principio di proporzionalità,
alterazione che può essere per altro giustificata
con l'opportunità politica di non favorire la presentazione di troppe liste.

Un esempio chiarirà meglio la portata della
differenza tra le due disposizioni legislative.

Si abbiano 7000 votanti in una circoscrizione
che elegge 5 deputati, cosi distribuiti : lista A
voti 3100 ; lista B 2600 ; lista C 1300. Il quoziente normale è 1400 (7000 : 5). Spettano 2 deputati
alla lista A ed 1 alla B, ma rimangono ancora 2
seggi da assegnarsi : questi con le disposizioni
della legge 1890 sarebbero toccati 1 a C che aveva
il residuo più elevato (1300) ed 1 a B che aveva
il residuo più elevato dopo quello di C (1200),
mentre A aveva un residuo di soli 300 voti.

Invece con la legge del 1892 i due seggi toccherebbero uno a B ed uno ad A, escludendo C

perchè C non ha raggiunto nemmeno una volta il quoziente.

Inoltre la legge 1892 consacrava il principio che non esistevano elezioni suppletive perchè in caso di vacanza di un seggio, questo era occupato « dal candidato che ha ottenuto il più gran numero di voti dopo quelli della sua stessa lista già dichiarati eletti ».

Invece questi due principii nuovi, introdotti nella legge del 1892 in confronto a quella del '90 non si ritrovano nella legge dello stesso Canton Ticino del 22 maggio 1891 per le elezioni municipali secondo il voto proporzionale, la quale non adotta la ripartizione del più uno e attribuisce i seggi non assegnati col quoziente ai residui più forti.

LA R. P. NEL CANTONE DI NEUCHÂTEL.

Dopo quella nel Canton-Ticino, la rappresentanza proporzionale ebbe una seconda applicazione nel Cantone di Neuchâtel. Essa vi fu introdotta dalla legge del 28 ottobre 1891 (1) per la ele-

---

(1) Cfr. ANNUAIRE DE LEGISLATION ETRANGÈRE. T. XXI (1891) p. 749, e cfr. soprattutto un ampio studio di

zione del Gran Consiglio e con la clausola che essa s'intendeva adottata in via di esperimento per tre anni. Essendo l'esperimento triennale riuscito in modo soddisfacente, la riforma fu cambiata da provvisoria in definitiva con la legge 22 novembre 1894, (1) entrata in vigore col 1 maggio 1895 la quale nell'articolo 1 è dichiarata obbligatoria per le elezioni dei deputati al Gran Consiglio e applicabile a tutte le elezioni e votazioni del Cantone.

Non si può dire veramente che questa legge abbia la chiarezza e la semplicità desiderabili. Composta di ottanta articoli, divisi in dieci capitoli, ha tra le altre contradizioni quella che le disposizioni per la formazione delle liste seguono a quelle per le operazioni di scrutinio.

Quanto alla formazione delle liste è da notarsi che mentre la legge ticinese non riconosce ufficialmente i partiti, ma soltanto gruppi di elettori che propongono una lista, la legge del Cantone

---

GEORGES LELOIR sur LA R. P. DANS LE CANTON DE NEUCHATEL in *Bulletin de la Société de Legislation comparée*, T. XXII (1892-93) pp. 232-253.

(1) Cfr. Le principali disposizioni della legge, ed utili commenti e confronti in ANNUAIRE DE LEGISLATION ETRANGÈRE, T. XXIV (1894) p. 645.

di Neuchâtel pare riconoscere i partiti perchè l'articolo 61 dispone :

« Le liste sono formate da partiti politici o da gruppi di elettori. I partiti o gruppi che elaborano una lista devono, con una presentazione scritta, indicare alla Prefettura, cinque giorni almeno prima di quello dell'apertura dello scrutinio, i loro candidati. Tale presentazione deve essere firmata da almeno due elettori (1) a nome del partito o del gruppo. E' proibito a ciascun partito di portare nella lista un numero di candidati maggiore di quello dei deputati o dei supplenti da eleggere. I candidati segnati in più alla fine della lista saranno radiati d'ufficio dalla Prefettura. I partiti hanno facoltà di compilare liste comuni, a condizione di designare distintamente i candidati di ciascun partito e di non sorpassare il numero dei deputati, nè quello dei supplenti da eleggere. I partiti possono servirsi dei loro colo-

_____

(1) Anche il fatto che bastino due firme di elettori per presentare una lista, mentre, come vedremo, la legge Belga richiede la firma di non meno di cento elettori, indica chiaramente che la legge prevede e considera la designazione ufficiale dei partiti, dei quali i due firmatari sono veri e propri delegati riconosciuti.

ri combinati o dei colori cantonali pei loro affissi e per le loro schede contenenti la lista comune.»

Il modo della votazione è stabilito dagli articoli
43 e 44, ma in termini che non si raccomandano
certo per praticità e per chiarezza. Vale la pena
di riferire testualmente tali disposizioni : « L'elettore che si presenta per votare deve esibire la sua
carta civica ; il seggio, dopo avere accertato la sua
qualità di elettore, gli consegna una busta tim-
brata e constata che ha votato... Dopo la sua am-
missione al voto l'elettore si ritira nel locale o
nella cabina d'isolamento preparata per la votazione e scrive esso stesso sulla busta che gli è stata consegnata i nomi dei candidati di sua scelta
e in tal caso la busta serve di scheda ; oppure, se
egli preferisce, può chiudere nella busta una scheda separata stampata o manoscritta. La busta non
può contenere che una sola scheda. L'elettore ha
il diritto di modificare le liste stampate a condizione di apportare tutti i mutamenti su di una sola scheda e di non porre nella busta se non questa scheda modificata. »

L'elettore ha anche il diritto di votare per una
lista incompleta di candidati e di attribuire collettivamente a un partito o gruppo i suffragi non
espressi nominativamente, affinchè essi aumenti-

no, a titolo di suffragi di lista, la parte di rappresentanza proporzionale di tale partito. In questo
caso la volontà dell'elettore deve essere significa-
ta con l'indicazione scritta o stampata, posta sulla lista incompleta dopo i nomi dei candidati che :
« i suffragi non dati nominativamente sono attribuiti alla lista X ».

Da tali disposizioni deriva che al momento dello scrutinio, quando le schede o le buste recano
scritti più nomi che non vi siano rappresentanti
da eleggere, quelli inscritti in più non sono contati. Se vi sono iscritti invece un numero di candidati minore dei rappresentanti da eleggere, e
manca la indicazione di cui all'articolo 44, i voti
non dati nominativamente sono perduti.

Il seggio, dopo avere constatato il numero delle
schede valide, stabilisce il numero di voti dati nominativamente a ciascuno dei candidati, il numero di suffragi di lista assegnati a partiti, secondo le disposizioni degli articoli 44 e 52 ed infine il numero dei suffragi non dati.

Tali risultanze servono poi all'ufficio centrale
del distretto per la ripartizione dei seggi e per la
proclamazione degli eletti.

In queste disposizioni legislative noi troviamo
traccia evidente della preoccupazione, avuta dal

legislatore, di ostacolare la formazione di un numero eccessivo di liste e lo sgretolamento del
corpo elettorale in tanti piccoli gruppi che è la
conseguenza naturale della esistenza di troppe liste. Non soltanto infatti, come nella legge ticinese, i seggi non attribuiti nella prima ripartizione sono assegnati non già alle liste
che hanno residui più forti sibbene a quelle che
hanno una cifra elettorale complessiva più alta,
ma si dispone anche, nell'articolo 64, che « nessun candidato è eletto se non ha raccolto un numero, ossia *quorum*, di suffragi pari almeno al
15 % dei voti validamente espressi. Le liste nelle quali nessun candidato abbia raggiunto tale
quorum sono escluse dalla ripartizione dei seggi.
I suffragi raccolti da queste liste si considerano
come non espressi, e la ripartizione viene fatta
tra le altre liste senza che il *quorum* fissato nel
capoverso precedente sia modificato. »

Tale espediente, che noi riconosciamo ispirato
ad intendimenti lodevoli, è stato giustamente condannato, anzitutto dal Prey, e alla condanna si sono poi associati cosi fautori del proporzionalismo
come il Saripolos, come avversari quale il Bonnefoy. Infatti esso rappresenta una vera e propria
violazione del principio del quoziente, perchè

se i candidati da eleggere sono parecchi, il *quorum* risulta più elevato del quoziente e si ha così
la patente contradizione che un candidato ed una
lista che hanno raggiunto il quoziente scno esclusi dalla rappresentanza con conseguenze tanto
più gravi per la proporzionalità dei resuliati in
quanto, come abbiamo detto, i seggi non attribuiti vanno alle liste che hanno un totale di voti più
elevato. E' vero che gl'inconvenienti sono attenuati dall'estensione modesta delle circoscrizioni,
ma, nondimeno, essi esistono : ed un esempio pratico lo dimostrerà anche più eloquentemente. Si
abbia una circoscrizione chiamata ad eleggere otto rappresentanti e siano i voti validamente e-
spressi 10.000. Il quoziente, poichè nel Cantone
di Neuchâtel non vige il metodo del più uno, sarà di 1250 (10,000 : 8), mentre il *quorum* sarà di
1500 (15 % di 10.000). Si supponga che i 10.000
voti siano così ripartiti fra tre liste : lista A voti
5100 ; lista B voti 3500 ; lista C voti 1400. Se noi
operiamo la ripartizione in base al quoziente
(1250) alla lista A toccano subito quattro seggi
con un residuo di 100 voti ; alla lista B due seggi
con un residuo di 1000 voti, alla lista C un seggio con un residuo di 150 voti. Rimane un seggio non ancora assegnato che toccherebbe alla

lista B la quale ha il residuo più forte. Invece secondo la legge del Cantone di Neuchâtel, fondata sul *quorum*, la lista C è subito esclusa dalla
ripartizione perchè, pur superando di 150 voti il
quoziente, non raggiunge il *quorum* e rimangono
perciò due seggi da attribuire : il primo va subito alla lista A che ha ottenuto il maggior numero
di voti, benchè non abbia che un residuo inutiliz-
zato di 100 voti, e soltanto perchè c'è ancora un
secondo seggio disponibile, questo vien dato alla
lista B che pure ha un residuo decuplo della lista A. Quindi, come resultato complessivo della
elezione, si avrebbero *cinque* seggi dati alla lista
A ; *tre* alla lista B ; nessuno alla lista C. Il che significa che gli elettori che hanno votato per la lista A hanno avuto un rappresentante ogni 1020
elettori, mentre, per dato e fatto del *quorum*, ai
1400 elettori della lista C non ne è toccato alcuno.

Ma la legge di questo Cantone favorisce in un
altro modo il gruppo più numeroso di elettori.
Essa, come la legge del Canton-Ticino, concede
all'elettore, il diritto di *panacher*, e concede in
più il diritto ad un candidato di figurare su più
di una lista. Il candidato può però dichiarare
preventivamente a beneficio di quale lista egli
intende che siano computati i suffragi a lui dati.

L'opzione, per essere valida, deve essere firmata
dal candidato, presentata alla Prefettura e resa
pubblica dal Prefetto prima dell'inizio della votazione. In mancanza di opzione, tutti i voti ottenuti da un candidato comune sono attribuiti alla
lista che, fra quelle che comprendono tale candidato, ha ottenuto la cifra elettorale più elevata,
calcolando questa senza computare i voti ottenuti
da ogni candidato che è compreso anche in un'altra lista.

Il Saripolos, sulla scorta del Frey, mostra come
tale disposizione possa essa pure risolversi in una
violazione del principio della rappresentanza proporzionale. Infatti, nel caso di un candidato portato su più liste e che non abbia fatto dichiarazione di opzione, basterà la lieve superiorità numerica di una lista, perchè tutti i voti dati a quel
candidato vadano ad accrescere grandemente tale
superiorità numerica di una lista, con danno del-
l'equità e, probabilmente, contro la volontà degli
elettori.

Infine la legge del Cantone di Neuchâtel isti-
tuisce i candidati supplenti dei quali avremo occasione di riparlare a proposito della legge belga.

Dice infatti l'articolo 59 : « I collegi elettorali
istituiti a tenore della presente legge possono

nominare deputati supplenti al Gran Consiglio fino alla concorrenza della metà del numero dei deputati. Ciascun collegio ha diritto di nominare almeno un supplente. I candidati supplenti sono proclamati deputati se lo scrutinio attribuisce al loro partito un numero di seggi superiore a quello dei candidati presentati per deputati effettivi, oppure sono designati in qualità di sostituti eventuali al seguito dei candidati non eletti, pel caso di vacanze nei seggi. L'elezione dei supplenti si fa con la stessa scheda che quella dei deputati, ma essa costituisce un'operazione elettorale separata che dà luogo a uno spoglio speciale nel quale si considera la scheda del doppio voto come due schede distinte. Tale elezione è sottoposta alle stesse disposizioni e formalità dell'elezione dei deputati specialmente per la ripartizione dei supplenti tra i diversi partiti in caso di concorrenza di liste. » (1)

Tale legislazione è assai complicata, tanto che occorrono fin quattro e cinque giorni prima che siano noti i resultati delle elezioni. E in quanto

---

(1) Legge 22 Novembre 1894. Oltre i riferimenti citati cfr. il testo in BENOIST, Relazione cit. pp. 114-129.

ai varii espedienti di cui abbiamo fatto menzione,
ci sia consentito di anticipare fin da ora un giudizio che dovrà essere la logica conseguenza della comparazione dei diversi sistemi e di dire che
quando si accetta il principio della proporzionalità, il meglio che si possa fare, è di stabilire
condizioni tali alla sua applicazione, che esso
possa svolgersi liberamente e naturalmente. Tutti gli artificî che si escogitano per ovviare a sup-
posti mali portano ad un ibridismo pericoloso :
bisogna aver fede nella forza educatrice dell'esperienza e lasciare che, magari, qualche inconveniente si verifichi, perchè spontaneamente gli
elettori e i partiti si abituino a sapere che tutti
gli abusi, come quello di un numero eccessivo di
liste o di candidati comuni, sono da evitarsi perchè generatori di danni.

LA R. P. NEL CANTONE DI GINEVRA.

Il terzo Cantone svizzero che abbia adottato la
rappresentanza proporzionale è quello di Ginevra, nel quale la riforma aveva avuto una preparazione più lunga, e profonda ed una propaganda più intensa, poichè fino dal 1842 nella
Costituente del Cantone era stata dall'Hoffmann

prospettata la questione della riforma elettorale,
nel senso di dividere la rappresentanza del paese
fra le diverse opinioni in modo da permettere a
tutte le minoranze di essere rappresentate. E poichè il regime maggioritario faceva sentire nel
Cantone di Ginevra il suo influsso più malefico,
perchè il territorio cantonale si divideva in tre
circoscrizioni nelle quali si votava a scrutinio di
lista maggioritario, tanto più viva e più efficace
potè essere la propaganda   proporzionalista. A
Ginevra quindi troviamo pubblicato nel 1846 lo
scritto di Victor Considérant « *De la sincerité du
gouvernement représentatif ou exposition de l'é-
lection veridique* » nel quale era ben delineato il
principio dello scrutinio di lista con ripartizione
proporzionale, ed a Ginevra nel 1865 si fondava
l'Associazione riformista che per lunghi anni,
sotto la sapiente ed energica direzione del Naville, doveva tenere la direzione del movimento proporzionalista in tutta l'Europa.

Eppure soltanto nel 1892, quando già la rappresentanza proporzionale funzionava nel Canton-Ticino e in quello di Neuchâtel, veniva approvata dal Gran Consiglio la legge costituzionale, che introduceva il principio proporzionalista nell'elezione dei membri del Gran Consiglio

del Cantone. Approvata tale legge per referendum il 7 agosto 1892, finalmente il 3 di settembre di quell'anno il Gran Consiglio, votava la legge elettorale organica sulla rappresentanza proporzionale.

La legge di soli 24 articoli è semplice, chiara, nitidissima, come si addiceva a un Paese che per trenta anni aveva dato studii assidui ad elaborare la riforma. Citiamone le disposizioni principali: (1)

« Le liste sono formate dai partiti politici o dai gruppi di elettori. I partiti o gruppi che presentano una lista all'elezione debbono depositarla alla cancelleria di Stato almeno cinque giorni prima di quello della votazione, firmata da almeno venti elettori ».

(1) Questa legge che è fondamentale pel sistema della concorrenza delle liste, che è stata oggetto di numerosi scritti polemici e di commenti, si trova pubblicata integralmente in varii luoghi come in allegato alla cit. relazione BENOIST pagg. 173-176; nell'ANNUAIRE DE LÉGISLATION ÉTRANGÈRE T. XXII (1892), p. 581; nel FREY citato pagg. 23-27; in Allegato al vol. del LAFFITTE. LA RÉFORME ELECTORALE ecc. e in uno studio del SEVERIN DE LA CHAPELLE in *Revue catholique des institutions et du droit*, 1893, **T. X.**

« Lo stesso elettore non può firmare più di una lista di candidati ».

« Nel caso nel quale le liste recassero denominazioni identiche, la Cancelleria inviterà i gruppi a stabilire le necessarie distinzioni, in mancanza di che le liste le quali abbiano la stessa denominazione, saranno distinte da un numero d'ordine. »

Notiamo che questa disposizione è assai più logica di quella dell'articolo settimo della legge ticinese, la quale interdice ad un gruppo di dare alla propria lista una denominazione già scelta da un altro, di modo che basta per esempio che dieci elettori abbiano presentato una lista, magari fittizia, denominandola radicale o socialista, perchè non vi possa essere più alcun'altra lista con quelle denominazioni.

« La Cancelleria fa pubblicare ed affiggere su carta bianca ed in caratteri identici due giorni prima dell'elezione le liste dei candidati, validamente presentate in tempo utile ».

« L'elettore dispone di tanti voti quanti sono i deputati da eleggere. Ha il diritto di scrivere egli stesso la sua lista, di modificare le liste stampate e di votare per una lista incompleta di candidati ».

« Quando l'elettore ha indicato la propria volontà di votare una delle liste di gruppo ufficialmente presentate, si considerano come voti dati
alla lista che l'elettore ha prescelta, ma a titolo
soltanto di voti di lista, agli effetti del calcolo
della rappresentanza proporzionale: 1° i nomi
cancellati e non sostituiti; 2° i voti non espressi;
3° i voti dati a candidati non iscritti su liste ufficialmente riconosciute ».

« Se la scheda non menziona alcuna delle liste
di gruppo regolarmente presentate, non si tiene
conto dei suddetti suffragi ».

« I voti dati a candidati comuni a più liste
non contano che come voti individuali, quando
figurano altrove che sulle liste nelle quali questi
candidati sono stati ufficialmente portati ».

Anche tale questione dei candidati comuni trova in questa legge ginevrina una soluzione molto
più equa e razionale di quella da noi censurata
nella legge del cantone di Neuchâtel. Infatti se
il candidato A, figura in due liste, poniamo nella
liberale e nella radicale, è chiaro che, secondo il
principio del doppio voto simultaneo, l'elettore il
quale vota per A insieme con tutti gli altri candidati della lista liberale, ha inteso di esprimere
al tempo stesso un voto personale per A e un vo-

to per la lista liberale e così l'elettore il quale ha votato A insieme con tutti gli altri candidati radicali ha voluto dare anche un voto alla lista radicale. Invece se il nome di A è incluso da un elettore nella lista socialista è chiaro che tale suffragio potrà valere personalmente per A, ma non dovrà andare a beneficio nè del gruppo radicale nè del gruppo liberale.

« Quando una scheda contiene più voti dati ad un solo candidato, questi suffragi non sono contati al candidato che per uno solo. Gli altri figurano come suffragi non espressi ».

Con tale disposizione si esclude il voto cumulativo, ma il disporre che i voti ripetuti siano considerati come suffragi non espressi e quindi possano ingrossare la cifra elettorale di una lista, può incoraggiare i candidati a far votare il proprio nome togliendo voti ai compagni di lista.

Le operazioni di ripartizione e di proclamazione sono affidate a un seggio centrale risedente in Ginevra, nominato dal Consiglio di Stato e composto di membri scelti tra i diversi gruppi politici. Le sue attribuzioni sono così determinate dagli articoli 14 e 15 della legge :

« L'ufficio comincia dal constatare il numero di suffragi ottenuti da ciascuna lista nel collegio;

questo numero totale forma la cifra elettorale
della lista. Le'liste sono disposte secondo l'ordine della loro cifra elettorale e in ciascuna lista i
candidati debbono essere iscritti secondo l'ordine
decrescente dei suffragi individuali raccolti ».

« Nessun candidato è eletto se non ha riunito
un numero, ossia *quorum*, di suffragi uguale al
10 % almeno dei voti validamente espressi. Ogni
lista nessun candidato della quale abbia raggiunto questo *quorum* è eliminata dalla ripartizione (1) ».

« I voti raccolti da questa lista sono considerati come non espressi e la ripartizione si fa dopo,
fra le altre liste, senza che il *quorum* fissato nello
alinea precedente sia modificato ».

« La cifra totale dei voti validamente espressi,
divisa pel numero dei deputati da eleggere costi-

_____

(1) Il *quorum* è in questa legge soltanto del 10 "/.
mentre è del 15 %, in quella del Cantone di Neuchâtel.
Ma la disposizione è ancora più grave se si considera che i tre collegi nei quali si divide il Cantone eleggono 34, 40 e 26 deputati. Quindi il *quorum* può essere perfino quadruplo del quoziente ed una lista la
quale abbia raccolto tanti voti da darle diritto magari a tre rappresentanti, si vede esclusa completamente dalla ripartizione per effetto di questa disposizione.

tuisce il quoziente elettorale. La cifra elettorale di
ciascuna lista è poi divisa per questo quoziente, il
che dà il numero dei deputati assegnati alla lista. Se il calcolo di ripartizione lascia delle frazioni, i deputati rimasti da eleggere sono attribuiti alle frazioni più grosse (1). L'ufficio procede alla proclamazione dei deputati dichiarando
eletti per ciascuno dei gruppi, e fino alla concorrenza del numero dei seggi assegnati dalla ripartizione, i candidati i quali non siano già resultati
eletti e che abbiano ottenuto il maggior numero
di voti nella lista. »

« Se una lista ottiene un numero di rappresentanti maggiore di quello dei candidati presentati,
il numero dei seggi che rimangono da assegnare,
sarà distribuito tra le altre liste mediante una nuova ripartizione proporzionale ».

In quanto ai supplenti la legge ginevrina ricorre a disposizioni intermedie, perchè mentre
nel primo mese che segue all'elezione del Gran
Consiglio, se per qualsiasi causa avvengono vacanze di seggi, questi sono assegnati ai candidati
che avevano ottenuto il maggior numero di voti

(1) In questo la legge Ginevrina si discosta da quella Ticinese, ma il vantaggio che ne viene alle minoranze è assai attenuato dall'esistenza del quorum.

dopo l'ultimo eletto nella elezione generale, tra-
scorso invece il primo mese ciò non avviene più.
Ed anche se nei termini suindicati il numero dei
seggi rimasti vacanti è superiore a cinque, anzichè alla sostituzione coi candidati non prima eletti, si ricorre ad elezioni complementari, e così pure si fa durante tutta la legislatura quando il numero dei seggi vacanti superi quello di cinque.

LA R. P. NEL CANTONE DI ZUG.

La rappresentanza proporzionale con la costituzione del 31 gennaio 1894, fu introdotta anche
nel Cantone di Zug e vi ebbe larga applicazione
perchè essa è obbligatoria per l'elezione del Gran
Consiglio, per quella del Consiglio di Stato e
dei Giudici e può essere anche applicata alla elezione dei Consigli Comunali in seguito a domanda di un decimo degli elettori.

Il sistema adottato nella legge del Cantone di
Zug è quello della concorrenza delle liste, ma
combinato col voto cumulativo, secondo che il
Frey aveva propugnato alla Conferenza internazionale di Anversa nella seduta del 9 ago-

sto 1885 (1). Con tale sistema si lascia cioè all'elettore la facoltà di dare due o più dei voti dei quali egli dispone ad uno stesso candidato e così egli può al tempo stesso non far perdere alcuno dei proprii voti alla lista che egli favorisce e dare la preferenza ai candidati o al candidato di cui gli sta maggiormente a cuore la riuscita.

La legge del Cantone di Zug, che è assai complicata e che adotta una scheda della quale il Klöti (2) dichiara che è difficile immaginare qualche cosa di più compilcato, contiene una particolare disposizione per la quale, quando un elettore ha votato per un numero di candidati inferiore a quello dei rappresentanti da eleggere, la sua lista viene ufficialmente completata dal seggio il quale ripartisce i voti non espressi sui candidati indicati nella scheda cominciando dall'alto in basso e da sinistra a destra.

Dopo aver fatto tra le liste la ripartizione secondo il quoziente, i seggi rimasti ancora da attribuirsi, sono assegnati con un sistema che è la combinazione di quello ginevrino, che li assegna

(1) *Conférence internationale pour la R. P. in La Représentation proportionnelle*, Revue mensuelle, août-septembre-octobre 1895.

(2) KLÖTI, *Op cit* pag. 62.

alle liste che hanno i residui maggiori, e di quello ticinese, che invece li assegna alle liste che hanno riportato un totale di voti maggiore. L'articolo 17 infatti dispone :

« Quando il numero dei rappresentanti assegnati alle liste non raggiunge il numero totale
dei rappresentanti da eleggere, il primo seggio
fra quelli ancora vacanti è attribuito alla lista
che ha ottenuto il più gran numero di voti a condizione che questo numero raggiunga la maggioranza assoluta : se restano altri seggi vacanti essi
sono ripartiti fra le liste che hanno i residui più
elevati. Se non v'è alcuna lista che abbia raccolto la maggioranza assoluta di voti allora tutti i
seggi sono distribuiti ai residui più elevati ».

LA R. P. NEI CANTONI DI FRIBURGO E DI SOLEURE.

Nello stesso anno 1894 la Rappresentanza Proporzionale entrava anche nella legislazione di due
altri Cantoni : quelli di Friburgo e di Soleure.

Nel cantone di Friburgo la legge del 19 Maggio 1894 (1) applica il sistema soltanto alle elezioni comunali ed in via facoltativa perchè esso

_____

(1) Cfr. il testo della legge in Asnoaire de Législation étrangère, T. XXIV (1894), pp. 629-632.

non può essere adottato che in quei comuni nei
quali un certo numero di elettori ie faccia domanda. Questo numero richiesto lalla legge è
però così limitato, poichè varia, secondo la popolazione del Comune, da cinque a venticinque
elettori, che in pratica è assai facile estendere
l'applicazione del sistema a gran parte dei comuni.

Il sistema è conforme a queli che abbiamo
già esposti e si fonda sulla conorrenza delle liste e sul doppio voto simultaneo poichè l'elettore,
votando per un candidato, vota anche per la lista
alla quale quel candidato apparene (art. 55). Il
quoziente elettorale si ottiene diidendo i suffragi delle diverse liste pel numeo dei consiglieri
comunali da eleggersi. Nessuna lista può partecipare alla ripartizione dei segi se la sua cifra
elettorale non raggiunge tale quziente (art. 60).
I seggi ancora da assegnarsi ono, secondo il
sistema ginevrino, attribuiti all liste che hanno
i residui più elevati.

L'art. 63 regola assai chiaramente la questione delle elezioni suppletive :

« I candidati non eletti di ciscuna lista sono
segnati nel processo verbale, rll'ordine dei voti
riportati, allo scopo di servire i casi di sostitu-

zione. In caso di vacanza prodottasi per morte, dimissione od altra causa è proclamato eletto il primo candidato non eletto della lista alla quale appartiene quello che si tratta di sostituire e così via secondo l'ordine dei voti raccolti. Se la lista è esaurita si procede ad una elezione parziale col sistema della rappresentanza proporzionale. Se l'elezione parziale è per un solo rappresentante ha luogo a maggioranza assoluta ».

Nel cantone di Soleure la rappresentanza proporzionale vige in forza della legge 30 Novembre 1894 : (1) ed è obbligatoria per la elezione del Consiglio Cantonale e dei Consigli Comunali che si compongano almeno di sette membri; facoltativa per la elezione anche degli altri Consigli Comunali.

Anche questa legge è modellata sulle altre leggi svizzere già esaminate: notiamo però che il quoziente è ottenuto secondo il sistema dell'Hagenbach-Bischoff della divisione del numero dei voti validi per quello dei rappresentanti da eleggere, più uno (art. 15). Ciò porta di conseguenza che se la ripartizione fatta sulla base del quo-

_____

(1) Cfr. il testo della legge in FREY op. cit. p. 33 e segg.

zieute così ottenuto dà un numero di rappresentanti superiore a quello fissato, si toglie un rappresentante alla lista che ha ottenuto il minor
numero di voti (art. 18).

Se invece, dopo la prima ripartizione, rimangono ancora seggi da assegnare vengono dati alle
liste che hanno raccolto il maggior numero di
suffragi, analogamente a quanto abbiamo visto
fare nel Canton Ticino.

LA R. P. IN ALTRE PARTI DELLA SVIZZERA.

Nel Cantone di Berna la rappresentanza proporzionale respinta per la elezione del Gran Consiglio è stata invece introdotta con la legge 16
Dicembre 1894 (1) nelle elezioni comunali della
città di Berna. Il sistema bernese non differisce
molto dagli altri. All'elettore è consentita la più
larga facoltà di *panachage* nella composizione
della lista. Il quoziente è stabilito col sistema del
più uno identicamente a quanto abbiamo detto
ora pel Cantone di Soleure.

Infine nel 1898 la rappresentanza proporziona-

_____

(1) Le disposizioni per la sua applicazione si trovano nel regolamento 5 maggio 1895. Cfr. FREY. op.
cit. p. 41 e segg.

le veniva adottata per le elezioni del Gran Consiglio Cantonale e per quelle dei Consigli Comunali più importanti nel cantone di Schwyz.

E nel Cantone di Basilea-Città, dopo essere stata respinta nel 1890 e nel 1900, la rappresentanza proporzionale era introdotta da una legge del Gennaio 1905 per la elezione del Gran Consiglio.

Il diplomatico inglese Hicks-Beach nel dare relazione di questa ultima applicazione del sistema della concorrenza delle liste dichiara che fin dalle prime elezioni avvenute nel maggio 1905 col nuovo sistema, lo scrutinio procedette regolarmente e, chiusa la votazione alle 2 pom., la sera stessa se ne conoscevano i resultati.

« I resultati — dice l'Hicks-Beach — erano grandemente soddisfacenti, poichè non soltanto i varii partiti ottenevano una rappresentanza precisamente adeguata alla loro forza, ma riuscivano eletti a rappresentanti coloro che in ciascun partito riscotevano la maggior fiducia. Quei partiti che coll'antico sistema maggioritario erano eccessivamente rappresentati, naturalmente subirono forti perdite, ma essi stessi riconobbero la giustizia del nuovo sistema. » (1)

_____

(1) Cfr. REPORTS, cit. p. 59.

Noi non possiamo, pei limiti del presente lavoro, indugiarci ad enumerare tutti i tentativi
fatti in Svizzera per una applicazione anche più
estesa della rappresentanza proporzionale e nemmeno esamineremo particolarmente quali resultati essa abbia dati in quei Cantoni nei quali è
stata adottata. Rimandiamo per questo alle opere
speciali e particolarmente a quelle del Saripolos
e del Klöti.

Desideriamo però di rilevare l'importanza del
fatto che un avversario della rappresentanza proporzionale, l'Esmein, ripubblicando nel 1909 la
quinta edizione del suo classico manuale non abbia trovato da aggiungere una parola di documentazione alle vaghe critiche da lui fatte parecchi anni innanzi; e concludiamo questa parte del
nostro studio riferendo il giudizio complessivo
dell'Hicks-Beach che ci sembra tanto più importante in quanto si tratta di quello di un osserva-
tore imparziale, il quale non scrive come avversario o fautore del sistema, ma per dare un sereno giudizio richiesto g· dal proprio Governo.

« Experience has shown in Switzerland that
where the proportional system has been introdu-
ced it has led to an abatement of the heated ele-

ction contests and that each party has obtained
what it desidered ».

Con questa constatazione il diplomatico inglese
pone termine al suo rapporto.

LA R. P. NELLA REPUBBLICA ARGENTINA.

Prima di chiudere questa parte del nostro studio che ha esaminato il sistema della concorrenza delle liste, studiandolo soprattutto nelle attuazioni pratiche che esso ha trovato nelle leggi
svizzere, accenniamo brevemente ad altre due sue
applicazioni.

Come è noto, le quindici provincie che compongono la repubblica Argentina sono rette da
istituzioni loro proprie. Ora già nella Costituzione della provincia di Buenos Ayres, vigente dal
1873, e in quella di Santiago del Estero, vigente
dal 1884, si era affermato il principio della proporzionalità nelle elezioni popolari, senza però
dare mai a questa enunciazione di principii un
pratico effetto (1).

Invece la Costituzione della provincia di Men-
doza, che reca la data 1° Gennaio 1895 disponeva

(1) Cfr. BONNEFOY, op. cit. pp. 136-138; SARIPO-
LOS p. 362.

categoricamente nel suo art. 57 : « La proporzionalità della rappresentanza sulla base del quoziente elettorale, serve di regola in tutte le elezioni popolari, allo scopo di dare a ciascuna opinione un numero di rappresentanti proporzionale
al numero dei suoi aderenti, secondo il sistema
che sarà determinato dalla legge per l'applicazione di questo principio ».

La legge elettorale del 29 ottobre 1895 (1) ha appunto scelto il sistema di concorrenza delle liste,
applicandolo alla elezione dei deputati della provincia ed a quella degli elettori di secondo grado,
chiamati ad eleggere il governatore ed il vice-
governatore della provincia. Le disposizioni sono semplicissime : « La Camera dei Deputati
dividerà il numero totale dei voti pel numero dei
deputati o degli elettori del governatore... Il quoziente di tale operazione costituirà e sarà detto il
quoziente elettorale. Dividerà poi il numero di
voti ottenuti da ciascuna lista pel quoziente elettorale. I nuovi quozienti indicheranno il numero
di candidati eletti in ogni lista... Saranno pro-

---

(1) Cfr. ANNUAIRE DE LEGISLATION ETRANGÈRE. T. XXV
(1895) p. 904 e NOTE SUR LA R. P. DANS L'ÉTAT DE MEN-
DOZA PAR G. DE PREZALS, in *Bulletin de la Société de
Legislation comparée*. T. XXIV (1894-95) p. 799.

clamati eletti i candidati di ciascuna lista che a-
vranno raccolto il maggior numero di voti fino
alla concorrenza del numero spettante ad ogni
lista »

LA R. P. NELLA SERBIA.

Il sistema proporzionale della concorrenza delle liste è applicato anche in Serbia. L'art. 93
della costituzione del 22 dicembre 1888 (3 gennaio 1889) (1) stabilisce : « La cifra totale degli
elettori che hanno votato, divisa per il numero di
deputati che il corpo elettorale interessato deve
eleggere dà il quoziente elettorale secondo il quale
si determinerà il numero dei candidati che debbano dichiararsi eletti in ciascuna lista. Ciascuna
lista ottiene tanti seggi quante sono le volte che
essa ha raccolto il quoziente elettorale. Il quoziente sarà attribuito dapprima al candidato iscrit-
to in testa di lista e in seguito agli altri candidati
secondo l'ordine di iscrizione fino a che il numero dei suffragi ottenuti da questa lista sia esaurito »

---

(1) SARIPOLOS, *op. cit.* II, p. 364 e ANNUAIRE DE
LEGISL. ETR. 1889 p 836.

La legge elettorale del 25 Marzo 1890 (1) non
faceva in sostanza che riprodurre queste disposizioni della Costituzione. E noi le troviamo ancora quasi identiche nella più recente delle costituzioni serbe, quella del 18 Giugno 1903, che ha
l'art. 93 così concepito (2) : « In ciascun dipartimento cento elettori ed in ciascuna città che elegga più di un deputato, cinquanta elettori avranno
il diritto di presentare una lista di candidati.
Ogni lista deve contenere tanti candidati quanti
sono i deputati da eleggersi nel dipartimento o
nella città rispettiva. La lista sarà designata col
nome del candidato in essa segnato per primo.
Ciascuna lista avrà la sua urna speciale in ogni
sezione elettorale. La cifra totale dei votanti divisa pel numero dei deputati che il corpo elettorale interessato è chiamato ad eleggere dà il quoziente elettorale secondo il quale si determinerà
il numero dei candidati eletti da scegliersi in ciascuna lista. Ogni lista ottiene tanti seggi quante
sono le volte che il quoziente elettorale è compreso
nella cifra dei voti da essa raccolti. Il quoziente
sarà attribuito dapprima al candidato segnato in

(1) ANNUAIRE DE LEGISL. ETRANG 1890 pp. 845 e seg.
(2) DARESTE. CONSTITUTIONS MODERNES, Troisième
Edition. Paris 1910, II, p. 273.

testa alla lista e poi agli altri candidati secondo
l'ordine di iscrizione fino a che il numero dei
suffragi ottenuto da quella lista sia esaurito. Se
una lista non ottiene neppure il quoziente, i voti
raccolti da essa saranno aggiunti alla lista che
abbia ottenuto il maggior numero di voti. Se
restano seggi di deputati pei quali nessuna lista abbia riunito un numero di voti eguale al
quoziente, questi seggi saranno ripartiti fra le
liste che hanno una cifra elettorale più vicina al
quoziente finchè non si sia ottenuto il numero
completo di deputati. In caso di parità di voti fra
due o più liste la sorte decide a quale di esse il
seggio in discussione debba essere attribuito ».

Non occorrono parole per dimostrare come sia
evidente l'influenza della legislazione svizzera
su queste disposizioni della legge serba. Però per
quanto concerne la limitazione della libertà del-
l'elettore, il divieto di contaminazione (*panachage*) tra le varie liste, e, soprattutto, l'ordine di
preferenza stabilito nelle liste e l'assegnazione
del quoziente necessario all'elezione ai candidati secondo l'ordine di presentazione nella lista,
è evidente che la costituzione serba del 1903, pur
modellandosi sempre sulle leggi svizzere, ha su-

bito anche l'effetto della legge belga del 1899,
della quale tratteremo nel prossimo capitolo.

Sarebbe interessante avere precise notizie sul
funzionamento di questo sistema in un paese,
che, per tanti aspetti, si trova in condizioni assai
singolari, ma purtroppo il ministro d'Inghilterra a Belgrado, W. G. Thesiger, non è stato dili-
gente come i suoi colleghi alla cui opera collettiva dobbiamo la preziosa raccolta dei *Reports*
più volte citati.

La relazione del Thesiger in data 18 Luglio
1906 è brevissima e quel che è peggio confusa e
poco precisa. Ad ogni modo il Thesiger ci dice
che le disposizioni elettorali del 1889 rimangono
fondamentalmente in vigore e sembra che sodi-
sfacciano i serbi, poichè non si parla di cambiarle
o di modificarle e poichè la legge elettorale che
metteva in atto la costituzione del 1889 è rimasta
praticamente inalterata, nonostante le numerose
vicende toccate a quella costituzione, sospesa nel
1894, rimessa in vigore nel 1899 e sostituita poi
dalle nuove costituzioni del 1901 e del 1903.

Con ciò ci pare di aver detto quanto maggiormente importava su quanto concerne i sistemi
proporzionali fondati sullo scrutinio di lista proporzionale mediante la concorrenza delle liste.

Dovremmo ora esprimere il nostro avviso sul valore intrinseco dei sistemi svizzeri e sulla loro ap-
plicabilità in Italia : ma ciò non è possibile fare
prima di avere esaminato anche gli altri sistemi,
nei quali si è trasfusa, evolvendosi, parte del loro
principio informatore.

———

LA RAPPRESENTANZA PROPORZIONALE
NEL BELGIO

GENESI DELLA RIFORMA BELGA.

Finora noi abbiamo esaminato sistemi di rappresentanza proporzionale o rimasti nel campo della teoria, ovvero applicati parzialmente o adottati da paesi per costumi o per costituzione assai diversi dal nostro.

Tutte queste applicazioni passano però in seconda linea dinanzi all'applicazione completa, organica, facilmente controllabile che di un sistema razionale di rappresentanza proporzionale si è fatto da dieci anni nel Belgio, il piccolo ma civilissimo Paese che giustamente un illustre Maestro della nostra scienza, Luigi Luzzatti, ama annoverare con la Danimarca e con la Svizzera fra quei piccoli Stati che « tengono un posto eminente nella geografia morale delle Nazioni,

quali osservatorii e laboratorii di riforme costituzionali. »

Tanto è vero che l'attuazione della R. P. nel
Belgio ha avuto maggiore efficacia ed importanza di propaganda ed ha dato alla diffusione della
idea un impulso maggiore che non quaranta anni di discussioni e di studii.

Esaminare particolarmente il sistema belga nella sua genesi storica, nella sua formazione, nelle
sue particolarità e nel suo funzionamento all'atto
pratico richiederebbe di per sé un grosso volume piuttosto che un semplice capitolo di modeste
proporzioni, tanto è vasto l'argomento e tanto si
è già scritto su di esso. (1)

_____

(1) Non tentiamo neppure una bibliografia approssimativamente completa. Oltre le opere generali sul-
la R. P. più volte citate come il SARIPOLOS, BON-
NEFOY, CAHN etc. nelle quali il lettore potrà trovare
abbondanti indicazioni bibliografiche citiamo almeno
alcuni scritti fondamentali: GOBLET D'ALVIELLA :
LA REPRÉSENTATION PROPORTIONELLE EN BELGIQUE —
HISTOIRE D'UNE RÉFORME — Bruxelles 1900 — DUBOIS
LA R. P. SOUMISE À L'EXPERIENCE BELGE — Bruxelles
1906 — ORBAN: LE DROIT CONSTITUTIONNEL DE LA BEL-
GIQUE — Tomo II, pp. 73-146. Bruxelles 1908 — DU-
PRIEZ: L'ORGANISATION DU SUFFRAGE UNIVERSEL EN BEL-
GIQUE — Paris 1904 — FLANDIN: INSTITUTIONS POLI-

La storia della riforma nel Belgio è stata fatta
in modo esauriente   dal senatore Goblet   d'Al-

TIQUES DE L'EUROPE. — LA BELGIQUE. T. I. Paris 1906;
HARDINGE in' REPORTS ecc. cit. p. 4-16, ecc. ecc. —
Inoltre nella più volte cit. relazione BENOIST si trovano riprodotti in allegati (pp. 187-390) gran parte
dei documenti legislativi del Belgio che interessano
la riforma. — Cfr. anche l'esposizione di MAURICE
VERNÈS al *Congrès International de droit comparé*
di Parigi nel 1900, in *Bulletin de la Societé de Legislation Comparée* — Juin-Juillet 1900, pp. 630-648.

Il sistema è stato molte volte esposto anche in pubblicazioni italiane, specie in articoli di rivista. Quindi può dirsi che il sistema belga sia quello presente-
mente meglio noto anche in Italia: e ciò ci consente
e quasi ci impone una notevole brevità sull'argomento. Tra i numerosi scritti italiani degli ultimi anni
ricordiamo soltanto: ALLOATI: LA R. P. NEI PARLA-
MENTI E NEI COMUNI (*Riforma Sociale* Vol. XI, 1901)
pp. 533-548; AMABILE: LA R. P. Napoli 1902, ma
soprattutto CAETANI cit. Roma 1909 e AUSONIUS:
LA RAPPRESENTANZA DEI PARTITI NEL BELGIO (*Nuova Antologia* del 1 Giugno 1904) che espone il sistema con
chiarezza e precisione degna della maggior lode. Ri-
corderò infine, per spiegare sempre più la concisione
di questa parte del mio lavoro, alla quale mi sarebbe
stato assai facile dare grande ampiezza, come io pure
abbia già esposto succintamente e praticamente il
meccanismo della legge belga nel mio studio: LA

viella che ne parla come può farlo chi è stato non solo testimone ma attore, e tra i primi, degli avvenimenti. Non la ripeteremo dunque noi. Ricordiamo però che gli inizi del movimento risalgono al 1863 e derivano dagli scritti coi quali J. Stuart Mill propugnava e diffondeva l'idea dell'Hare.

Due pubblicisti nel 1864 e un deputato nel 1865 alla Camera dei rappresentanti si facevano nel Belgio i primi fautori della rappresentanza proporzionale (1) da attuarsi, s'intende, col sistema

RIFORMA ELETTORALE (Relazione al Congresso Nazionale Radicale del 1909) ed in un articolo del *Secolo* (18 Gennaio 1910) intitolato appunto: *La R. P. Come si svolge una elezione col sistema belga*. Si aggiunga che a disposizioni particolari della legge belga ed alle ragioni che sono state addotte a favore o contro di esse dovrò tare frequentissimi riferimenti studiando il sistema che, a parer mio, meglio converrebbe al nostro paese. Quindi, per tutte queste ragioni, mi sono attenuto alla maggior brevità.

(1) Erano l'avv. ROLIN-JAEQUEMYNS in una tornata dell'*Association Internationale pour le progrès des Sciences*; e il signor BOURSON in uno scritto della *Revue trimestrielle* del Gennaio 1865: il deputato era JULES DE SMEDT che fu poi sempre uno dei più fervidi fautori della R. P. e che si sentì rispondere da

Hare : notiamolo come documento che anche nel Belgio il sistema Hare è parso accettabile e desiderabile soltanto fino a quando non si è trovato da sostituirgli qualche cosa di più pratico e di più perfetto : ciò vale a dimostrare sempre meglio che il voto singolo trasferibile integrato dal quoziente non può essere considerato da chi studia a fondo il problema se non come uno stadio rudimentale della rappresentanza proporzionale.

E difatti il sistema Hare fu anche esperimentato in alcune associazioni di Bruxelles e di Gand nel 1871 e 1872 e negli anni successivi, in quelli stessi anni cioè nei quali ciò si faceva anche in alcune associazioni private italiane. Lo Smedt in un suo scritto del 1874 ed altri pubblicisti propugnavano lo stesso sistema fino a che nel 1878 un matematico, il prof. Vittorio d'Hondt (1) al sistema consueto per determinare il quoziente proponeva di sostituire quello al quale egli ha legato il suo nome e che consiste nel dividere il totale dei

un altro deputato, l'HYMANS, che egli aveva sostenute « tesi straordinarie, talmente bizzarre, così pericolose che era impossibile lasciarle passare senza la più energica protesta! »

(1) D'HONDT, LA R. P. DES PARTIS, PAR UN ÉLECTEUR, Gand, 1878.

voti accordati a ciascuna lista successivamente
per 1, 2, 3 e così di seguito e nel disporre i quozienti ottenuti da tali divisioni secondo l'ordine
di importanza. Il quoziente che corrisponde al-
l'ultimo seggio da assegnare è il comun divisore
cercato.

Nel 1881 si fonda l'*Association réformiste belge pour l'adoption de la représentation proportionelle*, per iniziativa dei professori D'Hondt e
Nyssens che ne offrono la presidenza al De
Smedt, e prendono a modello la Associazione
consorella che fino dal 1865 esisteva a Ginevra.

Tra i firmatari del primo manifesto e gli aderenti all'Associazione, che ben presto giunsero
a 400, si notavano personalità così del partito liberale come di quello cattolico, concordi nel re-
putare necessaria « una riforma elettorale che
desse a tutte le opinioni elettorali la rappresentanza proporzionale la più esatta possibile e inau-
gurasse così una rappresentanza veramente nazionale ».

L'8 Gennaio 1882 l'Associazione inizia la
regolare pubblicazione di una rivista intitolata
La Représentation Proportionelle, i cui numerosi volumi costituiscono una preziosa raccolta di
notizie, di documenti, di bibliografia.

La propaganda si allarga, gli scritti di varia
mole e di varia importanza sulla riforma si mol-
tiplicano : si discutono e si comparano i varii
sistemi proposti per applicarla. Intanto il
D'Hondt in un nuovo scritto del 1882 (*Système
pratique et raisonné de représentation proportionelle*) abbandona ormai decisamente il sistema
del quoziente per sostituirvi il comune divisore
da lui escogitato.

Così nel 1883 quando al Senato belga il senatore Surmont de Volsberghe invocava la riforma
rilevandone i benefici, la proposta non trovava
più la sdegnosa sorpresa con la quale erano state accolte diciotto anni prima le parole del De
Smedt alla Camera.

Ma il passo decisivo è segnato dalla Conferenza Internazionale per la R. P. riunita ad Anversa in occasione della Esposizione Universale nel-
l'Agosto 1885. Essa chiudeva i suoi lavori con
l'approvazione di questo ordine del giorno presentato dal Vernès, rappresentante dell'Associazione riformista francese e dall'Hagenbach-Bischoff (l'autore del sistema del *più uno*) rappresentante dell'Associazione di Basilea :

« La Conferenza Internazionale decide :

1° il sistema della maggioranza assoluta viola

la libertà dell'elettore, provoca la frode e la corruzione e può dare la maggioranza della rappresentanza alla minoranza del corpo elettorale ; »

2° la rappresentanza proporzionale è il solo mezzo di assicurare il potere alla maggioranza reale del paese, il controllo alle minoranze, una rappresentanza esatta di tutti i gruppi serii del corpo elettorale ; »

3° con le debite riserve sull'apprezzamento delle necessità di ciascun paese, il sistema D'Hondt della concorrenza delle liste con cifra ripartitrice, adottato dall'Associazione belga segna un considerevole progresso sui sistemi antecedentemente proposti e costituisce un modo pratico e rigoroso di attuare la rappresentanza proporzionale »

Cosi, con una consacrazione ufficiale ed internazionale il periodo del voto singolo trasmissibile era chiuso nel Belgio e la linea pratica per la riforma era segnata.

Alcuni avrebbero desiderato di integrare il sistema col voto cumulativo, ma ritirarono la proposta che avrebbe compromesso l'unanimità delle deliberazioni dell'Assemblea.

Fin da allora perciò il Vernès (1) poteva dire :
« l'impressione ricavata dalla Conferenza è che
la R. P. era matura per l'attuazione. La ricerca
teorica è stata spinta tanto lontano quanto era
possibile : i procedimenti di applicazione sono
stati discussi, ponderati, verificati. Dipende ora
da uomini convinti e liberali di farli entrare nella
pratica ».

La prova migliore di quanto questo giudizio
fosse giusto si ha nel fatto che, essenzialmente, i
punti fondamentali dei sistemi basati sulla concorrenza delle liste non sono più mutati dal 1885
in poi.

Forte ormai di 800 membri, tra i quali 39 deputati, l'Associazione belga concretò un disegno di
legge che il 26 dicembre 1887 fu presentato alla
Camera belga dal De Smedt e da altri quattro
deputati.

Ma nè allora, nè in occasione della revisione
della Costituzione del 1892, con la quale si concedeva il suffragio universale, la riforma, benchè
discussa e vigorosamente sostenuta, ottenne successo.

---

(1) Rapport sur la Conference d'Anverse présenté
a là Société d'étude de la R. P. a Parigi nel 1886.

Intanto dal 1888 s'era costituita a Bruxelles una *Ligue libérale pour la R. P.* che tendeva a dimostrare come la riforma interessasse in particolar modo il partito liberale. Ma l'allargamento del suffragio prevalse sul cambiamento del sistema dello scrutinio e, come abbiamo detto, la rappresentanza proporzionale non fu accolta nella nuova costituzione.

Non per questo si perdettero d'animo i proporzionalisti e, appena due mesi dopo la promulgazione delle modificazioni alla costituzione, nel novembre 1893, indissero un pubblico esperimento a Bruxelles per vedere come in pratica funzionerebbe il sistema escogitato. Dodicimila elettori concorsero spontaneamente a questa libera prova.

Tanta costanza meritava bene il successo, ma pure questo fu ancora sottoposto a dure prove: il 6 marzo 1895 il Ministero Beernaert presentò un disegno di legge che però manteneva il sistema maggioritario in nove circoscrizioni e stabiliva un *quorum* che alterava arbitrariamente il funzionamento del comun divisore.

Il partito liberale, gravemente minacciato dall'allargamento del suffragio, reclamava la riforma, ma i deputati liberali erano piuttosto contrari: più avverso di tutti il Frère-Orban. E così il

disegno di legge cadde agli uffici : il ministro
Beernaert si dimise. Il ministero, di cui assume
la presidenza un collega del Beernaert, il De Bur-
let riprende il disegno e lo porta in discussione,
ma con lievissima maggioranza il disegno è respinto, il 23 Maggio.

Invece il 28 Agosto di quello stesso anno la
Camera approva un progetto di legge presentato dal Ministero nel luglio, col quale nelle elezioni comunali si abolivano i ballottaggi e si stabiliva che quando i candidati non raccogliessero
la maggioranza assoluta, i mandati fossero distribuiti proporzionalmente e con le regole del sistema d'Hondt fra le liste concorrenti.

Nelle elezioni comunali del 27 Ottobre 1895
si ebbe la prima applicazione del nuovo sistema
con resultati sodisfacenti e soprattutto con la
prova che in pratica il comun divisore era semplice e chiaro.

Dopo tanta attività parve quasi che una fiacchezza, dovuta specialmente alla morte di molti
illustri proporzionalisti, avesse colpito l'*Association réformiste*, tanto che nel 1897 furono sospe-
se, dopo quindici anni di vita, le pubblicazioni
della rivista, organo della Associazione.

Ma nel 1898 il Beernaert raccoglie le fila dei

proporzionalisti ed ai cattolici si uniscono nella ripresa della propaganda radicali come il Lorand e socialisti come il Vandervelde. Si ravviva la vecchia Associazione in una nuova *Ligue Nationale pour la R. P.*, a capo della quale si pone un Consiglio Generale di 109 membri di cui 24 senatori (11 di destra e 13 di sinistra) e 45 rappresentanti (25 cattolici, 9 liberali, 11 socialisti).

La società di studi è mutata in società di azione : il 22 dicembre un ardente manifesto è lanciato al paese e si formula un nuovo disegno di legge, nel quale, per desiderio dei socialisti, si vieta il *panachage* e si dà ai presentatori il diritto di stabilire un ordine di preferenza fra i candidati di una stessa lista.

Di fronte a questa energica ripresa della campagna proporzionalista nel gennaio del 1899 il Ministero Vandenpeereboom crede di soffocarla con l'annuncio che il Re aveva chiesto che si preparasse un disegno di legge per la istituzione dello scrutinio uninominale. Due ministri proporzionalisti si dimettono e sono sostituiti; ma nel Paese e nella Camera l'agitazione è vivissima. Nondimeno il 19 aprile il disegno di legge è presentato : esso però era diverso da quanto si era creduto perchè non proponeva una soluzione net-

ta, ma era una ibrida combinazione che sconten-
tò tutti.

Secondo questo disegno di legge (1) nelle sei
grandi circoscrizioni di Bruxelles, Gand, Anversa, Liegi, Louvain, Charleroi e Mons, che
eleggevano non meno di sei deputati e tre senatori ciascuna, si sarebbe introdotta la rappresentanza proporzionale : si conservavano 35 piccole
circoscrizioni uninominali o binominali ; si stabiliva un *quorum*, e, preoccupandosi di favorire
ancor più la maggioranza, si disponeva che quando un partito avesse diritto ad un numero di
seggi maggiore a quello dei candidati presentati,
i seggi che non gli si potevano conferire andas-
sero a beneficio della lista che aveva la cifra elettorale più elevata.

Tale disegno di legge era artificioso e non ispi-

---

(1) Ci piace ricordarlo specialmente per coloro che
si mostrano favorevoli a soluzioni miste di sistema
maggioritario e proporzionale. Vedremo che non
manca in Italia chi anche ora vi pensa. (*N. B. Queste parole erano scritte prima della formazione del
Ministero Luzzatti, ma il richiamo e l'analogia acquistano tanto maggior peso dopo le intenzioni che
l'on. Luzzatti ha espresso alla Camera Italiana il 28
aprile 1910 presentando il suo ministero*).

rato a criterii di obiettività. Quando si vuole attuare la rappresentanza proporzionale non è lecito contorceria o sottoporla al supplizio di Pro-
custe, perchè essa possa servire agli interessi di
un determinato partito. (1) Bisogna aver fede in
essa e attendere i resultati di sincerità e di giustizia che è capace di dare o, se si vuol perpe-
tuare o peggiorare col nuovo regime le iniquità
del vecchio, val meglio rinunciarvi.

Era troppo evidente che col progetto Vandenpeereboom i clericali avevano tutto da guada-
gnare : infatti nelle circoscrizioni ampie delle
città grandi nelle quali i partiti di sinistra avevano guadagnato tutti i seggi o potevano guada-
gnarli col blocco anticlericale, la rappresentanza
proporzionale assicurava alcuni seggi ai clericali ;
nelle circoscrizioni uninominali o binominali nelle quali i clericali erano in maggioranza la rappresentanza proporzionale non era invece applicata ; inoltre nelle città grandi si mirava, per
mezzo di essa, a scindere i blocchi dei partiti di
opposizione e, per mezzo del *quorum*, ad impe-

(1) *Ed anche queste parole acquistano un significato più grave dopo la proposta del Ministero Briand in
Francia che costituisce, sotto mentite spoglie, una offesa al principio della proporzionalità.*

dire ai partiti piccoli, e in special modo ai demo-
cratici-cristiani del cui distacco i clericali temevano assai, di costituirsi in partito autonomo.

Le proteste furono altissime nel paese e nel
parlamento. Il 12 Maggio 1899 in una riunione
alla quale parteciparono le sinistre del Senato e
della Camera si deliberava all'unanimità di chiedere il ritiro del progetto e la presentazione di
un altro « conforme all'uguaglianza politica ed
uniforme per tutto il Paese » e, se non si fosse
ottenuto, di non partecipare ai lavori legislativi.

La resistenza, l'ostruzionismo, il tumulto nella
Camera, le manifestazioni violente nei pubblici
comizi obbligarono il Ministero ad abbandonare
il 4 di luglio il suo infelice disegno di legge,
ma non bastò ed il 31 di luglio il Ministero fu
costretto a dimettersi.

L'8 di Agosto il nuovo Ministero de Smet de
Nayer si presentava alla Camera annunciando
il nuovo disegno di legge che trovò l'assenso ufficiale della *Ligue pour la R. P.*

Con difficoltà dipendenti dalle condizioni in-
terne dei partiti e del Paese, che qui sarebbe superfluo esaminare; nonostante la viva opposizione dei socialisti che, pur essendo fautori della
R. P., si ostinavano a volere, prima di essa, l'a-

bolizione del voto plurimo; nonostante il malcontento degli altri che esigevano la fissazione di un *quorum* che evitasse il successo dei piccoli partiti; dopo una tra le più memorabili e vive e suggestive discussioni che la storia parlamentare ricordi, il disegno di legge era approvato il 24 novembre dalla Camera con 70 voti contro 63 ed 8 astenuti e il 22 dicembre dal Senato, senza modificazioni, con 61 voti contro 26 e 6 astenuti.

Il 30 dicembre la legge sulla rappresentanza proporzionale era promulgata.

Noi abbiamo voluto, con questi rapidi cenni, riassumere la storia della riforma per mettere in luce varie circostanze che costituiscono un salutare e prezioso-insegnamento e cioè : 1°) la lunga preparazione ed elaborazione scientifica che' va specialmente dal 1863 al 1885 e la energica ed assidua propaganda pratica che dura dal 1880 al 1899, ambedue indispensabili alla riuscita di una riforma come la R. P.; 2°) la necessità, pel successo della riforma, che, al di sopra delle divisioni di parte, tutti coloro che le sono favorevoli uniscano le proprie forze per trionfare delle resistenze degli oppositori.

Ma che cosa era questa legge che, dopo tante

traversie, era finalmente giunta in porto il 30 dicembre 1899?

Esaminiamola nei suoi fondamenti.

LA LEGGE BELGA DEL 30 DICEMBRE 1899.

Il punto principale nel quale il sistema belga differisce dal sistema della concorrenza delle liste a tipo svizzero è questo : il sistema svizzero è un vero e proprio scrutinio di lista nel quale l'elettore può votare per tanti nomi quanti sono i deputati da eleggere, mentre il sistema belga rimane essenzialmente una votazione uninominale nella circoscrizione plurinominale. Sotto questo aspetto anzi esso ricorda non poco il voto unico del quale abbiamo già parlato e che fu propugnato nella Camera Italiana dal Genala : ma oltre al concetto del voto unico il sistema belga pone per suo fondamento l'altro concetto che quando l'elettore si determina a designare un candidato come il più idoneo e capace non possa essere mosso soltanto da considerazioni di stima e di simpatia personali, ma debba sentirsi solidale con le idee politiche e sociali che quel candidato si è proposto di sostenere quando sia eletto; e perciò, se l'elettore non può ottenere che

il candidato preferito sia eletto, è verosimile che
egli desideri che il suo voto profitti almeno ad
un candidato affine che sia legato all'altro da comunanza o somiglianza di idee e di programma.
Quindi il voto dell'elettore belga non cessa di
essere un voto personale, ma è al tempo stesso
un voto di tendenza politica.

Infatti la relazione ministeriale che precedeva
il disegno di legge dell'8 Agosto 1899 (1) spie-
gava chiaramente che, a seconda dei ministri
proponenti « una scheda non può esprimere che
un sol voto e non può influire che sul conferi-
mento di un solo mandato. Un eletto non spetta
a ciascun elettore, ma solamente a ciascuno dei
gruppi che rappresenti il quoziente elettorale.
Un voto non è decisivo in una elezione se non in
quanto incontra il concorso di altri voti in numero sufficiente per determinare la scelta di un
rappresentante o di un senatore ». Perciò la relazione si affretta ad aggiungere : « logicamente,
partendo da questa idea fondamentale, non può
esservi quistione di *panachage* ».

Detto questo stabiliamo il procedimento eletto-

_____

(1) Camera Belga, Sessione 1898-99, Doc. 280. Cfr.
nella relazione BENOIST cit. pp. 227 e segg.

rale che si divide in tre fasi corrispondenti ai
periodi di tempo che si svolgono prima, durante
e dopo la votazione.

Prima della votazione si richiede che gli elettori i quali desiderano di presentare un candidato od una lista di candidati lo dichiarino alla
autorità competente (t). Per una opportunità
tutta pratica si stabilisce che gli elettori, per fruire di questo diritto di presentazione, debbono essere almeno cento ed esercitarlo non più tardi di
un certo termine, cioè del quindicesimo giorno
innanzi quello della elezione. Inoltre nessun elettore può valersi più di una volta di questo diritto,
cioè ogni elettore può firmare una lista sola.

Al candidato è imposta pari limitazione di diritto : nessuno può figurare in più di una lista, e
deve esplicitamente dichiarare anzi se ed in quale
lista accetti di essere compreso.

_____

(1) Questa è in ciascun collegio rappresentata da un
ufficio principale che si compone del presidente del
tribunale di prima istanza (o del suo sostituto) del
giudice di pace del capoluogo (o di uno dei suoi supplenti) e da quattro membri designati dal presidente
e che sono i quattro elettori più giovani fra quelli che
siano forniti del voto plurimo ed abbiano compiuto
il quarantesimo anno di età.

Ogni lista però può contenere due specie di candidati : gli effettivi e i supplenti e, purchè s'intende nella stessa lista, una stessa persona può essere iscritta nelle due qualifiche, in modo da poter rimanere almeno supplente nel caso che non riuscisse eletta subito.

Questo istituto della supplenza risponde alla necessità di impedire, nei limiti del possibile, che la proporzionalità fra le rispettive forze elettorali dei partiti ed il numero dei loro rappresentanti in Parlamento sia alterata dalle elezioni parziali rese necessarie da vacanze per opzione, dimissioni o decesso di un rappresentante. Ad evitare ciò si dispone appunto che il corpo elettorale abbia modo di designare coloro che, nel corso della legislatura, possano essere chiamati a surrogare i rappresentanti della loro lista, venuti a mancare per qualsiasi ragione.

Il numero dei candidati effettivi presentati non può superare quello dei rappresentanti da eleggere e il numero dei supplenti è contenuto entro certe limitazioni e cioè non si possono presentare più candidati supplenti che candidati effettivi ; nè i supplenti possono essere più di quattro nelle circoscrizioni dove i rappresentanti da eleggersi sono meno di sette ; nè più di sei in quelle dove i rappresentanti da eleggersi sono almeno dieci.

L'atto di presentazione dei candidati titolari e supplenti, fatto da non meno di cento elettori stabilisce l'ordine nel quale i candidati si intendono presentati in ciascuna delle due categorie.

Il candidato non può modificare in alcun modo l'ordine di presentazione stabilito dai presentatori. Potrà, se gli piace, rifiutare la candidatura, ma se l'accetta ciò deve avvenire senza riserve e cioè accettando anche il posto d'ordine assegnatogli.

Spirato il termine, l'ufficio principale del Collegio, (analogamente a quanto si fa in Inghilterra per i collegi uninominali nei quali si presenti un solo candidato) se è stata presentata una sola lista, proclama eletti tanti dei candidati di essa quanti sono i seggi del collegio e dichiara gli altri candidati primo, secondo supplente e così via (art. 257 del cod. elettorale).

Anche se vi sono più liste presentate ma i candidati effettivi e supplenti in esse compresi non superano, complessivamente, quello dei seggi da attribuire, l'ufficio principale, senza altra formalità, li proclama eletti o supplenti rispettivamente.

Nella pratica però questi casi sono assolutamente eccezionali e poichè invece il numero dei
candidati supera quello degli eligendi si passa
quindi alla seconda fase del procedimento e cioè
alle operazioni elettorali vere e proprie.

Anzitutto l'ufficio principale deve formulare la
scheda la cui forma e disposizione è minutamente regolata per legge. S'intende che se vi sono
elezioni simultanee per la Camera e per il Senato
tutte queste operazioni devono procedere distinte ;
però le schede (bianche per la Camera, colorate
pel Senato) debbono possibilmente corrisponder-
si nella disposizione delle liste e nel numero d'ordine ad esse assegnato.

L'art. 258 dispone dunque che tutte le liste,
complete od incomplete, sono stampate in colonne
parallele nella scheda secondo un ordine determinato dalla sorte : le ultime colonne sono ri-
servate ai candidati che si presentano isolati, con
o senza supplenti.

I candidati supplenti sono scritti nella colonna
riservata alla lista alla quale essi appartengono e
sotto i candidati titolari, separati da essi dalla
indicazione obbligatoria : Supplenti. L'ordine
nel quale gli effettivi e i supplenti sono disposti
l'uno sotto l'altro è, naturalmente, quello fissato

dai presentatori. Al disopra di ciascuna lista e
di ciascun candidato isolato è posto un quadratino nero con un punto bianco nel mezzo ed
uguale contrassegno è ripetuto a destra del nome di ciascun candidato effettivo o supplente. Il
quadratino laterale è soppresso nell'unico caso
che si tratti di un candidato effettivo isolato senza supplente.

Del resto la scheda deve essere in tutto conforme al modello II, allegato alla legge.

Prima del giorno della votazione sono affissi
manifesti ufficiali in tutto e per tutto conformi
alla scheda stampata che l'elettore riceverà dal
presidente del seggio al momento della votazione.

L'elettore non ha che da annerire il punto bianco situato entro uno dei quadratini neri. L'art.
259 della legge elettorale (ed anche le istruzioni
ufficiali distribuite agli elettori) dicono chiaramente quali facoltà siano conferite all'elettore :
« L'elettore non può dare che un sol voto per l'attribuzione dei mandati effettivi e un sol voto per
la supplenza. Se egli approva l'ordine di presentazione dei candidati, titolari e supplenti, della lista per la quale intende votare, segna il suo
voto nella casella situata in testa di questa lista.

Se approva soltanto l'ordine di presentazione
dei supplenti dà un voto nominativo a un supplente della lista . Se egli approva soltanto l'ordine di presentazione dei candidati supplenti e
vuole modificare l'ordine di presentazione dei
titolari, dà un voto nominativo al titolare da
lui preferito. Se infine non approva l'ordine di
presentazione nè pei titolari nè pei supplenti e
vuole modificare tale ordine, segna un voto nominativo per un titolare e un voto nominativo per
un supplente appartenenti alla stessa lista. Il
voto nominativo si segna nella casella situata a
fianco del nome del candidato, titolare e supplente, al quale l'elettore intende dare il suo voto ».

E' sorta la questione se, data la dizione di questo articolo di legge, l'elettore avesse facoltà di
votare anche, nominativamente, per il primo candidato effettivo, oppure per il primo candidato
supplente, oppure per tutti e due. Il dubbio è
legittimato dalla considerazione che, sostanzialmente, siffatti voti corrispondono al voto di lista,
perchè non vengono ad alterare in alcun modo
l'ordine di preferenza stabilito dai presentatori.
Ma i commentatori della legge, Delcroix e Nom-
maert, sono concordi nel ritenere valide tali sche-

de, perchè come dice l'Orban (1): « Invano si
obietterebbe che il primo candidato non ha bisogno di voti nominativi perchè sarà sempre
eletto coi voti di lista dei quali beneficerà prima
di qualsiasi altro: si dimentica che potrebbero
esservi soltanto pochi o punti voti di lista e che
il diritto del primo candidato di attribuirsi una
parte di queste schede si ferma al divisore elettorale, e che pertanto la designazione degli eletti
si fa a pluralità di voti, ed il primo candidato
può dunque, come gli altri, aver bisogno di voti
nominativi per raggiungere una cifra di voti superiore a quella dei concorrenti della stessa
lista ».

Anche questa illazione deriva dal concetto, già
da noi lumeggiato, che l'elettore è chiamato a
dare un voto unico e che perciò, egli può non
curarsi affatto di determinare per via di devoluzione l'elezione del secondo, terzo, quarto ecc.
candidato, e non intendere cioè, dopo avere concorso all'elezione del primo, di modificare od
approvare l'ordine di presentazione degli altri
candidati.

---

(1) ORBAN, DROIT CONSTITUTIONNEL DE LA BELGIQUE
Tome II, p. 97.

Quindi l'Orban riassume e precisa così i quattro modi di votare tra i quali l'elettore deve scegliere se non vuol fare una scheda nulla : Egli potrà votare dunque :

1° in testa di una lista : ciò è l'approvazione integrale della lista stessa; l'accettazione dei due ordini di presentazione;

2° lateralmente : a favore di un effettivo qualsiasi;

3° lateralmente : a favore di un supplente qualsiasi;

4° lateralmente : a favore di un effettivo e di un supplente qualsiasi.

Chiuso lo scrutinio all'una pomeridiana, le urne sono inviate sigillate ai seggi centrali che devono procedere allo spoglio. Le schede sono contate, mescolate e spiegate; anzitutto le schede bianche e nulle sono poste da parte. Sono nulle, secondo le disposizioni della legge, oltre tutte quelle che sono diverse da quelle ufficiali conseguate dal presidente del seggio all'elettore, o delle quali siano state alterate forma e dimensioni, o che contengano una carta o un oggetto qualsiasi, o che con una cancellatura od un contrassegno qualsiasi non autorizzato dalla legge possano rendere riconoscibile il votante, tutte le altre schede nelle quali l'elettore abbia emesso voti in maggior numero di quelli consentiti dalla legge, oppure voti contradittori.

In conseguenza di ciò sono nulle le schede nelle quali l'elettore non ha segnato alcun voto; quelle nelle quali ha segnato più di un nome sia pei mandati effettivi, sia per la supplenza; quelle nelle quali ha segnato più di un voto di lista, oppure un voto di lista e un voto nominativo, oppure un voto pel titolare di una lista e pel supplente di un'altra.

Quanto alle schede valide esse debbono essere considerate sotto un duplice aspetto : della ripartizione dei seggi fra i partiti e della designazione degli eletti. Ciò non potrebbe dirsi meglio che con le parole pronunziate dal Ministro della Giustizia Van den Heuvel dinanzi al Senato in difesa del disegno di legge : « L'elezione ha necessariamente due scopi. Essa ha per scopo di fissare il numero dei seggi che spettano a ciascun partito e poi di determinare chi sarà nominato in ciascun partito. Ogni scheda deve avere perciò una duplice funzione. Essa deve da una parte servire a calcolare il numero dei mandati a cui ciascun gruppo può pretendere; e deve anche, d'altra parte, permettere di stabilire in ogni singolo gruppo la scelta dei diversi candidati ai quali i seggi dovranno essere conferiti. Ogni scheda, che voi la segniate in testa o lateralmente, conta sempre per il partito al quale appartengono sia la lista, sia il candidato a favore dei quali il voto è stato dato; la scheda ha per conseguenza sempre questo primo significato di contare per un'unità a beneficio del gruppo al quale l'elettore ha dato le sue preferenze. »

Ecco perchè le istruzioni ufficiali ai presidenti dei seggi (1) determinano che le schede siano da prima cosi raggruppate sul tavolo del seggio :

Schede valide favorevoli alla

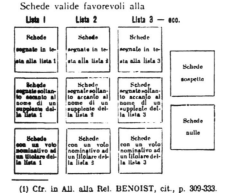

Lista 1

Schede
segnate in te-
sta alla lista 1

Schede
segnate soltan-
to accanto al
nome di un
supplente del-
la lista 1

Schede
con un voto
nominativo ad
un titolare del-
la lista 1

Lista 2

Schede
segnate in te-
sta alla lista 2

Schede
segnate soltan-
to accanto al
nome di un
supplente del-
la lista 2

Schede
con un voto
nominativo ad
un titolare del-
la lista 2

Lista 3 — ecc.

Schede
segnate in te-
sta alla lista 3

Schede
segnate soltan-
to accanto al
nome di un
supplente del-
la lista 3

Schede
con un voto
nominativo ad
un titolare del-
la lista 3

Schede
sospette

Schede
nulle

(1) Cfr. in All. alla Rel. BENOIST, cit., p. 309-333.

Le istruzioni avvertono esplicitamente che le schede le quali dànno un voto nominativo, così a un titolare come a un supplente della stessa lista, debbono in questa prima ripartizione essere messe nel gruppo delle schede che danno un voto nominativo a un titolare della lista. Il seggio deve fare molta attenzione che non avvengano confusioni perchè le schede nelle quali l'elettore ha segnato soltanto un supplente sono contate come voti di lista per il titolare, tale e quale come le schede segnate soltanto in testa con voto di lista. Perchè se queste ultime indicano esplicitamente l'adesione dell'elettore all'ordine di presentazione dei candidati, le altre indicano con pari chiarezza, ma implicitamente, l'adesione dell'elettore all'ordine di presentazione dei candidati effettivi. Il seggio prende poi in esame le schede sospette e, ad una ad una, delibera di annullarle o di distribuirle fra gli altri gruppi, e poi procede al conteggio. La somma delle schede dei due primi gruppi costituisce i voti di lista : aggiungendo a questi il totale delle schede che costituiscono il terzo gruppo si avrà la cifra elettorale della lista per gli effettivi. Si determinerà poi il numero dei voti nominativi per gli effettivi facendo lo spoglio delle schede che costituivano il terzo gruppo e che in parte recheranno un voto per un solo effettivo ed uno per un supplente. Si determinerà infine il numero dei voti nominativi per i supplenti spogliando le schede del terzo gruppo recanti anche indicazioni per il supplente, e tutte le schede del secondo gruppo le quali recavano esclusivamente la indicazione di un supplente mancando di quella per l'effettivo.

Queste varie operazioni di scrutinio, che sono molto più facili ad eseguirsi che a spiegarsi con parole, sono riassunte in una tabella compilata, per ciascuna delle liste concorrenti, nel modo che segue :

Lista N. 1

A. — **Titolari.**

			Cifra elettorale
I. Voti di lista . .	a Voti di testa .	5.000	
	b Voti dati soltanto a un supplente. . . .	300	
	Totale . .	5.300	5.300
II. Voti nominativi.	Pietro.	2.800	
	Giacomo. . . .	1.500	
	Giovanni . . .	5.000	
	Totale. .	9.300	9.300
	Cifra elettorale. . .		14.600

B. — **Supplenti.**

I. Voti nominativi .	Ernesto	200	
	Adolfo.	150	
	Luigi	200	
	Totale . .	550	550
II. Voti di lista			14.050

E' da notarsi che, per ottenere il totale dei voti di lista pei supplenti, e cioè il totale di quelle schede nelle quali gli elettori hanno lasciato inalterato l'ordine di preferenza stabilito dai presentatori della lista non si procede ad un conteggio diretto, ma si ottiene sottraendo semplicemente dalla cifra elettorale della lista (nel nostro esempio 14.600) il totale dei voti nominativi pei supplenti. Il resto rappresenta appunto il totale delle schede che non recano alcuna indicazione nominativa per quanto riguarda i supplenti.

L'opera dell'ufficio di scrutinio è così finita ed esso rimette le schede chiuse in piego sigillato e i verbali all'ufficio principale della circoscrizione, nel quale all'indomani si deve procedere alle operazioni definitive di ripartizione dei seggi e di proclamazione degli eletti.

Questo ufficio centrale corrisponde alla nostra Assemblea dei presidenti, ma è chiaro che, non

appena conosciuti i resultati parziali delle varie
sezioni di scrutinio, ognuno ha già gli elementi
per potere da sè calcolare i resultati delle elezioni.

L'ufficio centrale dunque, sommando i resultati parziali, stabilisce la cifra elettorale di ciascuna
lista, nonchè il totale dei voti di lista e di quelli
nominativi per ogni candidato effettivo e supplente.

A questo punto entra in azione il sistema di
ripartizione del d'Hondt. Avvertiamo però che
erratamente da taluni si ritiene che il sistema del
comun divisore costituisca una caratteristica in-
scindibile del meccanismo della rappresentanza
proporzionale nel Belgio : le operazioni di ripartizione e di proclamazione potrebbero farsi anche con uno degli altri sistemi di quoziente che
abbiamo veduti applicati nelle elezioni proporzionali della Svizzera, dell'Argentina e della
Serbia.

Il sistema del comun divisore, che gli avversarii della R. P. pretendono complicatissimo è a
sufficienza spiegato da un solo articolo della legge elettorale belga :

« Art. 263 — L'ufficio principale divide successivamente per 1, 2, 3, 4, 5 ecc. la cifra elettorale di ciascuna delle liste e allinea i quozienti

nell'ordine della loro importanza fino alla concorrenza di un numero totale di quozienti uguale a quello dei rappresentanti che si debbono eleggere. L'ultimo quoziente serve di divisore elettorale. »

« La ripartizione fra le liste si opera attribuendo a ciascuna di esse tanti seggi quante sono le volte che la cifra elettorale contiene questo divisore. »

Citiamo, se pur ve n'è bisogno, un esempio classico. Sia una circoscrizione che deve eleggere cinque candidati e si abbiano tre liste in concorrenza e cioè la cattolica con 10.000 voti; la liberale con 13.000; la socialista con 24.000. Avremo allora:

		Cattolici	Liberali	Socialisti
Divisione per	1	10.000	13.000	24.000
»	» 2	5.000	6.500	12.000
»	» 3	3.333	4.333	8.000

Si prendono fra questi nove quozienti ottenuti i cinque più elevati che sono 24.000 (della lista socialista); 13.000 (della lista liberale); 12.000 (della lista socialista); 10.000 (della lista cattolica); 8000 (della lista socialista).

Il quinto ed ultimo quoziente, 8000, sarà il divisore elettorale e darà tre seggi ai socialisti (24.000 :8.000 = 3); uno ai liberali (13.000 :8.000 = 1); uno ai cattolici (10.000 :8.000 = 1).

Può darsi che più liste abbiano lo stesso quoziente uguale al comun divisore e che perciò si rimanga incerti a quale di esse debba attribuirsi l'ultimo seggio. Un tal caso è regolato appunto dall'articolo 264 della legge elettorale belga il quale dispone che « quando un seggio spetta, ad ugual titolo, a più liste, esso è attribuito a quella che ha ottenuto la cifra elettorale più elevata, e, in caso di uguaglianza delle cifre elettorali, alla lista nella quale figura il candidato, la cui elezione è in causa, che ha ottenuto il maggior numero di voti, o, sussidiariamente, che è più anziano per età ».

Può anche avvenire che una lista abbia diritto a un numero di seggi maggiore di quello dei candidati effettivi e supplenti che essa contiene ed allora, per l'articolo 263 : « I seggi non attribuiti sono aggiunti a quelli spettanti alle altre liste, e la ripartizione fra queste si fa proseguendo l'operazione indicata nell'alinea precedente, essendo, da ogni nuovo quoziente, determinata l'attribuzione di un seggio in favore della lista alla quale esso appartiene. » Così, per esempio, se la lista socialista nel caso da noi esposto, avesse compreso due soli candidati, il terzo seggio, che non si sarebbe potuto ad essa attribuire, sarebbe invece toccato alla lista liberale, alla quale apparteneva il quoziente, (6500) immediatamente inferiore al comun divisore.

E' facile comprendere però che nella pratica ben raramente si dànno questi casi, che la legge, con prudente precauzione, ha voluto prevedere. Non sarà nemmeno frequente il caso che il numero dei candidati compresi in una lista (a meno che non si tratti di candidature isolate) sia, tra candidati effettivi e supplenti, soltanto uguale, a quello dei seggi ad essa spettanti : ad ogni modo, se così è, l'articolo 265 dispone che tutti i candidati siano senz'altro proclamati eletti.

Il caso più frequente però è che il numero dei candidati effettivi sia superiore a quello dei seggi da conferire e che perciò si debbano proclamare eletti soltanto i candidati titolari che hanno ottenuto il maggior numero di voti (1). Ma non si

___

(1) Cfr. L'articolo 265 della legge e le « *Instructions spéciales concernant le recensement des votes, la répartition et l'attribution des sièges* » in allegato alla relazione BENOIST pag. 364 e segg.

tratta qui soltanto dei voti che ad ogni singolo candidato spettano per effetto dei suffragi nominativi datigli direttamente dagli elettori, ma anche di quelli che gli sono assegnati mediante l'attribuzione devolutiva dei voti di lista, poichè questi indicano l'approvazione da parte degli elettori, che così hanno votato, dell'ordine di presentazione dei candidati titolari. Per procedere ad attribuire a ciascuno dei candidati titolari i voti di lista, che debbono essere interpretati come favorevoli all'ordine di presentazione si segue quanto dispone l'articolo 265 e cioè : « I voti di lista sono aggiunti ai suffragi nominativi ottenuti dal primo candidato della lista, fino alla concorrenza di quanto è necessario per raggiungere il divisore elettorale : l'eccedente, se ve ne è, è attribuito in modo analogo al secondo candidato, e così via fino a che tutti i voti di lista non siano stati attribuiti. »

Togliamo dalle istruzioni ufficiali quest'esempio : Si abbia per divisore elettorale, comune naturalmente a tutte le liste, 10500. La lista I^a che comprende otto candidati ha ottenuto sei seggi. Il numero dei suoi voti di lista da attribuire per devoluzione sia di 45,000 e il numero dei voti nominativi raccolti dagli otto candidati, rispet-

tivamente di 2.100, 11.000, 500, 900, 1.000, 200,
1.300 e 8.000. L'ufficio iscrive in un apposito mo-
dulo, in una prima colonna, i nomi di questi candidati, e in una seconda colonna il numero dei rispettivi voti nominativi; nella terza e nella quar-
ta colonna i resultati della ripartizione fatta a
norma dell'articolo 265, osservando che quando
un candidato possiede già un numero di voti nominativi uguale o superiore al divisore elettorale,
non gli si attribuisce alcun voto di lista. Nel caso supposto, al termine dell'operazione il modu-
lo per la lista 1 risulterebbe composto così:

		LISTA 1 (voti di lista 45.000)	DIVISORE ELETTORALE 10.500	
CANDIDATI TITOLARI nell' ordine di presentazione		VOTI nominativi	RIPARTIZIONE dei 45.000 voti di lista	TOTALE dei voti ottenuti dai candidati
Pietro	(N° 1)	2.100	+ 8.400	10.500
Carlo	(N° 2)	11.000	+ 0	11.000
Giovanni	(N° 3)	500	+ 10.000	10.500
Luigi	(N° 4)	900	+ 9.600	= 10.500
Ugo	(N° 5)	1.000	+ 9.500	10.500
Vincenzo	(N° 6)	200	+ 7.500	7.700
Paolo	(N° 7)	1.300	+ 0	1.300
Giorgio	(N° 8)	8.000	+ 0	= 8.000
			Tot. 45.000	

Naturalmente l'ultima colonna, che contiene la somma dei voti nominativi e di quelli di lista, deve, nel suo totale, riprodurre la cifra elettorale della lista.

Come si vede dalla tabella di sopra, ormai non vi è che da proclamare eletti quei candidati che sono i primi sei per ordine di voti riportati e cioè Pietro, Carlo, Giovanni, Luigi, Ugo e Giorgio notando che Carlo e Giorgio sono eletti per effetto dei soli voti nominativi senza bisogno di attribuzione di voti di lista.

Quando una tale operazione si sia fatta per tutte le liste e si sia così giunti alla proclamazione di tutti gli eletti, rimane ancora da fare la designazione dei supplenti. Le regole concernenti tale designazione sono così formulate dall'articolo 266 : « In ciascuna lista nella quale uno o più candidati sono eletti, i candidati alla supplenza che hanno ottenuto il maggior numero di voti, o, in caso di parità di voti, nell'ordine d'iscrizione nella scheda, sono dichiarati 1°, 2°, 3° supplente e così di seguito senza che il loro numero possa mai superare quello degli effettivi eletti. »

« Prima di questa designazione l'ufficio procede all'attribuzione individuale dei voti favorevoli all'ordine di presentazione dei supplenti. Il nu-

mero di questi voti si stabilisce sottraendo dalla
cifra elettorale della lista il numero dei voti nominativi dati ai candidati alla supplenza facenti
parte della lista stessa.

« L'attribuzione dei voti da ripartire si fa secondo un metodo devolutivo. Essi sono aggiunti
ai voti nominativi ottenuti dal primo candidato
supplente fino alla concorrenza di quanto è necessario per raggiungere il divisore elettorale. Lo
eccesso, se ve ne è, è attribuito in misura analoga
al secondo candidato supplente e cosi di seguito
nell'ordine di presentazione. »

« Non si fa alcuna attribuzione a profitto di
candidati presentati nella stessa lista come effettivi e come supplenti, che siano già stati eletti
tra gli effettivi. »

Con queste disposizioni circa la supplenza, che
avremo occasione di discutere altrove, la legge
belga esclude assolutamente i candidati effettivi
che non figurino nella lista anche come supplenti e non siano stati eletti effettivi, dal diritto di
qualsiasi designazione per la supplenza. Anzi le
istruzioni ufficiali ai seggi specificano che quando, per esempio, una lista si componga di cinque candidati, tutti effettivi, e non ottenga che tre
seggi essa rimarrà senza supplenti, ma non po-

tranno i due effettivi non eletti essere dichiarati
supplenti.   •

Ora che abbiamo così terminato l'esame del
procedimento elettorale belga dovremmo vedere
se esso si presti a critiche ed a miglioramenti parziali e quali, fra le modificazioni proposte, sem-
brino accettabili. Ma poichè ci resta ancora da
esaminare i sistemi proporzionali proposti in
Francia e in Italia, dopo la adozione della rappresentanza proporzionale nel Belgio, e questi
non sono, nella massima parte, se non una elaborazione della legge belga 30 dicembre 1899, rimandiamo a più tardi un tale esame.

I RISULTATI DELLA R. P. NEL BELGIO.

Importerebbe invece maggiormente analizza-
re quali resultati abbia avuto in pratica la rappresentanza proporzionale nel Belgio, che ha ormai funzionato in cinque elezioni generali nel
1900, 1902, 1904, 1906, 1908 e sta per essere fra
poche settimane (22 maggio 1910) (1) sottoposta
al suo sesto esperimento. Ma anche su questa

_____

(1) All'atto in cui licenziamo il presente foglio di
stampa le elezioni belghe del 22 maggio 1910 sono già
avvenute e vale la pena di accennare rapidamente,
ai loro resultati.

parte possiamo sorvolare assai perchè alcune
delle critiche che si fanno alla rappresentanza

Le elezioni si sono svolte, come al solito con la massima regolarità e senza che nessun giornale si lamentasse del metodo proporzionale.

Non si può negare però che le elezioni del 22 maggio hanno un poco accreditato la critica che si muove alla R. P. di favorire il *clichage* delle situazioni elettorali dei partiti, una volta divisi i seggi secondo le loro torze rispettive, ma ciò è dipeso dal tatto che non vi sono stati spostamenti notevoli nelle votazioni totali riportate dai partiti.

I deputati uscenti pel rinnovamento parziale della Camera dei Rappresentanti (che si rinnova per metà ogni biennio) erano 85 e precisamente 31 per la provincia di Brabante, 20 per quella di Anversa, 20 per la Fiandra occidentale, 9 per la provincia di Namur e 5 per quella di Lussemburgo. Politicamente gli 85 si dividevano in 50 clericali; 23 liberali e 12 socialisti. Le elezioni avvenivano dunque quest'anno nella parte più conservatrice del Belgio, poichè l'altra metà dei Rappresentanti, rimasti in carica e che scadranno nel 1912 sono 37 clericali, 21 liberali, 22 socialisti, 1 democratico-cristiano.

Le circoscrizioni nelle quali sono avvenute le elezioni sono 15: in 14 è rimasto lo *statu quo* e soltanto in una, quella di Nivelles i clericali hanno perduto un seggio che è stato conquistato dai liberali. La nuova *Camera* si comporrà quindi di 86 clericali, di 45 libe-

proporzionale nel Belgio, non sono altro che ri-
petizioni delle accuse teoriche contro il proporzionalismo, e quindi dovremo occuparcene quando

rali, 34 socialisti, 1 democratico cristiano. La maggioranza clericale che era nel 1900 di 72 voti ed era già
caduta nel 1908 a 8 voti è ora ridotta a 6. Se continue-
rà la lenta ma continua progressione dei voti democratici ben presto la maggioranza clericale sarà sparita
e se sarà allora possibile abolire il voto plurimo i democratici disporranno ben presto di una considerevole
maggioranza.

Il tatto saliente delle ultime elezioni è la costituzione del blocco liberale-socialista in ben 8 circoscrizioni
su 15; questo sta a dimostrare che mentre la R. P.
consente ai partiti di lottare con le proprie forze non
ostacola nemmeno una alleanza tra partiti affini
quando una suprema necessità politica od una alta
finalità comune da raggiungere lo richieda.

Quanto al preteso sminuzzamento dei partiti notiamo che nella quasi totalità delle circoscrizioni la lotta
è avvenuta tra due o tre liste: fanno eccezione Bruxelles che deve eleggere 21 rappresentanti e dove si sono
avute sette liste; Anversa che ne elegge 13 dove se ne
sono avute sei; e Roulers-Thielt dove per 4 deputati
da eleggere si sono avute quattro liste. Ma si tratta di
sforzi vani che servono a confermare sempre meglio
la regola che lo sminuzzamento dei partiti si deve evitare.

Guardiamo infatti: a Bruxelles la lista liberale ha

discuteremo le accuse che a questo, in genere, si
muovono. E d'altra parte le opere citate del Goblet d'Alviella e del Dubois, trattano, in modo

riportato 96,634 voti; la lista socialista 68,604; quella
clericale 129,152. E' naturale che di fronte a masse
elettorali cosi imponenti e di fronte a un divisore comune di 13,720 voti, i clericali dissidenti col loro 3,398
voti, i democratici cristiani coi loro 5,510, i valloni
coi loro 4,148 e un candidato isolato coi suoi 1148 non
siano nemmeno entrati nella ripartizione. Si noti che
nessuna di queste quattro liste minori rimaste sacrificate ha raccolto neppure il 2 % dei voti validamente espressi!

La stessa cosa è accaduta ad Anversa dove di fronte
alle tre liste liberale, clericale e socialista ed essendo il divisore comune di 11,839 il candidato socialista
dissidente ha raccolto 99 voti; quello clericale dissidente 232 ed un isolato apolitico 381.

A Roulers-Thielt dove il divisore fu di 11,490 voti di
fronte alle liste liberale e clericale si sono avute quella clericale dissidente con 1048 voti e quella dei Piccoli
Commercianti con 682. Naturalmente non sono neppure entrate in ripartizione.

Con ciò si dimostra che la consuetudine del sistema proporzionale nel Belgio ha eliminato quasi dovunque le auto-candidature e i tentativi di spezzare
la unità dei partiti e che nei rari casi in cui qualche
tentativo del genere si fa non ottiene che meschinis-
simi se non ridicoli risultati.

così specifico, questo punto del nostro tema, che è veramente superfluo insistervi ancora.

Del resto il riconoscimento dei beneficii, appor-

Ancora una osservazione: si dice, come è noto, che il sistema belga non consente all'elettore di modificare l'ordine di presentazione imposto dal partito e che perciò la libertà dell'elettore è assolutamente asservita a quella dei comitati. A suo luogo abbiamo detto nel corso del nostro lavoro che cosa pensiamo di questa censura; ma vogliamo qui notare che nella sola circoscrizione di Bruxelles il 22 Maggio u. s. si sono avuti questi casi. nella lista liberale il deputato uscente Coq era situato al settimo posto: avendo egli ottenuto 12,669 voti nominativi è riuscito eletto invece del sesto candidato Crick, antepostogli dai presentatori, ma a cui il corpo elettorale non aveva dato che 2626 voti nominativi. Così nella lista clericale è riuscito eletto il decimo candidato Colfs che ottenne 13,980 voti nominativi, mentre è rimasto soccombente il nono che non ne ottenne che 6969. E' ciò costituisce un non piccolo ossequio alla volontà delle minoranze nel seno stesso di ogni singolo partito, se si pensa che la grandissima maggioranza degli elettori di ciascuna delle due liste avevano espresso il proprio gradimento per l'ordine di preferenza stabilito dai presentatori, mediante il voto di lista.

N. B. Per questi dati statistici mi sono valso della *Indépendance Belge* del 25 Maggio 1910, n. 145.

tati dalla nuova legge al Belgio si può dire che
sia generale, come generale, in tutti i partiti
belgi, è il consenso nella bontà della riforma,
tanto che dopo dieci anni, non vi è quasi alcuno
che pensi a mutarin. In ciò il silenzio dell'E-
smein (1) è più eloquente di molti discorsi : scrivendo nel 1909, dopo cioè, come abbiamo detto
or ora, cinque esperimenti, l'Esmein si fonda ancora essenzialmente sul primo esperimento seguito immediatamente all'approvazione della legge, ed effettuatosi il 27 maggio 1900, per dire che
esso ha messo in luce due fatti principali : « 1° La
difficoltà e la complicazione dello spoglio sono
stati estremi ; 2° la maggioranza nella Camera
dei Deputati non è passata da un partito all'altro, ma è stata considerevolmente diminuita. »

Quanto alle difficoltà dello spoglio per le quali
l'Esmein prende come unico documento una corrispondenza del *Temps,* basti osservare che nel
1900 nella circoscrizione di Bruxelles, che è la
più numerosa perchè eleggeva diciotto deputati
(e ne elegge ora ventuno) la sera alle otto lo spoglio e lo scrutinio erano finiti dappertutto. Ciò
è affermato dal Dubois ed è stato riconosciuto

---

(1) ESMEIN. Op. cit. pag. 293.

anche dagli stessi avversari della riforma come
ne fa fede la risposta data dal deputato Rousseuw all'inchiesta promossa nel 1903 dal giornale *La Croix*. E si noti che le operazioni elettorali nel Belgio, sono complicate da circostanze e-
stranee alla R. P. e cioè: dall'esistenza del
voto plurimo, dalla separazione nella scheda tra
candidati effettivi e supplenti e dalla contempo-
raneità della votazione pel Senato e per la Camera.

Ma un'accusa della quale ci vogliamo occupare subito, è quella che la rappresentanza proporzionale non sia riuscita, nel Belgio, a raggiungere il suo fine di dare ai partiti una rappresentanza proporzionata alle loro forze. Dice infatti il
Bonnefoy : « Le elezioni belghe del 1900 nelle
quali si è proceduto con un metodo di rappresentanza proporzionale, hanno dato resultati anti-proporzionali. E noi lo proviamo : i socialisti
hanno ottenuto 463.529 voti e i liberali 466.770 ;
questi ultimi hanno dunque 3.241 voti di più dei
loro concorrenti ed hanno tuttavia due deputati di
meno poichè il numero rispettivo dei deputati socialisti e liberali sono di 31 e di 33. I democratici cristiani ottengono 56.085 voti e i radicali
33.840, i secondi hanno dunque 22.245 voti di

meno dei loro concorrenti e tuttavia hanno il doppio della rappresentanza cioè due deputati invece di uno. Siamo noi in presenza di un esatto riflesso delle correnti politiche, come lo proclamavano ben alto i signori Saripolos e Jacquart ? Vi è in ciò una giustizia relativa e una esattezza reale se non perfetta come sembra affermarlo il signor Hermann Dumont? Niente affatto; e noi siamo in diritto di proclamare, in presenza delle elezioni belghe del 1900, la bancarotta della rappresentanza proporzionale. » (1)

Su questa stessa base il Bonnefoy fonda tutto il suo ragionamento contrario alla rappresentan-

---

(1) BONNEFOY. Op. cit. pag. 550. E tanto tiene il Bonnefoy a questa accusa contro la R. P. che pone addirittura come epigrafe del suo volume la seguente citazione tratta da un discorso del deputato Rousseuw alla Camera dei Rappresentanti del Belgio nella seduta del 14 Settembre 1899 (*Annales Parlémentaires Belges*, *Ch. des Rep. Session* 1898-99, *II vol.* p. 2576).

« *Si un régime qui se donne comme ayant pour principe la proportionnalité n'a plus même pour effet de respecter cette proportionnalité, je me demande de quoi il peut bien encore se reclamer. Un régime proportionnel qui n'est pas proportionnel n'est plus rien.....* »

za proporzionale, e quasi abbandonando gli altri
argomenti tradizionali contro il proporzionalismo, come che esso sia contrario ai veri principii
del Diritto Costituzionale, porti la divisione dei
partiti ecc., conclude il suo ponderoso libro ricordando le parole del deputato belga Legey, il quale nel 1895 aveva detto, che ove si constatasse che
gli effetti della rappresentanza proporzionale erano cattivi nei Paesi nei quali essa era stata applicata, ci si sarebbe guardati bene da imitare in altri paesi un funesto esempio.

E, dopo la citazione, cosi prosegue il Bonnefoy : (1) « Noi dobbiamo meditare queste parole
sopratutto in presenza dei resultati delle elezioni
belghe, e particolarmente delle elezioni legislative del 1900, le quali, secondo che noi abbiamo
mostrato, hanno dato resultati anti-proporzionali. In presenza di questo fatto che il sistema pre-
conizzato ha fatto bancarotta ai proprii impegni,
e non assicura l'esattezza che aveva promesso, ci
si può domandare di quale utilità sia la rappresentanza proporzionale e quale ne sia il valore. »
— Con queste parole scritte con disinvoltura veramente sorprendente nella conclusione della

---

(1) BONNEFOY. *Op. cit.* Conclusion pag. 682.

ponderosa opera sua, il Bonnefoy non ha riflettuto che comprometteva in modo irrimediabile la propria tesi, perchè quando si possa dimostrare che la rappresentanza proporzionale ha mantenuto, e può mantenere i suoi impegni, l'utilità ed il valore suo, che il Bonnefoy ha impiegato settecento pagine a confutare con molteplici argomenti, risulterebbero vittoriosamente provati.

Ora il Bonnefoy dice di avere dimostrato che i resultati delle elezioni belghe nel 1900, sono stati antiproporzionali. Cominciamo col dire che ciò non è vero in alcun modo. Se si sommano i voti ottenuti da tutti i partiti nell'intero Paese, si hanno questi resultati (1) : cattolici 994,333; liberali 498,854; socialisti 461,241; democratici 60.496 : confrontando i seggi effettivamente conquistati con quelli ai quali avrebbero avuto diritto se tutto il Belgio avesse costituito un collegio unico e si fosse fatta la ripartizione matematica per quoziente, si ha che i cattolici ebbero 86 seggi e ne avrebbero dovuti avere 78; i liberali 33 e

_____

(1) Ci atteniamo ai calcoli statistici del DUBOIS: quelli del GOBLET D'ALVIELLA (*op. cit. pag.* 164) sono lievemente differenti, ma i conti non mutano: soltanto il Goblet conteggia a parte i progressisti o radicali, mentre il Dubois li include nei liberali.

ne avrebbero dovuti avere 38; i socialisti ne a-
vrebbero dovuti avere 32 e tanti ne hanno avuti
difatto, i democratici cristiani ne avrebbero dovuti avere 4 e ne hanno avuti 1. Risultati siffatti,
anche in senso assoluto, non possono onestamente chiamarsi anti-proporzionali, perchè sono soltanto approssimativamente e non matematicamente proporzionali; e non è scientificamente
corretto il dire, come il Bonnefoy fa con le parole
da noi testualmente riferite, che i socialisti con
3.000 voti di più hanno avuto 2 deputati di meno
dei liberali loro concorrenti, dimenticando che i
liberali e i socialisti non erano soltanto concorrenti fra di loro, ma costituivano due minoranze lottanti contro una maggioranza padrona
del Governo e che li aveva, col regime antecedente, sempre schiacciati. Ed anche meno sincero
è il fare un confronto — servendosi sempre della
espressione «concorrenti fra di loro» — fra democratici cristiani e radicali, detraendone conclusioni avverse al funzionamento del regime proporzionale: infatti i radicali, che il Goblet chiama progressisti, sono una ala del partito liberale e sono stati eletti in due collegi beneficiando di questa affinità, i democratici cristiani sono invece
una minoranza piccolissima che ha suddiviso i

proprii voti in esigue frazioni in molte circoscrizioni e che, complessivamente in tutto il Paese,
è riuscita a raccogliere appena il 3 % dei suffragi. Quale sorte in condizioni simili è riservata
ad una minoranza così trascurabile in regimi
non proporzionali? Ma si aggiunga che le elezioni successive hanno mostrato la costante diminuzione di questa già cosi minuscola minoranza demo-cristiana.

Se dunque la dimostrazione del Bonnefoy è
falsa in senso assoluto, che diremo di essa in senso relativo, confrontando cioè il resultato della
prima applicazione della legge del 1899 coi resultati delle elezioni belghe antecedenti, fatte con
lo scrutinio di lista maggioritario ?

Si considerino, per esempio, le enormi anoma-
lie dei resultati delle elezioni belghe dal 1870 al
1892 (1), prima della revisione elettorale e prima
che la concessione del suffragio universale apris-
se la via del Parlamento ai socialisti, precluden-

(1) Togliamo questi dati statistici da varii autori ma
specialmente da una comunicazione del DE SMEDT
alla Conferenza Internazionale d'Anversa del 1885
(Resoconti, p. 231) e dagli scritti del GOBLET e del
DUBOIS.

dola quasi ai liberali che — come riconosce anche lo Esmein — dovettero la risurrezione del loro partito esclusivamente alla introduzione della rappresentanza proporzionale.

ANNO	VOTI OTTENUTI		DEPUTATI ELETTI	
	Cattolici	Liberali	Cattolici	Liberali
1870	42.058	35.501	72	52
1872	22.299	11.974	43	20
1874	17.334	18.177	26	36
1876	23.189	20.723	42	21
1878	17.730	22.104	18	48
1880	20.979	22.222	40	26
1882	21.673	22.463	19	50
1884	34.080	22.117	67	2
1886	17.046	17.997	17	28
1888	24.165	23.484	44	2
1890	21.505	20.825	29	10
1892	58.045	52.198	68	34

Si scorgono a colpo d'occhio le iniquità clamorose del sistema maggioritario, che fa sì che perfino in alcune elezioni, come quelle del 1880, la maggioranza ottenga minor numero di seggi della minoranza, o che lievissime differenze nelle votazioni, come nelle elezioni del 1874, 1876, 1882

1886, 1888, 1890, 1892, producano diversità rile-
vantissime nei resultati. È anche assai curiosa
l'alternativa per la quale a seconda della regione
nella quale avvengono le elezioni (poichè come è
noto la Camera belga si rinnova per metà ad ogni
biennio) l'iniquità colpisce i cattolici o i liberali
che reclutano i maggiori seguaci rispettivamente
nelle provincie vallone e fiamminghe.

E se prendiamo a considerare le elezioni del
1894, 1896 e 1898 avvenute col suffragio universale è forse anche peggio. *Ex ore tuo te judico!*
Prendiamo i dati che lo stesso Bonnefoy ci offre (1): nel 1894 i cattolici ebbero 921,631 voti;
i liberali 558.678; i socialisti 305.635. Orbene i
cattolici ottennero 105 seggi invece dei 78 che
equamente sarebbero loro spettati; i liberali
19 invece di 48; i socialisti 28 invece di 26.
Nel 1896 i cattolici ebbero 3.669.518 voti, i liberali 2.613.790; i socialisti   283.006; i radicali
29.320; i democratici cristiani 32.864; ebbene i
cattolici ebbero 72 seggi mentre proporzionalmente ne sarebbero loro spettati 43; i liberali 4
invece di 30; i radicali uno invece di nessuno; i

_____

(1) BONNEFOY. *Op. cit.* pagg. 525 e segg.

democratici cristiani e i socialisti punti invece di 1
e 3; nel 1898, nelle ultime elezioni cioè fatte col
sistema maggioritario, i cattolici ebbero 2.305.447
voti e 40 eletti invece di 30; i liberali 536.347 voti
e 3 eletti invece di 7; i socialisti 1.324.339 voti e
22 eletti invece di 17; i radicali 368.745 voti e 5
eletti quanti ne dovevano avere.

Per citare un solo esempio particolare, tratto
questo dal Goblet (1) e non dal Bonnefoy, nel-
l'Hainaut in queste stesse elezioni del 1898 i liberali raccolsero 109.273 voti; i cattolici 124.499;
i socialisti 222.822. Con un sistema elettorale proporzionale i liberali avrebbero ottenuto sei seggi;
i clericali sette; i socialisti tredici. Invece i socialisti ne ebbero 20, i cattolici 4 e i liberali 2. Come
il Bonnefoy possa dopo ciò scrivere che « le cifre
ottenute dallo scrutinio maggioritario erano ine-
satte, ma di una ingiustizia che non aveva nulla
di troppo palese (2) » noi rinunziamo ad indagare! Ricordiamo soltanto però che si può dire ciò
che si vuole, ma nessuno potrà negare che le
stridenti ed assurde ingiustizie del sistema maggioritario, abbiano costituito per trent'anni nel

(1) GOBLET. *Op. cit.* pag. 96.
(2) BONNEFOY. *Op. cit.* pag. 541.

Belgio il miglior strumento di propaganda a favore della rappresentanza proporzionale.

È dunque lecito accusare come antiproporzionale un sistema elettorale, il quale alla sua
prima applicazione ridusse la maggioranza cattolica nella Camera dei Deputati da 72 a 18 voti
e l'ha ridotta nelle elezioni successive a 8 e, infine, dopo le elezioni del 22 maggio 1910 a 6
voti soltanto? E perchè non ricordare anche che
per esempio le elezioni del 1904 secondo i calcoli del Dubois dettero un risultato quasi matematicamente proporzionale? Infatti i cattolici con
501,462 voti ottennero 38 seggi invece dei 36 che
matematicamente sarebbero loro spettati; i liberali con 283,411 voti 22 seggi invece di 21; i socialisti con 301,123 voti 19 invece di 22; i democristiani con 17,659 e i dissidenti con 26,000 un
seggio per uno, quanto effettivamente dovevano
avere. Eppure l'accusa di essere antiproporzionale continua, quando fa comodo, ad essere calunniosamente lanciata contro la rappresentanza
proporzionale. Così noi troviamo che il deputato
socialista Breton, il quale contrariamente ai suoi
compagni del gruppo parlamentare socialista
francese è un'implacabile avversario della riforma, non si è peritato di pronunciare nella se

duta del 25 ottobre 1909 (1) queste parole : « Signori, oltre agli argomenti che io ho già addotti
contro la rappresentanza proporzionale [*e di
questi argomenti ci occuperemo a suo tempo*]
mi resta da indicarvene uno di quelli che ai miei
occhi hanno maggior valore. In effetto la rappresentanza proporzionale mente cinicamente al suo
nome e non possiede neppure la qualità essenzia-
le alla quale essa pretende : essa non è nemmeno
proporzionale !.... Ecco per esempio alcuni resultati caratteristici dati dalla proporzionale nel Belgio. »

Tali esempi sono di due specie : quelli della
prima sono assurdi perchè il fatto che 70,000 voti
in una circoscrizione abbiano dato ad un partito
5 seggi mentre in un altra circoscrizione 60,000
voti abbiano dato 6 seggi a un altro partito, non
significa assolutamente nulla, tanto che riesce
incomprensibile come il deputato Breton sia potuto incorrere nel grossolano errore di dimenticare che la ripartizione viene fatta circoscrizione
per circoscrizione proporzionalmente al numero
totale dei votanti nella circoscrizione stessa. Ad

(1) Chambre des Deputés Comple-Rendu in extenso, Journal officiel du 26 Octobre, 1909, p. 2328.

ogni modo ecco testualmente le parole del Breton : « nelle elezioni del 1900 i socialisti ottenevano a Charleroi con 76,008 voti 5 seggi al parlamento, mentre bastava ai clericali di raccogliere a Gand-Eecloo 71,125 voti per vedersi attribuire 6 seggi e che essi ne ottenevano altri 6 ad Anversa con soli 64,607 voti ; parimente occorrevano a Mons 42,451 suffragi ai socialisti per ottenere 6 seggi, mentre ne bastavano ai clericali 42,543 a Louvain e 34,744 a Saint-Nicolas per vedersene attribuire 4 ». Gli esempi della seconda categoria recati dal Breton sono analoghi a quelli del Bonnefoy. Infatti egli lamenta che nel 1900 i clericali avendo ottenuto 994,215 voti contro 1,019,626 raccolti complessivamente da tutte le opposizioni abbiano avuto 86 seggi invece di 75 e le opposizioni 66 invece di 77 e che parimente nel 1908 i clericali con 1,170,400 voti abbiano avuti 87 deputati mentre gli oppositori con 1,181,715 voti ne avevano 79.

A parte le inesattezze di calcolo contenute in queste cifre, sulle quali sorvoliamo, il deputato socialista Varenne, relatore della legge, aveva buon gioco d'interrompere il Breton, prima ricordandogli che certe diversità dipendono dalla

ripartizione del paese in circoscrizioni mentre
questi calcoli di proporzionalità matematica sono
fatti come se il paese costituisse un collegio unico, e poi osservando g : « E' esatto che in Belgio
il partito cattolico essendo relativamente il più
numeroso dei tre, la rappresentanza proporzionale lo favorisce leggermente. In Francia dove il
partito radicale è il più numeroso di tutti, sarebbe esso avvantaggiato ». E' naturale infatti, ed è
anche conveniente, che il partito più forte, come
in Belgio è quello cattolico che da solo è più che
doppio di qualsiasi altro partito dell'opposizione,
costituendo una massa compatta, si avvantaggi
un poco nella ripartizione perchè le frazioni di voti sacrificate saranno per esso indubbiamente minori. Ma quello che avviene in casi simili col regime maggioritario ce lo può dire l'esempio dell'I-
talia dove pure vige il sistema uninominale che,
sotto questo aspetto, come abbiamo già rilevato, è
assai meno iniquo dello scrutinio di lista. Orbene
basti ricordare che nelle ultime elezioni i costituzionali ministeriali eletti e non eletti raccolsero
meno di 1,000,000 di voti su 1,827,865 voti validamente espressi, e ottennero circa 350 seggi
su 508!

Noi abbiamo voluto dunque dimostrare in modo inconfutabile che la rappresentanza proporzionale, come è attuata nel Belgio, ha dato resultati proporzionali di notevole approssimazione, ed abbiamo potuto dimostrare ciò senza valerci di un'argomento che è di importanza veramente capitale. Difatti se per una cosa i resultati delle elezioni belghe possono destare meraviglia, è proprio perchè essi riescono ad essere tanto proporzionali nonostante la divisione in circoscrizioni che vige nel Belgio. Infatti per le elezioni dei membri della Camera dei rappresentanti, il Belgio è diviso in 30 collegi di cui 1 binominale, 8 trinominali, 9 a quattro deputati, 4 a cinque deputati, 3 a sei deputati e 5 soli che eleggono un numero di deputati maggiore e cioè Charleroi 9, Gand 11, Liegi 12, Anversa 13 e Bruxelles 21. Il che vuol dire che oltre la metà delle circoscrizioni — e si potrebbe dire addirittura i cinque sesti delle circoscrizioni — sono troppo ristrette perchè, come mostreremo più ampiamente trattando del sistema da adottarsi in Italia, la ripartizione per essere veramente proporzionale deve essere fatta per un numero di seggi abbastanza elevato, e possibilmente non mai inferiore a dieci:

in caso diverso, come è intuitivo, i residui di voti sacrificati possono rimanere assai rilevanti. (1)

E' quindi sommamente ingiusto attribuire alla rappresentanza proporzionale un difetto che dipende soltanto dal modo, del tutto accessorio e sempre emendabile, col quale essa è stata applicata.

Conviene anche aggiungere che la inesattezza, del resto non rilevante, dei resultati del regime proporzionale nel Belgio, è assai fortemente avvertita per una causa completamente estranea alla rappresentanza proporzionale. Infatti la composi-

---

(1) Tanto è vero ciò che il GOBLET (op. cit. p. 161) dimostra che se le circoscrizioni fossero state provinciali e cioè una di 28 deputati, una di 26; una di 24; una di 19; due di 18; una di 8; una di 6 ed una di 5 le elezioni del 1900 col sistema proporzionale e senza spostamento di voti avrebbero dato ai cattolici 80 seggi (invece di 86) ai liberali 34 (invece di 31) ai socialisti 33 (invece di 32) ai democratici cristiani 3 (invece di 1) ed ai progressisti 2 (come con le circoscrizioni vigenti) il che avrebbe realizzato quasi matematicamente la proporzionalità che, con esattezza assoluta, non è raggiungibile se non con collegio unico e quoziente unico.

E per comprendere meglio il divario fra questi resultati basti considerare quanto osserva il VAN DE

zione attuale della Camera se è quasi proporzionale ai voti raccolti dai partiti non è proporzionale alla loro forza effettiva pel fatto che in Belgio
vige il voto plurimo il quale è, naturalmente, tutto a vantaggio dei partiti conservatori i quali vedono con esso artificialmente moltiplicati i suffragi da essi raccolti : ecco perchè i liberali, i radicali e sopratutto i socialisti nel Belgio avendo
la legittima persuasione che i cattolici non siano
più che una minoranza nel Paese, si dolgono di
non essere ancora riusciti a togliere loro quel
governo che essi tengono con una maggioranza
di soli sei voti ; ma ciò dipende, ripetiamo, dal
voto plurimo che, con la rappresentanza proporzionale, non ha proprio nulla che fare.

Detto ciò raccogliamo rapidamente alcune delle

WALLE (La R. P. — FORMULE DE RÉPARTITION RÉSOLVANT
LE PROBLÈME DES CIRCONSCRIPTIONS ÉLECTORALES in *Revue
de Belgique* del 15 aprile 1904) il quale calcola che nelle elezioni del 1900 i totali delle frazioni rimaste inu-
tilizzate ammontarono a 73,402 voti pei cattolici ed
a ben 260,535 voti per le opposizioni; differenza che
si comprende agevolmente considerando che le opposizioni si dividevano in tre parti : (liberali voti 448,799;
socialisti voti 461,295; democratici cristiani voti
61,217).

più salienti e caratteristiche testimonianze sui risultati del sistema belga nella loro portata complessiva sotto il punto di vista politico.

Subito dopo il primo esperimento del 1900 il
Goblet d'Alviella scriveva: (1) « Per un fenomeno assai imprevisto i tre partiti clericale, socialista e liberale si rallegrarono ugualmente dei resultati : la destra perchè aveva conservato una
maggioranza che sorpassava le sue speranze più
ottimiste; i liberali perchè il numero dei loro rappresentanti alla Camera passava da 12 a 33 ed i
loro principali capi rientravano in Parlamento;
infine i socialisti perchè avevano guadagnato
nuovi seggi e fatto breccia in più di una circoscrizione fino ad allora chiusa alla loro propaganda. » E nella conclusione del suo libro il Goblet dichiarava di ritenere la vittoria della rappresentanza proporzionale nel Belgio come definitiva perchè vi sono « riforme sulle quali un popolo non torna indietro fino a che prosegue il corso
normale e pacifico della sua evoluzione ». Preco-
nizzando poi prossime la scomparsa del voto plurimo, e la istituzione del referendum e la riforma
della composizione del Senato affermava: « Ma

_____

(1) GOBLET. *Op. cit.* pagg. 148 e 170.

ciò che in Belgio durerà fino a tanto che vi si
troveranno partiti da rappresentare è il modo di
rappresentanza che assicura ormai ad ogni gruppo serio del corpo elettorale la sua parte legittima d'influenza e di controllo nelle deliberazioni
del Parlamento. Verrà anche un giorno nel quale ci si domanderà come popoli, preoccupati senza tregua di aumentare la perfezione dei loro
metodi in materia scientifica, abbiano potuto contentarsi nel dominio elettorale di un procedimento così grossolano e così imperfetto come il regime maggioritario. Ci si domanderà sopratutto come abbiano potuto opporre tante esitazioni e resistenze all'adozione di un perfezionamento così
semplice e così logico come la rappresentanza proporzionale ». (1)

_____

(1) Questo giudizio il Goblet ha interamente confermato in una lettera da lui indirizzata il 22 Febbraio
1909 all'on. Carlo Benoist presidente della Commissione del Suffragio Universale nella Camera Francese, e pubblicata in allegato alla relazione parlamentare dell'on. Varenne alla Camera Francese, sui progetti di legge per la R. P. (9ªLegislatura, Sessione del
1909, Presentata il 3 Marzo 1909, Doc. n. 2353; p. 34).
In questa lettera che meriterebbe di essere riprodotta per intero notiamo specialmente queste affermazioni: « Le critiche che possiamo muovere al regime

Alla distanza di dieci anni da queste parole guardiamo come due belgi di diverso partito, uno uomo di azione e l'altro uomo di studi, giudichino la grande riforma attuata nel loro paese.

Il deputato Emilio Vandervelde, (1) il *leader* socialista, dopo avere ricordato che mentre la

---

vigente riguardano esclusivamente il carattere troppo limitato della riforma: anzitutto il mantenimento di un certo numero di circoscrizioni elettorali troppo piccole per assicurare una proporzionalità sufficiente e, in secondo luogo il fatto che la R. P. sia in Belgio applicata integralmente soltanto alle elezioni politiche. La sua leale estensione alle elezioni comunali e provinciali costituisce un articolo del programma tanto dei liberali quanto dei socialisti. »

Circa allo spoglio dei voti il Senatore Goblet afferma che non è mai proceduto così celere e tranquillo come da quando vige la R. P.

Così pure afferma che l'esperienza ha mostrato che non si sono avute a lamentare né dispersione di voti, nè candidature troppo numerose e che quanto alla concorrenza fra i candidati di uno stesso partito per ottenere un maggior numero di voti essa non raggiungerà mai la intensità della lotta intestina pel possesso di un mandato unico nello scrutinio uninominale.

(1) VANDERVELDE. La R. P. en Belgique, in *Les documents du progrès*, revue internationale, ottobre 1909.

Camera belga nel 1899 si componeva di 112 clericali, 28 socialisti, e 12 fra liberali e radicali, dopo
le elezioni del 1908 contava invece 87 clericali,
43 fra liberali e radicali e 35 socialisti, esamina i
quattro principali argomenti coi quali la rappresentanza proporzionale fu combattuta nel Belgio
e cioè : 1° essere un sistema complicato il cui funzionamento pràtico sarebbe all'incirca impossibile; 2° di non dare resultati più equi di quelli
del sistema maggioritario; 3° di favorire lo sminuzzamento dei partiti politici assicurando la
rappresentanza a gruppi poco importanti; 4° di
riuscire a un vero *clichage* della rappresentanza
parlamentare e di diminuire per conseguenza
l'attività politica riducendo l'importanza della
posta nelle lotte elettorali ». Contro queste accuse il Vandervelde esplicitamente dichiara : 1° che
le complicazioni non esistono; 2° che la R. P.
assicura nel Belgio, nonostante imperfezioni gravi (ed abbiamo veduto quali siano) una rappresentanza più esatta delle forze elettorali che non
il sistema maggioritario; 3° le previsioni fatte
dagli avversari circa lo sminuzzamento dei partiti politici non si sono ancora in alcun modo rea-
lizzate; 4° nell'accusa di *clichage* vi è un fondamento di verità perchè l'egemonia parlamentare

non può più passare bruscamente da un estremo
all'altro, ma la perdita di un seggio ha conseguenze più gravi, essendo le maggioranze parlamentari più deboli. Ed in quanto alla diminuita
attività politica, ciò potrà magari avvenire nelle
piccole circoscrizioni ma « tutte le ultime elezioni belghe tendono a dimostrare che nelle grandi circoscrizioni le lotte politiche non hanno perduto nulla del loro ardore ».

L'Orban (1) poi dichiara senz'altro che tutti i
benefici che dalla R. P. si attendevano i suoi fautori sono, dopo la sua applicazione, divenuti realtà.

Cosi essa ha procurato l'uguaglianza e l'efficacia di tutti i voti e dato con ciò soddisfazione
agli elettori di tutte le circoscrizioni e di tutte le
opinioni; ha restituito ai partiti schiacciati dalla
sorte delle urne una parte legittima di influenza
nella direzione della cosa pubblica; ha mostrato
di saper difendere i diritti della maggioranza
nell'atto stesso che garantiva quelli della minoranza; ha migliorato i partiti mettendoli in caso
di farsi rappresentare da eletti di valore e dando

---

(1) ORBAN. DROIT CONSTITUTIONNEL DE LA BELGIQUE.
TOME II. p. 142-44.

loro una orientazione più nazionale; ha risveglia-
to la vita politica in numerose circoscrizioni dove sembrava spenta; ha consolidato anzichè smi-
nuzzarli, i partiti; infine ha migliorato la vita
politica, ha fatto diminuire la virulenza e l'asprez-
za delle battaglie elettorali rendendole meno personali, meno alterate dalla corruzione e dalle frodi.

Tra questi belgi che all'indomani del primo
esperimento della legge, come il Goblet, o dopo
dieci anni del suo funzionamento come il Vandervelde e l'Orban, concordano cosi perfettamente
nei loro giudizi accogliamo la voce anche degli
stranieri. Dei francesi il Léfèvre-Pontalis, membro dell'Istituto, studioso dei costumi e dei sistemi elettorali dell'Europa da quarant'anni e
conservatore autentico, dopo avere esaminato il
funzionamento delle elezioni nel Belgio prima e
dopo l'adozione della rappresentanza proporzionale, conclude: « La rappresentanza proporzionale può essere cosi considerata come una vera
benefattrice e l'uso che ne è stato fatto, può dare
un esempio salutare a seguirsi. Indipendentemente dal voto plurimo, il Belgio vi ha trovato
di fronte agli altri Stati, una situazione elettorale

non soltanto originale, ma anche privilegia-
'ta. » (1)

Il Ferneuil esamina egli pure i resultati del-
l'applicazione della R. P. nel Belgio e constata
che tutti i prognostici sfavorevoli sono svaniti •
dinanzi l'esperimento e che tutte le opinioni sono state equamente rappresentate. Quindi aggiunge : « Le lotte politiche senza perder nulla della
loro vivacità hanno guadagnato in lealtà e paci-
ficazione perchè i vinti della battaglia elettorale
non si sentono più spogliati d'ogni parte di rappresentanza ad esclusivo profitto dei vincitori e
non riportano più dalla lotta una impressione
inevitabile di inasprimento e di dispetto ». (2)

L'avv. Enrico Clément (autore del volume *La
Réforme Electorale,* Paris 1906) riferendo sulla
R. P. nella Assemblea della *Societé d'Economie
Sociale et Unions de la Paix Sociale* il 27 No-
vembre 1905 (3) riconosce che l'organizzazione

(1) LEFÉVRE-PONTALIS. Les élections en Europe à la fin du XIX siècle Paris, 1902, p. 257.

(2) FERNEUIL TH. — La Reforme electorale et le
parti progressiste — (*Révue Politique et Parlem.*)
1904, Vol. 40, p. 507.

(3) Cfr. il resoconto di quella Assemblea in *Reforme
Sociale* del 1° Febbraio 1906.

belga ha dato resultati eccellenti e che ha assi-
curato al Belgio una vera pace sociale; e questo
giudizio è autorevolmente confermato dagli uomini eminenti nella politica e nella scienza che
partecipano alla riunione, fra i quali il Picot,
membro dell'Istituto, il quale pronuncia nella
discussione queste parole: « In Belgio il successo della riforma è tale che se si traversa la
frontiera si può constatare che l'unanimità degli
elettori accetta le condizioni di questa R. P. »

Il libro del Dubois, al quale abbiamo più volte
rimandato il nostro lettore, è tutta una testimonianza dell'ottimo funzionamento della legge belga, ed una documentazione dei vantaggi enume-
rati dall'Orban.

Il senatore Stefano Flandin, che ha egli pure
dedicato il suo esame acuto e accurato alle istituzioni politiche del Belgio, è un fervido lodatore
del sistema belga (1), e il suo giudizio favorevole
ha confermato in un recentissimo scritto, nel
quale si dice che i belgi hanno trovato nella rap-

---

(1) FLANDIN, INSTITUTIONS POLITIQUES DE L'EURO-
PE, T. I. LA BELGIQUE. Paris, 1902.

presentanza proporzionale una delle « più prezio-
se conquiste del diritto politico moderno. » (1)

Il Benoist nella sua relazione sui progetti di
rappresentanza proporzionale alla Camera Francese compilata nella sessione del 1905 e ripresen-
tata nella sessione dei 1906, dichiara che, tutto
ben considerato « l'esperimento belga è conclu-
sivo ed esso è favorevole » (2) ed aggiunge : « che
coloro i quali in ogni tempo furono i propagandi-
sti della rappresentanza proporzionale come il
conte Goblet d'Alviella, come Giovanni Mommaert, come Alberto Nyssens, se ne siano feli-
citati e se ne felicitino ancora, non sorprende affatto, ma che antichi avversarii come Jean de
Ryswick, Borgomastro di Anversa e membro della Camera dei Rappresentanti, le rendano omaggio fino a dire, come lui « La Représentation
proportionnelle au lieu de l'exagération est la
pondération ; elle venait assagir et apaiser » una
tale conversione operata dalla pratica è decisiva ».

Una testimonianza recentissima e assai signifi-
cativa in favore della R. P. ci viene da un di-

---

(1) FLANDIN. La Représentation proportionnelle
Mécanisme et fonctionnement. Paris 1910. p. 52.

(2) BENOIST. Relazione cit. pag. 45.

plomatico francese, il Charriaut, (1) il quale scrive :

« La R. P. nelle elezioni può essere considerata come una legge sociale. Essa ha fatto entrare nei costumi politici l'idea di giustizia con quella del rispetto dell'opinione non governante da parte di quella governante.... Il meccanismo della R. P. pareva dapprima assai complicato. In realtà è così semplice, di una forma così pratica che funziona, per così dire automaticamente, senza produrre il minimo errore, la minima contestazione. E non senza ragione si è potuto vedere nella R. P. il più gran progresso politico dei tempi moderni. Non soltanto essa protegge le minoranze contro le brutalità della maggioranza al potere; ma permette di fare appello alle grandi intelligenze disperse che la repugnante fatica dello scrutinio uninominale condanna all'inerzia, non essendo più possibile con esso il mestiere dell'uomo politico senza una specie di prostituzione morale. Così il regime proporzionale favorisce la

(1) CHARRIAUT HENRI, *Chargé de Mission en Belgique par le Gouvernement français*, LA BELGIQUE MODERNE, TERRE D'EXPÉRIENCES; Paris Flammarion 1910; pp. 212-218.

partecipazione ai pubblici negozii dell'aristocra-
zia intellettuale, senza della quale la democrazia
è votata alla demagogia e prepara il trionfo della
mediocrità. La R. P. è l'onore del Belgio ».

Ed anche in Italia senza entrare proprio nel
campo proporzionalista, noi troviamo per esempio uno scritto di Ausonius, sotto il quale pseudo-
nimo si cela un eminente parlamentare, (1) nel
quale si dice che la legge elettorale belga del 29
dicembre del 1899 « costituisce una delle più ingegnose e profonde riforme politiche che la scienza e la pratica costituzionale abbiano escogitato ».
Lo scrittore nota poi tutto il grande valore del fatto che due partiti « così accanitamente avversi, i
clericali e i socialisti in Belgio si accordino in
massima nel riconoscere la bontà del sistema vigente della rappresentanza proporzionale cosicchè
conviene dire che esso presenti realmente dei pregi indiscutibili » : Assevera poi che in Belgio « è
pressochè unanime il consenso che il sistema abbia fatto buona prova dando a ciascun partito
una giusta rappresentanza, mentre ha molto contribuito a calmare gli animi » : afferma più oltre

(1) AUSONIUS. LA RAPPRESENTANZA DEI PARTITI NEL
BELGIO — COLLEGIO ALLARGATO E SISTEMA PROPORZIONA-
LE. *Nuova Antologia*, 1 Giugno 1904.

che « la legge belga del 29 dicembre del 1899 segna un successo innegabile ed una grande conquista positiva del sistema della rappresentanza
proporzionale » e conclude dicendo che « la riforma elettorale del Belgio ha risolto uno dei più
ardui e difficili problemi che la scienza costituzionale presentasse : uscire dal collgio uninominale e passare al collegio allargato, senza cadere nelle disuguaglianze, nelle violenze e nelle
ingiustizie dello scrutinio di lista ».

Infine per terminare questa scorsa tra le testimonianze a favore dell'esperimento belga, ricor-
derò ancora la opinione, già da me citata in un
altro mio scritto, di Sir A. Hardinge ministro di
Inghilterra a Bruxelles, il quale così concludeva
nella relazione inviata al Ministro degli Esteri
Edward Grey il 28 giugno 1906 dopo cioè che già
quattro elezioni si erano effettuate in Belgio con
la rappresentanza proporzionale : « Io inclino a
pensare che nelle presenti condizioni del Belgio i
vantaggi di questa legge per la rappresentanza
proporzionale superano ogni svantaggio. Il mio
predecessore Sir Francis Plunkett nel riferire
su ciò a Lord Salisbury giustamente osservava
che tale sistema era stato accettato con qualche
riluttanza dal gran pubblico ed accolto come un

poco soddisfacente compromesso. L'opinione che
ora io mi sono fatto lecito di esprimere credo che sia quella della maggioranza dei Belgi
di tutte le gradazioni politiche dopo l'esperienza
fatta per qualche anno di questo sistema » (1)

Dopo di ciò ci sembra che da quanto abbiamo
detto sull'attuazione della rappresentanza proporzionale nel Belgio, una sola conclusione sia lecito di trarre e che cioè essa, anzichè potersi dire la
bancarotta della rappresentanza proporzionale
costituisce un suggestivo incitamento a tutti gli
spiriti sereni a favorire con ogni energia l'adozione di una siffatta riforma, salvo vedere in qual
modo essa possa meglio adattarsi alle speciali e-
sigenze e alle peculiari condizioni politiche e sociali, di ciascun Paese.

_____

(1) *Reports*, cit. p. 12.

LA RAPPRESENTANZA PROPORZIONALE
IN FRANCIA

Non è nostro proposito in questo capitolo seguire passo passo il movimento proporzionalista in Francia, poichè non sarebbe cosa breve e
forse nemmeno molto utile. Vi sono infatti opere
assai numerose nelle quali il lettore potrà trovare
una esposizione siffatta. (1) Noi ci proponiamo

---

(1) Cfr. Specialmente su questo argomento la 4ª parte dell'opera più volte citata del BONNEFOY che s'in
titola *Étude speciale et approfondie des tentatives lé-
gislatives de Représentation Proportionnelle en France* pagg. 213-421. Cfr. altresì VERNES, *Les Débats des
Assemblées Françaises relatifs à la Représentation
Proportionnelle* in LA R. P. ÉTUDES ecc. già cit. Paris 1888; LA CHESNAIS. LA R. P. ET LES PARTIS POLITI-
QUES; Paris 1904 BENOIST. RELAZIONE cit. (Camera
dei Deputati Sessione 1906 n. 160) e BENOIST, POUR
LA RÉFORME E' GTORALE, Paris 1908, nonchè i Documenti
parlamentari che verremo a mano a mano citando.
Vedi anche: BUISSON, LA POLITIQUE RADICALE; Paris, 1908: pp. 135-165 e 383-441.

invece di esaminare un po' più da vicino tale movimento negli ultimi anni, sia perchè non sapremmo a quale scritto rinviare il lettore per trovarne una esposizione ordinata dal 1902 in poi, cioè dal punto nel quale si arresta la minuta trattazione del Bonnefoy, o, al più, dal 1904, data di pubblicazione dell'interessante volume del La Chesnais, sia perchè l'intenso movimento francese degli ultimi anni è tutto una derivazione della vittoria del principio proporzionalista nel vicino Belgio e rappresenta una elaborazione scientifica e legislativa della legge belga, e delle leggi Svizzere, di cui non può non rendersi esatto conto chi voglia giudicare del sistema migliore che converrebbe al nostro Paese.

Ricordiamo perciò solo telegraficamente i precedenti più antichi. Gli scrittori Francesi amano far risalire l'idea di una proporzionalità in Francia fino al Borda che, nel 1781, proponeva l'elezione all'Istituto col voto graduale e poi alle proposte di Mirabeau e di Saint-Just nelle Assemblee rivoluzionarie ; ricordano anche che nel 1839 un ex Ministro della Restaurazione, il De Villèle proponeva un organizzazione elettorale in qualche modo analoga ai sistemi che quasi venti anni dopo, e con maggior fortuna, dovevano propugnare l'Hare e l'Andrae. Si trattava di disporre che gli elettori convocati nel capoluogo del dipartimento fossero autorizzati a raggrupparsi secondo le loro opinioni politiche in diversi collegi liberi di uno stesso numero di votanti : il numero dei collegi sarebbe regolato da quello dei deputati attribuiti al dipartimento. Ma gli scrittori stessi riconoscono che soltanto nel 1871 la rappresentanza proporzionale formò per la prima volta oggetto di un dibattito positivo nei corpi elettivi.

Nel 1871 infatti dinanzi all'Assemblea Nazionale, mentre si discuteva un disegno di legge sulle elezioni municipali, il deputato Mortimer-Ternaux proponeva un emendamento col quale si stabiliva che nella elezione del Consiglio municipale di Parigi, composto di quarantotto membri, ogni elettore non potesse votare per più di tre nomi e si dichiarassero eletti i quarantotto candidati che avessero ottenuto il maggior numero di voti, purchè avessero raggiunto il *quorum* di 8000 voti; tale emendamento fu respinto. Nel 1874 la Camera respinse pure l'idea d'introdurre il voto cumulativo nelle elezioni comunali e nel 1875 respinse anche la proposta del deputato Pernolet per l'applicazione della rappresentanza proporzionale nella nomina dell'ufficio di Presidenza e delle commissioni dell'Assemblea. Lo stesso Pernolet nel 1875 presentò una mozione a favore della rappresentanza proporzionale nelle elezioni legislative. E' notevole che nel progetto Pernolet il voto rimaneva uninominale, ma l'elettore poteva designare nella scheda a qual gruppo intendeva trasmettere il proprio suffragio se questo non fosse valso a fare eleggere il candidato preferito. Per il resto l'elezione si fondava sul quoziente. Tale progetto ed un altro analogo caddero dinanzi all'indifferenza o all'ostilità dell'assemblea, la quale, del resto, aveva già chiaramente manifestato i suoi sentimenti, quando, pochi mesi innanzi, aveva respinto il principio della rappresentanza delle minoranze con 378 voti contro 26.

Nel 1880 il deputato Cantagrel presentò una proposta di legge (1) che per la prima volta portava il titolo significativo «*Dispositions à introduire dans la loi électorale pour que la Chambre des Deputés soit la Représentation exactement proportionnelle des opinions du corps élecoral*».

_____

(1) *Chambre des Deputés — Séssion extraordinaire* de 1880 N. 3,044.

In questo disegno di legge al voto uninominale
proposto dal Pernolet viene sostituito lo scrutinio
di lista vero e proprio perchè l'elettore ha diritto
di votare per tanti candidati quanti sono i deputati che la legge assegna al suo dipartimento. Inoltre nella scheda l'elettore ha la facoltà di porre
un segno, una lettera, un numero convenzionale
corrispondente a quello che i presentatori di liste,
firmatari di manifesti ecc. abbiano, prima delle
elezioni, depositati presso la prefettura del dipartimento. Lo spoglio stabilisce quanti voti abbia
raccolto ciascun segno convenzionale e poscia la
ripartizione dei seggi si fa proporzionalmente fra
i diversi gruppi secondo il quoziente elettorale.
Si noti che l'elettore aveva facoltà di non scrivere nella scheda alcun nome di candidato, ma di
porvi soltanto il segno convenzionale di riconoscimento e in tal caso la scheda non profittava ad
alcun candidato, ma concorreva a formare la cifra elettorale della lista alla quale il contrassegno
apparteneva.

Ma il progetto Cantagrel non venne neppure
in discussione, il che non toglie che noi dobbiamo riconoscere in esso l'antecedente diretto del
progetto di legge portato in discussione nel 1909

perchè essenzialmente si basa sugli stessi principii.

Nel 1881 il deputato Amat, proponeva inutil-
mente un emendamento per introdurre la rappresentanza proporzionale nelle elezioni municipali;
per le elezioni legislative il principio tornò in discussione, quando si trattò, nel 1885, di sostituire
lo scrutinio di lista al collegio uninominale. Al-
l'articolo primo così formulato: « I membri della
Camera dei deputati sono eletti a scrutinio di lista » il deputato Courmeaux proponeva di aggiungere: « con rappresentanza proporzionale
delle maggioranze e delle minoranze »; ma tale
proposta non raccoglieva che 58 voti su oltre 300.
Così venivano respinti anche gli emendamenti
dei deputati Bienvenu e Pieyre per l'introduzione del voto cumulativo.

LA ELABORAZIONE LEGISLATIVA DAL 1896 AL 1909

Bisogna poi giungere fino al 1896 perchè la questione della rappresentanza proporzionale sia ri-
presentata al Parlamento francese. Ma questa
volta vi giunge in modo concreto poichè nella seduta del 25 giugno 1896 venivano presentati due

disegni di legge: uno dell'Abate Lemire, (1) ed
uno dei deputati Le Gavrian e Dansette. (2) Nota
il Benoist, nella sua relazione, che essendo tutti
e tre i proponenti del dipartimento del Nord, era
chiaro che la loro iniziativa proveniva dalla influenza del progresso fatto dall'idea della rappresentanza proporzionale al di là della frontiera,
nel vicino Belgio.

Il 20 gennaio 1898 il deputato Chassing, (3)
presentava un altro disegno di legge; su questi
tre disegni di legge della VI° legislatura non veniva presentata alcuna relazione.

Osserviamo in questi disegni di legge che il
modo di risolvere il principio si presenta con
grande chiarezza e semplicità alla mente dei primi proponenti. Anzitutto, è interessante, per noi
italiani, rilevare la genesi della iniziativa presa
dall'abate Lemire. Questi dice che avendo il 9
febbraio 1895, il deputato Goblet ed altri, presentato una proposta pel ristabilimento dello scrutinio di lista, gli sembra che « si possa dissentire
sui risultati di questo modo di scrutinio, ma non
si possa negare che esso importi come corollario

(1) *Leg.* VI. *Annèxe* 1961 *Doc. Parl.* T. XLIX p. 583.
(2) *Leg.* VI. *Annèxe* 1966. *Doc. Parl.* T. XLIX p. 532.
(3) *Leg.* VI. *Annèxe* 2972. *Doc. Parl* T. LIV p. 580.

obbligato, e correttivo necessario, la rappresentanza proporzionale dei partiti » e ciò perchè lo
scrutinio di lista se « permette di votare per idee
piuttosto che per persone e di far prevalere l'interesse generale sugl'interessi particolari... facili-
ta lo schiacciamento di minoranze talora rilevan-
tissime. » Il progetto Lemire si ispira tutto alla
doppia preoccupazione di condurre ad una classificazione dei partiti e di facilitare agli elettori
la scelta fra i partiti e fra i diversi candidati.

« Occorre — dice il Lemire — partire da questo concetto, che la personalità dei candidati è
meno importante che la qualità delle loro opinioni e che, votando per uno di essi, l'elettore intende votare per le idee che esso rappresenta. Per
arrivare a questo resultato è assolutamente necessario che sia ufficialmente constatato a quale categoria di opinioni un candidato appartiene...» (1)

Ecco come si giustifica l'idea che debba aversi

(1) In Italia a taluni questa pare una indagine....
indiscreta. Altri invece la spinge all'eccesso, come in
California, ove, recentemente è stato stabilito che il
cittadino quando chiede la iscrizione nelle liste elettorali debba dichiarare a quale partito politico appartiene. (Cfr. ANNUAIRE DE LEGISLATION ETRANGÈRE,
1906, p. 191).

la dichiarazione preventiva di candidatura e si
imponga l'obbligo ad ogni candidato di dichiarare di quale lista intenda far parte. Cosi i voti che
ciascun candidato ottiene profittano simultaneamente a lui, e alla lista alla quale egli ha dichiarato di appartenere.

Da ciò deriva la naturale conseguenza che un
candidato non possa appartenere che a una lista
soltanto.

Però se il Lemire ammette questa limitazione
al diritto dei candidati, non intende che possa
altrettanto limitarsi il diritto dell'elettore, obbli-
gandolo a votare per nomi di una lista sola e quindi egli ammette il più completo *panachage* di nomi presi fra le diverse liste concorrenti.

Le disposizioni principali del disegno di legge
Lemire sono le seguenti : L'elettore dispone di
tanti voti quanti sono i deputati da eleggere ed
ha diritto di mettere nell'urna una scheda manoscritta, di modificare le schede stampate o di votare per una lista incompleta di candidati. La
somma di tutti i suffragi ottenuti dalle diverse
liste, divisa pel numero dei deputati da eleggersi,
costituisce il quoziente elettorale. Per la validità
delle operazioni elettorali questo quoziente deve
essere almeno uguale al quarto degli elettori in-

scritti ,altrimenti si procede ad un secondo scrutinio. Nell'intervallo fra il primo ed il secondo
scrutinio possono essere presentate nuove liste.
Ogni lista ottiene tanti rappresentanti quante sono le volte che il quoziente elettorale è contenuto nel totale dei voti da essa riportato. Se la ripartizione così fatta lascia la rappresentanza incompleta i seggi non assegnati sono attribuiti alle liste che hanno le più forti frazioni del quoziente elettorale. Sono proclamati eletti i candidati
di ciascuna lista che hanno raccolto il maggior
numero di voti. Di regola sono soppresse le elezioni suppletive e nel corso della legislatura i seggi, che, per qualsiasi ragione, rimangono vacanti,
sono assegnati ai candidati che avevano ottenuto
il maggior numero di voti dopo il candidato o i
candidati eletti che debbono essere sostituiti, sulla lista stessa alla quale essi appartenevano. Nel
solo caso nel quale la lista a cui apparteneva il titolare del seggio vacante sia esaurita, si provvede alla vacanza mediante elezione a scrutinio
uninominale e, naturalmente, a sistema maggioritario.

E' chiaro che il progetto Lemire è prevalente-
mente modellato sul tipo svizzero di scrutinio
di lista proporzionale con concorrenza di lista e

quoziente, ma è notevole che in esso si ammetta
che la cifra elettorale di ciascuna lista risulti dal
libero aggruppamento degli elettori con la integrale applicazione del doppio voto simultaneo.
Merita il conto di osservare di passaggio che
mentre tutti i concetti fondamentali di questo
disegno di legge sono stati poi trasfusi in quello
che è stato oggetto di così alta e viva discussione
alla Camera Francese tredici anni dopo, l'abate
Lemire durante questa discussione, nella seduta
del 21 ottobre 1909, (1) si è dichiarato nettamente contrario alla rappresentanza proporzionale
dicendo di essersi convinto che essa renderebbe
difficile il governare e creerebbe i partiti anche
dove non sono.

Il disegno di legge Dansette — Le Gavrian si
differenzia da quello Lemire sopratutto per i seguenti punti : designa le liste o con l'etichetta politica, o col nome del capo-lista; ammette che i
candidati possano, nella dichiarazione stessa di
candidatura, indicare l'ordine nel quale intendono
di essere proclamati eletti nel caso nel quale la
loro lista raccolga un numero sufficiente di voti

(1) CHAMBRE DES DEPUTÉS — *Compte-Rendu in extenso. Journal officiel du 22 octobre 1909*; p. 2280
et suiv.

per ottenere uno o più seggi, e tale ordine non può essere più variato nemmeno col consenso unanime dei candidati; ammette il *panachage*, ma esclude le liste *panacheés* dal concorrere alla formazione della cifra elettorale delle liste lasciando loro soltanto il valore di voti nominativi pei singoli candidati in esse comprese; stabilisce un *minimum* di voti necessario perchè una lista possa concorrere alla ripartizione dei seggi e cioè una lista è esclusa da qualsiasi rappresentanza se non ottiene una cifra generale che permetta di attribuirle almeno un deputato quando ve ne siano da eleggere da cinque a dieci, almeno tre da dieci a quindici, almeno quattro da quindici a venti, almeno cinque da venti a trenta e almeno sei oltre trenta. Quando una o più liste non raggiungano un tale minimum la ripartizione si fa tra le liste che abbiano ottenuto cifre generali sufficienti; se nessuna lista si trova in tali condizioni, si procede ad una votazione di ballottaggio.

In tale disegno è notevole l'introduzione del concetto che i candidati nelle liste possano essere disposti in ordine di preferenza, ma non appare certo equo che il corpo elettorale non possa modificare in alcun modo l'ordine di presentazione. Inoltre l'escludere le liste *panachées* dal costitui-

re la cifra elettorale, specialmente essendo tale
disposizione accompagnata dall'altra che riguarda il *minimum*, non appare giustificata, e
non sembra persuasiva la ragione, indicata dai
proponenti nella relazione, che tali schede « indicano da parte dell'elettore una indifferenza completa circa le opinioni concorrenti e il suo desiderio di non votare che per uomini aventi personalmente e individualmente la sua fiducia ». In
tal caso è più logico, e quasi diremmo più sincero, interdire affatto il *panachage* perchè non si
può certo dire che un elettore il quale per esempio
voti una scheda di nove radicali e vi unisca poi
anche il nome di un socialista, pel quale personalmente ha stima o simpatia, mostri perciò una
indifferenza completa circa le opinioni politiche
in competizione. E' dunque quasi un tranello
che la legge tende all'elettore poco accorto per
togliere gran parte del valore e dell'efficacia al
suo voto, se egli usi di una facoltà che la legge
stessa sembra liberalmente consentirgli.

Ne più accettabile è in questo progetto la fissazione arbitraria del *minimum*. Un solo esempio chiarirà meglio di qualsiasi ragionamento i
pericoli di una tale arbitraria disposizione. In una
circoscrizione, chiamata ad eleggere sette deputa-

ti, si sianò avuti 21,000 votanti : una lista dovrà
raggiungere all'incirca 6000 voti per potere aver
diritto ad essere rappresentata, e, se essa non li
raggiunge, dei voti suoi profittano le liste avver-
sarie. Potrà perfino avvenire che un candidato di
quella lista abbia avuto anche oltre 6000 voti
(perchè non bisogna dimenticare che i voti nominativi contenuti nelle schede *panachées* non concorrono a formare la cifra elettorale di una lista)
potrà cioè avere anche raggiunto e superato il
doppio del quoziente senza aver diritto di essere
eletto. Si comprende che tuttociò è fatto per evitare il temuto sminuzzamento dei partiti e il numero eccessivo delle liste, ma non cessa per questo di essere assurdo.

Il disegno di legge del deputato Chassaing, più
che un vero disegno di legge di rappresentanza
proporzionale è un semplice avviamento alla proporzionalità della rappresentanza, perchè conserva le circoscrizioni uninominali, ma propone che,
abolendosi l'interdizione delle candidature multiple, vigente in Francia dal tempo del Boulan-
gismo in poi, si disponga che oltre gli eletti a
maggioranza in ciascuna circoscrizione, debbano
dichiararsi eletti tutti gli altri candidati che, pur
non avendo ottenuto la maggioranza dei voti in

alcun collegio, abbiano però raccolto almeno venti
mila voti nell'intero territorio dello Stato.

Come si vede, si tratta di un espediente empirico buono soltanto per qualche minoranza esigua,
e molto frazionata, ma non scevro di pericoli.

Nella legislatura successiva, che è la settima, la
quale va dal 1898 al 1902, la questione della rappresentanza proporzionale rimane all'ordine del
giorno della Camera Francese e si capisce bene
quando si pensi che sono proprio questi gli anni
nei quali la riforma ottiene la vittoria e fa trionfalmente il suo primo esperimento pratico nel Belgio. Anzitutto il 18 dicembre 1899 il deputato
Mirman presenta un disegno di legge per l'applicazione della rappresentanza proporzionale alle
elezioni municipali (1). Noi sorvoleremo su di
esso perchè ci siamo occupati e vogliamo occu-

***

(1) CHAMBRE DES DÉPUTES, LEG. VII, *annèxe* n° 1292
Séance 18 *décembre* 1899. Ne fu proposta la presa in
considerazione con relazione Odilon-Barrot (*annèxe*
1392, *Séance* 5 *février* 1900). Il Mirman ripresentò poi
la sua proposta alquanto modificata nella LEG. VIII,
nella seduta 4 luglio 1903 (*annèxe* 1180 *Doc. Parl. T.*
LXIV, p 2066). Per brevità noi parliamo qui anche della proposta, sebbene assai modificata in contronto
di quella del 1899, fatta nel 1903.

parci della riforma soltanto in relazione con le
elezioni legislative, ma noteremo nondimeno che
il Mirman sosteneva che la riforma, limitata alle
elezioni municipali, non presentava pei repubblicani quelle apprensioni che si potevano avere
e quei pericoli che si potevano temere per le elezioni legislative, poichè lasciava ai comuni di
adottarla se avessero voluto e di scegliere fra sistemi diversi. Nè il Mirman mancava di mettere
in rilievo che la sua proposta era vantaggiosa anche perchè avrebbe potuto avere molto valore sperimentale per saggiare nei loro particolari
i diversi sistemi di rappresentanza proporzionale in modo da potersi decidere, con maggiore co-
gnizione di causa, nella scelta del metodo migliore per le elezioni politiche.

In quanto ai metodi di scrutinio e di ripartizione il Mirman nella proposta del 1900 dà all'e-
lettore la facoltà di scrivere sulla scheda anche
soltanto il numero d'ordine che contradistingue
la lista per la quale egli intende votare. Ed in tal
caso il suo è un voto di lista, altrimenti egli dà
una scheda personale che può essere *panachée*
e nella quale è ammesso anche il voto cumulativo. Per determinare la cifra elettorale di ciascuna lista si conteggiano le schede di lista per tanti

voti ciascuna quanti sono i consiglieri da eleggere, e poi le schede personali per tanti voti ciascuna quante sono le volte che essa contiene il nome di uno o di più candidati della lista stessa. Si stabilisce poi il quoziente elettorale dividendo la somma delle cifre elettorali per il numero dei consiglieri da eleggere : i seggi non assegnati nella ripartizione, sono assegnati alle liste che hanno le cifre elettorali più elevate. Una lista non può ottenere alcun seggio, se la sua cifra elettorale è inferiore al quoziente. In ogni lista sono eletti i candidati che hanno ottenuto il maggior numero di voti nominativi. Nel disegno di legge del 1903, il Mirman, lasciava liberi i comuni che avessero adottato il principio della rappresentanza proporzionale di scegliere fra il sistema ora esposto e l'altro delle liste di partito propugnato dalla Lega per la R. P., che esamineremo tra poco.

In questa VII legislatura il deputato Dansette, riprendeva (1) il disegno di legge da lui già presentato nella legislatura precedente insieme col Le-Gavrian.

Il disegno del 1900 è fondamentalmente ugua-

(1) LEG. VII; CHAMBRE DES DÉPUTÉS; ANNÈXE n. 1918 Séance du 8 Nov. 1900; DOCUMENTS PARLÉMENTAIRES, T. LIX, p. 304.

le a quello del 1896, salvo ad una modificazione particolare nella ripartizione dei seggi non assegnati nella prima divisione fra le liste, nel senso che le frazioni di quoziente possano dar diritto ad un seggio supplementare soltanto quando siano superiori alla metà del quoziente stesso, mentre in caso diverso è necessario ricorrere al ballottaggio.

Anche lo Chassaing unendosi al deputato Martin riprendeva (1) la proposta empirica che aveva già fatto da solo nella precedente legislatura.

Infine nella seduta del 9 dicembre 1901 veniva presentato un altro disegno di legge (2) del deputato Vazeille. Questo originale disegno stabilisce il collegio unico diviso, nel quadro del dipartimento, in circoscrizioni geografiche determinate dalla libera scelta di ciascun candidato, mantiene lo scrutinio uninominale, ma determina un quoziente fisso di 15,000 voti che indica il numero degli elettori aventi diritto a un rappresentante alla Camera. La circoscrizione dinanzi alla quale

(1) LEG. VII; CHAMBRE DES DEP.; Séance du 28 janvier 1901; ANNÈXE n. 2154; DOC. PARL. T. LX, p. 53.

(2) LEG. VII; CHAMBRE DES DEP.; Séance du 9 Déc. 1901; Annèxe n. 2822; DOC PARL.; T. LXI, p. 204.

si presenta un candidato deve comprendere non
meno di 15,000 e non più di 45,000 elettori. Il
decreto di convocazione fissa il numero massimo
di candidati che ogni partito elettorale può presentare in ciascun dipartimento e che è uguale
al quoziente della divisione del numero totale degli elettori per 15,000.

Può sembrare poco chiaro il concetto di che
cosa sia questo partito elettorale. Ma in fin dei
conti esso non è che l'equivalente di una lista
di candidati perchè il Vazeille dichiara che « s'intende per partito elettorale costituito quello nel
quale i candidati che lo compongono, hanno
preso l'impegno reciproco di far concorrere i
suffragi da ciascuno di essi raccolti, a formare il
totale comune agli effetti della presente legge. »
Non staremo ad esporre qui il metodo complicato
col quale le commissioni dipartimentali prima,
e una commissione centrale presieduta dal presidente del Senato poi, procedono alla proclamazione degli eletti. Non si può negare che il sistema sia ingegnoso, anzi troppo ingegnoso, ma esso non ha avuto seguito alla Camera Francese e
resta per noi soltanto come documento del pericolo al quale si espone la causa stessa della rappresentanza proporzionale, quando ciascun fau-

tore di essa, invece di seguire le linee ormai chiaramente fissate dei sistemi che hanno già il conforto dell'esperienza, vuole dar libero corso alla propria fantasia inventiva.

Nel corso della VII legislatura la rappresentanza proporzionale formò oggetto anche delle discussioni della Commissione permanente pel
suffragio universale che esaminava un disegno di
legge del deputato Klotz per il ristabilimento dello scrutinio di lista. Tale Commissione deliberò
di chiamare nel suo seno il Presidente del Consiglio, Ministro dell'Interno, Waldeck-Rousseau,
e di sentire anche i deputati che erano autori di
proposte per l'adozione della rappresentanza proporzionale. Il Presidente del Consiglio, interve-
nendo il 6 dicembre 1901 alla riunione della Commissione, si dichiarò ostile alla rappresentanza
proporzionale e la commissione, dopo il suo ritiro, respinse il principio della rappresentanza proporzionale con dieci voti contro uno. La Commissione nominò relatore il deputato Ruau il quale
presentò la sua relazione il 5 Marzo 1902 (1). Co

_____

(1) Leg. VII. Séance du 5 Mars 1902. Annéxe n. 3070.
Rapport fait au nom de la Commission du suffrage
universel chargée d'examiner les propositions de loi:

sì erano in tale relazione riferite le dichiarazioni del Waldeck-Rousseau, circa la rappresentanza proporzionale : « Per ciò che concerne la rappresentanza proporzionale il Governo non si è rifugiato sul terreno dell'opportunità, ma ha affrontato la questione della possibilità. Nei Paesi, come il Belgio, nei quali le opinioni politiche sono ben definite e si raccolgono su tre o quattro liste, la R. P. può essere organizzata. In Francia, nello stato dei partiti divisi, sminuzzati all'infinito senza quasi alcuna precisa linea di delimitazione, il numero di quelli che parteciperebbero alla ripartizione dei voti renderebbe impraticabile qualsiasi provvedimento di tal genere ».

La reiezione della rappresentanza proporzionale da parte della commissione era tanto più grave in quanto mentre Waldeck-Rousseau aveva contemporaneamente respinto anche il ritorno allo scrutinio di lista, la Commissione invece con sette voti contro cinque lo aveva approvato.

La questione venne alla Camera il 17 marzo 1902 e l'ordine del giorno recava la discussione

1° de M. JULES DANSETTE (n. 1918); 2° de M. GEORGES BERRY (n. 2474); 3° de M. L. KLOTZ par M. RUAU, deputé.

tanto sui progetti Berry e Klotz per il ritorno
allo scrutinio di lista quanto sul progetto Dansette per lo scrutinio di lista con R. P. (1)

In quella seduta la difesa della rappresentanza
proporzionale era fatta dal Vazeille e dal Dansette. Quest'ultimo diceva chiaramente di non illu-
dersi sulla sorte serbata alla sua proposta, ma di
essere sicuro che essa avrebbe trionfato un giorno
perchè la R. P. è destinata ad essere « l'organizzazione razionale, logica e morale del suffragio
universale e della democrazia Francese ». La Camera a forte maggioranza deliberava di non passare alla discussione degli articoli pel ritorno allo
scrutinio di lista e così la questione era un altra
volta messa in disparte.

Ma ormai il movimento non poteva più arre-
starsi perchè sotto l'influenza dell'esperimento
Belga anche in Francia il proporzionalismo aveva acquistato vigore e conquistato alla propria
causa anche eminenti uomini che, come il deputato Benoist, autore della *Crise de l'État moderne*,
in passato gli si erano mostrati decisamente avversi. Così dal 1901 si era fondata e lavorava at-

(1) Cfr. CHAMBRE DES DEP., COMPTE-RENDU IN EXTEN-
SO. *Journal officiel* du 18 Mars 1902, p. 1346.

tivamente a Parigi la *Ligue pour la R. P.*, presieduta dall'ex ministro Yves Guyot e con l'intento pratico di adattare la R. P. ai costumi elettorali e politici della Francia. Questa Lega curò la compilazione di un disegno di legge (1) e poi promosse dal 1 giugno 1905 la pubblicazione di una Rivista trimestrale intitolata *Le Proportionnaliste*. Intanto la riforma formava oggetto di pubbliche discussioni interessantissime (2) di dibattiti in congressi politici e di polemiche giornalistiche vive, finchè negli ultimi anni vi si è aggiunta anche una propaganda orale nutritissima che è stata caratterizzata dal fatto che vi hanno preso parte insieme uomini politici delle più diverse ed opposte gradazioni.

Così nell'ottava legislatura la riforma fa ancora un passo innanzi. Il Dansette ripresenta in

---

(1) Per tale progetto cfr. oltre le pubblicazioni della *Ligue* anche P. G. LA CHESNAIS, LA R. P. ET LES PARTIS POLITIQUES, Paris 1904, Chap. IX, p. 213-223.

(2) Particolarmente interessanti ed importanti sono le discussioni avvenute nel novembre 1905 e nel marzo 1906 alla *Société d'Economie Sociale et Unions de la Paix Sociale, Groupe de Paris* — I resoconti sono pubblicati nella *Reforme Sociale* 1-16 Févr. 1906, p. 240,312 e 1-16 Mai 1906 p. 684,772.

termini identici la proposta già fatta nel 1900 (1)
ed altrettanto fa il Martin. (2) Il Réveillaud, (3)
pur richiamando l'attenzione della Camera sulla
deliberazione favorevole alla R. P., presa nel
congresso della *Association Française pour l'a-
vancement des sciences* tenuto nel 1900, su relazione del colonnello Curie il quale sosteneva un
sistema fondato sul voto uninominale, faceva
una proposta che non mancava di praticità. Essa
si componeva di due soli articoli : « art. 1° La Camera nominerà una commissione di ventidue
membri per esaminare tutti i progetti di riforma
elettorale e tutte le proposte intese a variare il modo attuale di scrutinio e delle operazioni elettorali in vista delle elezioni legislative del 1906. Art.
2° A questa Commissione sarà affidato lo studio
della questione del ristabilimento dello scrutinio
di lista sulle basi della rappresentanza proporzionale. »

Ma il disegno di legge, veramente importante,

---

(1) LEG. VIII; CHAMBRE DES DEP.; Séance du 10 juin
1902, ANNÈXE n 8, DOC. PARL. T. LXIV, p. 2003.

(2) LEG. VIII; CHAMBRE DES DEP.; Séance du 25 juin
1902, ANNÈXE n. 1079; DOC. PARL., T. LXIV, p. 958.

(3) LEG. VIII; CUAMBRE DES DEP.; Séance du 24 Octobre 1902, ANNÈXE n. 371; DOC. PARL., T. LXIII, p. 164.

e che rendeva superflua anche la proposta del
Réveillaud, perchè costituiva il resultato dei lun-
ghi e minuti studi della *Ligue pour la R. P.*, era
quello presentato l'8 giugno 1903 dal deputato
Mill (1) insieme coi deputati Benoist, Chastenet
Deloncle, Mirman, de Préssensé, Réveillaud,
Roche e Gérard.

Il Mill nella relazione che precede il disegno
di legge, dichiara esplicitamente che la Lega per
la R. P. si era proposta di adattare il sistema belga alla Francia con le minime innovazioni possibili. E perciò si comincia intanto con lo scar-
tare il sistema del quoziente a tipo svizzero, dando la preferenza al comune divisore del d'Hondt.
Le modificazioni invece sono notevoli per quanto
concerne il diritto dei presentatori delle liste e
degli elettori. Come abbiamo spiegato a suo
tempo, nel sistema belga oltre le caselle a fianco
dei nomi dei candidati, vi è anche una casella situata sopra alla lista pel caso che l'elettore appro-
vi l'ordine di preferenza dei candidati stabilito dai
presentatori della lista. La Lega Francese, e per
essa il Mill, riconosce che la legge belga con

_____

(1) LFG. VIII. CHAMBRE DES DEP.; Séance du 8 juin
1903, ANNÈXE n. 967; DOC. PARL. T. LXIV, p. 647.

ciò mira a subordinare la personalità dei candidati all'insieme della lista e a impedire le ineguaglianze troppo rilevanti di voti fra i candidati più conosciuti e quelli più oscuri, ma, pur rendendosi conto della gravità degli inconvenienti che si è voluto evitare, ritiene assolutamente necessario per la Francia di limitare la potenza che una tale disposizione accorda ai comitati elettorali e di lasciare all'elettore di stabilire da sè l'ordine di preferenza tra i candidati. Ne viene di conseguenza che i candidati debbono essere segnati sulla lista in ordine alfabetico e deve essere abolito il segno, che, posto in testa della lista, indicava l'adesione ad un ordine di preferenza prestabilito. Ammesso tale principio ,alla Lega si presentava la soluzione di un altra quistione : conveniva lasciare intatto il carattere di voto uninominale che prevale nel sistema belga, o accedere allo scrutinio di lista secondo la maniera svizzera? Infatti una prima proposta presentata al comitato della Lega dava facoltà all'elettore di votare per un solo nome sottolineando il nome del candidato prescelto in una lista, che poteva essere stampata o manoscritta, ma doveva rimanere rigorosamente conforme alla lista presentata prima della elezione. Questo voto unico aveva simultaneamente

il doppio valore di concorrere alla formazione
della cifra elettorale della lista che serviva alla
ripartizione numerica dei seggi e di determinare
l'ordine di preferenza tra i candidati di una stessa lista. Pareva che tale sistema riunisse i vantaggi dello scrutinio uninominale e di quello di lista, ed il voto dell'elettore, sia che muovesse da
una considerazione personale, oppure da una
considerazione politica di disciplina di partito,
conduceva ad uno stesso resultato: e poichè i
candidati, che avevano accettato di presentarsi al
giudizio del corpo elettorale in una medesima lista, erano solidali, i voti raccolti da uno di essi
in più del divisore comune si devolvevano a beneficio di coloro che avevano raccolto un numero
di suffragi personali minore. La Lega giudicò
però che tale proposta urtasse contro le due seguenti e gravi obiezioni : 1ª) un candidato molto
autorevole e popolare avrebbe potuto raccogliere
la gran maggioranza dei voti, il che, pur profit-
tando agli altri candidati e determinandone l'elezione, li costituirebbe in una condizione di inferiorità e quasi di soggezione al candidato più favorito; 2ª) un uomo in vista, un capo-partito che
si fosse fatti degli avversari per l'energia dei suoi
atti si sarebbe potuti veder preferiti altri candi-

dati della stessa lista favoriti da clientele locali,
o che, per effetto della loro stessa mediocrità, non
fossero tali da dare ombra ad alcuno. E si citava
giustamente l'esempio delle elezioni municipali
nelle quali è ben difficile che chi è stato Sindaco
riesca capolista.

A tali inconvenienti messi in rilievo dalla Lega,
sarebbe facile aggiungerne molti altri, ma sopratutto questi : 1° un uomo influente che goda una
posizione personale ed una larga popolarità può
costituirsi intorno una piccola clientela e valersi
quasi di un diritto di nomina, presentandosi alle elezioni con una lista che, insieme col nome
suo, rechi quello di alcune sue creature, e cosi, coi
voti raccolti personalmente, determinare l'elezione dei suoi fidi ; pericolo assai grave perchè purtroppo l'esperienza insegna, che non sempre i
grandi uomini si circondano di persone degne di
loro : 2° l'elettore ha sì il diritto di votare per il
candidato preferito, ma mentre il suo voto per devoluzione va a giovare ad un altro candidato, al-
l'elettore non è consentito in alcun modo di designare a quale degli altri candidati della lista pre-
ferirebbe che il suo voto fosse trasmesso. Si supponga per esempio che ad una lista spettino, in
ragione della sua cifra elettorale, due seggi, e che

i voti siano così distribuiti : A. 8000; B. 2000; C.
2500. Riusciranno eletti A. e C. Orbene noi a-
vremo che, essendo per esempio il comun divisore di 4500 voti, A ha raccolto 3500 voti più del
necessario che sono proprio quelli i quali assicu-
rano a C. la elezione. Ma chi ci dice che i 3500 e-
lettori i quali hanno dato ad A. i loro voti in più
di quelli costituenti il comun divisore, non avrebbero, potendo, preferito di designare come secondo eletto B. piuttosto di C.?

Un inconveniente siffatto non è offerto invece
dal sistema belga perchè in questo l'elettore il
quale vota nominativamente per un candidato sa
che in ogni caso egli non fa che portare in testa
della lista il candidato prescelto, ma lasciando,
dopo di questo, integro l'ordine di preferenza
stabilito dai presentatori, ordine che un certo fondamento deve pure avere ed una certa garanzia
deve pure offrire.

Ma la Lega, abbandonando il primo progetto,
adottava un emendamento che pareva eliminasse
gl'inconvenienti della prima proposta, ed era in
sostanza un alcunchè d'intermedio fra il voto uninominale e lo scrutinio di lista ottenuto mediante
l'applicazione del principio del voto limitato. Infatti si concedeva all'elettore, sottolineando i loro

nomi, il diritto d'indicare non più il candidato,
ma i candidati ai quali egli intendeva dare la preferenza, limitando però questo suo diritto a designare due nomi nelle circoscrizioni che dovevano
eleggere non più di sei deputati; tre nomi in quelle da sette a dieci e poi un nome in più ogni cinque deputati in più da eleggere. Diceva la Lega
che con tale sistema si ripartivano in modo più
uniforme i voti su di una lista: per stabilire la
cifra elettorale di una lista la scheda, qualunque
fosse il numero dei candidati sottolineati, doveva
essere contata per un sol voto. I voti personali
contavano per la classificazione di preferenza.
« In tali condizioni — osserva il Mill — l'elettore può votare per il candidato che è vero capo-lista e contemporaneamente indicare quei candidati che le sue simpatie locali o personali gli fanno
augurare di vedere eletti. Inversamente può votare per i candidati di cui gli sembri indispensabile la presenza alla Camera dei Deputati. » Se
un elettore per errore sottolinei un maggior numero di nomi di quello che gli è consentito dalla
legge, la scheda conta come voto di lista, ma non
pei suffragi di preferenza.

Alla Lega era stato proposto anche di lasciare
all'elettore il diritto di numerare con ordine pro-

gressivo i candidati, in modo da manifestare, in
maniera anche più chiara, la sua preferenza per
ciascuno di essi, ma tale proposta fu abbandona-
ta come troppo complicata ed anche non troppo
equa. A giustificazione poi della limitazione adottata in quanto ai voti nominativi, la Lega osservava che colla Rappresentanza proporzionale
ogni lista deve avere un numero di eletti inferiore alla totalità dei seggi da attribuire e quindi
l'elettore deve fare esso questa cernita secondo
le proprie preferenze.

Su questi progetti di legge della VIII° legislatura la Commissione del suffragio universale in-
caricò di riferire il suo Presidente Carlo Benoist,
il quale, il 7 aprile 1905, presentò una relazione
che è un modello di chiarezza, di efficacia e di dottrina. Il Benoist, a nome della Commissione, accettava fondamentalmente il disegno di legge Mill
e lo raccomandava all'approvazione dell'Assemblea. Però vi introduceva alcune modificazioni in
apparenza lievi, ma che costituiscono un nuovo
e decisivo passo sulla via dello scrutinio di lista
allontanandosi sia dalla uninominalità del voto,
sia dalla organizzazione dei partiti.

Il Mill, nel suo progetto, non ammetteva in
alcun modo il *panachage* perchè la scheda depo-

sta nell'urna doveva, per valere come voto valido agli effetti della cifra elettorale di una lista,
essere rigorosamente conforme alla lista dichiarata dai presentatori. Non solo si dichiarava nulla
la scheda nella quale fosse stato sostituito un nome, ma anche quella nella quale un nome fosse
stato soltanto cancellato. Il Benoist si ribella a
questa costrizione dell'elettore che mira a farlo
diventare una ruota passiva di una macchina che
egli non guida, e lo mette assolutamente in potere dei presentatori; nè riconosce sufficientemente
valida la giustificazione data dalla Lega in sostegno di tale disposizione che cioè il consentire la
soppressione dei nomi potrebbe condurre a spiacevoli intrighi fra i membri di una stessa lista per
opera di candidati corruttori e poco scrupolosi.
Perciò nel disegno di legge della Commissione
viene soppressa la disposizione che la scheda debba contenere, « una lista stampata o manoscritta
rigorosamente conforme alla lista dichiarata »;
e l'altra disposizione del disegno Mill: « ogni
scheda sulla quale la lista dichiarata sarà stata
modificata per aggiunta o soppressione di nomi
è ritenuta nulla» e vi si sostituisce la seguente:
« Non conta come voto di lista, ma conta come
voto isolato in favore di ciascuno dei candidati

che vi figurano, sempre però che la loro candidatura sia stata regolarmente presentata, ogni
scheda sulla quale la lista dichiarata sarà stata
modificata con aggiunta o soppressione di nomi ».

Il disegno di legge così riveduto dalla Commissione del suffragio universale non seguiva la
legge belga nella inutile complicazione della votazione separata pei supplenti e seguendo la semplice maniera, divenuta tradizionale nei progetti francesi da quello Lemire in poi, provvedeva
automaticamente alla supplenza disponendo : « In
ciascuna lista nella quale uno o più candidati sono riusciti eletti, i candidati non eletti che hanno
ottenuto il maggior numero di voti sono dichiarati 1°, 2°, 3° supplente e così di seguito senza
che il loro numero possa sorpassare quello degli
eletti della stessa lista ».

All'inizio della nona legislatura la Camera, nella seduta del 2 luglio 1906, deliberava di riprendere e rinviare alla Commissione del suffragio
universale la relazione Benoist che non era venuta in discussione nella precedente legislatura. (1)

_____

(1) LEG. IX; CHAMBRE DES DEP., Séance du 2 juillet
1906, ANNEXE n. 160. Si noti che è meglio consultare la
relazione BENOIST nell'ANNEXE separato che non

Ma, nonostánte questo atto di doverosa deferenza
la nona legislatura (1906-1910) alla quale era riserbato di portare alla discussione e quasi alla
vittoria la rappresentanza proporzionale, doveva
darle una impronta nuova e caratteristica che determina appunto la fisonomia del sistema francese, quale esso è divenuto nel suo aspetto ultimo,
e per ora definitivo (1) e cioè diverso così dal sistema belga, come da quelli svizzeri, benchè trag-
ga i suoi elementi essenziali dall'uno e dagli altri.

Già il 14 giugno 1905 il deputato (ora senatore) Stefano Flandin aveva presentato un emendamento al testo della Commissione della quale
era relatore il Benoist, che costituiva un vero e
proprio controprogetto. (2) Tale emendamento il

nel volume dei *Documents Parlémentaires* perchè in
questo mancano i voluminosi e preziosi allegati. Tale
avvertenza vale anche per altre relazioni importanti
come quelle FLANDIN e VARENNE.

(1) Queste parole erano scritte prima dell'annuncio
del disegno di legge ministeriale Briand, al quale ac-
cenneremo alla fine del capitolo.

(2) L'on. FLANDIN esponeva questo suo contropro-
getto e ne dava   ragione in un articolo   intitolato
« SCRUTIS DE LISTE ET REPRÉSENTATION PROPORTIONNEL-
LE » in *Révue Politique et Parlémentaire*, juillet 1905,

Flandin ripresentava all'inizio della IX° legislatura, come proposta autonoma. (1) Anche il Dansette aveva ripresentato per la quinta volta la sua
proposta (2) affermando che, anche dopo le elezioni generali del 6-20 maggio 1906 dalle quali

p. 5 e seg., nel quale dopo aver dimostrato che lo
scrutinio di lista sarebbe « il sistema di maggioranza
in tutta la sua brutalità » che la R. P. ne sarebbe
il correttivo e che essa doveva essere organizzata in
modo conforme all'indole ed alle consuetudini del
popolo francese, concludeva con queste parole che
potrebbero essere ripetute testualmente anche per
l'Italia :

« Se noi vogliamo che lo scrutinio di lista non rischi di essere una pericolosa avventura, se noi intendiamo che esso sia un rimedio efficace ad una situazione che diventa un motivo di umiliante inquie-
tudine pel reclutamento delle nostre assemblee politiche, affrettiamoci a dare allo scrutinio di lista il
complemento necessario per prevenire i suoi pericoli
e fortificare i suoi vantaggi : la rappresentanza proporzionale. A questo patto soltanto lo scrutinio di
lista sarà votato da coloro che domandano maggiore
autorità morale nella rappresentanza della Francia ».

(1) LEG. IX; CHAMBRE DES DEP.; Séance du 8 Nov-
1906; ANNÉXE n. 408.

(2) LEG. IX; CAMBRE DES DEP.; Séance du 12 juin
1906; ANNÉXE n. 22.

era uscita la nona legislatura, la rappresentanza proporzionale « rimaneva la riforma più immediatamente urgente del sistema politico e costituzionale francese ». La proposta era analoga alle precedenti ma « con le modificazioni e gli adattamenti che l'esperienza belga ha sembrato giustificare». Le liste omogenee concorrono esse sole alla formazione della cifra elettorale e quindi alla ripartizione dei seggi fra le liste, ma sono ammesse anche le liste miste (*panachées*) ed i voti in esse contenute contano come suffragi individuali pei singoli candidati.

Nella stessa seduta del 12 giugno un altro progetto (1) era stato presentato dai deputati Martin ed altri, nel quale si intendeva di riprodurre in massima il progetto della *Ligue pour la R. P.*, ma alquanto modificato, soprattutto perchè si intendeva di adottare apertamente lo scrutinio di lista, con ripartizione proporzionale beninteso, e quindi ci si staccava completamente dal concetto belga del voto uninominale e si davano all'elettore tanti voti quanti erano i candidati da eleggere. I candidati che si presentano insieme al voto de-

_____

(1) Leg. IX; Chambre des Dep.; Séance du 12 juin 1906. Annexe n. 37.

gli elettori formano una lista, la cui cifra elettorale è quindi costituita dalla somma dei suffragi
ottenuti dai singoli candidati. E' quindi scompar-
so il concetto della lista compatta e non è nemmeno più il caso di parlare di *panachage*, poichè
l'elettore compila la sua scheda come crede meglio.

Ci pare però poco logico che il disegno di legge dia facoltà ai candidati di disporre, nell'atto
della presentazione, che i seggi possano essere assegnati non ai candidati di una stessa lista che
raccolsero più voti, ma secondo un ordine di preferenza concordato fra i candidati stessi e reso
noto agli elettori prima dell'elezione. Abolito infatti in voto di lista in qual modo si può giustificare che debba essere eletto chi ha ottenuto un
numero di voti minore? Non si viene così a rendere nullo il diritto che si è accordato all'elettore
di votare per candidati di opinioni diverse? Infatti supponiamo che tre candidati socialisti, d'accordo coi loro presentatori, cioè col partito al quale appartengono, abbiano dichiarato che l'ordine
di elezione deve essere in ogni caso : A, B, C. Ma
C ottiene il maggior numero di suffragi perchè
oltre i voti di partito ha raccolto quelli di elettori,
i quali, pur non essendo socialisti, avevano per

ıui speciali ragioni di simpatia. Come negare a
questi voti che pure hanno concorso a formare
la cifra elettorale della lista di influire anche perchè C sia eletto a preferenza di A e B? Compren-
diamo che con ciò si intende di ovviare al pericolo che i partiti avversarii possano impedire l'elezione degli uomini più eminenti di un partito,
ma per non avere il coraggio di impedire il *panachage* si cade nella illogicità.

Senza fare una proposta concreta il Martin si
preoccupava della condizione di inferiorità fatta
nel suo disegno alle liste incomplete ed alle candidature isolate e nella relazione premessa alla
proposta di legge affacciava come buona la possibilità di rimediarvi con la concessione del voto
cumulativo.

Quasi contemporaneamente a quelli Dansette e
Martin un altro disegno di legge era presentato
dal deputato Massabuau : (1) il quale si dichiarava contrario al progetto Mill-Benoist della precedente legislatura ed inclinava piuttosto al con-
tro-progetto Flandin, ma, preoccupandosi che con
quest'ultimo si interdiva all'elettore che avesse

(1) Leg. IX; Chambre des Dep.; Séance du 14 juin
1906; Annèxe n. 104; Doc. Parl. t. LXXI, p. 587.

usato del diritto di *panachage* di far profittare ad
una lista anche i voti dei quali esso disponeva
ma che non aveva espressi, propone nuove disposizioni che possono compendiarsi così : La lista
è costituita dal raggruppamento dei candidati che
si impegnino solidalmente a non presentarsi che
insieme ai suffragi degli elettori. Il loro numero
non può essere superiore al numero dei candidati
da eleggersi, ma può essere inferiore. Le candidature isolate costituiscono lista distinta. Ogni
voto attribuito ad un candidato è calcolato a titolo di unità : 1° come suffragio individuale a
profitto del candidato nominativamente designato; 2° come suffragio di lista a profitto della lista
a cui appartiene il candidato. Inoltre — ed ecco
l'innovazione principale che vedremo proposta
poi anche in Italia — ogni scheda stampata o
manoscritta che rechi il numero d'ordine col quale è stata contrassegnata una lista e contenga almeno uno dei nomi della lista cosi designata, la
farà fruire di tutti gli altri suffragi che rimangono da attribuire per raggiungere il numero dei
deputati da eleggere e di cui l'elettore non avrà
disposto a profitto dei candidati di un'altra lista.

  Tutti questi varii progetti caddero però dinanzi a quello Flandin, perchè questi fu nominato

dalla Commissione del suffragio universale relatore di tutte le proposte presentate e i deputati
Dansette, Martin e Massabuau dichiararono di
non insistere nelle loro, rimettendosi al testo che
avrebbe redatto la Commissione, la quale, col nominare relatore il Flandin, aveva già implicitamente manifestato le sue preferenze per le idee a
cui si ispirava il disegno di legge presentato dal
Flandin stesso. A queste medesime idee si uni-
forma la relazione che il Flandin presentò alla
Camera nella seduta del 22 marzo 1907 (1).

Egli comincia col dichiarare di ritenere indispensabili due condizioni affinchè la R. P. possa
produrre in Francia i felici resultati di cui godono, i paesi che l'hanno introdotta nelle loro legislazioni e cioè : « Rispettare la libertà e la sovranità dell'elettore; non imporgli alcun formali-
smo che rischi, con la sua complicazione, d'essere per lui una causa di turbamento ». A queste
condizioni non gli pare che risponda la legge bel-

_____

(1) Leg. IX; Chambre des Dep.; Séance du 22 Mars
1907; Annèxe n. 883. Rapport fait au nom de la Commission du suffrage Universel chargée d'examiner
les propositions de loi de M. DANSETTE, MARTIN,
MASSABUAU et FLANDIN par M. E. FLANDIN, député.

ga che era stata in gran parte trasfusa nel progetto preparato dalla Commissione a nome della
quale aveva nella precedente legislatura riferito
il Benoist. « La legislazione belga — dice la relazione Flandin — ha disposizioni eccellenti che
noi abbiamo preso da essa, ma è fondata sull'idea
che, essendo la lista redatta a nome di un partito,
tutti gli elettori aderenti a questo partito abbiano
il dovere di deporla nell'urna senza possibile modificazione. L'elettore che cancella o sostituisce
un nome vede annullare la sua scheda. Ci è sembrato che un tale rigore fosse inconciliabile con
la legittima indipendenza dell'elettore francese : ciò equivarrebbe a correre il pericolo di sostituire alla sovranità del suffragio universale la
tirannia dei comitati... Il testo che noi vi presentiamo consacra nel modo più assoluto il diritto
nell'elettore di comporre come crede la sua scheda. Egli voterà per tutti i candidati d' una stessa
lista o prenderà i nomi da liste diverse. La sua
libertà è intera. » — Per eliminare ogni formali-
smo si è rinunciato ai voti di preferenza. Ai
candidati si domanda soltanto di dichiarare a quale lista essi intendano che siano esclusivamente
attribuiti i voti dati loro dagli elettori. « Tutto il
nostro sistema — continua la relazione — si fon-

da sul semplicissimo presupposto che l'elettore accordando il suo voto ad un candidato, voglia per ciò stesso dare la sua implicita adesione alle idee che egli rappresenta. Da ciò questa conseguenza che ogni voto dato da un elettore abbia un duplice valore: valga cioè come voto individuale pel candidato a cui è dato e come voto di lista a profitto della lista alla quale il candidato appartiene. Quindi sommando i totali dei voti raccolti da tutti i candidati di una stessa lista si determina la cifra elettorale di questa lista. Constatata questa non v'è più che da ripartire i seggi fra le diverse liste proporzionalmente al totale di voti che i loro candidati hanno collettivamente raccolti. »

Per tale ripartizione il Flandin accetta integralmente il metodo del comune divisore del d'Hondt, proclamando eletti i candidati di ciacuna lista che abbiano raccolto il maggior numero di voti.

E' incontestabile che il sistema Flandin è semplice, organico e logico tra premesse e conclusioni. Vedremo poi per quali ragioni meriti di essere censurato.

Abbiamo veduto che altri autori di disegni di legge proporzionalisti, per ultimo il Massabuau,

si erano proposti anche di risolvere in vario modo
un'altra difficoltà : non si può negare a candidati
e comitati il diritto di presentare liste incomplete
o candidature isolate, tutte le volte che essi voglia-
no prescegliere questo metodo di lotta e presuma-
no di poter fare assegnamento nel corpo elettorale
su di un numero di voti capace di produrre la elezione di pochi candidati o magari di un sol candidato. Ciò non cagiona alcun inconveniente col
sistema belga nel quale il voto dell'elettore vale
per una unità sia che vada ad un candidato isolato che ad una lista di venti nomi. Ma, ammesso
lo scrutinio di lista assegnando all'elettore tanti
voti quanti sono i candidati da eleggere, l'elettore che rinunzia a votare per tutti i candidati pei
quali la legge gli consente di votare perde una
parte dei suoi voti ossia si pone in condizione di
inferiorità di fronte ad un altro elettore, così che
in pratica con questo sistema le candidature isolate e le liste incomplete non potrebbero mai ottenere successo.

Ecco come il Flandin ha inteso di rimediare a
tale inconveniente : « Tutta l'economia del sistema che noi proponiamo alla Camera si fonda sul
duplice valore di ciascun suffragio, come voto individuale e come voto di lista : ricordando ciò ci

si rende conto di quanto deve avvenire. Supponiamo un collegio che debba eleggere sei deputati. Se la lista comprende sei nomi, ciascun candidato avrà un suffragio individuale e la lista ne avrà sei. Se la lista non comprenderà che un solo nome il candidato avrà un voto, ma anche la lista ne avrà uno soltanto. E' evidente che se le cose dovessero avvenire cosi le candidature isolate o le liste incomplete sarebbero destinate all'insuccesso sicuro perchè esse non arriverebbero a riunire il quoziente elettorale, il *quorum* dal quale nasce il diritto di rappresentanza. »

Per rimediare a ciò si concede all'elettore il voto cumulativo, ossia il diritto di concentrare i suffragi di cui dispone su uno o più candidati soltanto.

Con tale sistema la Commissione pensa di avere eliminato anche l'inconveniente, reso possibile dal *panachage*, che i partiti avversarii si accordino per impedire la riuscita dei candidati più eminenti del partito competitore.

Tale è ed è rimasta fino ad oggi l'ultima espressione sulla quale si sono accordati i proporzionalisti francesi, (1) perchè la discussione di-

(1) Salvo l'avvertenza poco innanzi fatta circa il disegno di legge Briand.

nanzi alla Camera non è avvenuta sulla relazione
Flandin, ma il progetto Flandin è rimasto intatto.

Infatti nella sessione del 1909 la Commissione
del suffragio universale ha creduto di dover procedere ad una revisione della relazione Flandin
che già contava due anni di vita, anche per e-
sprimere il suo avviso sui nuovi progetti che e-
rano stati nel frattempo presentati e ne ha affidato l'incarico al deputato socialista Varenne che
ha presentato la sua relazione il 3 marzo 1909. (1)

Il Varenne dichiara anzitutto le ragioni per le
quali la Commissione ha creduto di respingere i
due disegni di legge dei deputati Breton e Dessoye.

Il progetto Breton (2) non era altro che un rimaneggiamento delle circoscrizioni vigenti col
mantenimento del collegio uninominale perequa-
to quanto al numero degli abitanti in esso com-

_____

(1) RAPPORT SUPPLÉMENTAIRE etc. par M. VARENNE
LEG. IX; CHAMBRE DES DEP.; Séance du 3 mars 1909;
ANNÈXE n. 2353.

(2) LEG. IX; CHAMBRE DES DEP.; Séance du 5 novembre 1906, ANNÈXE n. 373; DOC. PARL. T. LXXII, p. 53.
Il BRETON ha poi ripresentato lo stesso progetto nelle sessioni successive della nona legislatura.

preso. E' meritevole però di nota che il Breton
nella relazione che precede il disegno di legge si
dichiari assolutamente avverso allo scrutinio di
lista e riconosca che « l'ingiustizia rivoltante »
dello scrutinio di lista maggioritario abbia necessariamente condotto all'idea della R. P., cosicchè,
egli osserva, « gli avversarii di quest'ultimo sistema di votazione che sono fautori dello scrutinio di lista puro sono ben ciechi e non vedono
che essi preparano così ammirabilmente le vie di
accesso che ci condurranno fatalmente alla R. P.»
Anzi il Breton propone per proprio conto un sistema di scrutinio graduale di R. P., del quale
faremo parola a suo tempo.

Il Dessoye è invece un avversario tanto del collegio uninominale quanto della R. P., perchè
egli approva il concetto informatore dello scrutinio di lista in quanto esso ha carattere collettivo e sociale e fa sì che « invece che un individuo
il quale dà il voto ad un individuo sia il membro
di un partito che vota pel suo partito nella persona dei rappresentanti da esso proposti », ma pensa che, mentre lo scrutinio di lista puro e semplice tende alla concentrazione dei partiti, la R. P.
porti invece al loro frazionamento. Ed allora

nel suo disegno di legge (1) il Dessoye si propone di giungere ad una soluzione media. « Noi
siamo stati indotti a domandarci - egli dice - se
la soluzione del problema della riforma elettorale
non si troverebbe in un sistema intermedio che
conciliasse lo scrutinio di lista e lo scrutinio uninominale prendendo dall'uno e dall'altro i loro
vantaggi e che al tempo stesso rispondesse ad
alcune fra le più essenziali preoccupazioni dei
fautori della R. P. ».

Nel leggere tali parole del Dessoye non si può
a meno di tornare col pensiero alla proposta del
Genala il quale fino da trenta anni fa credeva di
avere trovato questa soluzione intermedia col voto uninominale nel collegio plurinominale. Invece il Dessoye propone « lo scrutinio di lista con
sezionamento dei grandi dipartimenti ». Questo
titolo pomposo non porta in pratica se non a
questo : a stabilire che nessuna circoscrizione possa eleggere più di cinque deputati. Il dipartimento della Senna nel 1871 aveva da eleggere 43 deputati e 38 nel successivo esperimento dello scrutinio di lista dal 1885 al 1889 : pare al Dessoye

_____

(1) LFG. IX; CHAMBRE DES DEP.; Séance du 24 Mars
1908, ANNÈXE n. 1626; DOC. PARL., T. LXXV, p. 321.

che quando le liste non possano comprendere
più di cinque nomi tutti i rimproveri fatti allo
scrutinio di lista non abbiano più ragione di essere e che anzi « il sezionamento dei grandi dipartimenti sia la prima tappa per coloro che vogliono giungere alla R. P. » perchè anche le minoranze vi guadagneranno.

E dire che questa proposta non è altro che la
riproduzione del sistema così infelicemente spe-
rimentato in Italia dal 1882 al 1891. In Italia le
circoscrizioni erano 135 a 2, a 3, a 4, a 5 deputati: in Francia il Dessoye propone 135 circoscrizioni (oltre ad un collegio uninominale lasciato
sussistere) e di queste 3 a due deputati; 50 a tre;
53 a quattro; 29 a cinque. In Italia si erano fra-
zionate in varii collegi le provincie più estese ed
il Dessoye propone di fare altrettanto pei dipartimenti: una cosa sola vi è di diverso: che in I-
talia nelle circoscrizioni a cinque deputati si era
introdotta la rappresentanza delle minoranze col
voto limitato, mentre il Dessoye non dava nemmeno questa magra consolazione alle minoranze.
Altro dunque che prima tappa verso la R. P.!

E la Commissione del suffragio universale respinse i due progetti Breton e Dessoye.

Non v'era dunque ragione alcuna che la rela-

zione Varenne modificasse in alcun modo la proposta presentata nella relazione Flandin; infatti
tranne un piccolo ritocco nelle circoscrizioni per
eliminare alcune circoscrizioni a due deputati e
far sì che ogni circoscrizione eleggesse almeno
tre deputati, il progetto Flandin del 1907 è riprodotto integralmente nel progetto col quale nel
1909 si chiude la relazione Varenne.

LA R. P. DISCUSSA ALLA CAMERA FRANCESE

Tale il progetto dunque che è venuto in discussione alla Camera Francese nello scorso autunno.
E' cronaca di ieri e non ci indugeremo troppo su
di essa.

La discussione non si è svolta in un ambiente
sereno, scevro da considerazioni di opportunità
e di interessi del momento.

Già nella seduta del 12 luglio 1909, discutendosi di porre all'ordine del giorno tale discussione il presidente del Consiglio, Clemenceau, pur
dicendosi per teoria e per tradizione favorevole
piuttosto allo scrutinio di lista che al collegio u-
ninominale dichiarava apertamente che il Governo intendeva che le elezioni del 1910 — poichè erano così vicine — si facessero col sistema

vigente, poichè il Governo non poteva essere disposto a « correre una avventura per la Francia e per la Repubblica. » Mi è ben permesso — aggiungeva il Clemenceau — di riflettere e di dire che quando la Repubblica è stata in pericolo voi avete gridato : « Abbasso lo scrutinio di lista » e « Viva lo scrutinio di *arrondissement* ! ».

Caduto il Ministero Clemenceau, il nuovo Presidente del Consiglio Aristide Briand presentandosi alla Camera il 27 di luglio diceva : « La Camera ha deciso di inscrivere a capo del suo ordine del giorno la riforma elettorale ; il Governo non disconosce nè l'importanza del problema nè la necessità della discussione, ma non sfugge ad alcuno che non si può prendere una deliberazione se non dopo avere appoggiato la propria opinione su fatti : fin da ora il Governo pensa che sarà il caso di fare nelle elezioni municipali l'esperimento metodico di un sistema di proporzionalità. » (1).

----

(1) L'ESMEIN (*op. cit.* pp. 297 e 803), che mentre è contrario alla R. P. nelle elezioni legislative perchè vede in essa un germe di debolezza e di divisioni multiple, trova invece che essa non arrecherebbe gli stessi inconvenienti nelle elezioni amministrative ed anzi toglierebbe nelle assemblee locali la tendenza

Nondimeno la discussione avvenne alla ripresa dei lavori e si svolse ampia, magnifica dal 21 ottobre all'8 novembre, dimostrando che ormai tutti gli argomenti a favore e contro della R. P. sono stati escogitati e per quanto sulla Assemblea gravasse una preoccupazione esclusivamente politica, nella seduta dell'8 novembre la Camera approvava con 379 voti contro 142 la prima parte dell'art. 1 : « *I membri della Camera dei Deputati sono eletti a scrutinio di lista* » e con 281 contro 135 la seconda parte dell'art. 1 : « *secondo le regole della rappresentanza proporzionale.* »

La R. P. era stata dunque approvata, ma quan-

---

politica e faciliterebbe la legittima rappresentanza degli interessi, si dichiara favorevole all'esperimento proposto dal Briand. Dinanzi alla Camera Francese varie sono le proposte per l'adozione della R. P. nelle elezioni amministrative; particolarmente notevoli quelle del Mirman e del Bouhey-Allex. Noi abbiamo voluto limitare il nostro studio alle elezioni legislative e perciò non entreremo nell'argomento: diremo soltanto che favorevoli alla più larga estensione del principio della R. P. non sappiamo quanto sarebbe opportuno cominciare l'esperimento proprio dalle elezioni nelle quali è più facile che considerazioni personali e di interessi privati prevalgano su considerazioni di interesse generale e di opinione politica.

do si trattò di votare il complesso dell'articolo il presidente del Consiglio Aristide Briand salì alla tribuna per dichiarare che « l'approvazione immediata della riforma creerebbe una situazione grave, pericolosa pel regime repubblicano » e che il paese non era maturo per tale riforma e meno preparato di ogni altro « il partito che aveva da dieci anni fruito della crescente fiducia del Paese, cioè la maggioranza repubblicana » e che infine il tempo era troppo ristretto prima della fine della legislatura per discutere nei suoi particolari una legge di così grande importanza. Inoltre egli rivendicava in simile materia il diritto dell'iniziativa governativa che comprendesse il problema in tutti i suoi aspetti unendo alla riforma elettorale quella amministrativa e concluse ponendo nettamente la questione di fiducia : « Se il Governo non si pronuncia a favore della riforma elettorale nel momento presente è perchè essa non è matura nè nel Paese, nè nella stessa maggioranza repubblicana. Tali sono i consigli che io ho dati in una precedente seduta : li ripeto oggi e scongiuro la maggioranza repubblicana di seguire l'opinione del Governo. Signori. sarebbe un errore voler risolvere adesso il problema che è stato posto dinanzi a voi. Voi

non ne avete nè il tempo nè il mezzo. Dopo es-
sermi così espresso in una maniera molto ferma
non mi resta più che a dichiararvi che se voi non
ascoltaste i consigli del Governo esso non si sentirebbe più sufficientemente sorretto per conservare la responsabilità del potere. » (1)

Non occorreva meno di una minaccia così diretta perchè la Camera che con 392 voti contro
196 aveva respinto una proposta sospensiva; con
382 contro 143 aveva approvato il passaggio alla
discussione degli articoli e, come abbiamo poi
veduto, aveva approvato le parti dell'art. 1, smen-
tisse se stessa e con 291 voti contro 225 respinges-
se l'insieme dell'articolo di cui aveva approvato
le parti.

La verità è che la Camera francese ha approvato la R. P. ma ne ha rimandato l'applicazione
pur di non provocare una crisi di Gabinetto.

Resterebbe a spiegare l'avversione di una gran
parte della maggioranza repubblicana e specialmente del partito radicale e radicale-socialista
contro la R. P., avversione manifestatasi già nel
1907 nel Congresso del Partito a Nancy quando

(1) CHAMBRE DES DEPUTÉS — COMPTE - RENDU IN EX-
TENSO — *Journal Officiel du 9 novembre 1909* p. 2544.

a debole maggioranza era stato approvato un ordine del giorno favorevole allo scutinio di lista
puro e semplice in seguito ad una superficialissi-
ma relazione del Bouillard che aveva preteso di
confutare una dotta ed efficace relazione del Bonnet che aveva invece proposto al Congresso di
pronunciarsi a favore della R. P. (1) Tale ostilità
si rinnovò nell'ottobre del 1909, poco prima della discussione parlamentare anche nel Congresso
del partito tenutosi a Nantes.

Ma questo ci porterebbe fuori del campo che
ci siamo segnato perchè non ha nulla che fare
con ragioni scientifiche od anche semplicemente
obiettive. (2) La verità rude può essere detta in

___

(1) Cfr. le relazioni del JONNET (la stessa pubblicata in appendice alla cit. relazione VARENNE) e
del BOUILLARD tra i documenti allegati al volume
cit. del BUISSON: *La Politique Radicale.*

(2) Però vale la pena di indicare al lettore alcuni
scritti dai quali possa rendersi conto delle ragioni
dell'ostilità, perchè molti in Italia, non considerando
la diversità profonda della situazione, si fanno forti
dell'opposizione che la riforma trova in una parte
della democrazia francese. Basterebbe però ricordare
che socialisti ed uomini di idee conservatrici, clericali e congressi massonici (Cfr. JONNEFOY p. 52) si
sono risolutamente schierati per la riforma per in-

poche parole : il partito radicale socialista ha alla Camera francese alcune diecine di rappresentanti più di quelli che la rappresentanza proporzionale o, per dir meglio, l'equità non gli con-
sentirebbe. E quindi molti membri della maggioranza temono di essere proprio quei tali che
sarebbero sacrificati dalla riforma. Nè si può dire che li muova un interesse collettivo di partito
perchè radicali autorevoli, come il Bonnet, hanno dimostrato che la R. P. significherebbe   il
consolidamento del loro partito il quale guada-

---

tendere come anche in Francia la R. P. risponda ad
una necessità largamente sentita. Cfr. circa le ragioni particolaristiche che rendono molti radicali ostili
alla R. P.: LA CHESNAIS LES RADICAUX ET LA R. P.
in Revue Politique et Parlémentaire - Octobre 1906;
AJAM (*député de la Sarthe*) ESSAI DE PSYCHOLOGIE PAR-
LÉMENTAIRE. À PROPOS DU SCRUTIN DE LISTE ET DE LA R.
P. in *Révue Pol. et Parl.*, Décembre 1906, T. 50; pp.
457-473 e anche il RAPPORT *de la Commission des ré-
formes électorales, administratives et judiciaires, pre-
senté par M. J. I.. BONNET, président de la Fédéra-
tion radicale et radicale-socialiste de la Seine,* sur la
RÉFORME ÉLECTORALE ET LA R. P. au *Congrès radical et
radical socialiste* (Nancy 1907) che è riprodotto nella
cit. RELAZIONE del VARENNE.

gnerebbe in indipendenza, in coesione, in disciplina e solidarietà.

Ma gli interessi egoistici non possono prevalere a lungo e noi crediamo che la R. P. sia destinata a trionfare in Francia a non lunga scadenza.

IL PROGETTO BRIAND

Nell'atto di licenziare le prove di stampa di questo capitolo è necessario che io vi faccia una breve aggiunta riguardante i nuovi progressi fatti dalla R. P. in Francia, nelle ultime settimane da che il capitolo stesso era stato scritto.

Come è noto le elezioni generali politiche del 24 aprile-8 maggio 1910 hanno segnato in Francia un vero trionfo per la R. P.: secondo una statistica, pubblicata nei giornali francesi, su 8,563,716 votanti ben 4,442,000 hanno dato il loro suffragio a candidati che si sono dichiarati esplicitamente fautori della R. P.; 1,332,000 a candidati partigiani di una riforma elettorale non specificata; 775,000 per candidati fautori dello scrutinio di lista maggioritario; 520,000 per candidati propensi allo scrutinio con rappresen-

tanza proporzionata e cioè con perequazione delle circoscrizioni. I candidati favorevoli al mantenimento dello *statu quo* non hanno raccolto, complessivamente, che 352,000 voti; appena cioè
quelli del 4 % del corpo elettorale.

La indicazione che la Francia voleva una riforma elettorale e che la designazione precisa
della maggioranza del corpo elettorale era per la
R. P. non poteva essere più chiara.

I proporzionalisti dichiarati che sono riusciti
eletti sono stati poco meno di 300, senza contare
molti altri disposti a secondare un movimento
che ha incontrato tanto favore nella pubblica o-
nione : tantochè ai primi d' Giugno l'on. Benoist
già annunciava di aver ricevuto pel Comitato
Proporzionalista Parlamentare l'adesione di 318
deputati.

Così il 2 giugno in una riunione tanto numerosa che sembrava una seduta ufficiale dell'Assemblea (1) il gruppo parlamentare proporzionalista
si è ricostituito per la X° legislatura, acclaman-
do a suo presidente Charles Benoist ed a vice-
presidenti Aynard, Buisson, Chanot, Descha-

_____

(1) Cfr. il giornale *Le Matin* di Venerdì 3 giugno
1910, n. 9593.

nel, Grousseau, jaurès, Mauger, Nessimy, Rei
nach, Vaillant.

Si può dunque ben dire coi giornali francesi
che « la R. P. est en marche! »

Ma, intanto, il ministro Briand ha creduto di
poter guidare il movimento, al quale non sarebbe ormai più possibile opporsi, annunciando ufficialmente di farsi presentatore di un disegno
di legge per l'applicazione della R. P. alle elezioni politiche.

Veramente nella discussione del novembre scorso Briand aveva dichiarato che avrebbe prima,
se mai, voluto sperimentare la R. P. nelle elezioni amministrative, ma.... *mutano i saggi!*

L'Agenzia Havas ha dunque annunciato: (1)

« Les ministres ont définitivement arreté les
derniers détails du projet de réforme électorale
que le gouvernement soumettra incessamment à
la Chambre. »

« Ainsi que nous l'avons déjà annoncé, ce
projet substitue le scrutin de liste par département au scrutin d'arrondissement, avec représentation proportionnelle des minorités; il com-

(1) Cfr. il giornale *Le Matin* di Sabato 4 giugno
1910, n. 9594.

porte la prolongation de la durée du mandat à
six ans et le renouvellement de la Chambre par
tiers tous les deux ans. »

« Chaque département aura droit à un député par 70.000 habitants et à un député de plus
par fraction supérieure à 35,000 habitants. »

« Les départements qui, en raison du chiffre
de leur popoulation, n'auraient pas quatre députés à élire, seront groupés avec un département
voisin pour former une seule circonscription.
D'autre part les départements qui, comme la
Seine et le Nord, auraient droit à plus de quin-
ze députés seront sectionnés. »

« Le système du gouvernement est basé sur
la fixation d'un quotient électoral, qui dans chaque circonscription, sera égal au nombre des
électeurs inscrits divisé par le chiffre des députés à élire. On divisera par ce quotient électoral
le chiffre moyen de voix recueilli par chacune
des listes en présence, moyenne obtenue par la
division du total des voix des candidats de chaque liste par le nombre des députés à élire. »

« Chaque liste aura droit à autant de sièges
que sa moyenne contiendra de fois le quotient
électoral. »

« Tous les sièges qui, après cette répartition,

ne seront pas attribués reviendront de droit à la liste arrivant en tète, avec le plus grand nombre de suffrages. »

« C'est ainsi, par un exemple, que dans un département ayant avec 80.000 électeurs inscrits cinq députés à élire, le quotient électoral sera égal à 80,000 divisé par cinq, c'est-à-dire 16,000.»

« Trois listes sont en présence qui, sur 66,000 votants, ont obtenu comme moyenne de voix :

La première, 33,000 ;

La deuxième, 20,000 ;

La troisième, 13,000.

En divisant chacune de ces moyennes par le quotient électoral, on obtient 2, 1 et 0. »

« D'après ce premier calcul, la première liste a deux députés et la seconde un. Mais il reste deux sièges à attribuer. Ces deux sièges sont donnés à la première liste ayant obtenu 33,000 voix. »

« Finalement, la première liste aura quatre sièges, la deuxième un et la troisième n'en aura aucun. »

« Le projet supprime le scrutin de ballottage. Cependant, il peut arriver que dans un département aucune des listes en présence n'atteigne le quotient électoral prévu. Le système ne pourrait

plus fonctionner. Dans cette éventualité, les opé-
rations électorales seront considérées comme nul-
les, aucun candidat ne sera proclamé élu et la
question sera soumise à l'appréciation de la
Chambre. »

« Le projet du gouvernement supprime égale-
ment les élections partielles. Les députés venant
à disparaître pendant le cours de la législature
seront de plein droit remplacés par ceux des candidats venant sur la même liste que le député di-
sparu immédiatement après les candidats pro-
clamés élus. »

« Ajoutons que le gouvernement considère son
projet comme devant servir à la Chambre de
base de discussion et qu'il n'a pas l'intention de
poser la question de confiance sur tous les détails
de ce projet, tels que par exemple la prolongation du mandat et le renouvellement par tiers. »

Sebbene tali notizie siano molto incomplete per
giudicare sul progetto Briand perchè ci lasciano
all'oscuro sui metodi di votazione, sulla compilazione delle liste, sul consenso o meno del *panachage* ecc.; informandoci soltanto sul metodo
di ripartizione dei seggi tra le varie liste, pure
quanto ci è fatto sapere basta per farci comprendere quanto sia prudente l'avvertenza con la qua-

le si chiude il comunicato dell'*Havas* che cioè
il Ministero Briand intende offrire questo progetto come base di discussione senza porre la
questione di fiducia sulle sue singole parti.

Ci sembra infatti che nessun proporzionalista
sincero potrà accettare un tale progetto che, soltanto con una buona dose di disinvoltura, si può
intitolare col nome di Rappresentanza Proporzionale!

Intanto è già assurdo stabilire il quoziente in
base al numero degli elettori iscritti e non a
quello dei votanti, senza nemmeno integrare un
tale provvedimento, diretto a danneggiare le
minoranze, col voto obbligatorio. E tale disposizione rende anche più iniqua ed illiberale la disposizione, che ha soltanto qualche precedente
nella legislazione svizzera, di assegnare tutti i
seggi non attribuiti con la prima ripartizione
alla lista che ha ottenuto il maggior numero di
voti. (1)

---

(1) Proprio mentre rivediamo l'impaginatura di
questo capitolo (2 *Luglio* 1910) e quando non abbiamo
il tempo di verificarne l'esattezza e la portata, i giornali annunziano che il Briand ha abbandonato questa
idea nella formulazione definitiva del suo disegno di
legge per sostituirla con un'altra. I seggi non ripartiti

Il comunicato *Havas* reca un esempio che lu-
meggia già a sufficienza l'ingiustizia dei resultati a cui porterebbe il progetto Briand : in
una circoscrizione la metà degli elettori (33.000)
avrebbe 4 rappresentanti, mentre l'altra metà
(20,000 + 13,000) ne avrebbe soltanto uno. Eppure il comunicato ha scelto, naturalmente, un e-
sempio che non è dei più iniqui sia perchè v'è
una lista preponderante sulle altre, sia perchè
vi sono tre liste sole in competizione. Ma pen-

---

secondo il quoziente non sarebbero più attribuiti alla
lista che abbia raccolto la maggior quantità complessiva di voti, ma ai singoli candidati che avessero raccolto personalmente le votazioni più alte. Pur senza
conoscere i particolari della nuova proposta, essa produce in noi l'impressione che si tratti di un altro non
felice espediente In pratica gli effetti saranno, nella
maggior parte dei casi, identici a quelli che si sarebbero avuti attribuendo i seggi non distribuiti alla lista
più favorita. Infatti è facile comprendere che se vi sono 10.000 elettori radicali-socialisti; 6000 socialisti;
4000 reazionari è probabile che tutti i candidati della
lista radicale socialista avranno una quantità di voti
superiore a quella dei candidati degli altri partiti.
Oltre a ciò il nuovo espediente potrebbe facilitare il
pullulamento di candidature isolate.

sate che in quella circoscrizione i resultati non
varierebbero anche se, invece di tre, vi fossero
quattro liste in competizione, le quali avessero
riportato le seguenti votazioni :

> I.   lista — voti 20,100
> II. lista — voti 20,000
> III. lista — voti 13,000
> IV. lista — voti 12,900

Orbene la lista I. avrebbe ugualmente quattro
rappresentanti su cinque, pur avendo raccolto assai meno della terza parte dei suffragi. Ed altri
esempî, anche più iniqui, sarebbe facile addur-
re.

Si comprende bene a che cosa miri il ministero
Briand con questo progetto : la grande preoccupazione dei radicali e dei radicali socialisti era,
come abbiamo già detto, che la R. P. facesse loro perdere qualche diecina di seggi : con un sistema siffatto essi non potrebbero che guadagnar-
ne e non pochi. Il Ministero confida perciò che
l'interesse partigiano riesca a prevalere sui convincimenti teorici dei proporzionalisti.

Noi ci auguriamo che non sarà così. E ci è

cagione a sperarlo ciò che scrive uno dei capi
della maggioranza radicale, Camille Pelletan, il
quale appunto per preoccupazioni di partito fu,
nella discussione del novembre scorso, uno dei
più eloquenti avversarii della R. P. Dice dunque l'ex-Ministro Pelletan : (1) « Io non ho mai
creduto che la riforma elettorale sia la necessità
più urgente dell'ora che volge, ma dubito che
la combinazione ibrida che ci è annunziata possa sodisfare alcuno. La R. P. è un sistema ; l'antico scrutinio di lista e il collegio uninominale
sono altri sistemi. Bisogna scegliere, ma si arri-
verebbe ad una confusione senza nome tentan-
do di mescolarli. La bizzarra concezione che ri-
serverebbe al sistema maggioritario una parte
dei seggi, mentre si distribuiscono gli altri secondo la R. P., avrebbe per resultato di far contare due volte i suffragi della lista più favorita,
mentre i suffragi delle altre sarebbero contati
una volta sola ».

« D'altra parte — osserva pure giustamente il
Pelletan — non può esservi voto maggioritario

---

(1) In un articolo intitolato *La Rentrée* nel *Matin*
del 3 giugno 1910.

senza scrutinio di ballottaggio. Altrimenti il sistema rischierebbe di attribuire alla minoranza
la parte più grossa di rappresentanza. Supponete
due liste repubblicane che riportino ciascuna
35,000 voti ed una lista reazionaria che ne ri-
porti 36,000; e vi siano 5 deputati da eleggere:
col sistema di calcolo che si propone le due liste
repubblicane avrebbero ciascuna un rappresentante e la minoranza reazionaria ne avrebbe tre. »

Sicuro! Ma si risponderà che il sistema Briand
tende anche ad impedire il frazionamento dei partiti. Io dico invece che esso renderà inevitabili i
blocchi e cioè toglierà alla R. P. una delle sue
doti migliori e da cui è lecito aspettarsi risultati
superiori anche a quelli della equità distributiva:
che cioè i deputati, non dovendo la loro elezione
a coalizioni spesso eterogenee, possano seguire
una linea d'azione diritta e sincera.

Il progetto Briand viene dunque in buon punto ad ammonirci che si può essere fautori del regime maggioritario o di quello proporzionalista:
prescegliendo quello, il collegio uninominale,
con una buona procedura elettorale, è ancora il
minore dei mali; se invece si opta per la R. P.
questa deve essere accolta ed attuata integral-

mente senza restrizioni e travestimenti che ne
offendono il principio, ne altererebbero i resultati, e ne distruggerebbero i benefici. (1)

---

(1) Un giudizio severissimo su questo infelice disegno di legge troviamo anche in un articolo, intitolato
Tout pour la Majorité, pubblicato nella *Humanité*
del 2 giugno 1910, dal La Chesnais, autore del volume
già da noi citato su *La R. P. et les partis politiques*
(Paris, 1904) Il La Chesnais giudica il progetto Briand
cinico ed assurdo e dopo avere, con esempi concreti
tratti anche dalle ultime elezioni generali, dimostrato quali iniqui effetti produrrebbe in pratica il
sistema Briand, conclude dicendo: « Questo progetto
nato-morto è talmente grottesco che non è nemmeno
pericoloso. E' anzi ottimo per la causa della R. P.
perchè prova a meraviglia che non si potrà sottrarsi
alla riforma e che gli sforzi più faticosi non riuscirebbero a falsare i' principio proporzionale ».

ALTRE APPLICAZIONI DELLA R. P.

Il titolo di questo capitolo non faccia credere al lettore che noi intendiamo lasciare il terreno delle elezioni legislative. (1) Vogliamo soltanto. molto brevemente, accennare ad alcune più recenti applicazioni pratiche della R. P.

Già il Saripolos (2) aveva notato che la questione della R. P. era rimasta quasi inavvertita in Germania fino agli ultimi anni del secolo scor-

---

(1) Per quanto concerne la R. P. in materia di elezioni del potere esecutivo, del potere giudiziario, di elezioni municipali, provinciali ed amministrative in genere vedasi la 5ª parte dell'op. cit. del BONNEFOY (pp. 423-500) il quale ripete e completa, ampliandolo assai, quanto il SARIPOLOS ed altri avevano già detto in proposito.

(2) SARIPOLOS. Op cit. p. 305 e seg.

so come riconosceva anche il Bernatzik nel 1893, ma che poi il movimento proporzionalista si era rapidamente e intensamente diffuso sopratutto nella Germania meridionale, e in particolar modo nel Granducato di Baden e nel Regno del Wurtenberg. Non si può dire che le conquiste ottenute siano nemmeno oggi straordinariamente importanti, ma pure si nota la progressiva diffusione dell'idea proporzionalista. (1) L'iniziativa più notevole fu presa nel 1897 dal Governo del Würtemberg il quale il 29 giugno 1897 presentava un progetto di legge di revisione costituzionale nel quale la elezione di ventun deputati della Camera Bassa era fatta col sistema del comun divisore del d'Hondt. (2) Ma il progetto fu respinto.

─────────

(1) Proprio in questi giorni (giugno 1910) giunge notizia che nel Granducato di Baden è stata adottata la R. P. per la elezione dei 73 deputati componenti il *Landtag* di quello Stato. Non conosco però i particolari della legge.

(2) Cfr. il testo della legge presentata dal Governo del Würtemberg nel 1897 nell'Allegato alla RELAZIONE del dott. JABLONSKI della R. Ambasciata Inglese di Berlino, sulla R. P. in Germania in *Reports* cit. pag. 23-30; cfr. altresì negli stessi *Reports* pag. 4 la Relazione del Ministro Inglese a Monaco di Baviera.

Ma ciò che era fallito nel 1897 riuscì nove anni dopo.

Infatti la legge del 16 luglio 1906 (1, con la quale si modifica quella 2 febbraio 1899 per la elezione dei rappresentanti delle città e dei grandi baliaggi al *Landtag* (*Landtagswahlgesetz*) contiene disposizioni per applicare la Rappresentanza Proporzionale nelle elezioni dei sei deputati della città di Stuttgart. Le principali modalità sono le seguenti.

Le liste dei candidati debbono essere presentate almeno dodici giorni prima di quello della elezione, e firmate da non meno di 20 elettori. « Si ha l'obbligo di indicare nella lista dei candidati il gruppo elettorale dal quale essa proviene, con la designazione del partito politico a cui il gruppo stesso appartiene, o di accompagnarla con una indicazione speciale e distintiva. L'indicazione scelta non deve contenere nulla di contrario alle disposizioni della legge penale o di offensivo alla morale pubblica » (art. 28).

Le liste non possono essere composte di più di sei nomi (essendo sei i deputati da eleggere)

---

(1) Cfr. il testo nell'ANNUAIRE DE LEGISLATION ETRANGÈRE, 1906, p. 190 et suiv.

per i posti effettivi : si possono aggiungere però non più di tre candidati supplenti.

I candidati possono essere disposti nell'ordine che parrà ai firmatari.

Non più tardi del sesto giorno prima di quello della elezione i firmatari di due o più liste possono dichiarare di volerle cumulare come se formassero una lista sola.

Almeno tre giorni prima di quello della elezione l'ufficio elettorale centrale rende pubbliche le liste debitamente presentate, con le indicazioni che le contradistinguono.

E' ammesso il *panachage* ed il voto cumulativo, poichè l'art. 31 dispone che « gli elettori possono, a loro piacere, prendere i nomi dei candidati da eleggere nelle varie liste pubblicate. Su ogni scheda possono essere iscritti i nomi di sei candidati. L'elettore può anche, nei limiti del numero totale dei voti che gli è consentito di dare, assegnare al massimo tre voti al candidato di sua scelta, ripetendone più volte, e non più di tre volte, il nome nella scheda o indicando il numero di voti che intende dare a quel candidato ».

Quanto alle operazioni di spoglio e di scrutinio esse sono assai semplici. La Commissione elettorale centrale, in base ai processi verbali delle

varie sezioni elettorali constata il numero dei voti ottenuti nella intera circoscrizione da ciascun
candidato e poi, sommando il numero dei voti
ottenuti singolarmente dai candidati appartenenti alla stessa lista, determina la somma totale di
voti da attribuirsi a ciascuna lista.

I seggi sono poi ripartiti fra le liste (art. 34)
proporzionalmente al totale dei voti riportati da
ciascuna lista secondo il metodo d'Hondt del
comun divisore.

Per questa ripartizione dei seggi le liste combinate si considerano come una lista unica, nel
senso che si tiene conto in primo luogo del totale complessivo dei voti raccolti da tutti i candidati iscritti sulle liste combinate, come se fossero iscritti su una lista unica. Una volta fissato il numero di seggi attribuito collettivamente alle due o più liste combinate, si procederà poi
a ripartire tali seggi fra le singole liste secondo
il numero di voti raccolti da ciascuna di esse.
Quando una lista contiene un numero di nomi
minore di quello dei seggi che le spetterebbero, i
seggi eccedenti sono assegnati ai quozienti più
elevati delle liste combinate con essa.

Nell'interno di ciascuna lista e limitatamente
ai seggi ad essa spettanti sono poi proclamati e-

letti i candidati che hanno ottenuto il maggior
numero di voti personali : soltanto a parità di
voti vale, come titolo di preferenza, l'ordine di
presentazione nella lista.

Alle vacanze nel corso della legislatura si provvede coi candidati che nella stessa lista alla quale apparteneva il deputato da sostituirsi o, quando essa sia esaurita, nelle liste con essa combinate, riportarono le votazioni più elevate, ma non
si procede in alcun caso ad elezioni suppletive
(art. 38).

Queste stesse disposizioni concernenti la città
di Stuttgart sono dall'art. 43 della legge estese
alla elezione dei deputati delle due circoscrizioni rurali del Neckar che elegge 9 deputati e della
Jagst (comprendente i circondarî della Foresta
Nera e del Danubio) che elegge 8 deputati.

Sono dunque complessivamente 23, ripartiti in
tre collegi, i deputati al *Landtag* del Würtemberg eletti con scrutinio di lista proporzionale :
gli altri deputati dei Grandi Baliaggi (*Oberamts-
bezirk*) e delle città di Tubinga, Ludwigsburg,
Ellwangen, Ulm, Heilbronn e Reutlingen sono
eletti a scrutinio e collegio uninominale, secondo
dispone l'art. 133 della Carta Costituzionale nel

testo modificato con legge 16 luglio 1906. (1) Essendo i distretti di baliaggio in numero di 63, sono dunque 69 i deputati eletti a collegio uninominale : ossia i tre quarti della Assemblea sono eletti a collegio uninominale, contro un quarto eletto con la rappresentanza proporzionale.

Da questi brevi cenni si scorge come in questa legge wurtemberghese si siano contemperati i metodi proporzionali svizzeri e belgi, con prevalenza di quelli svizzeri.

La disposizione originale delle liste combinate è assai ingegnosa perchè permette ad un partito, senza essere danneggiato da un frazionamento eccessivo, di distinguersi nelle varie tendenze che possono comporlo, lasciando giudice il corpo elettorale del valore di ciascheduna.

Si supponga per esempio che il partito socialista si distingua nelle due ali riformista e intransigente : il partito socialista, se presentasse due liste totalmente separate, verrebbe certamente

_____

(1) Cfr. il testo in ANNUAIRE DE LEGISLATION ETRAN-GÈRE, 1906, p. 210 e DARESTE, LES CONSTITUTIONS MO-DERNES Troisième Edition, Paris, 1910, Tome I, pp. 274 e suiv.

a scapitarne nella ripartizione dei seggi. La legge wurtemberghese gli consente invece di presentare le due liste separate, ma di associarle poi agli effetti della ripartizione. Supponiamo che i candidati riformisti abbiano riportati 8000 voti e gli intransigenti 5000 : orbene, agli effetti della ripartizione verso le altre liste, la lista socialista concorrerà nel totale complessivo risultante dai totali parziali delle due liste combinate cioè di 13,000. Supponiamo che le spettino cosi tre seggi. Allora, sempre col metodo D'Hondt, questi tre seggi debbono essere ripartiti fra le due liste combinate e ne toccheranno evidentemente due alla riformista, uno all'intransigente.

Si potrebbe obiettare che in tal modo potrebbe riuscire eletto chi avesse riportato un numero di voti personali minore che non quello ottenuto da candidati dell'altra lista combinata che non riescono eletti, ma ciò rientra nel concetto del rispetto alla volontà delle minoranze che è caposaldo del regime proporzionale.

Nel complesso dunque l'innovazione è ingegnosa : ma questo sistema si presta alle critiche stesse a cui sono fatti segno i sistemi francesi che adottano anche essi il *panachage* ed il voto cumulativo, come diremo quando si tratterà di presce-

gliere il sistema che stimiamo più adatto pel nostro Paese.

Dal 1906 la R. P. è stata anche introdotta
nel Würtemberg per le elezioni municipali delle
città che contano oltre 10,000 abitanti.

In Baviera la R. P. è stata applicata dal Mu-
nicipio di Monaco nell'elezione delle corti ar-
bitrali operaie (*Gewerbergerichte*).

LA R. P. IN SVEZIA

Una importante applicazione della R. P. si
è poi avuta recentemente in Svezia con la legge
del 14 maggio 1907, che è divenuta esecutiva
solo nel 1909, dopo l'approvazione di un nuovo
Ricksdag. (1).

Il Parlamento svedese (*Riksdag*) — occorre ricordarlo per ragione di chiarezza — si compone
della prima e della seconda Comera, ambedue e-

---

(1) Pel sistema proporzionale adottato in Svezia cfr.
FLANDIN, INSTITUTIONS POLITIQUES ecc. T. IV, Suède
p. 321 e segg.; la Relazione del Ministro Inglese a
Stocolma in data 4 febbraio 1907 in REPORTS cit. pagg.
51-57 e il testo della legge in *Bulletin analitique des
principaux documents parlementaires étrangers, année* 1908, n. 11, § 227.

lettive : la prima conta 150 membri eletti per sei
anni dai Consigli provinciali e da quelli municipali delle città non rappresentate nei Consigli
provinciali e cioè di Stocolma, Gothemborg,
Malmö, Norrköping e Gefle : la seconda Camera conta 230 deputati eletti per tre anni, a suffragio universale e a scrutinio di lista. Per ambedue le Camere vige ora, come si è detto, la
R. P. Il Flandin osserva giustamente che il testo della legge è assai oscuro e aggrovigliato cosicchè non certo da esso converrebbe prendere
esempio per una redazione che rendesse chiara e
semplice alle masse il meccanismo della R. P.
Procuriamo ad ogni modo di renderci conto di
tale sistema. L'elettore deve scrivere nella sua
scheda, l'uno sotto l'altro, i nomi dei candidati
pei quali intende votare : nella scheda possono
essere scritti al massimo i nomi di due candidati
in più del numero dei deputati da eleggere. Queste ultime due designazioni sono fatte a favore dei
candidati supplenti : dinanzi al nome del candidato l'elettore deve scrivere il nome del partito
a cui il candidato stesso appartiene. I candidati
aderenti allo stesso programma costituiscono il
« gruppo di partito. »

Pel conteggio dei voti all'atto dello spoglio si

dividono le schede in tante categorie. Quelle che
non portano designazione di partito formano un
gruppo a parte detto gruppo libero. Le schede
che portano una stessa designazione di partito
costituiscono la cifra elettorale di- un gruppo di
partito. In ogni gruppo si deve, nella misura
che è necessaria per l'elezione del numero di deputati prescritto, determinare l'ordine di preferenza dei nomi inscritti sulle schede del gruppo
stesso. Dice la legge : « Per ciò che concerne il
gruppo libero, occorre osservare : 1°) che per la
prima addizione ciascuna scheda vale un voto intero : il nome che ha ottenuto il più gran numero
di voti è classificato con n. 1 nell'ordine dei candidati designati : 2°) che per ciascuna somma seguente la scheda il cui valore non è stato ancora attribuito a un candidato già classificato,
conta per un voto. Contano per un mezzo voto
le schede che portano un nome già classificato;
per un terzo di voto quelle che portano due nomi già classificati ; per un quarto di voto quelle
che portano tre nomi già classificati e così di seguito. I nomi sono così successivamente inscritti
nell'ordine determinato dal numero di voti che
hanno ottenuto. »

« Per ciò che concerne il gruppo di partito oc-

corre osservare : 1°) che se più della metà delle
schede del gruppo portano lo stesso primo nome,
questo nome è classificato col numero 1. Se le
schede che portano lo stesso primo nome e che
formano più dei 2/3 del gruppo portano ugualmente lo stesso secondo nome, questo nome prende il secondo posto : se le schede che portano gli
stessi primo e secondo nome e che formano più
dei 3/4 del gruppo portano lo stesso terzo nome,
questo nome prende il terzo posto e così di seguito; 2°) che se in questo gruppo non si può,
procedendo per addizione e secondo questo sistema, ottenere resultato si ricorre al metodo prescritto per il gruppo libero. »

« Si deve specificare dopo ciascuna addizione
il valore del voto attribuito alle diverse schede
e così pure la cifra dei voti che è stata attribuita
a ciascuno dei nomi e il numero delle schede che
recano sia lo stesso primo nome, sia gli stessi
primo e secondo nome e così di seguito. »

« Quando si devono eleggere due o più rappresentanti, i seggi debbono essere ripartiti fra i
diversi gruppi formati dalle schede, in modo che
i seggi stessi siano attribuiti l'uno dopo l'altro al
gruppo che ad ogni attribuzione possiede il numero più elevato tra le cifre di confronto di so-

pra previste. Il seggio attribuito ad un gruppo
è immediatamente occupato in modo che il primo posto attribuito ad un gruppo sia assegnato
al candidato il cui nome occupa il primo posto in
questo gruppo, il secondo posto al candidato che
occupa il secondo posto, il terzo a quello che occupa il terzo posto e così via. »

« Pel gruppo libero la cifra di confronto è quella del più gran numero di voti che resulta dalla
prima addizione fatta in questo gruppo fino a
tanto che il gruppo stesso non ha ottenuto alcun
seggio; dopo, la cifra di confronto è quella del
numero di voti più elevato raggiunto con la seconda addizione fino a che il gruppo ha avuto un
solo seggio e così di seguito. »

« Per il gruppo di partito la cifra di confronto
è quella dei voti ottenuti dal gruppo fino a tanto
che non è stato assegnato alcun seggio al gruppo
stesso. In seguito si ottiene la cifra di confronto
dividendo il numero dei voti del gruppo per la
cifra che corrisponde al numero dei seggi attribuiti a questo gruppo, aumentata di un'unità. Se
lo stesso candidato ottiene un seggio in due gruppi, ciascuno dei seggi che egli ha così ottenuti è
considerato nel calcolo come una metà di posto;
se uno dei candidati è classificato in tre gruppi,

ciascun posto è considerato come 1/3 di posto e così via. »

« Quando un gruppo ha già ottenuto tanti posti quanti sono i nomi segnati sulle schede concernenti l'elezione stessa, è escluso da altre ripartizioni. »

Questo sistema, che anche a noi non sembra davvero peccare per eccessiva chiarezza, è stato escogitato da un alto funzionario svedese, il signor Phragmen che è stimato uno dei più illustri matematici del suo paese, ma esso pare fatto apposta per mettere meglio in luce tutta la praticità e la semplicità del metodo del d'Hondt. E poichè non speriamo che gli articoli di legge da noi riportati siano valsi a dare una idea sufficientemente chiara del procedimento svedese, crediamo bene di riportare un esempio addotto dal diplomatico inglese Rennell Rodd nella Relazione al suo Governo, già da noi citata.

Si supponga una circoscrizione nella quale siano da eleggere cinque deputati. 1470 schede recano la indicazione del partito moderato e formano il gruppo M.: 2100 schede recano l'indicazione del partito liberale e formano il gruppo L.: 1500 schede sono senza indicazione di partito e costituiscono il gruppo libero. Occorre anzi-

tutto in ciascun gruppo stabilire l'ordine interno
dei candidati. Lasciamo da parte i supplenti per
non complicare anche di più la nostra esposizione.

Si prendono dunque le 1470 schede del gruppo N. e si nota che 900 di esse portano i nomi dei
candidati C., D. e S., 300 quelli di C., D. ed
N.; 210 quelli di D., S. e N. e 60 quelli di
C. ed S.

Sembrerebbe che poichè l'elettore è obbligato
a scrivere i nomi dei candidati uno sotto all'altro
secondo un ordine di preferenza, logicamente il
primo posto toccasse a C il quale è posto come
primo da 1260 su 1470 elettori: e infatti così appare disposto dal testo della legge quando oltre
la metà delle schede del gruppo porta lo stesso
primo nome. Ma forse questa è una modificazione introdotta nella discussione del disegno di
legge, perchè il Rennell Rodd, che aveva sott'occhio il disegno di legge originario, procede di-
versamente applicando al gruppo di partito, quelle che dalla legge appaiono essere le regole per
stabilire l'ordine di preferenza nel gruppo libero.

Ad ogni modo seguiamo il Rodd; sommando
i voti ottenuti da ciascun candidato, D. risulta
capolista perchè il suo nome si trova in 1410

schede : seguono 〈. con 1260 voti ; S. con 1170 ;
M. con 510. In seguito a tale risultato D. è classificato col numero 1 fra i candidati del proprio
gruppo. Per stabilire a chi spetti il secondo posto, bisogna riprendere in esame tutte le schede
considerando che quelle che contengono il nome
di D. debbono essere conteggiate agli altri candidati segnati sulle stesse schede, soltanto con
metà di valore.

Quindi abbiamo : 450 schede (950 :2) a 〈. e
S. ; 150 schede (300 :2) a 〈. e M ; 105 schede
(210 :2) a S. e M ; 60 schede a 〈. e S.

Tornando a sommare i voti di ciascun candidato in questo secondo conteggio si ha : 〈, 660 ;
S, 615 ; M, 255.

Al candidato 〈 spetta dunque il secondo posto
nella lista.

Bisogna ora procedere ad un terzo conteggio
per vedere a chi fra S ed M spetti il terzo posto :
le schede contenenti i nomi di D e 〈 già climi-
nati contano ora soltanto per un terzo e quindi
avremo : 300 schede (900 :3) a S ; 100 schede
(300 :3) a M ; 105 schede (210 :2) a S e M ; 30 schede (60 :2) a S. Quindi S in questo terzo conteggio
ha 435 voti e gli è assegnato il terzo posto, mentre M. ha il quarto posto.

Fissato così l'ordine di preferenza dei candidati del gruppo moderato che risultano disposti
in questo ordine : 1° D ; 2° ⟨ ; 3° S ; 4° N ; si fa
analoga operazione per i candidati del gruppo
liberale che supponiamo risultino così disposti :
1° A ; 2° D ; 3° B ; 4° C ; 5° H.

Le schede del gruppo libero sono anche esse
di varie specie e cioè : 800 recano scritti i nomi
di P e Q ; 100 di P e X ; 50 di Q ; 400 di X e Y ;
150 di X e Z. In questo gruppo P ha dunque 900
voti e X 600 ; gli altri, con votazioni minori, possono non considerarsi perchè non hanno alcuna
probabilità di riuscita.

Osserviamo, prima di procedere innanzi, che
sotto questo procedimento non poco astruso si
dissimula un vero e proprio voto graduale : infatti che cosa è successo per Q ? Ottocento elettori avevano votato per lui, ma ponendo il suo
nome dopo quello di P e quindi gli ottocento voti
non si sono considerati che come mezzi voti e
cioè per 400 voti interi, così che egli è stato pos-
posto ad X pel quale 550 elettori avevano votato
in prima linea e 100 in seconda linea, il che fa
una somma di 600 voti validi.

Si deve ora procedere alla ripartizione dei seggi ed abbiamo :

Gruppo M (1470 voti)	Gruppo L (2100)	Gruppo libero
D	A	P (900 voti)
K	D	X (600 voti)
S	B	
M	C	
	H	

Il gruppo L ha fra i tre la cifra elettorale più alta (2100 voti) e ad esso spetta il primo seggio che verrà quindi assegnato al primo dei suoi candidati, cioè ad A.

Ora i 2100 voti del gruppo L non contano più che per metà avendo quel gruppo già ottenuto un seggio e quindi le cifre di confronto sono: 1470 pel gruppo M; 1050 (2100:2) pel gruppo L; 900 pel gruppo libero. Essendo fra le tre la più elevata la cifra del gruppo M, ad esso spetta il secondo seggio che viene attribuito al primo dei suoi candidati cioè a D; quindi ora anche i voti del gruppo M non valgono più che la metà.

Le cifre elettorali di confronto per la nuova ripartizione sono dunque: 735 (1470:2) pel gruppo M; 1050 (2100:2) pel gruppo L; 900 pel gruppo libero.

La cifra elettorale più elevata fra queste è di nuovo quella del gruppo L al quale spetterà il

terzo seggio, che verrà assegnato al 2° dei suoi
candidati cioè a D.

Ma D è già stato eletto come primo candidato
del gruppo moderato e quindi, essendo egli eletto
come candidato di due gruppi, il suo seggio è
conteggiato soltanto come mezzo seggio per ciascun gruppo. Quindi il gruppo moderato non ha
avuto finora che mezzo seggio e la sua cifra elettorale non deve essere divisa per 2 ma per 1 e 1/2;
ed il gruppo liberale ha avuto un seggio e mezzo e quindi la sua cifra elettorale deve essere divisa non per 3 ma per 2 1/2.

Quindi le cifre di confronto per continuare nella ripartizione saranno ora 980 (1470 : 1 1/2) pel
gruppo M; 840 (2100 : 2 1/2) pel gruppo L; e
sempre 900 pel gruppo libero.

Essendo fra queste tre la cifra elettorale più
elevata quella del gruppo M, a questo spetterà
il seggio che sarà assegnato al secondo dei suoi
candidati C: avendo con ciò il gruppo moderato
avuto un seggio e mezzo i suoi voti dovranno
essere divisi per 2 e 1 2.

Le nuove cifre elettorali sono dunque: 588
(1470 : 2 1/2) pel gruppo M; 840 (2100 : 2 1/2) pel
gruppo L; e sempre 900 pel gruppo libero. La
cifra elettorale di questo ultimo è dunque dive-

nuta la più alta ed al primo dei suoi candidati P spetterà il seggio.

Il quinto ed ultimo seggio spetterà evidentemente al gruppo liberale che resta con la cifra elettorale di 840 contro quella di 588 del gruppo moderato e quella di 600 del secondo candidato del gruppo libero : e quindi il quinto seggio della circoscrizione sarà assegnato a B, terzo candidato del gruppo liberale.

Ma a che serve tutta questa complicazione? Se non vi fosse stato il candidato comune alle due liste, procedendo nelle divisioni si sarebbero avuti due candidati eletti del gruppo liberale con le cifre elettorali 2100 e 1050; due candidati eletti del gruppo moderato con le cifre elettorali 1470 e 735; un candidato del gruppo libero con la cifra elettorale 900. Precisamente cioè come si sarebbe fatto (ma con quanta maggiore semplicità e rapidità!) col metodo d'Hondt.

Con questo sistema svedese si è guadagnato che essendo un candidato portato da più liste e riuscendo eletto in più liste la sua elezione grava in parti eguali sulle varie liste nelle quali è stato compreso; ma ci sembra un nonsenso il pretendere che l'elettore definisca i candidati pei quali vota con la denominazione di un partito politico

e poi, al tempo stesso, permettere che uno stesso candidato figuri in più liste. Nell'esempio da
noi addotto 1410 elettori hanno dovuto scrivere
accanto al nome di D la qualifica di « moderato »
ed altri 1950 quella di « liberale ». Non crediamo
che possa pensarsi forma più curiosa di *panachage!*

Rimane ora a vedere come si designa il supplente per un deputato defunto o dimesso. Anche in ciò la legge svedese non è davvero semplice : si riprendono le schede nelle quali figura-
va il nome dell'eletto che si tratta ora di sostituire ed omettendo i nomi dei candidati già eletti si
procede come se si trattasse di stabilire un nuovo
ordine di preferenza.

In ciò ci sembra che si senta non poco l'influenza del sistema Hare-Andrae e il concetto del voto
trasmissibile.

E con ciò mi sembra di avere esaminato tutte
le più notevoli applicazioni della R. P. nelle elezioni politiche fuori d'Italia.

L'IDEA DELLA R. P. IN ITALIA

Le prime voci di scrittori italiani per invocare la equa rappresentanza delle minoranze risalgono fino all'anno del primo fiorire delle nostre libertà : al 1848.

Tale concetto è infatti espresso da Terenzio Mamiani nella *Lega Italiana* di Genova il 1° Marzo 1848 (1) ed Antonio Rosmini per le idee esposte in un suo scritto dello stesso anno (2) sembra quasi un precursore del sistema del quoziente dell'Hare : soltanto il metodo elettorale da lui proposto mira ad ottenere che tutti i proprie-

(1) Tale scritto è ristampato in : MAMIANI, Scritti politici, Firenze, Le Monnier 1864, p 244.

(2) ROSMINI. La Costituzione secondo la giustizia sociale, Lugano-Milano 1848.

tarii siano rappresentati in proporzione del loro avere.

Infatti il Rosmini, dopo avere affermato che fondamento della società civile è la proprietà e quindi chi più possiede deve avere una influenza sociale proporzionalmente maggiore, stabilisce nella sua proposta di legge : « Ciascun collegio elettorale elegge un solo deputato. Divisa la somma totale delle imposte dirette pel numero complessivo dei deputati, il quoto è rappresentato da un collegio elettorale. I proprietari maggiori si uniscono in numero sufficiente per formare un collegio, che paga allo stato di imposte dirette la quota rappresentata da un Collegio. »

« Allo stesso modo si uniscono in Collegi gli altri contribuenti, sempre unendosi collegialmente, prima quelli che pagano di più e successivamente quelli che pagano di meno. La prima metà di questi collegi elegge i Deputati della prima Camera ; la seconda metà i deputati della seconda Camera ».

Con questo progetto veramente oligarchico si giungeva a concedere ad un proprietario che pagasse da solo tante imposte dirette da uguagliare la quota fissata, il diritto di designare se stesso a deputato della prima Camera. Osserva però

giustamente il Genala (1) che la importanza storica della proposta del Rosmini sta nel fatto che
questi « avesse intraveduto la necessità del quoziente per ottenere che la proporzione da lui stabilita tra il potere dei varii elettori fosse mantenuta intatta ».

FORTUNA DEL SISTEMA HARE IN ITALIA

Ma la diffusione dell'idea proporzionalista in
Italia si iniziò soltanto parecchi anni dopo e per
effetto diretto degli scritti dell'Hare e dell'approvazione e del consenso che essi avevano ottenuto
da john Stuart Mill.

Il Saredo ne parla nel 1862 in una sua lezione
alla Università di Parma e non solo pone in rilievo l'importanza del sistema Hare, ma afferma
che ad esso è riserbato un grande avvenire e ne
propugna lo studio e l'applicazione anche in Italia. (2).

Nel 1867 la R. Accademia di Scienze Morali e

(1) *Op. cit.* p. 152.

(2) Cfr. SAREDO. PRINCIPII DI DIRITTO COSTITUZIO-
NALE, Parma 1863 Vol. II p. 182 e segg.

Politiche di Napoli bandisce un concorso sul tema della riforma elettorale e i due lavori premiati, quelli del Padelletti e del Serra Groppello si occupano ambedue con simpatia del sistema dell'Hare.

Il Padelletti (1) si professa apertamente favorevole al principio proporzionalista e sostiene il sistema dell'Hare; il Serra Groppello (2) mostra bensi l'attuabilità del principio, ma rinunzia a propugnarlo per l'Italia, giudicando i sistemi proposti bisognevoli ancora di profondi studii.

Nel 1869 il sistema dell'Hare è esposto e discusso con ampiezza in un volume del Palma (3); nel 1870 in una dissertazione di laurea del Ferraris (4): ed ambedue sono sostenitori del quoziente e del voto singolo trasmissibile.

---

(1) PADELLETTI GUIDO. Teoria dell'elezione politica, Napoli 1870.

(2) SERRA GROPPELLO. Della riforma elettorale, Firenze 1868.

(3) PALMA LUIGI. Del potere elettorale negli Stati liberi. Milano, Treves, 1869. Cfr. anche la esposizione e critica delle idee del Palma nel BRUNIALTI pp. 448 e segg.

(4) FERRARIS CARLO. La rappresentanza delle minoranze nel Parlamento. Torino 1870.

Nel 1871 il Brunialti (1) ed il Genala (2) dànno allo studio della questione due scritti estesi, precisi, organici e ricchi di documentazione sulla legislazione straniera in argomento, così da permettere a chiunque di farsi un'idea chiara e esatta della controversa questione, dei dibattiti da essa sollevati, delle numerose soluzioni già escogitate.

Col Genala (3) anzi cominciava la serie delle proposte concrete per applicare in Italia la rappresentanza proporzionale ed egli informava gli articoli del suo progetto a questa massima : « che bisogna mantenere sempre intatta l'unità del voto; derogare all'unità del collegio di quel tanto che è strettamente necessario per rendere applicabile a una data elezione il sistema ; e nel tempo stesso conservare il più che è possibile l'unità del quoziente ». Il Genala presentava tre schemi

---

(1) BRUNIALTI ATTILIO. LIBERTA E DEMOCRAZIA — STUDI SULLA RAPPRESENTANZA DELLE MINORITA. Milano, Treves, 1871.

(2) GENALA FRANCESCO. — DELLA LIBERTA E EQUIVALENZA DEI SUFFRAGI NELLE ELEZIONI OVVERO DELLA PROPORZIONALE RAPPRESENTANZA DELLE MAGGIORANZE E MINORANZE. STUDIO CRITICO, Milano, Vallardi 1871.

(3) Op. cit. pp. 200 e segg.

di proposte : la prima per le elezioni dei membri dei Consigli Comunali e delle Commissioni delle Camere e di altri istituti pubblici o privati ; la seconda per le elezioni politiche con l'unità di collegio ; la terza per le elezioni politiche con la pluralità dei collegi.

Nelle elezioni della prima categoria il quoziente si sarebbe dovuto ottenere dividendo il numero dei votanti per il numero degli eligendi più uno, aggiungendo poi al quoziente una unità ; se il numero dei candidati che riuscivano eletti per aver raggiunto il quoziente cosi determinato risultava inferiore al numero degli eligendi, per compire questo numero si doveva abbassare il quoziente elettorale di una unità e sottrarre un voto a ciascun eletto e passarlo al surrogato, e così di seguito finchè il numero dei rappresentanti fosse compiuto.

Nelle elezioni politiche, mantenendosi l'unità del collegio, per determinare il quoziente si doveva prendere a divisore il numero dei deputati, 508, e a dividendo il numero dei voti complessivamente ottenuti dai 508 eletti nella precedente elezione generale (ovvero il numero medio risultante dal confronto delle tre o quattro ultime elezioni).

Ma il Genala pensava che fosse meglio dividere lo Stato in cinque grandi collegi comprendenti il 1° l'Italia settentrionale; il 2° la centrale;
il 3° la meridionale; il 4° la Sicilia; il 5° la Sardegna, assegnando a ciascuno di questi collegi
un numero di deputati proporzionato al numero
medio dei votanti presentatisi alle urne nelle ultime due o tre elezioni generali. Nè il Genala esclu-
deva che le circoscrizioni potessero essere anche
molte più di cinque fino ad essere tante quante
le regioni e magari quante le provincie, ma il
quoziente doveva in ogni caso rimanere unico
per tutta l'Italia.

Le operazioni di spoglio e di scrutinio avvenivano sempre secondo il sistema Hare.

Noi non seguiremo qui — perchè non ne vedremmo l'utilità — le discussioni sollevate da tali
proposte e le modificazioni che altri sostenevano
dovessero esservi introdotte (1) nè esporremo tutte le elaborazioni e i rimaneggiamenti per adattare il sistema Hare all'Italia. Non possiamo però
lasciare in dimenticanza un nobile sforzo colletti-

---

(1) Cfr. PADELLETTI: LA R. P. IN ITALIA. *Nuova
Antologia.* Sett. 1871 e VIDARI: LA R. P. in *Archivio
Giuridico,* Dic. 1871.

vo dovuto alla simpatia destata in Italia dalla
causa della R. P., che si identificava allora nel
sistema Hare, e che fu compiuto con la costituzione della *Associazione per lo studio della Rappresentanza Proporzionale*.

L'ASSOCIAZIONE ITALIANA PER LA R. P.

Il 16 maggio 1872 in Roma i deputati Ruggie-
ro Bonghi, Emilio Broglio, Luigi Luzzatti, (1)
Pasquale Stanislao Mancini, Angelo Messedaglia, Marco Minghetti, Ubaldino Peruzzi, il vi-
ce-presidente del Senato Terenzio Mamiani, i professori Attilio Brunialti, Guido Padelletti, Giuseppe Saredo, l'avv. Francesco Genala ed il ban-
chiere avv. Alessandro Spada tennero una adunanza nella quale deliberarono di costituirsi in comitato promotore di una associazione per lo studio della R. P.

Nessuno vorrà negare che tutti i proporzionalisti italiani possono sentirsi orgogliosi di tali pre-
decessori!

---

(1) L'on. LUZZATTI aveva già mostrato l'importanza del sistema Hare nelle sue lezioni all'Università
di Padova. (Cfr. BRUNIALTI *op. cit.* p. 456).

I convenuti deliberavano di non occuparsi delle condizioni dell'elettorato e della eliggibilità e di limitare i propri studi alla procedura con la quale la elezione si compie.

Da due memorie del Brunialti e del Genala, delle quali in quella stessa adunanza si deliberava la pubblicazione, risultavano i seguenti principali quesiti sui quali poteva rivolgersi lo studio della nascente associazione :

« 1° I metodi di votazione oggi in uso in Italia e altrove nelle elezioni amministrative e politiche, corrispondono essi pienamente ai principii e allo scopo del sistema rappresentativo ?

2° Vi corrisponde il concetto della rappresentanza proporzionale ?

3° Fra i metodi finora sperimentati, quali sono quelli che meglio condurrebbero alla rappresentanza proporzionale ?

4° Quali sono i difetti di detti metodi e come portarvi rimedio? »

Quindi si approvava il breve statuto della costituita *Associazione per lo studio della rappresentanza proporzionale*, il cui primo articolo diceva :

« Questa Associazione ha per iscopo lo studio delle procedure elettorali conducenti alla rappre-

sentanza proporzionale, esclusa qualsiasi questione relativa all'elettorato ed alla eleggibilità ».

Terenzio Mamiani assumeva la presidenza
provvisoria della Associazione, della quale il prof.
Brunialti e l'avv. Genala erano i segretari.

Nel successivo mese di giugno l'Associazione
pubblicava il suo primo Bollettino, un fascicolo
di 55 pagine, denso di notizie e di dottrina, nel
quale era particolarmente notevole una ricca bibliografia ragionata che dava adeguata idea del
movimento proporzionalista in tutto il mondo :
«In mezzo a tanta dovizia di studi e di proposte —
concludeva il Bollettino — la Società nostra pensa inoltrarsi ; e, prendendo ogni cosa in esame,
raccogliendo i risultati che l'esperienza comincia
a fornire, sceverando il buono dal cattivo, tenendo sempre dinanzi agli occhi lo stato del nostro
paese e il carattere delle varie elezioni — presentare, come frutto de' suoi studi, una o più proposte pratiche, applicabili alle elezioni private, amministrative, politiche di Italia ». (1) Il Bollettino
fu distribuito a tutti i Senatori e Deputati.

_____

(1) Cfr. Ass. per lo studio della R. P. — Bollettino I° Giugno 1872, p. 55. Di questi Bollettini ne furono poi pubblicati altri tre : il 2° nell'Ottobre 1872 (pp.
56-268); il 3° nel marzo-aprile 1873 (pp. 269-382); il 4°

Nello stesso mese di giugno l'Associazione compieva la sua prima pubblica manifestazione facendo oggetto di ampia e solenne discussione la rappresentanza proporzionale in un Convegno indetto in Firenze d'accordo con l'Accademia dei Georgofili. L'Accademia invitò ad intervenire tutti coloro che in Italia ed all'estero si erano occupati della riforma e l'importante tema fu discusso nelle due pubbliche sedute del 29 e 30 giugno 1872.

Il Genala espose lo stato della questione mostrando perchè il sistema elettivo vigente potesse dirsi erroneo, ingiusto, dannoso e quello nuovo proposto vero, giusto ed utile.

Contro le conclusioni del Genala parlò, per ragioni di principio, l'avv. Luchini; a favore della R. P. parlarono il Pareto, il Fontanelli, il Brunialli, il Sonnino; poi, per replicare al Luchini, il Genala, e per controreplicare il Luchini. Dopo di che parve esaurito il primo punto che si era inteso di fare oggetto di discussione in quella riunione, e cioè la maggiore o minor bontà del sistema

---

ed ultimo nell'agosto 1873 (pp. 383-512): degli altri quattro che, proseguendo la numerazione della serie videro la luce dal 1882 al 1885, diremo tra breve.

della R. P. Nell'adunanza del giorno seguente,
30 giugno 1872, si discusse invece il secondo quesito cioè : esame speciale di ogni sistema per vedere quale sarebbe di migliore attuabilità pratica. A questa discussione parteciparono Carlo
Ferraris, Augusto Franchetti, Sidney Sonnino,
Ubaldino Peruzzi ed il Genala, tutti proporzionalisti non solo, ma tutti favorevoli al sistema
dell'Hare, sia pure ritoccato e modificato. Si conveniva però di rimandare la decisione ad un altra conferenza da riunirsi pure in Firenze presso
l'Accademia dei Georgofili.

Tra le varie trasformazioni del sistema del quoziente con voto trasmissibile, ci piace far cenno
alquanto più esteso della proposta di Sidney Sonnino, il quale dedicò ad essa anche una speciale
pubblicazione (1).

Non crediamo veramente di rendere un servi-
gio all'on. Sonnino riesumando questo suo studio di giovinezza, che appartiene al tempo nel

---

(1) SONNINO SIDNEY. DELLA RAPPRESENTANZA PRO-
PORZIONALE IN ITALIA, Firenze, Barbera 1872. Cfr. l'a-
cuta confutazione del GENALA nel N° 3 del BOLLETTI-
NO (pagg. 351-362). Il GENALA dimostra che il sistema originale dell'Hare merita la preferenza su quello del Sonnino.

quale egli era altrettanto ardente fautore del suffragio universale; ma ci piace di documentare le
ragioni per le quali la R. P. non riuscì a divenire
popolare in Italia, nonostante il fervore di studiosi volenterosi, e l'interessamento di autorevoli
parlamentari. Egli è che il sistema Hare non era
fatto per essere assimilato dallo spirito pratico del
popolo italiano e le ingegnose, ma non poco
astruse variazioni, con le quali lo tormentavano
i suoi stessi sostenitori, non erano certamente fatte per conciliargli numerose simpatie. A titolo
di curiosità storica disseppelliamo dunque, dopo
quaranta anni, il progetto dell'ora ex Presidente
del Consiglio : « Si divida l'Italia in quindici a
venticinque circondarii elettorali, ad ognuno dei
quali si assegni, prendendo per base la popolazione, l'elezione di venti a trenta deputati ».

« Ogni circondario sia diviso in più sezioni in
cui si raccolgono i voti, per quindi essere tra-
smessi all'ufficio centrale del circondario. Si pubblica nella Gazzetta Ufficiale la nota dei candidati proposti da un certo numero di elettori, pre-
vio il pagamento di una tenue somma ».

« Gli uffici di revisione saranno costituiti da
tre delegati dell'autorità comunale o provinciale,
del potere giudiziario e dell'autorità politica ».

« Le urne si lasceranno aperte per tre giorni consecutivi di cui uno dovrà essere festivo ».

« L'elettore può scrivere fino a due nomi sulla scheda nell'ordine di sua preferenza. Il voto non sarà valido che per una sola persona. Egli può ripetere due volte lo stesso nome. E' pure facoltativo lo scrivere sul rovescio della scheda la propria firma con l'indirizzo ».

« Il voto deve essere scritto di proprio pugno dall'elettore alla tavola dell'ufficio ».

« Terminata la votazione si conta in ogni sezione il numero dei voti ricevuti e se ne spedisce pronta notizia all'ufficio centrale. Questo divide il totale dei voti dati nel circondario per il numero dei deputati da eleggersi e determina così il quoziente ».

« Ricevuti i pacchi delle schede da tutte le sezioni, l'ufficio centrale procede allo spoglio esaminando soltanto i voti dati in prima fila sulle schede, dichiara eletti tutti quelli che hanno riportato un numero di voti uguale al quoziente, annullando le schede ad essi assegnate. Si assegneranno per prime le schede contenenti un solo nome. Per le altre si procederà secondo l'ordine casuale in cui verranno esaminate ».

« Il nome dei candidati già dichiarati eletti, si

annulla nella prima riga di tutte le altre schede,
e così pure il nome di tutti quelli che in prima
fila non hanno ottenuto il numero dei voti voluto
dal quoziente, eccettuando però quelle schede che
non contengono che un solo nome ».

« Si procede quindi allo scrutinio dei nomi indicati in seconda fila, insieme con quelli rimasti
della prima, e si dichiarano eletti tutti quelli che
hanno raggiunto il quoziente annullando le schede loro assegnate ».

« Nello spoglio delle schede si noteranno via
via i voti dati ad ogni candidato sopra una tabella divisa in tante colonne verticali quante sono
le sezioni del circondario; e in linee orizzontali
due per ogni candidato, ecc. ».

« Di tutti i nomi dei candidati, nominati in
seconda fila sulle schede che ancora rimangono,
si formerà una lista generale, disponendoli per
ordine decrescente secondo il numero dei voti ottenuti, esclusi però quelli che ne ebbero meno
di 30 ».

« Si convocano in adunanza tutti codesti candidati, e il presidente dell'uffizio li interpella l'u-
no dopo l'altro a quale dei candidati della lista
vogliono trasmettere i loro voti. Egli comincia
dai candidati che hanno voti eccedenti il quo-

ziente e segue l'ordine della lista. Il dichiarante potrà dividere tra più candidati i voti di cui dispone ».

« Il candidato che raggiunge il quoziente è eletto.

« Il presidente procede poi a interpellare i candidati che rimasero al disotto del quoziente, cominciando da quello che ha meno voti e risalendo verso chi n'ha di più ».

« La trasmissione non è obbligatoria. Se il candidato dichiara di non voler cedere a nessuno i suoi voti, il suo nome viene scritto in una lista a parte ».

« Si continuano le cessioni fino a che non sieno occupati tutti i seggi. Se non si trova più chi voglia cedere i suoi voti e mancano ancora alcuni deputati, si dichiarano eletti quelli della lista che hanno più voti degli altri ».

« Quando una stessa persona sia stata eletta in due o più circondari, dovrà scegliere uno di essi nel termine di tre giorni dall'avviso ».

« Cederà i suoi voti a un altro candidato; se non vuole si prenderà dalle liste colui che ha maggiori voti ».

« Si conservano tutte le schede, formandone

dei pacchi divisi secondo i nomi dei candidati a cui i voti furono in ultimo assegnati ».

« Cessando un candidato dalle sue funzioni, si riprende il pacco delle schede a lui attribuite e si spogliano colle norme seguenti : Quando il deputato cessante era stato nominato coi voti di prima fila, si convocheranno tutti i candidati nominati in seconda fila su quelle stesse schede ; e questi, insieme con tutti gli altri pure di seconda fila, che nelle elezioni generali rimasero non eletti e non fecero cessione, nomineranno, a maggioranza relativa, il nuovo deputato, scegliendolo fra tutti i cittadini eleggibili. Quando invece il deputato cessante era stato nominato direttamente coi voti di seconda fila, o indirettamente dagli altri candidati di seconda , si rimetterà l'elezione del nuovo deputato, con lo stesso sistema ; nel secondo caso supposto a questi candidati di seconda convocati in adunanza insieme a quelli di prima fila nominati nelle schede che direttamente vennero assegnate al deputato cessante: e nel primo caso a questi soli candidati di prima fila, sempre col concorso di quelli rimasti finora nelle elezioni generali senza aver fatta la cessione ».

« Il minimo di voti richiesto per intervenire a queste adunanze dovrebbe essere inferiore a quello voluto per le elezioni generali (si dica da 5 a 10 voti), per quanto riguarda le schede attribuite direttamente al deputato cessante ».

« Nelle adunanze si computano i voti dei can-didati non per persona ma secondo il numero dei suffragi, che ciascuno rappresenta nelle schede state aperte ».

« Quando si debba nello stesso tempo procede-re a più elezioni parziali nel medesimo circonda-rio, si eseguiranno tutte con un'unica operazio-ne, in una sola adunanza lasciando ogni libertà agli elettori di aggrupparsi come meglio cre-dono ».

Sembrava così al Sonnino di avere fuso il si-stema dell'Hare e l'altro del Dobbs (1) in un nuo-vo sistema che « univa la semplicità alla giusti-zia, rispettava i principii fondamentali della ri-forma, e ne rendeva agevole e facilmente intellí-gibile la pratica attuazione ».

---

(1) Cfr. ARCHIBALD E. DOBBS: GENERAL REPRE-SENTATION ON A COMPLETE READJUSTMENT AND MODIFICA-TION OF MR. HARE'S PLAN. London 1871. Il DOBBS pro-poneva che i candidati potessero trasmettere ad altri candidati i voti loro inutili perchè eccedenti la quota o così scarsi da non poter lasciar loro la speranza di raggiungerla.

Non crediamo che il lettore il quale si sia reso
conto del progetto riferito qui sopra, sarà dello
stesso parere. E ciò ci risparmia d'insistere su
alcune particolarità del tutto accessorie del sistema, come quelle delle urne lasciate aperte per tre
giorni; della firma con l'indirizzo dietro le schede, delle schede sulle quali si doveva scrivere :
" voto in prima fila per il signor Tizio e in seconda per il signor Caio » perchè non crediamo che
si sia mai pensato a dare all'elettore italiano,
già così fertile di geniali trovate, un modo più
elegante e più sicuro per fare di ogni erba fascio
con la sicurezza della impunità.

Intanto l'Associazione ed i suoi membri, agi-
tavano la questione nel Paese : una conferenza e
una discussione avevano luogo il 20 dicembre
1872 all'Ateneo Veneto, proseguite in altre due
sedute del 23 e 30 gennaio 1873 ed un'altra lettura seguita da discussione aveva luogo a Genova per cura della Società di Pubbliche Letture il
5 gennaio 1873. (1)

In un'adunanza generale dell'Associazione, te-

_____

(1) Abbondiamo nella citazione di queste date sol
per mostrare come il movimento proporzionalista fosse nei suoi inizii tanto intenso quanto doveva essere
effimero.

nutasi a Roma il 29 febbraio 1873 nell'Università, si stabiliva lo statuto definitivo dell'Associazione stessa e si eleggeva il consiglio direttivo
nelle persone del senatore Terenzio Mamiani e
dei deputati Bonghi, Boselli, Di Broglio, Cairoli, Luzzatti, Mancini, Minghetti, Messedaglia, Peruzzi; degli avvocati Genala e Lucchini,
e dei professori Brunialti, Padelletti e Palma: il
Consiglio nella sua adunanza del 5 marzo eleggeva-
va presidente il Mamiani, vice presidenti, Benedetto Cairoli e Marco Minghetti, segretari il Brunialti e il Genala.

Circa i temi da discutersi nella nuova adunanza di Firenze ai Georgofili il Consiglio, su proposta di Marco Minghetti, approvava che si dovessero: « esaminare ad uno ad uno i quattro sistemi del voto cumulativo, del voto limitato, della
lista libera e del quoziente, lasciando tuttavia
una certa larghezza di vedute per compararli tra
loro ed esaminarne le varie forme, non trascurando, dove occorra, di risalire ai principi generali ». Poi, per precisare ancor meglio i limiti
della discussione, su proposta di Pasquale Stanislao Mancini, si approvava anche la seguente
proposta: « fermare l'attenzione alle elezioni amministrative e private con speciale riguardo alle

elezioni comunali, e non parlare delle politiche
se non dopo esaurita la discussione intorno a
quelle, possibilmente in una nuova conferenza ».

Un'altra discussione importante si ebbe il 16
marzo 1873 alla Società per le discussioni giuridiche nell'Università di Roma : la discussione
diretta dal prof. Saredo proseguì anche il giorno
19 e terminò con la vittoria dei fautori della R. P.
Anche la Società di Scienze Giuridiche e Politiche di Torino tenne due discussioni sull'argomento.

Al 31 marzo 1873 l'Associazione contava circa
cento soci tra i quali i deputati Amore, Baracco,
Bonghi, Boselli, Broglio, Cairoli, Depretis, Fa-
no, Finali, Caetani, Guerrieri-Gonzaga, Guer-
zoni, Luzzatti, Mancini, Manfrin, Messedaglia,
Minghetti, Peruzzi, Ricasoli; i senatori Cacace,
Camozzi, Mamiani, Montanari; e poi professori
di Università come il Garelli, il Magenta, il Pa-
cifici Mazzoni, il Padelletti, il Pepere, il Pessina,
il Pierantoni, il Saredo, il Serafini, il Vidari, lo
Zuppetta e poi magistrati, professionisti e giovani che hanno poi acquistato notorietà nella politica e nella scienza come Leopoldo Franchetti
Vilfredo Pareto, Sidney Sonnino ed altri ancora

fra cui Antonio Nordini allora Prefetto di Napoli. (1)

Il 4 maggio 1873 si apriva la nuova pubblica conferenza all'Accademia dei Georgofili e alla discussione, veramente elevata, partecipavano il Genala, il Peruzzi, il Luchini, il Sonnino, il Fontanelli, Leopoldo Franchetti, il Boselli, il Pareto.

Insomma il problema era largamente posto dinanzi al Paese : scorrendo i Bollettini dell'Associazione si vede che non vi è quasi giornale o periodico italiano del tempo, dei maggiori e dei minori, dei grandi e dei piccoli centri che non pubblicassero articoli sul dibattuto argomento : di più i sistemi proporzionali erano cominciati ad adottare in via di esperimento nelle Associazioni private : il Circolo Filologico di Fi-

(1) Erano questi precedenti proporzionalisti in Italia che muovevano forse il deputato socialista Calda a dire alla Camera nella tornata del 30 aprile 1910: « Ed è singolare che oggi la rappresentanza proporzionale diventi un postulato democratico! Ricordo che la rappresentanza proporzionale era propugnata dal Minghetti e combattuta dal Bovio e dal Cavallotti » (ATTI PARL. CAM. DEI DEP.; LEG. XXIII : 1ª Sess. p. 6474). A dire il vero il Bovio e il Cavallotti erano contrari non alla R. P. ma all'artificiosa e illusoria rappresentanza delle minoranze mediante il voto limitato.

renze adottava il sistema del quoziente e del voto
singolo trasmissibile per l'elezione del suo consiglio direttivo; la Società operaia di S. Giovanni
in Valdarno faceva altrettanto, ma scegliendo il
sistema della lista libera e se ne trovava contenta
perchè il nuovo sistema eliminava un antico antagonismo fra gli operai meccanici e addetti al
trasporto e alla spedizione e quelli della Ferriera
propriamente detta; anche la Banca Operaia mu-
tua di Sampierdarena adottava il quoziente e il
voto singolo (1).

Ben a ragione dunque Ernesto Naville (2) rendendo conto dei progressi dell'idea proporzionalista poteva citare a titolo di onore quanto si veniva facendo in Italia e dire: « Per la qualità dei
suoi membri, per l'attività dei suoi sforzi, per
l'abbondanza delle notizie bibliografiche pubblicate nei suoi Bollettini, per le discussioni che essa
suscita nelle grandi città della Penisola, l'Associazione italiana cammina sempre più alla testa

---

(1) Cfr. le relazioni di questi esperimenti tatte dal
FONTANELLI, dal PARETO e dal CONTE nel Bollettino IV dell'Ass. per la R. P.; pagg. 455-462.

(2) NAVILLE Les progrès de la Réforme Electorale
en 1873 — Rapport présenté à l'Association réformiste
de Genève le 14 Janvier 1874. Genève 1874.

del movimento riformista in Europa; per noi è una sorella minore che ci supera in statura ed in vigore, ma noi ce ne rallegriamo senza ombra di gelosia ».

Ohimè, chi avrebbe detto che questo inno di vita all'Associazione Italiana, poteva già quasi considerarsi un canto funebre !

Il movimento proporzionalista in Italia era già più fiacco nel 1874, quasi cessato nel 1875 (1). Alla Associazione mancavano soprattutto i mezzi finanziari per tirare avanti.

E, melanconicamente, nella seduta del 30 giugno 1875 l'Associazione che sembrava destinata a vita cosi rigogliosa, presenti soli 9 soci, veniva posta in liquidazione e disciolta : nel triennio si erano introitate dai soci 1850 lire e se ne erano spese 2.648, quasi tutte per spese di stampa e di posta.

Qualcuno potrà forse giudicare superfluo o

_____

(1) Nel maggio del 1875 l'idea della R. P. faceva una timida comparsa nella Camera perchè discutendosi una proposta di legge De Zerbi, intesa a modificare la costituzione dei seggi elettorali, nell'ufficio IX l'on. Genala, sostenuto dagli on. Luzzatti e Auriti fece accogliere l'idea del voto unico per l'elezione degli scrutatori.

troppo diffuso il ricordo che noi abbiamo voluto
fissare in queste pagine della effimera vita del-
l'Associazione, ma a noi sembra che essa sia per
quanto breve, cosi ricca di insegnamenti da meritare un cenno non del tutto fugace.

Anzitutto essa serve a dimostrare che la sola
volta che l'idea della R. P. è stata agitata seria-
mente in Italia ha trovato largo consenso, almeno di parole, nel campo degli studii e della politica. Poi è giusto rammentare che, quando il sistema dell'Hare attraeva su di sè l'attenzione
dell'Europa, l'Italia è stata fra i paesi che più
l'hanno studiato ed hanno cercato di perfezionar-
lo e di adattarlo alle proprie necessità.

Tutto ciò deve far supporre che quando si inizii in italia un serio movimento proporzionalista,
oggi che i sistemi escogitati sono di gran lunga
superiori ed hanno il conforto di una esperienza
come quella svizzera e belga, per dir solo delle
maggiori, esso dovrebbe essere secondato da largo favore.

Inoltre la R. P. è da molti giudicata oggi, così
ad orecchio, come una delle tante trovate dei co-
siddetti *sovversivi* i quali cercano il modo di essere più rappresentati in parlamento : era invece

doveroso documentare che la tradizione proporzionalista in Italia è sopratutto conservatrice poichè ebbe a padrini uomini come il Mamiani, il
Minghetti, il Mancini, il Bonghi, mentre, dal-
l'altra sponda, si univano ad essi in intento comune il Cairoli e il Depretis.

E poi la breve storia da noi narrata è istrutti-
va anche per altre ragioni e si presterebbe a tante
e tante considerazioni, anche un po' amare! Ma
esse sono di carattere generale, escono dall'ambito preciso della rappresentanza proporzionale e
lasciamo che il lettore, se vuole, le faccia da sè!

Non è a dire che dal 1875 ad oggi non si possa
trovare qualche sporadica manifestazione a favore della R. P., ma movimento organico ed ordi-
nato per ottenere la riforma non ve ne è più.

L'Associazione anzi si ridestò dopo sette anni
di letargo nel 1882 con una circolare del suo Pres-
sidente Terenzio Mamiani e in un'adunanza tenuta a Roma l'11 Marzo 1882 si ricostituì confer-
mando presidente il Mamiani ed eleggendo vice-
presidenti gli on. Benedetto Cairoli e Marco
Minghetti, segretarii gli on. Genala e Brunialti,
vice-segretario l'avv. G. A. Rossi, a cui si ag-
giunse poi l'avv. Racioppi.

In questa sua nuova fase, assai poco vitale, l'Associazione pubblicò quattro bollettini, continuando numericamente la serie dei primi quattro pubblicati dal 1872 al 1875: e cioè il V° nell'Aprile 1882; il VI° nell'Ottobre 1882; il VII° nel Dicembre 1883; l'VIII° nell'Agosto del 1885.

L'errore fondamentale di questo risveglio della Associazione fu di stimare che non fosse più « il momento opportuno di discutere dei varii metodi conducenti alla rappresentanza proporzionale » ma che bisognava attenersi intanto al voto limitato adoperandosi a migliorarne la forma ed estenderne l'applicazione.

Quando poi l'esperienza si fu incaricata di mostrare quali tristi effetti sapesse produrre il voto limitato noi vediamo le colonne del Bollettino riaprirsi a discussioni veramente proporzionaliste, ma sempre ispirate alla fedeltà verso il voto preferenziale sul tipo del sistema Hare. Si ha traccia è vero che l'avv. Rossi fosse sostenitore del sistema ginevrino della concorrenza delle liste, ma il Racioppi accentuava le critiche che aveva già svolte nel suo volume contro il sistema svizzero, inclinava piuttosto pel voto cumulativo e censurava vivamente il sistema proposto dal

d'Hondt giudicandolo inferiore di assai a quello dell'Hare. (1)

L'Associazione fu rappresentata dall'avv. Rossi alla Conferenza Internazionale di Anversa del
1885, ma in quell'anno era già di nuovo *in ex-
tremis*, e con la morte di Terenzio Mamiani essa
si disciolse. Del resto le sue scarse e rade manifestazioni erano rimaste infeconde.

IL PERIODO DELLO SCRUTINIO DI LISTA

Una delle ragioni più forte di tale arresto del
movimento proporzionalista in Italia era stato

(1) Questi quattro bollettini pubblicati fra il 1882
e il 1885 e divenuti oggi molto rari (ne possiede una
copia la Biblioteca Nazionale di Firenze) sono assai
utili a consultarsi per le molte indicazioni bibliografiche sul movimento proporzionalista, e in particolar
modo su quello italiano nel decennio 1875-1885 ed anche per non pochi scritti assai importanti fra i quali
ricordiamo:

— LA STORIA DEL VOTO LIMITATO — pp. 22-29.

RACIOPPI: LA RAPPRESENTANZA DELLE MINORANZE
NELLE ELEZIONI COMUNALI — pp. 137-150.

BARONE P. V. — LA R. P. IN INGHILTERRA — pp.
176-192.

RACIOPPI. IL SISTEMA D'HONDT E IL VOTO PREFEREN-
ZIALE (pp. 193-217).

senza dubbio l'iniziarsi dell'agitazione per l'allargamento del suffragio che, apparendo di urgenza più immediata, aveva preso il sopravvento su ogni altro problema di natura elettorale.

Venne infatti il disegno di legge Depretis per l'estensione del voto e la sostituzione dello scrutinio di lista al collegio uninominale e suscitò così vivo ardore di discussioni da far passare in seconda linea ogni altra questione. (1)

_____

(1) L'on. Depretis, che aveva appartenuto all'*Assoc. per la R. P.* si era proposto la questione. Infatti nella relazione premessa al suo disegno di legge (Cfr. ATTI PARL.; CAM. DEI DEP. SESSIONE del 1878-79 — Doc. n. 190 Progetto presentato dal Pres. del Cons. Depretis nella tornata del 17 Marzo 1879 per la Riforma della legge elettorale politica del 17 Dicembre 1860) l'on. Depretis scriveva:

«Ho anche lungamente meditato se convenisse associare l'introduzione dello scrutinio di lista con uno di quei sistemi di rappresentanza proporzionale che valga a tutelare i diritti della minoranza.... Ma non ho creduto opportuno fare alcuna proposta, non parendomi prudente, mentre tutto il corpo elettorale sarà scosso e agitato dall'arrivo e dalla fresca vitalità dei nuovi venuti, e dalle aumentate sezioni e dalla procedura cambiata, introdurre altri elementi e novità. Ho pensato d'altronde che questi congegni proporzionali, che per verità non hanno detta ancora l'ul-

In quella occasione non si può dire che la R. P. fosse fortunata. Infatti nella monumentale relazione presentata dallo Zanardelli, (1) a nome del-

---

tima loro parola, si adattano ai popoli nei quali, per ragione di tempo e di circostanze, la educazione politica è più matura. Il sistema del quoziente come si usa in Danimarca, e la presentazione delle liste dei candidati, come nel Belgio, non mi sembrano adattati per ora alle nostre popolazioni. Desidero però che questi argomenti, sui quali hanno lodevolmente scritto anche parecchi italiani, siano ampiamente discussi, nè mi sarà discaro vederli comparire in Parlamento. »

L'on. Brin nella relazione a questo disegno di legge giudicava tali parole, circa la immaturità del nostro Paese ad un sistema di R. P.: « saggie parole » e le estendeva anche allo scrutinio di lista maggioritario, reputando « che non sia ancor giunto il momento di por mano alla riforma del sistema di elezione, e che sia prudente consiglio di attenersi ancora alla votazione uninominale, conservando l'attuale circoscrizione dei collegi elettorali ». (Cfr. ATTI PARL.; CAM. DEI DEP.; SESSIONE 1878-79. XIII LEG. DOC. N. 190 A — Relazione Brin sul progetto Depretis per Riforma della legge elettorale politica, presentata nella tornata del 19 Nov. 1879, p. 11).

(1) ATTI PARL. CAM. DEI DEP. LEG. XIV, 1ª SESSIONE (1880) N. 138 A, presentata nella tornata del 21 Dicembre 1880. Si noti che il Presidente della Commissione,

la Commissione che esaminava il disegno di legge Depretis per la riforma della legge elettorale politica anche la questione della rappresentanza delle minoranze fu esaminata con la cura e con la abbondanza ed esattezza di dati di fatto che sono caratteristiche di tutto quel veramente insigne documento parlamentare

Ma il sistema Hare fu messo in disparte per la eccessiva complicazione che lo rende difficile mm solo ad applicarsi, ma anche soltanto ad intendersi dal maggior numero degli elettori: lo Zanardelli nota come capitale difetto del sistema che gli scrutinii « debbano avvenire lungi dalla vigilanza e dal riscontro degli elettori » e ricorda che uno dei fautori stessi del sistema, il Padelletti, aveva dovuto riconoscere che « il progetto di Hare pare fatto apposta per servire di spauracchio agli uomini pratici ». Rileva altresì che la riuscita dei candidati è in gran parte opera del caso, che l'eletto non conosce a quali elettori debba la propria elezione e che può esservi enorme

Mancini, e due membri, Lacava e Minghetti, avevano appartenuto alla Associazione della R. P. — Cfr. particolarmente pp. 158-172 della relazione.

sproporzione nel numero di voti con cui sono eletti i varii candidati.

Esamina quindi le varie modificazioni introdotte dall'Hare stesso e da altri nel progetto primitivo e le respinge tutte.

Ferma poi la sua attenzione sui sistemi svizzero della *lista libera* o delle *liste concorrenti* e del *doppio voto simultaneo*, ma senza farne una vera critica li ripudia tutti nelle loro varie trasformazioni perchè « il sistema per se stesso costituisce la negazione del voto individuale, la classificazione coatta di ogni individuo in un partito, dalle cui liste, accetti o no, deve prendere i suoi candidati ». (p. 161).

Ed a proposito degli ultimi miglioramenti del sistema proposti dal Naville lo Zanardelli aggiungeva : « queste stesse continue modificazioni a cui è d'uopo assoggettare il sistema, dimostrano che, come quello del quoziente, più si perfeziona e più si complica, più abbandona il concetto informatore per piegarsi alle necessità della pratica e più perde del suo valore ». (p. 162).

Respinto anche il voto cumulativo, la Relazione si pronunciava pel voto limitato, passando in rassegna la legislazione comparata sulla rappresentanza delle minoranze e concludendo con que-

sta dichiarazione che certo oggi non potrebbe più
farsi :

« Tali sono i risultati sui quali la vostra Commissione ha fermata la sua attenzione, tali le
esperienze delle quali poteva giovarsi. Il sistema
proporzionale o del quoziente essa vide adottato
in un solo Stato, di breve estensione ; lo vide serbato soltanto ad elezioni per l'alta Camera, elezioni di secondo grado con l'intervento di pochi
elettori, e con una limitazione importante quanto
agli effetti, cioè il concorso della Corona nella
Costituzione della Camera stessa. Perciò la Commissione non poteva entrare in una via nuova e
intentata, non poteva accogliere un sistema di
cui ricordammo i gravi inconvenienti e pericoli,
sistema del quale non è possibile apprezzare i resultati, e che da pochi sarebbe stato compreso » — (pag. 169).

Nè migliore accoglienza la relazione serba al
sistema del voto uninominale in collegio plurinominale proposto dall'on. Genala, come metodo
semi-proporzionale, rilevando che esso « condur-
rebbe per se stesso assai facilmente e ad una
grande concentrazione e ad una grande dispersione di voti e l'una e l'altra darebbero luogo ad
inconvenienti di carattere diverso, ma ugualmen-

te gravi ». Però la vera ragione dell'avversione della Commissione la vediamo in queste altre parole dello Zanardelli : « il procedimento immaginato dall'on. Genala è la negazione dello scrutinio di lista ; è, tranne in qualche combinazione di ballottaggio, uno scrutinio uninominale, per quanto del collegio uninominale tenda a mitigare i danni. Ora dalla maggioranza della Commissione che, come vedemmo, ha piena fiducia nei beneficii dello scrutinio di lista, per tutte le ragioni che abbiamo abbondantemente esposte, non si poteva accettare un metodo che a tali inconvenienti non porrebbe riparo ».

Era dunque la fatale illusione dello scrutinio di lista maggioritario e la cieca fiducia nei suoi effetti che, soprattutto, nel 1880-82 sbarrava la via alla idea della proporzionalità.

Dopo di ciò è facile intendere come nell'ampia discussione sull'estensione del suffragio e sul sistema di scrutinio assai esigua parte fosse fatta alla rappresentanza proporzionale.

Ricordiamo però che nelle tornate del 9-10 maggio 1881 l'on. Genala svolse un ordine del giorno per affermare che « l'allargamento del Collegio non produce i suoi buoni effetti se non si congiunge con un metodo di votazione che assicuri

la rappresentanza proporzionale » e per sostenere altresì il suo speciale sistema semi-proporzionale al quale abbiamo più volte accennato, che e-
gli tornava a propugnare nella tornata del 3 febbraio 1882 per poi contentarsi del voto limitato
nelle tornate del 7 e 13 febbraio 1882.

La verità è che la Camera non era preparata a
discutere la rappresentanza proporzionale, come
melanconicamente   constatava un suo fautore,
l'on. Serena, nella tornata del 3 febbraio 1882,
quando diceva che coloro che la condannavano lo
facevano senza volerla nè esaminare nè discutere.

Dopo il 1882 la R. P. che era stata studiata in
molti scritti nel periodo della riforma elettorale, (1) fu ancora oggetto di studi e di discussio-

(1) Uno dei più importanti è quello del deputato
PIETRO LACAVA (Sulla riforma della legge elettorale, Napoli 1881) ancora utilissimo a consultarsi
specialmente per i moltissimi documenti sistemati-
camente raccolti.

L'on. Lacava, che in sostanza accetta lo scrutinio di
lista con voto limitato e ne propugna l'adozione riconosce il sistema del quoziente teoricamente e razionalmente il più perfetto, ma critica i sistemi di eliminazione, di scelta per la seconda operazione di spoglio
e lo combatte per la complicatezza e per la eccessiva
influenza lasciata al caso.

ni in pubblicazioni importanti come quelle del
Racioppi (1) e dell'Orlando, (2) ma di azione pratica per attuarla non si parlò per un pezzo, poi-

(1) Il volume del RACIOPPI, SULLA RAPPRESENTAN-
ZA PROPORZIONALE, Studio, Roma 1883, tratta ampiamente e coscienziosamente il tema e raffronta con dottrina ed acutezza il sistema Hare con quello della lista
libera, e con l'altro della lista libera con voto uninominale proposto nel 1872 dal VECCHIO GINEVRINO
(ELECTIONS REPRÉSENTATIVES VRAIES, Genève 1872) che si
seppe poi essere il pastore protestante LUETSCHER.
Il RACIOPPI, che è partigiano anche della rappresentanza personale conclude affermando (p. 202-203):
« Credo fermamente che alla lista libera sia da preferirsi di gran lunga il voto preferenziale », ed aggiunge che la lista libera con voto uninominale, se è superiore al metodo ginevrino, non costituisce però « se
non una inutile complicazione del voto preferenziale ».
Pur nondimeno il RACIOPPI riconosce che nei paesi
dove vige lo scrutinio di lista, il sistema della lista libera è da preferirsi « perchè rende meno brusco e meno sensibile il mutamento ». Finisce quindi con l'asso-
ciarsi al Naville nell'ammettere « che la scelta fra l'u-
no e l'altro sistema dev'essere determinata unicamente dalla natura e dalle abitudini del corpo elettorale
di cui si tratta ».

(2) VITTORIO EMANUELE ORLANDO nel suo studio giovanile LA RIFORMA ELETTORALE (premiata dal R.
stituto Lombardo di Scienze e Lettere), Milano 1883

chè abbiamo detto già come la *Associazione per
la R. P.*, nella sua rinnovata esistenza dal 1882 al
1885, si limitasse a svolgere una azione puramente accademica.

SISTEMI A VOTO GRADUALE

Tra le varie proposte concrete, frutto degli
studi e delle discussioni di quegli anni, notiamo
quella di Angelo Majorana nel suo libro sul Parlamentarismo. (1)

---

dedica un capitolo (pp. 218-235) ad esaminare la questione Della Rappresentanza Proporzionale delle minoranze, riconosce che « i difetti del sistema Hare sono
ad usura compensati dai suoi grandissimi pregi »,
ma non ne vuole l'applicazione in Italia perchè « non
sarebbe compreso; le lungherie inevitabili che lo ac-
compagnano, la difficoltà di seguire e sorvegliare l'o-
pera degli scrutinatori, quel *mare magnum* di voti e
di schede nel quale l'elettore non potrebbe vedere
l'effetto del proprio voto, quella segregazione assoluta dell'aletto dagli elettori, son cose per sè medesime
poco rilevanti, ed anzi utili, ma pur troppo lontane dagli usi e dalle consuetudini dello spirito pubblico italiano ». Per ragioni simili l'ORLANDO rifiuta anche
li sistema ginevrino, che gli sembra anzi, in teoria,
non preferibile a quello dell'Hare.

(1) MAJORANA ANGELO — Del Parlamentarismo —
Mali, Cause, Rimedii — Roma 1885.

Il Majorana è animato da viva simpatia per la
R. P.; però dichiara che, dopo essere stato fervido ammiratore del sistema dell'Hare, ne ha riconosciuto giuridicamente falso uno dei supremi
principii, cioè quello dell'unità del voto; trovan-
do che « se a un dato collegio si attribuiscono più
eligendi, si è perchè giudicasi aver esso tale quantità e qualità d'interessi, particolari e generali,
da dover essere rappresentati da più individui; »
e allora, osserva il Majorana « perchè all'elettore
che in esso collegio vive e a tutt'esso è interessato
accordare solo una frazione di voti? »

E perciò staccandosi da tutti i sistemi a voto u-
nominale, che in Italia trovavano la loro espressione nella proposta del Genala, da questi difesa
con singolare tenacia, il Majorana foggiava un
nuovo sistema coll'intento di racchiudervi il
buono delle tante proposte fatte, fondandolo
specialmente sul sistema che il Burnitz e il Varrentrapp avevano proposto fino dal 1863. (1) Il

(1) BURNITZ UND VARRENTRAPP — METODE BEI
JEDER ART VON WAHLEN, SOWORL DER MEHRHEIT ALS DEN
MINDERHEITEN DIE IHRER STAERKE ENTSPRECHENDE ZAHL
VON VERTRETERN, ZU SICHERN. Frankfurt a. M. 1863. —
Confr. l'esposizione del sistema in GENALA op. cit.
p. 160-62.

Majorana chiama il suo sistema : « di preferenza graduale » basandolo su tre principî : che la
lista sia valida tutta per tutti i nomi; che l'efficacia dei voti sia graduale; che il successo appartenga a quei candidati che nella varia misura
dei voti hanno conseguito il maggior numero
relativo.

Gli elettori votano scrivendo i nomi nell'ordine
decrescente di preferenza, compilando la scheda
precisamente come farebbero nello scrutinio di
lista puro e semplice. Ma l'ufficio di scrutinio
nell'assegnare i voti a ciascun candidato dà loro
un valore diverso a seconda che l'elettore abbia
scritto il nome di quell'elettore come primo, secondo e cosi via.

Il Majorana però si pone questo principio generale : in niun caso l'ultimo voto deve poter valere meno della metà del primo : e, tra l'unità e la
mezza unità, fissa ai singoli voti un valore diverso a seconda del numero degli eligendi nella
circoscrizione. Così se il collegio è chiamato ad
eleggere quattro deputati il voto al primo candidato vale per 1; quello al secondo per 4/5; quello al terzo per 3/5; quello al quarto per 5/to :
ossia cento schede che portassero i nomi di A, B,

C, D, sareb
voti per B,
E' chiaro
lativa, una
metodo tro
rappresenta
Infatti, n
siede almer
gioranza n
capolista su
sari.
Ma dove
vere un pos
ranza super
E poi un
semplice, n
tutti i calc
dar modo
noranza o,
previsioni,
si più di q
Del resto
sistema « p
ze, proporz
titolo di el
luta è una

C, D. sarebbero contate come 100 voti per A, 80 voti per B, 60 voti per C, 50 voti per D.

E' chiaro che, procedendosi a maggioranza relativa, una minoranza assai forte può con questo metodo trovare il modo di insinuare un proprio rappresentante fra quelli della maggioranza.

Infatti, nel caso nostro, se una minoranza possiede almeno il 51 per cento dei voti della maggioranza riuscirà a vedere il proprio candidato capolista superare il quarto dei candidati avversari.

Ma dove è la giusta rappresentanza se per avere un posto su 4 o su 5 bisogna che la minoranza superi almeno la metà della maggioranza?

E poi un siffatto sistema che è senza dubbio semplice, ma altrettanto empirico, dà luogo a tutti i calcoli pericolosi preventivi che possono dar modo alla maggioranza di schiacciare la minoranza o, se, per troppa avidità, erra nelle sue previsioni, di vedere la minoranza avvantaggiarsi più di quel che non dovrebbe.

Del resto il Majorana stesso riconosceva che il sistema « pur facendo rappresentare le minoranze, proporzionale non è. » Ma questo gli pareva titolo di elogio « perchè la proporzionalità assoluta è una chimera. »

Certo però il suo sistema era assai meno proporzionale di quello sul quale era modellato perchè il Burnitz e il Varrentrapp in Germania (e possiamo aggiungere il Furet e il Briant in Francia (1)) proponevano sì che gli elettori potessero, nei collegi plurinominali, votare per tanti candidati quanti fossero i rappresentanti da eleggere, e che i voti dovessero essere conteggiati con un valore gradualmente decrescente, ma anzichè stabilire una graduatoria arbitraria e complicata come quella proposta dal Majorana che è priva di qualsiasi fondamento logico, stabilivano che il voto dato al primo candidato della lista valesse per 1; quello dato al secondo per 1,2; quello dato al terzo per 1/3; quello dato al quarto per 1/4 e così via.

Gli scrittori riproducono in genere un esempio tolto dall'Hack (2) nel quale si suppone che in un collegio trinominale tre partiti siano in concorrenza e dispongano rispettivamente di 1500, 900 e 600 voti. In tal caso le loro schede rispettive var-

(1) Cfr. NAVILLE. LE PROGRÈS DE LA RÉFORME ÉLECTORALE EN 1873. Genève 1874, e SARIPOLOS, op. cit. II, pp. 204 e segg.

(1) HACK. UEBER DIE VERTRETUNG DER MINORITAETEN ecc. Tübingen 1872, p. 22.

ranno per quante effettivamente sono 'soltanto pel capolista, mentre per il secondo candidato
di ciascuna lista varrebbero, rispettivamente, per
750, 450 e 300; e per il terzo 500, 300 e 200.
Quindi otterrebbero maggior numero di voti e
riuscirebbero eletti: il 1° candidato della 1ª lista
(voti 1500), il 1° della 2ª lista (900) il 2° della 1ª
lista (750) e se ci fosse un quarto seggio da assegnare toccherebbe al 1° della 3ª lista. Non è
tanto semplice, quanto proporzionale 'utto ciò?
Sicuramente: soltanto vi è il piccolo difetto che
occorre supporre che tutte le schede siano mira-
bilmente compatte e non *panachées*. Ed in tal
caso, se cioè i partiti sono ben definiti, ferrea-
mente organizzati e tutti gli elettori sono cosi disciplinati da non permettersi nemmeno una inversione nell'ordine dei candidati (non equivale
forse tutto ciò alla onnipotenza dei comitati?) in
tal caso il voto graduale non sarà che un larvato
comun divisore, tipo d'Hondt.

Infatti col comun divisore le tre cifre di lista
divise successivamente per 1, 2 e 3 avrebbero
dato a ciascuna lista quegli identici quozienti di
1500, 750 e 500 alla 1ª lista; 900, 450 e 300 alla
seconda e 600, 300 e 200 alla 3ª producendo, naturalmente, gli identici resultati.

Ma se le schede non sono compatte ? Supponete che nelle schede del 2° partito A, capolista, si trovi al 1° posto solo in 350 schede e sia in 250 schede al 2° posto e in 300 al 3° : egli raccoglierà non già 900 ma 575 voti $\left(\dfrac{350 + 250 + 300 = 575}{3}\right)$, e quindi riuscirà eletto il candidato, magari unico, della minoranza più debole che ha raccolto 600 voti. Viceversa se un partito forte è bene organizzato può cercare di portar via tutti i seggi.

Nel nostro caso infatti i 1500 elettori della lista 1ª dispongono di 1500 voti interi, di 1500 mezzi voti, di 1500 terzi di voto : in totale di 2750 voti : distribuendoli accortamente, per suggerimento dato dal Comitato in seguito ad un piano prestabilito, sui loro tre candidati potranno dare a ciascuno di essi 916 voti escludendo completamente le due minoranze dalla rappresentanza. Basterà infatti che ciascun candidato figuri come 1° in 500 schede, come 2° in altre 500, come 3° nelle restanti 500 ed otterrà 500 + 250 + 166 voti, il che fu appunto 916 voti.

Dunque il voto graduale non solo nella peggiorata forma nella quale lo propose il Majorana nel 1885, ma anche nella forma originaria, assai migliore della derivata, o giunge, ma attraverso vie indirette e con maggior sacrificio della libertà dell'elettore, a resultati analoghi a quelli del comun divisore, o falsa la equità distributiva nell'assegnazione dei seggi.

IL RITORNO AL COLLEGIO UNINOMINALE

Intanto il Genala persisteva nel suo sistema speciale di voto unico del quale abbiamo già trattato: lo riproponeva nella terza sessione della sedicesima legislatura dinanzi alla Commissione che esaminava le proposte di legge Nicotera e Bonghi, per l'abolizione dello scrutinio di lista con ritorno al collegio uninominale (1) sostenendolo con argomenti che sono in gran parte la ripetizione di quelli da lui svolti nelle sedute del 1881-82.

Ma nemmeno nel 1891, quando, dopo lunghe peripezie parlamentari, viene finalmente in discussione alla Camera la proposta dell'abolizione dello scrutinio di lista, è giunta l'ora della R. P. Nel 1882 la smania, dalla quale era presa la maggioranza, di provare lo scrutinio di lista, non per-

---

(1) LEG. XVI; SESS. 3ª; ATTI PARL.; CAM. DEI DEP.; DOC. 53-53 bis A.

metteva che si fermasse la serena attenzione sulla proporzionalità : nel 1891 si ha il fenomeno inverso; l'impazienza, quasi generale, di uscire al più presto e ad ogni costo dallo scrutinio di lista, spinge a voler abbandonare nel modo più assoluto il collegio plurinominale : non vi è dunque speranza di successo per la R. P.

Pure, anche in quelle condizioni di ambiente, essa trovava qualche fedele a ricordarla e dirne le lodi.

Nella tornata del 22 aprile 1891 l'onorevole Massabò ne rievoca tutti i precedenti, deplora che là Commissione non abbia esaminato a fondo il sistema del voto unico proposto dall'on. Genala, considerando che questo non è che una modificazione del sistema del quoziente. E, concludendo, diceva : « Mi auguro che l'attuale disegno di legge sia rimandato alla commissione, affinchè, prima di ritornare a metodi antichi che hanno fatto il loro tempo, essa voglia rivolgere i suoi sereni studî all'esame dei metodi nuovi, che sono o quello del quoziente da me sovra esposto, o quello delle liste concorrenti, ovvero quello del voto unico o cumulativo, o limitato, metodi tutti che tendono all'attuazione del sistema della R.P., ossia della giustizia nella rappresentanza. » Ma

l'on. Massabò aggiungeva subito di sapere che
in quell'ora e col vento che spirava la sua voce
sarebbe rimasta inascoltata.

L'on. Imbriani dichiarava nella stessa tornata
di consentire in parte nelle idee dell'on. Massabò
e nella tornata successiva del 23 aprile l'on. Seba-
stiano Turbiglio, svolgeva il seguente ordine del
giorno che era in sostanza completamente fondato sulla proposta dell'on. Genala : « La Camera,
memore degli inconvenienti che determinarono la
Legislatura XIV, ad abolire il sistema uninominale ; riconoscendo che lo scrutinio di lista privo
del necessario correttivo della rappresentanza
proporzionale delle minoranze, ha fatto non buona prova ; rinvia alla Commissione il progetto di
legge ; col mandato di portarne alla discussione
della Camera, entro un mese, un altro, che as-
soci il voto uninominale al collegio plurinominale. »

Il relatore on. Carmine rispondeva agli onorevoli Massabò e Turbiglio, che la Commissione a-
veva avuto da esaminare dagli Uffici il progetto
dell'abolizione dello scrutinio di lista e non altro : il Presidente del Consiglio, on. Di Rudinì,
replicava anch'esso confondendo completamente
il principio del voto limitato con quello della

R. P., il che dimostra anche meglio che la Camera non era ancora sufficientemente edotta del
problema.

Diceva infatti l'on. Di Rudini : di essere d'accordo, in astratto nel principio della proporzionalità della rappresentanza e di riconoscere che
l'Hare, il Mill e il Genala si erano ispirati a
sentimenti alti, ingegnandosi a trovare il modo
di assicurare una rappresentanza a tutte le minoranze, ed aggiungeva che, sebbene antico amico dello scrutinio uninominale, non era stato fra
i più decisi e fermi avversari dello scrutinio di
lista per la speranza che « introducendo nei nostri ordini il sistema della rappresentanza proporzionale noi avremmo potuto rendere omaggio
ad un principio di libertà. » Perciò fu lieto del-
l'introduzione del voto limitato, ma avendo questo dato effetti deplorevoli, invitava gli onorevoli Massabò e Turbiglio a considerare bene se
il ritorno al collegio uninominale non fosse con-
facente alle loro tendenze e ai loro principii.

LA R. P. IN ITALIA NEGLI ULTIMI ANNI

Non seguiremo — non sarebbe nè facile nè di-
vertente — le sporadiche manifestazioni avute in
Italia per la rappresentanza proporzionale : sol-

tanto possiamo dire che il ciclo di pubblicazioni e
di iniziative dovuto allo studio ed all'imitazione
del sistema dell'Hare può dirsi chiuso col secolo XIX°, mentre nei primi anni del nostro secolo
anche in Italia l'attenzione degli studiosi e degli
uomini politici si è rivolta di preferenza al sistema belga ed ai resultati che esso aveva dato.

Non che ora in Italia non rimangano fautori
del sistema del quoziente : l'on. Mirabelli, per
esempio, il quale ha avuto il merito di tener viva
la questione della rappresentanza proporzionale,
le ha dedicato uno scritto nel 1900, l'ha fatta approvare dal congresso repubblicano di Ancona
nel 1901, se ne è occupato due volte alla Camera
nel 1902 e nel 1909, ritiene ancora preferibile su
tutti il sistema dell'Hare. (1) E dello stesso parere si mostra in una recentissima pubblicazione
l'avv. Sabini (2) il quale, dopo tanti anni, asso-
ciandosi alla proposta di Luigi Palma, propugna
l'applicazione del sistema Hare, ma con divisione

---

(1) Cfr. tre articoli dell'on. MIRABELLI su « I PRO-
BLEMI COSTITUZIONALI DEL PARLAMENTO ITALIANO » nella
Ragione del 24, 25, 27 luglio 1909.

(1) Avv. Cte. GIOVANNI SABINI. LA RIFORMA DEL SI-
STEMA ELETTORALE IN ITALIA. Torino 1910, p. 76-83.

del Regno in tante circoscrizioni quante sono le provincie.

Nè in fondo si può considerare se non come una derivazione del sistema Hare quello proposto dal prof. Amabile. (1).

(1) AMABILE LUIGI. LA RAPPRESENTANZA PROPORZIO-NALE, Napoli 1901.

L'Amabile giunge al sistema da lui escogitato e chiamato dell'urna multipla fondandosi sul principii che « dei sistemi fin'ora escogitati, scartati *a priori* quelli empirici, degli altri, cosi detti organici, solo il sistema del quoziente di Hare presenta maggiori vantaggi, e certamente minori inconvenienti degli altri, se applicato in collegi regionali; e che il computo dei voti secondo Hare consiglia e come è stato anche accettato dal Palma nello spoglio di quelli sussidiari, lascia sempre al caso la riuscita di un candidato, piuttosto che di un altro, la qual cosa può considerevolmente influire a falsare la proporzionalità voluta ». (p. 138 e segg.)

L'Amabile propone dunque di dividere l'Italia in 50 a 60 circoscrizioni, ciascuna delle quali elegga 10 o 9 deputati, fondandosi come base della ripartizione sulla provincia attuale. In ogni collegio si avrebbe un ufficio elettorale centrale e molti uffici distrettuali. Le schede, fornite dallo Stato, dovrebbero « essere preparate in maniera che l'elettore vi possa scrivere tanti nomi quanti sono i deputati da eleggere, in appositi spazi, portanti ciascuno un numero d'ordine che va

Ad altri concetti si ispirano altre proposte.

Nel corso della XXII Legislatura l'on. Maggiorino Ferraris si fece iniziatore di una specie di referendum in materia di riforma elettorale fra i suoi colleghi della Camera distribuendo tre mo-

da 1 fino a quello che rappresenta il numero degli eligendi ».

La differenza sostanziale dal sistema dell'Hare consiste in ciò: che in quello un solo voto della scheda è attribuito, mentre in questo dell'Amabile « uno è sempre attribuito in via principale, ma possono anche esserne attribuiti, comecchè in via ausiliaria e suppletiva due, tre ed anche più ».

Ciò si ottiene con una scheda scomponibile a tagliandi e con tante urne quanti sono i deputati da eleggersi. Nella prima urna si pongono tutti i tagliandi coi voti di prima fila, nella seconda i tagliandi con quelli di seconda fila e così via. Si procede poi allo spoglio dei voti della prima urna e si proclamano eletti i candidati che hanno raggiunto il quoziente; poi allo spoglio della seconda urna e si proclamano eletti i candidati che cumulando i voti della prima con quelli della seconda urna hanno raggiunto il quoziente e così di seguito.

Il sistema è senza dubbio ingegnoso, ma non soltanto non raggiunge la proporzionalità (bisognerebbe almeno dare un valore gradualmente decrescente ai voti delle varie urne) ma si presenta in pratica complicatissimo.

duli diversi perchè ciascuno fosse libero di esprimere le proprie preferenze.

Sebbene tali proposte di carattere sperimentale siano rimaste inedite ci sembra interessante, per la storia della riforma elettorale, tenerne qui conto e ringraziamo l'on. Maggiorino Ferraris di averci consentito di farlo.

Il primo tipo era definito « *Per Collegi di cinque o più deputati* » : il Regno era diviso in non più di 55 collegi : le provincie che eleggono cinque o più deputati potevano fare Collegio a sè ; le altre erano aggruppate alle prime o fra di loro fino a raggiungere il numero di almeno cinque deputati.

Ciascun elettore doveva scrivere sulla propria scheda un solo nome, sia nella votazione di primo scrutinio, sia in quella di ballottaggio.

Si dichiaravano eletti i candidati che avessero riportato il maggior numero di voti, purchè ciascuno di essi avesse raggiunto o un numero di voti maggiore del sette per cento del numero totale degli elettori inscritti nella lista del Collegio o non meno di 3000 voti.

Non risultando eletti tanti deputati quanti fossero i seggi assegnati al Collegio, doveva procedersi al ballottaggio fra i candidati non eletti

che avessero riportato maggior quantità di voti,
fino alla concorrenza di un numero di candidati
doppio di quello dei seggi ancora vacanti.

Nel secondo tipo di riforma intitolato « *Per
Collegi di dieci o più deputati* » le disposizioni
proposte dall'on. Ferraris erano identiche, soltanto le circoscrizioni non dovevano essere nel
Regno più di 45 e, per essere eletto a primo scrn-
tinio, bastava al candidato avere raccolto un numero di voti maggiore del cinque (anzichè del
sette) per cento del numero totale degli elettori
iscritti.

In questi due primi tipi di riforma l'on. Ferraris non faceva dunque che riesumare, lievemente
modificandolo nei particolari, il sistema del voto
unico nel collegio plurinominale proposto e riproposto più volte dall'on. Genala e circa al quale
abbiamo già espresso il nostro avviso.

Il terzo tipo era intitolato : *Scrutinio proporzionale (a tipo belga)* — *Per Collegi di dieci o più
deputati*.

Le norme per lo scrutinio o la ripartizione dei
seggi erano le seguenti.

« Ciascun elettore scrive sulla propria scheda
un solo nome. »

« I voti riportati da ciascun candidato vanno a favore della lista di cui egli fa parte ».

« Le liste sono presentate otto giorni prima della votazione, colla firma di 200 a 250 elettori ».

« Ciascuna lista può contenere uno o più nomi ».

« Ciascuna lista ottiene un numero di seggi proporzionale al numero totale dei voti riportati dai candidati che la compongono ».

« La ripartizione dei seggi fra le diverse liste si fa col metodo proporzionale praticato nel Belgio.

« Nel limite dei seggi assegnati a ciascuna lista, sono eletti i candidati che ebbero maggior numero di voti ».

Non v'è dubbio che il sistema così esposto presenti l'attrattiva di una grande semplicità e di una non minore chiarezza e forse è quello che nella sua applicazione, dovendosi passare ad esso da un regime di scrutinio uninominale quale è quello vigente, offre minori difficoltà pratiche.

L'elettore, in sostanza, continuerebbe come oggi a scrivere nella scheda il nome di un solo candidato: di quello preferito, di quello più conosciuto: ed il suo compito con ciò sarebbe finito.

Ma appunto in questa semplicità starebbe il pericolo.

Non basta infatti che il candidato sia stato presentato in una stessa lista con altri, ma occorre che l'elettore — poichè il suo voto va a beneficio non di un solo ma di una lista e può concorrere a fare eleggere un candidato che non sia quello preferito su tutti gli altri — abbia esatta coscienza che egli *indica* un nome ma *vota* una lista e quindi nella scheda che egli depone nell'urna la solidarietà fra i varii candidati di una stessa lista deve, anche materialmente, apparire ed essere espressa.

Con tale sistema sarebbero anche più gravi e temibili alcuni difetti ai quali abbiamo più volte accennato a proposito di altri sistemi : si potrebbe cioè avere una diversità grande di voti fra i candidati eletti di una stessa lista con discapito notevole della dignità e della autorità degli ultimi eletti ; sarebbe assai facile valersi della popolarità di un uomo per far eleggere uomini nulli che si illuminassero soltanto della luce riflessa da lui ; le candidature uniche, con liste di un sol nome, pullulerebbero, specialmente per parte di ex-deputati che conserverebbero, anche nel nuovo sistema, le antiche clientele personali ; la lotta fra i candidati di una stessa lista per superarsi a vicenda raggiungerebbe la intensità massima e finirebbe per prevalere sulla lotta di idee fra lista e lista.

Per queste ragioni, sebbene l'on. Ferraris chiami il sistema proporzionale da lui proposto « a tipo belga » e sebbene le differenze siano, apparentemente, di forma più che di sostanza noi crediamo che esse deformino il sistema belga così da renderlo forse più facile, ma certo di gran lunga peggiore quanto agli effetti.

Ricordiamo infine che nei suoi tre tipi l'on. M. Ferraris non accetta l'idea della supplenza, ma propone per le elezioni supplettive il seguente metodo che a noi pare poco pratico, piuttosto empirico e di equità assai dubbia :

« In caso di vacanza di un seggio di un collegio saranno chiamati ad eleggere un nuovo deputato, in sostituzione di quello uscente, gli elettori inscritti :

a) nei Comuni nei quali il deputato uscente ottenne un numero di voti non inferiore al decimo degli elettori inscritti ;

b) nei Comuni nei quali il deputato uscente

ottenne un numero di voti non inferiore al decimo del numero totale dei voti da lui riportati. »

E' doveroso riconoscere che le proposte dell'on.
Ferraris, anche se imperfette, costituivano un
coraggioso ed intelligente tentativo diretto a ri-
suscitare nel Parlamento la questione elettorale,
tentativo tanto più meritorio quanto più isolato.

Anche le ultime manifestazioni collettive sembrano inclinare piuttosto ai metodi proporzionali
di tipo svizzero, belga e francese.

Il IV Congresso Radicale nella seduta del 1°
dicembre 1909 si pronunciava a favore della R. P.
approvando una relazione dell'on. Fera e di chi
scrive, nella quale si affermava l'opportunità di
rivolgere la propria attenzione soprattutto al sistema belga.

E l'on. Leone Caetani, prima nel suo scritto
citato poi nella attiva opera spiegata per costituire un Comitato Parlamentare per la R. P. ha
esplicitamente messo da parte, come non opportuno e non pratico, il sistema Hare con i suoi derivati.

Per la cronaca del movimento proporzionalista
sul finire del 1909 e nei primi mesi del 1910 ri-

mandiamo il lettore al Bollettino del nuovo Comitato Parlamentare che noi auguriamo riesca
ad esplicare opera attiva e feconda (1).

IL SISTEMA CAETANI

Intanto in conformità alle idee già espresse
nel suo libro l'on. Caetani ha compilato una concreta proposta di legge, che egli ha desiderato,
prima ancora di presentarla alla Camera, sottoporre allo esame dei suoi colleghi ai quali l'ha
distribuita in prove di stampa, mentre ne ha dato ampia notizia nel numero 1° del Bollettino. (2)

---

(1) Cfr. *La Riforma Elettorale — Bollettino del Comitato Parlamentare per la Riforma Elettorale con
l'applicazione del sistema proporzionale*: N° 1. — Roma, Marzo 1910.

(1) Quando già stavo per licenziare le bozze del presente capitolo l'on. Caetani ha presentato alla Camera la sua proposta di legge che è stata dagli Uffici ammessa alla lettura il 9 giugno 1910 e letta nella tornata
pubblica dello stesso giorno. (Cfr. Atti Parl.; Cam. dei
Dep.; Leg. XXIII, Tornata 9 Giugno 1910).

Tale proposta di legge intitolata: *Modificazioni alla
legge elettorale politica con l'introduzione dello scrutinio di lista con la rappresentanza proporzionale* consta di 54 articoli divisi in cinque titoli e riproduce, con

Anzitutto l'on. Caetani si fonda sulla convinzione che il sistema belga non sia integralmente applicabile all'Italia, mancando al nostro Paese l'organizzazione dei partiti politici che il Belgio possiede : occorre invece un sistema di R. P. che tenga conto della fisionomia generale delle nostre condizioni politiche. Il sistema belga « se applicato in tutta la sua rigidità, a molti darebbe l'impressione che si vincolasse troppo la libera scelta dell'elettore. »

D'altronde il sistema dell'Hare non gli « sembra di natura da convenire al corpo elettorale italiano » perchè richiede da parte degli elettori una coltura media superiore di molto a quella italiana, perchè, non avendo forti organizzazioni politiche, non abbiamo nemmeno da temere della tirannia dei capi-partito o dei politicanti di professione e infine perchè « tutti i lunghi calcoli aritmetici sono di natura da creare diffidenza e sospetti nell'animo del popolo che non ama com-

lievi modificazioni, lo schema già formulato da alcuni mesi, presentato al Comitato Proporzionalista parlamentare e del quale ci occupiamo in questo capitolo. Per maggiore chiarezza seguiremo la numerazione degli articoli, come si trovano nella proposta di legge.

plicazioni e vede facilmente una frode là dove non può giungere col suo discernimento. » (1)

Egli si accosta quindi in grandissima parte al sistema elettorale intermedio proposto dal Flandin ed accolto dalla Commissione del suffragio universale per la Francia e cioè : l'elettore ha tanti voti quanti sono i rappresentanti da eleggere : esso può distribuirli fra i candidati presentati nelle varie liste come meglio crede e può anche in parte cumularli a favore della lista del proprio partito, indicando nominativamente solo alcuni candidati e indicando con un segno a quale lista intenda di assegnare i voti non espressi ; oppure può segnare un voto in testa di lista votando integralmente per una delle liste concorrenti.

In ciò dunque l'on. Caetani si staccava in parte dalle disposizioni del progetto Flandin, per accettare quelle del progetto Massabuau, da noi già esposto. Inoltre l'on. Caetani, a differenza dei sistemi francesi, ammetté che i presentatori di una lista, anzichè disporre i candidati secondo l'ordine alfabetico, possano disporli secondo un ordine di preferenza pel caso in cui gli elettori non abbiano, nella scheda di votazione, indicato altri-

(1) CAETANI, op. cit. pp. 58 e segg.

menti le loro preferenze. A tale scopo l'on. Caetani conserva la casella in testa alla lista che è
invece soppressa nei sistemi francesi e accetta un
tipo di scheda stampata, sul tipo belga, mentre i
sistemi francesi lasciano all'elettore la compilazione della lista stessa.

Del resto, per maggiore chiarezza, ecco gli
articoli della proposta di legge Caetani, coi quali
si regola il modo della votazione :

« Art. 27. A cura dell'ufficio centrale si stam-
« pano le schede di votazione, sopra ognuna del-
« le quali dovranno trovarsi, munite del loro nu-
« mero d'ordine, tutte le liste presentate. E' còm-
« pito del medesimo ufficio di distribuire le sche-
« de timbrate in pacchi suggellati, almeno un
« giorno prima dell'elezione, ai sindaci dei sin-
« goli comuni, i quali dovranno provvedere al-
« la distribuzione delle schede ai seggi delle sin-
« gole sezioni nel mattino dell'elezione. »

« Art. 28. Sulla scheda di votazione verranno
« stampate tutte le liste di candidati regolarmen-
« te presentate secondo le disposizioni degli arti-
« coli 5, 7, 8, 9, 10 e 11. Il numero dell'ordine
« progressivo è il solo segno distintivo fra le
« singole liste ».

« Presso il nome di ogni candidato si porrà

« una casella quadrata nera, con un punto bian-
« co nel centro, per il voto nominativo. Presso
« al numero d'ordine di ogni lista vi sarà eguale
« casella per il voto di lista ».

« Le liste di meno che quattro nomi non hanno
« la casella per il voto di lista e perciò, sono prive del privilegio del voto cumulativo, di cui al
« seguente articolo 29. »

« Art. 29. Ogni elettore ha tanti voti quanti so-
« no i deputati da eleggere. Egli li può distribui-
« re fra tutte le liste stampate sulla scheda se-
« gnando con una matita del seggio il punto bian-
« co in mezzo al quadrato nero della casella no-
« minativa, di cui all'art. 28. L'elettore può se-
« gnare tante caselle nominative quanti sono i
« deputati da eleggere, ma ad ogni candidato
« non può dare più di un voto. Questi voti val-
« gono tanto per il candidato, quanto per la lista
« alla quale egli appartiene.

« Se l'elettore non distribuisce tra i candidati
« tutti i voti di cui dispone, può segnare la casel-
« la del voto di lista, di quella lista che egli pre-
« ferisce. Questo segno avrà il privilegio di cu-
« mulare sulla lista segnata tutto il rimanente dei
« voti non distribuiti dall'elettore.

« Art. 30. Nessuna scheda è valida se non ha

« segnato un voto di lista. Il voto di lista non è
« obbligatorio se l'elettore ha segnato nella sche-
« da tanti nomi quanti sono i deputati da eleg-
« gere.

Per stabilire la cifra elettorale di ciascuna lista
che deve essere la base della ripartizione dei seggi
occorre per ciascuna lista sommare tutti i voti di
lista da essa raccolti con i voti nominativi ottenuti da ogni singolo candidato della lista stessa. Bisogna ricordarsi che voti di lista sono così quelli
di testa che si contano per tanti voti quanti sono
i rappresentanti da eleggersi nella circoscrizione come il residuo dei voti non espressi nominativamente in ogni singola scheda il cui valore numerico « si ottiene volta per volta facendo
la differenza fra il numero dei deputati da eleggere e il numero dei voti nominativi dati dall'e-
lettore. » (art. 40).

Per la ripartizione dei seggi fra le varie liste
l'on. Caetani abbandona il sistema del comun
divisore del d'Hondt e preferisce quello del *più
uno* dell'Hagenbach Bischoff, assegnando i seggi
non attribuiti con la prima divisione ai residui
più elevati, secondo il sistema ginevrino.

Infatti gli art. 45-46 dispongono che l'Ufficio
Centrale debba procedere in questo modo :

« Art. 45. L'ufficio centrale somma insieme i
« risultati dei singoli uffici distrettuali nello stes-
« so ordine e con il medesimo sistema con cui
« gli uffici distrettuali hanno sommato insieme
« i risultati delle singole sezioni, vale a dire che :

« 1° Sommerà insieme tutti i voti di lista ot-
« tenuti da ogni singola lista in tutte le sezioni
« del Collegio;

« 2° Sommerà insieme i voti nominativi otte-
« nuti in tutte le sezioni da ogni singolo candi-
« dato di ogni singola lista;

« 3° Sommerà insieme tutti i voti di lista e
« tutti i voti nominativi della medesima lista,
« fissandone con detta somma la cifra elettorale;

« 4° Calcolate le cifre elettorali di ogni lista,
« sommerà insieme le cifre elettorali di tutte le
« liste e stabilirà il totale dei voti raccolti nel Col-
« legio da tutte le liste e da tutti i candidati;

« 5° Dividerà il totale di tutti i voti per il nu-
« mero dei deputati da eleggere, più uno, vale a
« dire se gli eligendi sono dieci, dividerà per 11,
« se undici, dividerà per 12, e così via.

« 6° In base al quoziente così ottenuto fisserà
« il numero di deputati spettante ad ogni lista, la
« quale avrà diritto a tanti rappresentanti per

« quante volte il quoziente entrerà nella sua cifra
« elettorale.

« Art. 46. Se, dividendo con il quoziente le ci-
« fre elettorali di tutte le liste, risulta un numero
« di seggi assegnati inferiore a quello dei depu-
« tati da eleggere, si daranno i posti mancanti a
« quelle liste che hanno i maggiori residui di vo-
« to, dopo la divisione con il quoziente, incomin-
« ciando con la lista avente il maggior residuo.

« Sono considerati come residui di voto agli ef-
« fetti di questo articolo anche i voti ottenuti dalle
« liste che non sono riuscite ad avere un numero
« di voti superiore al quoziente. »

Rimane dopo di ciò a determinare quali sono i
candidati da proclamarsi eletti in ogni singola
lista. Ed in questa parte il progetto dell'on. Caetani ci pare difettoso : difatti esso stabilisce che
siano eletti quei candidati che hanno ottenuto il
maggior numero di voti nominativi. (art. 47) Tale disposizione è perfettamente equa nel sistema
francese nel quale non esistono i voti di lista ed i
candidati sono, all'atto della presentazione, disposti in ordine alfabetico, ma non può ammettersi
in un sistema nel quale si consente ai presentatori
di stabilire un ordine di precedenza ed all'elettore
di accettarlo tal quale votando non solo la lista

ma l'ordine di presentazione con l'annerire soltanto la casella collocata al disopra della lista stessa. (1)

_____

(1) Dice l'art. 9: « L'ordine dei nomi nella lista è
« quello fissato dagli elettori nell'atto notarile conse-
« gnato al Sindaco. L'ordine dei nomi stabilisce quin-
« di l'ordine di precedenza dei singoli candidati per il
« caso in cui gli elettori non abbiano, nella scheda di
« votazione, indicato altrimenti le loro preferenze, co-
« me all'articolo 29 della presente legge. »

Ma queste disposizioni varrebbero nel solo caso che
nemmeno un elettore avesse dato voti nominativi a
candidati di quella lista.

Occorrerebbe invece che, dato questo art. 9, i voti di
lista fossero conteggiati, fino al loro esaurimento, uno
per ciascuno dei candidati della lista stessa, nell'ordine di precedenza. Spieghiamoci con un esempio. In
una circoscrizione nella quale i candidati da eleggersi
siano dieci, se l'elettore ha votato soltanto nella casella di testa, anziché attribuire dieci voti in blocco alla
lista si dovrebbe dare un voto a ciascuno dei dieci
candidati che la compongono secondo l'ordine di presentazione. E se l'elettore ha segnato quattro voti nominativi e poi uno di lista, poiché questo ultimo conta per sei voti si dovrebbe attribuire un voto a ciascuno dei primi sei candidati di quella lista: e se ad alcuno fra quei sei l'elettore avesse già dato un voto
nominativo, bisognerebbe passare al 7° candidato e
così via. Così facendo la cifra elettorale della lista ri-

Si osservi infatti a quale assurdo si può giungere. Ammettiamo che una lista comprenda dieci nomi ed abbia raccolto 20,000 voti, di cui
10,000 di lista. Se essa ha diritto ad un solo seggio supponiamo che riesca eletto B. secondo candidato della lista, che abbia 2500 voti nominativi, mentre il primo A, ne ha soltanto 2000. E'
giusto? No; perchè i 10,000 voti di lista signifi-
cano l'approvazione all'ordine di preferenza che
poneva A prima di B. Ed ammettendo anche che
quei 10.000 voti di lista rappresentino la volontà
di 1000 elettori (poichè, eleggendo la circoscrizione 10 rappresentanti, ciascun elettore disponeva di 10 voti) sta il fatto che non si tien alcun conto della preferenza che quei 1000 elettori hanno
inteso di dare ad A su B. Come fare allora? E'
difficile dirlo per varie ragioni. Prima di tutto il

---

sulterebbe soltanto dai totali parziali di voti nominativi assegnati a ciascun candidato.

E sarebbe così anche meno stridente e meno contraria all'equità la seguente disposizione dell'art. 8:
« Se le liste presentate contengono meno di cinque no-
« mi, i candidati delle medesime sono trattati in tutto
« come candidati indipendenti e sono privi del privile-
« gio del voto cumulativo di lista, di cui all'articolo 29
« della presente legge. »

totale dei voti di lista non si compone di una massa omogenea perchè in essa sono andati a confon-
dersi anche i residui di voti non espressi e cioè
i voti anche di elettori che potranno essersi già
valsi del voto nominativo per A o per B. E poi
non si può, anche facendo astrazione da questa
circostanza, pensare ad una devoluzione di tipo belga perchè, vigendo lo scrutinio di lista anziché il voto uninominale, non si possono tutti i
voti di lista attribuire al primo, e poi al secondo
e così via. Se mai, non accettando la ripartizione
fatta scheda per scheda all'atto dello spoglio alla quale testè accennavamo, occorrerebbe dividere i voti di lista — e quelli puri soltanto —
pel numero dei rappresentanti da eleggere, e poi
compiere la devoluzione. (1) Insomma in qualunque modo si volga il progetto Caetani, esso non

_____

(1) Nel dare questo eccessivo valore ai voti nominativi forse l'on. CAETANI può essere stato anche tratto
in inganno da una errata interpretazione della legge
belga, da lui data a pag. 56 del suo volume, per quanto si riferisce a questo punto. Infatti dovendosi proclamare eletto un candidato in una lista nel quale il primo candidato aveva riportato 500 voti ed uno successivo 2500, il CAETANI dà la preferenza a questo senza tener conto dei 7000 voti di lista.

può che riuscire ad una soluzione poco soddisfacente per quanto si riferisce ai candidati da proclamarsi eletti e ciò perchè l'aver voluto combi-
nare troppe cose e cioè, voti di lista, ordine di
preferenza, voti nominativi, valore dato ai voti
non espressi ecc., traendole da sistemi diversi,
ha dato luogo ad una complicazione che difficilmente può permettere una soluzione semplice ed
equa.

IL SISTEMA SCALA

Diciamo poche parole anche di un sistema al
quale già accennammo : quello dell'avv. Scala
Direttore dell'*Italia-Corriere* di Torino.

L'avv. Scala, bandendo un referendum sulla
sua proposta, dichiara di avere da circa quaran-
t'anni sostenuto nel suo giornale la R. P. Fatto
è che questo sistema è stato già esposto alcuni anni or sono in uno scritto dell'avv. Alloati (1), il
quale lo ricavava da un articolo dell'*Italia-Corriere* del 30-31 dicembre 1898, in risposta ad un

_____

(1) ALLOATI ENRICO. LA RAPPRESENTANZA PROPOR-
ZIONALE E PROFESSIONALE NEI PARLAMENTI E NEI COMUNI,
in *Riforma Sociale*, Vol. 11 (1901) p. 533-548.

articolo proporzionalista dell'*Avanti!* del 28 dicembre 1898 : e l'avv. Scala in quell'articolo non faceva che ripresentare una proposta già comparsa nel *Corriere di Torino* del 9 febbraio 1892 sotto il titolo di Collegio libero.

Nel referendum indetto il 20 gennaio 1910 lo Scala formula la sua proposta così :

« L'elettore scriva nella propria scheda non « solo il *nome del candidato* da lui prescelto, ma « anche il *titolo del partito* a cui l'elettore stesso intende aderire».

« Da questa semplicissima disposizione scaturisce, nel modo più ovvio, logico e naturale, e, per così dire, automatico, la più esatta, giusta, pacifica e libera *Rappresentanza Proporzionale*.

« Basta infatti :

« 1° Sommare il numero dei votanti in tutta la nazione, dividerlo pel numero dei rappresentanti da eleggere, e si ha il *quoziente elettorale*. Ad es., siano 1.000.000 i votanti per eleggere 500 deputati : il *quoziente* elettorale è 2.000.

« 2° Sommare il numero delle schede portanti lo stesso titolo di partito, dividere ciascuna somma pel quoziente elettorale, e si ha il numero di rappresentanti a cui ciascun partito ha diritto. Ad es., siano 400.000 schede del partito *A*,

300.000 di *B*, 200.000 di *C*, 100.000 di *D*, e i partiti *A*, *B*, *C*, *D* avranno diritto rispettivamente a 200, 150, 100 e 50 rappresentanti (totale 500).

« 3° Infine gli eletti in ciascun partito saranno quelli che hanno avuto maggior numero di voti sotto il titolo del partito stesso ».

Nel numero 1 della *Riforma Elettorale*, l'on. Caetani ha già enumerato alcuni dei principali inconvenienti a cui il sistema dell'avv. Scala potrebbe dar luogo, e cioè :

« 1° La moltiplicazione all'infinito dei piccoli candidati locali, e la probabilità che la maggior parte degli eletti raccolga un numero di voti personali molto inferiore al quoziente. »

« 2° La possibilità che molti elettori diano al candidato una erronea designazione di partito, scrivano radicale chi è moderato o viceversa : quindi dispersione di voti e molte schede nulle. »

« 3° La certezza che la maggior parte dei candidati, di tutte le gradazioni di colore politico si porrà tra gli indipendenti senza programmi precisi : quindi confusionismo politico come quello odierno ».

L'on. Caetani però aggiunge che tale sistema potrebbe essere meritevole di studio se si riuscisse ad evitare tali inconvenienti, riducendo però

ad ogni motlo le circoscrizioni elettorali alle giu-
ste dimensioni di collegi di venti o trenta rappresentanti perchè il collegio unico è un utopia.

Noi, più recisamente, dichiariamo che la proposta dell'avv. Scala è senz'altro da scartarsi perchè
manterrebbe gran parte dei difetti del collegio
uninominale. Si pensi in particolar modo che
non pochi deputati uscenti degli attuali collegi,
specialmente di quelli molto od abbastanza e-
stesi, non avrebbero che da poter contare sugli
stessi elettori che ora danno loro il voto, per essere sicuri della elezione. Inoltre non si potrebbe e-
vitare in alcun modo che riuscissero eletti candidati che superassero di molto il quoziente elettorale e candidati che rimanessero ad esso notevol-
mente inferiori, nè che fossero proclamati eletti
candidati i quali avessero raccolto votazioni di
molto inferiori a candidati di altri partiti che invece rimarrebbero soccombenti, e questo in un sistema di scrutinio unico non si può giustificare in
alcun modo. Inoltre noi vedremmo in molti luoghi candidati combattersi, come ora, pur attri-
buendosi la stessa etichetta, e intanto i voti dati all'uno andrebbero a facilitare l'elezione del-
l'altro, perchè concorrebbero ad aumentare la
massa elettorale di quel partito : e ciò è assur-

do. Oltre a ciò, mancando un criterio di delimitazione di territorio, ogni candidato non saprebbe
come determnare la propria sfera di azione.

Si consideri anche che se v'è un sistema che
porterebbe necessariamente l'elettore a dovere fi-
dare nel lavoro preparatorio e nei calcoli preventivi dei partiti è proprio questo.

E' poi indubbio che col sistema Scala i partiti estremi sarebbero certamente avvantaggiati,
perchè avendo programmi ben definiti, disciplina
più rigida e solidarietà maggiore fra i candidati,
essi potrebbero di molto aumentare le cifre elettorali dei loro partiti, ingrossandole con tutte le piccole frazioni che ora vanno perdute nei molti collegi nei quali si rinuncia alla lotta per essere
troppo remota la probabilità della vittoria.

Del resto si prendano pure per base i resultati
delle elezioni del 1909 : il quoziente ottenuto dividendo il numero delle schede valide, 1,827,865 per
quello dei deputati da eleggere risulta di circa
3,600, e quindi si può calcolare che i radicali a-
vrebbero ottenuto cinquanta seggi, i repubblicani ventitre, i socialisti novantasette e cioè i partiti popolari avrebbero complessivamente ottenuto circa 170 rappresentanti contro 338 dei partiti costituzionali di tutte le gradazioni.

IL SISTEMA
DEL CIRCOLO FIORENTINO DI STUDI SOCIALI

Un altro sistema è stato recentemente proposto dal Circolo di studi sociali di Firenze (1): anche in questo si richiede una indicazione di partito da parte dell'elettore, corrispondente alla denominazione di partito che i presentatori sono obbligati a dare alla lista all'atto della presentazione.

I punti fondamentali di tale sistema sono i seguenti:

Collegi plurinominali da 5 a 9 deputati; candidati disposti nelle liste in un ordine di preferenza fissato dai presentatori; voto emesso scrivendo sulla scheda la denominazione di partito data alla lista o il numero d'ordine con la quale essa è contradistinta. Si determina il quoziente dividendo il numero dei votanti per quello dei seggi.

Fino a qui tale sistema ci appare non molto disforme da quello belga, ma assai più rigido in quanto non ammette che l'elettore possa in

_____

(1) Cfr. in *Rassegna Nazionale* del 1 Sett. 1909.

alcun modo spostare l'ordine fissato dai presentatori e quindi ciò accresce di molto l'influenza dei partiti.

La novità viene nella ripartizione : perchè di quelle liste che hanno raggiunto il quoziente si sceglieranno, secondo l'ordine di iscrizione nella lista, tanti deputati quante volte il quoziente fu raggiunto. Ma se v'è una sola lista che abbia raggiunto il quoziente o se ve n'è una sola che abbia raccolto la metà più uno dei votanti essa è detta lista di maggioranza e si proclamano eletti la metà più uno dei candidati in essa iscritti. Occorre appena rilevare l'analogia di questo sistema con quello da noi ricordato del Severin de la Chapelle, calorosamente difeso dal Drumont.

Evidentemente tale disposizione è ispirata al concetto di evitare il frazionamento dei partiti ed a ovviare l'inconveniente da molti temuto che con la R. P. non possa mai costituirsi una maggioranza forte nell'Assemblea ; ma al solito ciò si ottiene tutto a detrimento della proporzionalità, e costituisce, come il progetto del Ministero Briand in Francia, una dissimulazione del sistema maggioritario sotto le vesti proporzionaliste.

Infatti si supponga che in una circoscrizione a

cinque deputati, vi siano 25,000 elettori : il quoziente sarà di 5000. Abbiano lottato conservatori,
liberali, radicali, repubblicani e socialisti con lista separata riportando, rispettivamente 6000;
4800; 4600; 4500; 4100 voti e siano andati dispersi un migliaio di voti : orbene alla lista conservatrice si dovranno attribuire tre seggi su
cinque, mentre essa non ha raccolto nemmeno
un quarto dei voti.

Supponendo poi che anche la 2ª lista, attribuendole una parte dei 1000 voti dispersi abbia
raggiunto il quoziente, allora, per questo piccolo
spostamento, alla 1ª lista non tocca più che un
seggio invece di tre.

La proposta del Circolo Fiorentino stabilisce
poi che per i posti non coperti nella prima ripartizione si debba procedere ad una votazione
di ballottaggio ammettendovi tante liste fra quelle che non hanno raggiunto a primo scrutinio
il quoziente quanti sono i seggi rimasti sco-
perti.

La nuova ripartizione si fa con le solite regole stabilendo il nuovo quoziente. Se rimanessero
ancora deputati da eleggersi saranno proclamati
i candidati della lista che nella prima elezione
ha ottenuto il maggior numero di suffragi.

Inoltre il Bollettino « *La Riforma Elettorale* » già citato annuncia altri sistemi in gestazione. Orbene a noi sembra che questo renda sempre più urgente che i proporzionalisti italiani, unendosi in un forte organismo, fissino le linee concrete del sistema sul quale, dopo matura ponderazione, intendano di convergere i propri sforzi : altrimenti essi daranno buon giuoco agli avversarii che deridono la R. P. come un rompicapo, di cui si possono dare mille soluzioni, ciascuna delle quali sodisfa soltanto chi la propone.

Perciò noi non proporremo certo un sistema nuovo, ma vedremo nei sistemi che già abbiamo esposto e che sono frutto di lunga discussione od hanno per sè il vantaggio dell'esperienza quali punti possano essere presi a fondamento del sistema italiano.

IL MODO DI ATTUARE LA R. P. IN ITALIA

LE CIRCOSCRIZIONI ELETTORALI

La prima questione che si presenta, a chi pensi al modo migliore di sostituire in Italia, al regime elettorale vigente, un sistema proporzionale, è quella delle circoscrizioni. E' inutile ripetere qui, che la proporzionalità perfetta si potrebbe ottenere soltanto col Collegio unico, ma che questo urta contro difficoltà pratiche che ne rendono, sotto ogni aspetto, sconsigliabile l'attuazione.

Si tratta dunque di dividere il territorio dello Stato in un certo numero di circoscrizioni plurinominali. Possiamo dire, senza tema di errore, che la tendenza prevalente in Italia è ora verso circoscrizioni piuttosto ampie. E ciò non soltanto fra i proporzionalisti. Anche coloro i quali vagheggiano semplicemente il ritorno allo scrutinio di lista maggioritario, si accordano nel dire che non si dovrebbe ripetere l'errore commesso nella ripartizione del 1882, di dividere il Paese in circoscrizioni troppo piccole, che paralizzano qualsiasi funzionamento di un sistema plurinominale.

Ma col sistema proporzionale, l'ampiezza della circoscrizione oltre che dalla opportunità di far prevalere le tendenze e le idee politiche generali sulle vedute e competizioni particolaristiche e personali che sono inseparabili compagne della circoscrizione ristretta, è resa indispensabile anche da una ragione tecnica. E' difatti evidente che quanto minore è il numero dei seggi da ripartire e tanto più lontani si rimane dalla esattezza proporzionale della ripartizione. Appunto perciò nel Belgio la proporzionalità dei resultati, come già abbiamo accennato, è compromessa sopratutto dall'esistenza di circoscrizioni così piccole, persino a due e tre deputati, nelle quali come rileva, fra gli altri, l'Orban (1), la formula d'Hondt dà resultati più o meno spiacevoli. Molti hanno mosso uguali lamenti, che non sono infondati sebbene si debba anche tener conto che gli errori fra una circoscrizione e l'altra tendono in genere a compensarsi. E perciò non troviamo cer-

_____

(1) ORBAN, op. cit. T. II, p. 129.

to lodevole il disegno di legge francese che, per
conservare l'unità del dipartimento si proponeva di creare circoscrizioni anche a tre deputati.
Difatti nella relazione Varenne (pag. 10) si dice che la commissione ha esaminato se non fosse
il caso di raggruppare a due a due i dipartimenti
meno popolosi per ottenere Collegi elettorali più
estesi, ma che è indietreggiata dinanzi a tale
innovazione perchè essa temeva di toccare un
regime amministrativo che non si sentiva autorizzata a modificare e perciò si è limitata a stabilire che nessun dipartimento potesse eleggere
meno di tre deputati. Così nella ripartizione
proposta (1) sedici circoscrizioni avrebbero eletto tre soli rappresentanti, venti ne avrebbero
eletti quattro e diciassette ne avrebbero eletti
cinque, cioè 53 sui 90 dipartimenti avrebbero
avuto un numero di rappresentanti che a noi
sembra insufficiente per il retto funzionamento
del sistema, specialmente nel caso che si trovino
in competizione parecchie liste.

Si supponga infatti che in una circoscrizione
a tre soli deputati, i votanti siano 21,000 ed i voti siano ripartiti così: lista A. voti 9000; lista

---

(1) Cfr. RELAZIONE VARENNE, cit., p. 17.

B. voti 8400; lista C. voti 3600. Poichè in Belgio
vige il sistema d'Hondt, e questo era il prescelto anche nel progetto francese, applicandolo al-
l'esempio succitato si avrebbe che due seggi toccherebbero alla lista A. coi quozienti 9000 e 4500;
un seggio alla lista B. col quoziente 8400; nessuno alla lista C. Ciò val quanto dire che nella ripartizione essendo il comun divisore 4500, ri-
marebbero sacrificati 3900 voti della lista B. e
3600 voti della lista C. Se vi fosse invece un quarto seggio da assegnare questo toccherebbe alla lista B. ed essendo il comun divisore 4200 rimarrebbero sacrificati 600 voti della lista A. e 3600
della lista C. Se i seggi da ripartire fossero cinque il quinto seggio toccherebbe alla lista C. ed
essendo il comun divisore 3600 i voti sacrificati
sarebbero 1800 della lista A. e 1200 della lista
B. Se poi si dovesse assegnare un sesto seggio
questo spetterebbe alla lista A. ed essendo il
comun divisore 3000, i voti sacrificati sarebbero
2400 della lista B e 600 della lista C. Se infine i
seggi della circoscrizione fossero sette il settimo
seggio spetterebbe alla lista B. ed i resti dei voti
inutilizzati sarebbero soltanto 600 della lista A.
e 800 della lista C. Insomma chiunque potrà
facilmente persuadersi che quanto più è plurino-

minale una circoscrizione e tanto maggiore è l'e-
quità distributiva.

Ispirandosi a questi criteri, lo scopo che si deve mirare di raggiungere, è quello di costituire
circoscrizioni che, pur non essendo tanto ampie
da essere inconciliabili con la praticità del sistema e con la omogeneità di carattere e di tradizioni delle popolazioni che lo compongono non
siano nemmeno tanto ristrette da rendere troppo
imperfetta la proporzionalità dei resultati.

Il Sabini (*op. cit.* pag. 70) crede che il più adatto sia il sistema della circoscrizione per Provincia
come principio, (1) salvo a vedere se sia opportuno riunire fra loro quelle provincie che hanno un
numero minimo di rappresentanti (due o tre) o
anche di dividere in due quelle provincie che, come Torino o Milano, devono eleggere 19 o 20
rappresentanti ».

_____

(1) Tale criterio aveva ispirato anche Francesco
Crispi ed altri nel presentare il 23 giugno 1885 una
proposta di legge per scrutinio di lista provinciale
con voto limitato, secondo la quale l'elettore avrebbe
votato per 15 nomi nelle circoscrizioni nelle quali i
deputati da eleggere fossero diciannove; per 14 in
quelle in cui fossero diciotto e così via fino a 7 in quelle in cui fossero dieci.

L'on. Caetani (*op. cit.* pag. 74) propone circoscrizioni con un minimum di 10 ed un massimo
di 20 deputati e aggiunge che in questo rimaneggiamento si potrebbe operare anche una riduzione del numero totale dei deputati portandoli da
508 a 450. Noi non contradiciamo affatto alla
utilità della riduzione del numero dei deputati
e saremmo favorevoli ad un numero magari inferiore a quello di 450, ed anzi notiamo a questo proposito, che, se si prendesse per base della rappresentanza quella stessa del disegno di
legge Flandin-Varenne in Francia, e cioè un
deputato per ogni 75,000 abitanti, calcolando
per intere le frazioni di popolazione superiori
alla metà cioè a 37,500, secondo l'ultimo censimento non si avrebbero in Italia che 434 deputati
e cioè 166 nell'Italia settentrionale, 103 nella centrale, 107 nella meridionale, 47 in Sicilia e 11 in
Sardegna. Ma per ragioni sulle quali sarebbe superfluo insistere, crediamo che costituirebbe un
pericolo per la sorte di una riforma elettorale il
complicarla con la riduzione del numero dei deputati. Riforme siffatte vanno presentate sole,
affinchè non avvincano alla sorte loro riservata
proposte diverse e la sede opportuna per farle
è il rimaneggiamento delle circoscrizioni, che,

quale che sia il sistema elettorale in vigore, deve
farsi dopo ogni censimento.

Anche nelle riunioni parlamentari recentemente tenutesi e delle quali è data notizia nel
N° 1 della *Riforma Elettorale*, i convenuti hanno
manifestato le loro simpatie per circoscrizioni
presso a poco uguali a quelle proposte dall'on.
Caetani. Ed anche l'on. Maggiorino Ferraris nella proposta inedita alla quale abbiamo accennato
e con la quale nel corso della XXII° legislatura,
volle saggiare l'opinione di alcuni colleghi, proponeva la divisione in 45 collegi disponendo:
« Le Provincie che eleggono dieci o più deputati
possono fare collegio a sè : le altre provincie saranno raggruppate alle prime o fra di loro fino a
raggiungere il numero di almeno dieci deputati.

Anche noi crediamo che la Provincia dovrebbe
essere la base del nuovo ordinamento, perchè,
pur non costituendo un organismo che abbia
lunghe tradizioni nè sempre costante omogeneità di composizione, pure conviene, finchè è possibile, mantenere la compagine amministrativa
che essa rappresenta. Per queste ragioni crediamo che non si dovrebbe mai spezzare il territorio delle Provincie in circoscrizioni diverse e
che nel raggruppamento inevitabile di più pro-

vincie si dovrebbe procurare di mantenere intatte le divisioni delle regioni che rispondono a raggruppamenti anche assai più organici che non le provincie e che quasi sempre rappresentano anche comunanza di bisogni e d'interessi.

La delimitazione delle circoscrizioni non potrebbe del resto in alcun caso farsi per legge, ma dovrebbe lasciarsi ad una commissione composta a termini di legge. L'articolo 3 del disegno Caetani stabilisce a questo proposito : « Dentro quindici giorni dalla promulgazione della presente legge sarà costituita una commissione presieduta dal Ministro dell'Interno e composta di quattro senatori e dodici deputati da eleggersi dalle rispettive assemblee. Questa Commissione, entro due mesi dalla sua costituzione, compilerà la tabella dei nuovi collegi elettorali, la quale sarà pubblicata e resa esecutiva per decreto reale ».

Tale disposizione riproduce quella della legge del 1891 e si pare possa accettarsi salvo, forse, stabilire che la nomina dei commissari debba avvenire con rappresentanza delle minoranze. Ma pur nondimeno anche senza pretendere di fare una ripartizione definitiva, al solo scopo di rendere conto della portata pratica del sistema proposto, diremo che all'incirca l'Italia potrebbe essere

divisa in 38 circoscrizioni. Di queste le seguenti
corrisponderebbero a singole Provincie : Torino
con 19 deputati; Novara con 12; Cuneo con 12;
Alessandria con 13; Milano con 20; Pavia con
8; Firenze con 14; Perugia con 10; Roma con
15; Caserta con 13; Napoli con 17; Potenza con
10; Lecce con 10; Cosenza con 8; Palermo con
12. Le seguenti rappresenterebbero l'unione di
due provincie limitrofe : Genova e Porto Mau-
rizio con 17; Como e Sondrio con 11; Bergamo
e Brescia con 15; Cremona e Mantova con 10;
Verona e Vicenza con 14; Padova e Venezia
con 13; Ravenna e Forli con 8; Pesaro e Ancona con 9; Macerata e Ascoli Piceno con 8; Fog-
gia e Bari con 18; Catanzaro e Reggio Calabria
con 15; Messina e Catania con 18; Caltanissetta
e Siracusa con 11; Trapani e Girgenti con 11;
Cagliari e Sassari con 12.

Le seguenti circoscrizioni consterebbero dal raggruppamento di tre provincie contigue : Treviso,
Belluno ed Udine con 19; Piacenza, Parma e
Reggio con 13; Grosseto, Siena e Arezzo con
10; Aquila, Teramo e Chieti con 18; Campo-
basso, Benevento e Avellino con 18. La segnen-

te infine consterebbe del raggruppamento di
quattro provincie, sempre s'intende appartenenti
alla stessa Regione : Massa, Lucca, Livorno e
Pisa con 15.

Con un raggruppamento siffatto nessuna circoscrizione avrebbe meno di 8 deputati e nessuna più di 20; la circoscrizione di popolazione
minima sarebbe quella di Rovigo e Ferrara con
492,615 abitanti, la circoscrizione con popolazione massima quella di Milano con 1,450,214 (1).

---

(1) A proposito delle circoscrizioni potrebbe taluno
risollevare la questione se debbano esse determinarsi
in base al numero degli abitanti o a quello degli inscritti. Ho già accennato a tale questione in un altro mio
scritto (*La Riforma Elettorale — Relaz. al IV
Congresso Nazionale del Partito Radicale*) mostrando anche quale differenza vi sarebbe nel numero di
rappresentanti assegnato a ciascuna regione d'Italia,
applicando l'uno piuttosto che l'altro criterio. Certo
che quando si considera l'elettorato non come un diritto naturale ma come una funzione sembra più logico commisurare il numero dei rappresentanti a quello di coloro che tale funzione sono chiamati ad esercitare. In Italia, dove il numero delle astensioni è sempre rilevantissimo — mantenendosi ancora all'incirca
sul 35 % — e dove sarebbe forse pericoloso e poco effi-

S'intende che il numero dei deputati è indicato a seconda di quello che è ora assegnato a
ciascuna provincia, ma che dovrà subire qualche

cace il voto obbligatorio che è certo assai disforme al-
l'indole della popolazione, si potrebbe anche pensare
da taluno alla opportunità di determinare il numero
dei rappresentanti in base a quello degli elettori che
effettivamente hanno partecipato alla votazione. Tale
difatti era l'idea sostenuta da J. Stuart Mill nella discussione della riforma elettorale dinanzi alla Camera dei Comuni nel maggio 1867 (Cfr. ARNAUNE
et LEBON: Les debats du Parlement Anglais ecc. nel
volume cit. La R. P. Études ecc. pp. 87 e seg.) Il quale
diceva: « Il numero dei membri del Parlamento assegnati a ciascun collegio elettorale invece di essere
fisso sarà determinato per ciascuna elezione secondo
le regole seguenti: prendere il numero totale dei voti
validamente emessi in tutto il regno per la stessa elezione, dividere il numero per 658, prendere il quoziente, trascurando la trazione se ve n'è. Ciascun Collegio eleggerà un numero di rappresentanti uguale al
numero di volte che tale quoziente sarà contenuto nel
totale dei voti emessi dagli elettori ». Un tale sistema
presenterebbe l'inconveniente di una complicazione,
non però eccessiva: occorrerebbe infatti che dai capi-
luoghi di ciascuna circoscrizione si telegrafasse alla
capitale, ad un ufficio centrale il numero dei votanti
affinchè l'ufficio centrale eseguisse la ripartizione:
nel secondo giorno dopo quello dell'elezione, se non

modificazione per essere messo in rapporto con
le variazioni demografiche avvenute dal 1891 ad
oggi.

Taluno potrebbe osservare, come già fu rilevato
durante lo scrutinio di lista dal 1882 al 1891, che
con circoscrizioni di numero disforme di rappresentanti si concede un potere elettorale differen-

---

addirittura in quello immediatamente successivo essa dovrebbe poter essere effettuata. Certo qualunque
sia il sistema di scrutinio un tale metodo produce una
ripartizione più giusta. Per chiarire meglio gli effetti
suoi supponiamo che nelle elezioni generali del 1909
l'Italia fosse stata divisa in circoscrizioni provinciali.
I votanti in tutto il Regno furono 1,903,687, che, divisi per 508, dànno un quoziente di 3,747. Allora ciascuna provincia avrebbe avuto tanti rappresentanti,
quante volte il quoziente 3,747 fosse compreso nel numero dei votanti. Così il Lazio che ebbe 57,730 votanti
avrebbe conservato i suoi 15 deputati; ma la Basilicata che ebbe 18,781 votanti ne avrebbe avuti 5 invece
dei 10 che la ripartizione fissa le assegna: e così sarebbero evitate sperequazioni siffatte: il Lazio con
57,730 votanti ha 15 deputati mentre le Marche con
56,154 ne hanno 10, e le Calabrie con 50,153 ne hanno
23; l'Emilia e la Romagna con 170,691 votanti ne hanno 39 mentre la Sicilia, con appena 119,385 votanti ne
ha 52; l'Umbria con 37,203 e la Basilicata con 18,781
ne hanno ugualmente 10, ed infine nella stessa regio-

te agli elettori delle diverse circoscrizioni, ma
fu già più volte e assai bene risposto, come io pure ho già avuto occasione di ricordare, che tale
disparità è soltanto apparente, poichè tanto maggiore è il numero degli eligendi e altrettanto diminuisce in ogni singolo elettore il potere d'influire sulla elezione per l'accresciuto numero della
massa elettorale. Infatti supponiamo che una circoscrizione a dieci deputati comprenda 100.000 e-
lettori, ed una a venti 200.000 elettori e sarà facile
vedere che la particella di potere elettorale che
tocca a ciascuno degli elettori delle due circoscrizioni è uguale.

LE LISTE DEI CANDIDATI

La seconda questione da definire in un sistema
proporzionale è quella della compilazione delle
liste e della presentazione dei candidati. E' in-

---

ne la provincia di Torino con 82,667 ne ha 19, mentre
quella di Alessandria con 84,435 ne ha appena 13.

Ma, come ognuno intende, queste non sono che questioni accessorie da risolversi in sede di riforma elettorale e non fanno quindi parte integrale del nostro
argomento.

controverso che sia necessaria la dichiarazione preventiva delle candidature elettorali, anche nei Paesi nei quali non vige un sistema proporzionale, e che si debba richiedere la garanzia di un certo numero di elettori i quali attestino che la candidatura si fonda su un minimum indispensabile di adesioni e ciò allo scopo di evitare le autocandidature e le candidature poco serie. Abbiamo veduto che alcune legislazioni Svizzere richiedono appena due firme di elettori per la presentazione di una lista intendendo che questi elettori agiscano in delegazione di altri. Più prudente la legislazione belga richiede cento firme e tale disposizione, accolta anche dal disegno di legge dell'on. Caetani, ci pare da accettarsi.

Ma quale estensione di diritti si deve accordare ai presentatori? Come è noto la legge belga consente ai presentatori di stabilire l'ordine di preferenza fra i candidati, mentre le proposte di legge venute in discussione alla Camera francese, dispongono che i candidati siano iscritti in ordine alfabetico, e ciò, come dice il Flandin, perchè l'elettore non sia lo schiavo del Comitato. E' stato perfino detto dagli oppositori della R. P. nel Belgio, che tale disposizione era incostituzionale (1) perchè infirmava il principio dell'elezione diretta potendosi considerare che i presentatori nel fissare l'ordine di preferenza procedano come ad un'elezione di primo grado. Ma il De Jaer osserva giustamente : « Perchè questi elettori che hanno il diritto di presentare non avrebbero anche il diritto, incontestabilmente minore, di dire : noi presentiamo nel tale ordine ? Chi può il più, può il meno. I presentatori avrebbero potuto presentare il candidato A. solo e rifiutare il candidato B. Essi possono dunque anche dire che consentono a presentare il candidato B. ma soltanto sussidiariamente al candidato A. Se un gruppo di elettori trova che il candidato B. debba avere la preferenza, questi elettori sono sempre liberi di costituirsi presentatori di una lista che rechi in testa il candidato B. La loro libertà non è dunque vincolata ».

Ed il Ministro della giustizia Van Heuvel, nel suo discorso già citato, osservava : « L'ordine di presentazione stabilito nello stesso atto

_____

(1) CAMERA DEI RAPPRESENTANTI DEL BELGIO; *Relazione sul progetto di legge per l'applicazione della R. P. alle elezioni legislative* presentata dal deputato DE JAER il 25 agosto 1899 riprodotta nella RELAZIONE BENOIST, *cit.* pagg. 243-268.

della candidatura ha forza di per se stesso? Niente affatto, esso anzi ha così poca forza in se stesso, che se nessuno vota in testa alla lista sarà
considerato come abbandonato senza alcun effetto
utile. Perchè abbia qualche valore deve essere sostenuto dai suffragi di elettori che condividano
il sentimento dei presentatori. »

Ma sarebbe facile obiettare che queste parole
del Ministro belga della giustizia, erano dette
prima dell'entrata in vigore della legge, mentre
l'esperienza ha poi dimostrato che difatti l'ordine quale è stato fissato dai presentatori è quello
che rimane intatto, cosicchè si assicura che nelle
cinque elezioni generali finora avvenure nel Belgio, soltanto una volta nella circoscrizione di
Bruxelles nel 1900, il corpo elettorale sia riuscito,
valendosi del voto nominativo di preferenza, ad
alterare per un candidato l'ordine di precedenza
stabilito dai presentatori. (1) Se un tal fatto dimostra la scarsa efficacia pratica del voto nominativo
nel sistema belga, conferma però come il corpo

---

(1) Abbiamo rilevato a suo luogo come nelle elezioni del 22 Maggio 1910 e nella sola circoscrizione di
Bruxelles tale circostanza si sia ripetuta due volte:
per un candidato clericale e per uno liberale.

elettorale esprima in genere la sua approvazione
o simpatia per una tendenza, per un ordine generale d'idee, ma ami lasciarsi guidare da chi
può dargli una indicazione più esatta.

Ora chi impugna ai presentatori di una lista il
diritto di fissarne anche l'ordine di preferenza, dimentica per considerazioni teoriche delle constatazioni di fatto che bisogna pur fare.

Anzitutto la lista ha valore soltanto in quanto
i candidati in essa inclusi dichiarino ufficialmente di accettare di farne parte e secondo l'ordine
nel quale essa è presentata. Quindi si ha, fra
candidati e presentatori, un accordo liberamente concluso, e, fra candidato e candidato, un patto
di solidarietà. Accade sempre che in una lista vi
siano candidati più e meno autorevoli, più e meno conosciuti e popolari. E' naturale che i meno
noti e favoriti, che pur beneficiano del favore
che gli altri godono, cedano loro il passo e si ac-
concino ad essere eletti soltanto dopo gli altri,
se rimarrà posto per loro. E bisogna anche osservare che poichè tutto il sistema della proporzionalità si fonda sul principio di organizzare le
masse elettorali, non secondo simpatie e clientele
personali, o secondo interessi particolari, ma sibbene secondo idealità politiche generali, è pre-

sumibile che i presentatori rappresentino una determinata idealità politica che, in base ad un programma, chiede il giudizio degli elettori.

Ed in tal caso non è giusto che chi si assume la responsabilità di presentare un programma e di designare coloro che crede adatti ad attuarlo, abbia anche il diritto di indicare quali, fra i designati, crede a preferenza di ogni altro meglio capaci fra tutti? Si dice: ma la libertà di scelta dell'elettore ne è diminuita: senza dubbio: ma, replichiamo, in quale mai sistema elettorale l'elettore singolo, il quale si presenta a deporre il proprio suffragio nell'urna ha una libertà di scelta illimitata? Con la legislazione vigente in Italia l'elettore, per esempio, praticamente quale libertà ha? Evidentemente soltanto quella di scegliere fra i due, tre, al massimo quattro candidati, che si trovano in competizione. Se si tratta di un elettore costituzionale esso voterà per il candidato costituzionale anche se ritenga che quello non sia il candidato migliore fra quelli che si potevano scegliere. E così se sarà radicale o socialista o clericale: E se anche non apparterrà a un partito determinato sceglierà fra i candidati in competizione quello che gli sembrerà il meno disforme o il più affine al proprio modo di pensare. E

la scelta del candidato da chi è fatta oggi? Noi
possiamo affermare, senza essere pessimisti, che
nei collegi più politicamente evoluti d'Italia è
molto se il 10 % degli elettori sono regolarmente iscritti ad un partito politico. Orbene non è
sempre questa minoranza che impone i candidati
alla maggioranza? Quando si tratta del candidato ufficiale di un partito organizzato, sarà la maggioranza degli iscritti a quel partito che delibe-
rerà chi debba essere candidato e, peggio ancora, se partito organizzato non vi è, sarà un ristretto gruppo di persone, una clientela personale che deciderà della presentazione del candidato; e poichè in questa materia gli esempii concreti valgono meglio di molti ragionamenti, guardiamo per esempio che cosa è avvenuto di recente nel collegio di Torino IV° che conta ben
11,248 iscritti.

Si doveva presentare un candidato socialista
e si era in dubbio fra tre personalità del partito
socialista. Si sono riunite un centinaio circa di
persone e con una maggioranza di pochi voti
hanno scelto uno dei tre. Chi dice a noi se molte
fra le migliaia di elettori che pure hanno dovuto votare per il candidato presentato non avrebbero preferito uno degli altri due? E alle mino-

ranze organizzate a cui è consentito oggi nel sistema del collegio uninominale di fare questo,
non si potrebbe domani consentire nel regime
proporzionalista di stabilire l'ordine di preferenza
fra i varii candidati?

Ma sopratutto a noi pare che in questa materia
si debba confidare nel buon senso delle masse e
nell'interesse stesso dei partiti. In materia elettorale, se ci è consentito il paragone un po' vol-
gare, i partiti sono i negozianti e gli elettori sono
il pubblico dei consumatori acquirenti : il nego-
ziante che offre merce cattiva finirà sempre per
accorgersi che ha fatto la peggiore delle spe-
culazioni perchè il pubblico finirà con l'abbandonarlo : quindi un partito, se gli si consente di
stabilire l'ordine di presentazione dei candidati,
cercherà necessariamente nella maggior parte
dei casi d'indovinare il gusto del pubblico a cui
si rivolge ponendo per primi quelli che possono
incontrare maggiormente il favore degli elettori : ed in tal senso l'esperienza belga è veramente convincente.

Però non si deve dimenticare, che, a parer nostro, il consentire o no ai presentatori di fissare
l'ordine di preferenza dei candidati è intimamente
connesso al carattere che si intende dare alla

elezione, o, per essere più esatti, al suffragio dell'elettore. Se, come nel sistema belga, si vuol mantenere al suffragio il carattere uninominale, allora è logico che la lista debba essere in ordine decrescente di preferenza, perchè non bisogna dimenticare che tale voto ha il valore di designare un candidato, ma anche di concorrere alla prevalenza della tendenza politica impersonata nella lista alla quale quel nome appartiene.

Ora se, dato tale ordinamento, la lista fosse in ordine alfabetico ciascun elettore col proprio voto determinerebbe la elezione di un candidato, ma si disinteresserebbe completamente dall'indicare quali fra gli altri candidati vedrebbe più volentieri eletti. Invece, essendo la lista disposta in ordine di preferenza, l'elettore pur manifestando col voto nominativo la sua spiccata preferenza per uno dei candidati sa già in quale ordine il suo voto gioverà agli altri candidati; ed è meglio che egli confermi la designazione graduale fatta, d'accordo coi candidati, dai cento presentatori, che pure sono, presumibilmente, i campioni più attivi e più battaglieri dell'idea politica alla quale egli reca l'ausilio del proprio suffragio, piuttosto che lasci la riuscita dei candidati in balìa della sorte.

Invece quando, come nel sistema francese e
negli altri conformi, si accordano all'elettore tanti voti quanti sono i candidati da eleggere si comprende che potendo l'elettore esprimere la propria diretta volontà a riguardo di ciascun candidato non convenga più di lasciare ai presentatori
di stabilire l'ordine di preferenza.

E con ciò si è creduto di garentire l'indipendenza dell'elettore : in verità accade però una cosa diversa e cioè che la designazione degli eletti è sottratta ai presentatori e cioè ad un partito
o ad un comitato noto che ne assumeva pubblica-
mente la responsabilità, ma è data però ad una
ristretta parte del corpo elettorale, che può anche non essere la migliore e soprattutto non la
più sincera nè la più genuina espressione delle idee che la lista rappresenta.

Si ricordi infatti che il voto ha il duplice valore simultaneo di voto di lista e di voto nominativo e che perciò chi vota soltanto per alcuni nomi di una lista diminuisce i voti di lista in base
ai quali si fissa il numero dei seggi a ciascuna 'lista spettanti e quindi danneggia anche i candidati preferiti rendendo più difficile la loro riuscita. Perciò la grandissima maggioranza degli
elettori che desiderano la prevalenza di una li-

sta voteranno tutti i nomi in essa inclusi per non
sottrarre voti alla cifra elettorale e perciò, pure
avendo, come è naturale, preferenze per alcuni
dei candidati non potranno manifestarle, e tutti
i candidati avranno un forte blocco di voti comuni : gli elettori con minori scrupoli e che più
che della lista si interessano della riuscita certa
di uno o di qualche candidato saranno i soli che
determineranno la posizione dei candidati nella
lista. Prendiamo l'esempio delle elezioni amministrative specialmente nelle grandi città, nelle
quali si fanno su base quasi esclusivamente politica. Per quanto il cancellare o il sostituire qualche nome nella lista non abbia alcun effetto nocivo per la lista come lo avrebbe nei sistemi proporzionali di questa specie, nondimeno le schede
pure sono in grande prevalenza : ma esse non
contano nulla per determinare l'ordine interno dei
candidati nella lista che è stabilito infatti soltanto
dalle schede miste o incomplete. Si avrebbe dunque in una elezione fatta col sistema francese
per esempio questo risultato : il primo candidato
riporterebbe 10,000 voti ; l'ultimo 9,500 : vi sarebbero 8,500 o 9000 voti *puri* e l'ordine di precedenza sarebbe stabilito da quel migliaio o mi-

gliaio e mezzo di elettori meno disciplinati e forse anche meno disinteressati.

Ma da ciò deriva un pericolo anche più grave
e che in Belgio è stato giustamente veduto e temuto ed è stato non certo ultima ragione del distacco dai sistemi svizzeri : che cioè con siffatti
sistemi si scatena la lotta fra i candidati di una
stessa lista, e fra i loro più caldi fautori : lotta
coperta, sleale, demoralizzatrice e pericolosa nella quale vincono i meno degni.

Si pensi a quanto avveniva in Italia quando
vigeva lo scrutinio di lista : basta leggere le relazioni Franchetti, Bonghi, Genala e le discussioni dell'aprile 1891 alla Camera per avere numerose testimonianze del come candidati di una
stessa lista si combattevano per avere maggior
numero di voti, incitando i più fidi a votare il loro nome soltanto.

Si potrebbe rispondere che allora non si ri-
sentiva alcun danno dal sottrarre voti ai compagni di lista mentre non sarebbe così col doppio voto simultaneo : ma è facile replicare che
mentre nello scrutinio di lista maggioritario si
trattava nella grandissima maggioranza dei casi
di vincere o cadere tutti insieme e quindi il candidato era mosso soltanto dalla gelosia o dalla

ambizione della preminenza, invece nel sistema
proporzionale è sicuro che soltanto alcuni fra i
candidati della lista possono riuscire eletti e
quindi l'interesse di superare i compagni di lista
nella quantità di voti personali è massimo.

Perciò mentre col sistema belga i candidati
sono legati fra loro da una stretta solidarietà e,
dato l'ingente numero di voti personali che occorrono per invertire l'ordine di presentazione,
una campagna di propaganda personale non può
in alcun modo farsi di nascosto e sarebbe subito
punita con l'esclusione dalla lista comune, col
sistema francese invece i candidati prima che alla lotta comune contro le liste concorrenti sono
tratti a pensare alla lotta interna per soverchiare
i compagni.

Nè questo male si eliminerebbe, anzi si aggra-
verebbe se si consentisse all'elettore di votare
per un numero di candidati inferiore a quello
dei deputati da eleggere, sistema che, senza dubbio, darebbe una serietà ed una fondatezza maggiori alla designazione di preferenza da parte del
corpo elettorale: infatti se, per esempio, essendo 10 i deputati da eleggere l'elettore potesse votare soltanto per 7, è indubitabile che ciascun
elettore farebbe una eliminazione che porterebbe

ai primi posti i candidati che veramente godes-
sero l'estimazione e le simpatie più larghe. Ma
il difetto prima lamentato rimarrebbe, anzi, ripetiamo, sarebbe più grave.

Il concedere all'elettore più voti, anzichè uno
come nel Belgio, è fonte anche di un altro inconveniente: la legge belga stabilisce che nessuna
lista può comprendere più nomi che non vi siano candidati da eleggere, ma ammette che ne
comprenda meno ed anche che vi siano candidature isolate, il che costituisce una mirabile ed
efficacissima valvola di sicurezza contro le sopraf-
fazioni e le intransigenze faziose dei partiti, perchè l'uomo politico che sappia di avere un sufficiente seguito nella opinione pubblica e si veda
escluso dalla lista o collocato in un posto che
non gli convenga può sempre presentarsi isolato al suffragio degli elettori. Orbene questa diversità numerica nella composizione delle liste
non crea alcuna difficoltà o sperequazione perchè, concorrendo ciascun elettore per una unità
nel formare la cifra elettorale di una lista quale che
sia il numero di candidati da cui questa è composta, all'atto della ripartizione la proporzione
tra le forze di ciascuna lista è perfettamente osser-
vata. Infatti se per la lista A hanno votato, sia con

voto di lista che con voto nominativo, 7000 elettori e la lista era completa e comprendeva cinque nomi la cifra elettorale è 7000 : e se per la candidatura isolata di C. hanno votato 3000 elettori, questi concorrerà alla ripartizione con 3000 voti. Ma
col sistema francese nel quale ciascun elettore
concorre alla formazione della cifra elettorale con
tanti voti quanti sono i candidati pei quali ha
votato si avrebbe che i 7000 elettori della lista A
formerebbero una cifra elettorale di 35,000 voti
e quelli del candidato isolato C. rimarrebbero
3000 e quindi nella ripartizione sarebbero schiacciati.

Per ovviare a tale inconveniente vediamo che
il progetto francese ricorre al voto cumulativo
ed il progetto dell'on. Caetani al voto residuale.

Il voto cumulativo ci pare pericoloso sia per
le candidature isolate, sia per le liste complete
o incomplete ma plurinominali. Noi temiamo
infatti che esso valga a far sussistere nel vasto
collegio plurinominale l'aggruppamento personale che spadroneggiava nel collegio uninominale
e non v'è dubbio che la lotta fra i candidati della
stessa lista è singolarmente favorita dalla esistenza della facoltà data all'elettore di ripetere più
volte il nome dello stesso candidato. Con ciò

è tolto anche quello che poteva essere l'ultimo
freno, quello cioè di scemare il numero complessivo dei voti di lista : cosi invece i voti di lista
sono utilizzati tutti ed è aperto il palio alla ricerca senza limiti dei voti personali.

Da un sistema di questa specie dovrebbero
rifuggire con particolare timore i partiti nei quali la disciplina e l'organizzazione e la solidarietà sono minori e cioè, in Italia, i partiti costituzionali.

Il progetto Caetani ci sembra in questo punto
assai migliore di quello francese Flandin-Varenne; ma ha, come già notammo, il difetto non facilmente evitabile, di non tener conto, per la graduazione dei candidati, dei voti di lista puri.

Anche il Massabuau in Francia aveva proposto
di far beneficiare le liste incomplete di tanti voti
quanti erano i candidati mancanti nella lista, ma
l'idea non ha incontrato favore specialmente per
la complicazione che essa porta nello scrutinio.

Prima di concludere su questo ordine di questioni occorre però esaminarne un'altra che è con
queste intimamente connessa : quella del *panachage*.

II. PANACHAGE

Il sistema belga ha eliminato tale dibattutissima questione : poichè l'elettore vota per un solo nome e, implicitamente, per la tendenza politica alla quale quel nome appartiene è naturale che non possa votare che per una sola lista e quindi dare o il voto di lista o il voto nominativo che vale anche per voto di lista. E' vero che l'elettore belga può votare anche per un supplente, ma sarebbe semplicemente assurdo che votasse per l'effettivo di una lista e pel supplente di un altra, pretendesse cioè di indicare chi eventualmente debba sostituire un eletto, alla cui elezione egli non ha partecipato.

Il dubbio sorge quando all'elettore si accorda di votare per più nomi : allora l'elettore ha parecchie liste fra cui scegliere e diversi voti di cui disporre : perchè, si chiede, dovrà rinunciare, quando è chiamato a fare una « designazione di capacità » a scegliere, indipendentemente, dalla lista alla quale appartengono, quelli che a lui sembrano i migliori, cogliendo *il più bel fiore* di ogni lista? La risposta, invero, non è difficile : quell'elettore aveva il diritto di fare una tale scelta fino ad alcuni giorni prima di quello della elezione e accordandosi con un numero limitato di altri elettori egli poteva chiedere ai candidati del suo cuore se accettavano tale solidarietà fra di loro : ma quando questo non ha creduto di fare, come potrà volere passare oltre a quella che è la stessa volontà dei candidati?

Infatti i candidati si sono raccolti insieme intorno ad un cumulo comune di idee e di propositi e, presentandosi insieme ai suffragi degli elettori hanno dichiarato che per l'attuazione di quei propositi, per la difesa di quelle idee contavano l'uno sul concorso dell'altro : come può l'elettore all'ultimo momento volere imporre ad un eletto una solidarietà diversa da quella che questi ha esplicitamente accettata? E del resto questa necessaria limitazione della libertà del singolo elettore, ristretta, si noti bene, soltanto al momento della votazione non può impressionare troppo nei paesi nei quali, come in Italia, vige il sistema del collegio uninominale : anche ora un elettore può trovarsi perplesso fra due candidati che impersonano una tendenza magari affine o nella cui probità e valentia ha del pari fiducia, ma occorrerà bene che si decida, con questo di più grave che oggi è certo che la elezione dell'uno esclude l'elezione dell'altro, mentre lo scrutinio di lista proporzionale può lasciare aperta la via a tutti e due.

Oltre a queste ragioni ideali l'ammettere il *panachage* fa sorgere subito la difficoltà circa il valore da darsi alle schede miste.

Il deputato Benoist in Francia era venuto nella conclusione di ammettere il *panachage,* ma di non far computare le schede *panachées* per determinare le cifre elettorali delle liste.

Il progetto Flandin-Varenne invece risolveva la questione nell'altro modo proposto che è senza dubbio più logico (logico, s'intende, una volta accettato il principio del *panachage*) facendo sì che ogni singolo voto contasse come voto di lista e come voto personale. Dice infatti il Flandin nella relazione e nell'opuscolo già citati: « Vi sono 5 deputati da eleggere : tre liste si trovano in competizione, cioè le liste A, B, C. – Un elettore ha votato pei cinque candidati della lista A. Che cosa ha fatto? Ha dato un suffragio individuale a ciascuno dei candidati della lista A e, al tempo stesso, cinque voti di lista alla lista A. Un altro elettore ha votato per quattro candidati della lista A e per un candidato della lista B. Che cosa ha fatto? Ha dato un suffragio

personale a ciascuno dei candidati in favore dei
quali ha nominativamente votato, ma, poichè ha
votato per 4 candidati della lista A e per uno della lista B, ha dato quattro voti alla lista A ed un
voto alla lista B. » E così via. E' semplice, certamente. Ma tanto al Benoist quanto al Flandin
aveva in antecedenza risposto il Ministro della
Giustizia belga Van den Heuvel, quando nel
suo discorso, già citato, del 1899 diceva : « Se
voi ammettete il *panachage* che cosa fate delle
schede *panachées ?* Le contate o non le contate a
profitto dei partiti ? Scegliete l'una o l'altra ipotesi e verrete ugualmente ad una conseguenza as-
surda. Se voi contate per una frazione le schede *panachées* a beneficio delle diverse liste a cui
appartengono i candidati designati giungete a
questo resultato veramente strano, che si dovranno considerare certe schede come racchiuden-
ti un quarto di liberalismo, un quarto di sociali-
smo, ed una metà di cattolicismo. Si può immaginare più bizzarra incoerenza nell'espressione di
una volontà ? Volete invece ammettere che le
schede *panachées* non contino e, seguendo il concetto che ispira la legge comunale, dire che varranno per stabilire la forza elettorale dei candidati ? Allora voi arrivate a qualche cosa di an-

che più strano. Ad un elettore che non può concorrere, con la sua scheda, ad attribuire un seggio ad un partito qualsiasi, ad un elettore la cui
scheda — sotto il punto di vista della ripartizione dei mandati — è nulla, voi date tuttavia il diritto di determinare la scelta delle persone che
potrebbero essere designate. »

Ma fra le due soluzioni quella del Flandin a
noi pare la peggiore : perchè, almeno, quella del
Benoist colpisce gli elettori con una diminuzione
di diritti, fa loro sentire che essi esercitano il loro diritto in modo incompleto : invece il sistema
Flandin che pare il più liberale è quello che importa una sincerità politica ed una efficacia educativa minori. Noi crediamo che il regime costituzionale debba accompagnarsi con una netta
visione da parte dei cittadini dell'efficacia che la
loro volontà, espressa mediante il voto, può avere
nel governo della cosa pubblica : quindi l'elettore deve poter dare il suo concorso all'idea clericale o a quella socialista sapendo che esso concorre così alla attuazione del programma dei clericali o dei socialisti, deve anche potere scegliere
una lista eclettica che non abbia un colore di partito se così gli garba e se vi sono stati candidati,
nei quali egli ripone la sua fiducia, che abbiano

accettato di costituirla, ma non deve potere sconvolgere i raggruppamenti omogenei che altri hanno costituito valendosi di un diritto del quale ogni elettore poteva parimente fruire, per votare in un modo che significhi : io concorro a mandare a rappresentarmi due, o tre uomini che cercheranno in Parlamento di ostacolare e di demolire l'opera l'uno dell'altro.

Eugenio Duthoit riferendo il 26 marzo 1906 in seno al gruppo parigino della *Société d'Economie Sociale et Unions de la Paix Sociale* sul tema : « Come attuare in Francia la R. P. dei Partiti » (1) diceva giustamente che « occorre che un significato politico molto chiaro, esente da qualsiasi ambiguità apparisca da ognuno dei voti espressi, affinchè la rappresentanza possa essere lealmente proporzionale : ciò non è possibile tollerando il *panachage* ». E sintetizzando molto bene le ragioni avverse al *panachage* il Duthoit diceva : « La libertà del *panachage* mi pare inammissibile sotto il regime della R. P. : 1°) perchè impedisce l'esatta valutazione politica dei voti emessi ; 2°) perchè falsa l'intenzione dei votanti ; perchè rende necessarie disposizioni ec-

_____

(1) Cfr. *Reforme Sociale* — 1 Mai 1906, p. 684.

cezionali e sempre censurabili circa le schede *panachées;* 3°) perchè è inconciliabile col segreto effettivo del voto ».

L'on. Caetani (*op. cit.* p. 83-84) crede che una completa libertà di scelta nell'elettore sia necessaria perchè in Italia « abbondano gli eclettici e quelli che si ispirano a simpatie personali » e ammette che alcuni « potrebbero votare per Bissolati, Baccelli, Luzzatti, Barzilai e Sonnino, e magari anche per Coris e Giolitti » e spera che « l'educazione politica e l'esperienza di varie elezioni con il sistema proporzionale, varranno col tempo a creare quella sicura coscienza politica a base di sincere convinzioni e di saldi principî che oggidì ancora difetta nel nostro Paese » e afferma : « il nostro sistema sarà il migliore per educarli a raggiungere questo ideale ».

Noi crediamo invece che sarebbe il più adatto a perpetrare la disorganizzazione ed il confusionismo e che uno dei maggiori beneficî che si possa aspettarsi dalla R. P. sia quello che gli eletti sappiano di andar debitori della elezione ad un gruppo omogeneo di cittadini che ne approva tutte le idee : in tal caso la condotta dei deputati nel Parlamento potrà essere coerente e diritta e, soprattutto, conforme alle promesse fatte nel periodo elettorale.

Il complicato sistema scelto dall'on. Caetani di consentire all'elettore un voto di lista ed una designazione nominativa in liste diverse, permette anche, con pericolosa facilità, agli elettori di partiti avversi di influire nella designazione di quale debba essere l'eletto di un altro partito : il che non è nè equo, nè utile, e riuscirà specialmente di danno ai partiti più compatti e disciplinati.

Supponiamo che la lista socialista consti di tre nomi : A. B. C. ; A sarebbe il preferito dai socialisti (e non si dimentichi che l'on. Caetani consente ai presentatori di stabilire l'ordine di preferenza nella lista) e tutti i socialisti o simpatizzanti socialisti voteranno in modo da conservare A al primo posto : basterà che pochi, assai pochi avversarii, per eliminare il socialista più autorevole e più temibile si accordino a dare un voto personale a C. perchè questi riesca eletto anzi che A. E' equo, è utile, ripetiamo, che sia possibile ciò?

Noi siamo dunque recisamente contrari al *panachage*.

Però gli effetti di escludere il *panachage* pos-

sono essere attenuati da una concessione più limitata e di diversa natura. Può essere consentito
ad un candidato di figurare in più liste? Veramente non dovrebbe esserlo e tale possibilità è
infatti esclusa dalla legge belga, dal progetto
francese e da quasi tutti i sistemi proporzionali:
abbiamo però veduto che è ammessa dalla recente legge svedese. La quasi generale esclusione
si spiega sia dal lato teorico che dal lato pratico
perchè è logico presumere che uno stesso candidato non possa rappresentare due tendenze diverse e
perchè è causa di complicazione la duplicità della candidatura nella stessa circoscrizione in quanto si rimane incerti a favore di quale lista sia da
computarsi il voto dato ad un candidato compreso in più liste. Pure, tenendo nel debito conto le
considerazioni dell'on. Caetani circa le condizioni
politiche del nostro paese, noi ammettiamo che il
desiderio di votare per un uomo di idee politiche
non interamente conformi alle proprie possa le-
gittimarsi nel caso di un candidato che per la
sua grande autorità e popolarità possa meritare
i suffragi anche di diverse gradazioni politiche.
Se così è e se più gruppi di presentatori desiderano includerlo nella propria lista ed il candidato
consente crediamo che ciò potrebbe essere per-

messo dalla legge. Vuol dire che l'elettore, con-
trassegnando nella scheda quel nome in una lista piuttosto che in un'altra, sceglierà a quale
fra le liste nelle quali quel nome è compreso desidera che il voto profitti come unità della cifra
elettorale. Ciò non ostacolerebbe il funzionamento nè del sistema a voto uninominale, nè di quello a voto plurinominale. Si intende che i voti
dati allo stesso candidato in due liste diverse non
potrebbero essere cumulati da lui : esso dovrebbe
essere proclamato soltanto nel caso nel quale gli
spettasse in una delle liste. Se egli riuscisse poi
eletto in tutte e due si dovrebbe non tener conto
della sua presenza nella lista dove riescisse eletto per la seconda volta e passare al candidato che
lo seguisse per numero di voti, come se in quella
lista non esistesse. Supponiamo, per esempio,
che col sistema belga la lista radicale comprenda i nomi di A. B. C. e quella democratico-costituzionale di D. A. E. F. L'elettore che voglia
dare un voto nominativo ad A. potrà segnare la
casella a fianco del suo nome tanto nella lista
radicale che nella democratico-costituzionale a
seconda che, pur votando per A, desideri av-
vantaggiare l'uno o l'altro partito. Ma A non potrà riuscire eletto altro che nel caso che spetti

almeno un seggio alla lista radicale, o almeno due seggi alla lista democratico-costituzionale. Se poi si avverano le due ipotesi occorre vedere quale si avvera per prima. Si supponga che i seggi da ripartire siano 6 e che vi siano quattro liste in competizione: la conservatrice con 10,000 voti; la radicale con 3,500; la democratico-costituzionale con 8,000 voti e la socialista con 3,800. Applicando il comune divisore d'Hondt il primo seggio spetta alla lista conservatrice; il secondo alla democratico-costituzionale; il terzo di nuovo alla conservatrice; il quarto col quoziente 4,000 (8,000 : 2) alla democratico-costituzionale e quindi ad A. che è il secondo dei suoi candidati; il quinto alla socialista; ed il sesto alla radicale col quoziente 3500. Poichè il 1° candidato della radicale è A. egli sarebbe l'eletto, ma poichè A. è già riuscito eletto con un quoziente più alto nella lista democratico-costituzionale, si cancellerà dalla lista radicale e si proclamerà eletto B, come se questi fosse il primo della lista radicale.

Altrettanto può avvenire con un sistema di voto plurinominale: supponiamo che alla lista radicale tocchino due seggi ed alla democratico-costituzionale tre: i candidati della lista radicale abbiano personalmente riportato: A 2500 voti;

B 2000; C 1500; i candidati della democratico-
costituzionale abbiano riportato: E 4000 voti;
D 3000; A 2800; F 2400.

A. sarebbe dunque eletto come primo candidato
della lista radicale e come terzo della lista demo-
costituzionale, ma di questa seconda elezione non
si tien conto, perchè quando viene la sua volta
nella lista demo-costituzionale, A si trova ad essere già stato eletto e gli si sostituisce il candidato
F che nella stessa lista lo segue per numero di
voti.

Si può obiettare che A, pur avendo complessivamente raccolto maggior numero di voti di altri candidati eletti potrebbe non riescire eletto in
alcuna delle due liste: ma ciò non si può evitare
e a questo dovrà pensare il candidato nell'accettare di essere compreso in più di una lista.

Parimente si intende che l'inclusione di un
candidato in più di una lista dovrà essere sempre fatta col consenso dei presentatori delle varie
liste interessate, i quali avranno facoltà, entro
un certo limite di tempo, di cancellare dalla propria lista un candidato il quale abbia posterior-
mente accettato di comparire in un'altra.

Con questa concessione, che noi propugnamo
soltanto in via subordinata, cadrebbe, ci pare,

piu che mai qualsiasi ragione per giustificare il *panachage* che dovrebbe assolutamente essere interdetto.

E, stabilito questo punto, torniamo a concludere sull'ordine di presentazione dei candidati e sulla libertà accordata all'elettore nell'esprimere il proprio voto.

MODALITÀ DEL VOTO

Il Duthoit nella relazione or è poco citata (*Reforma Sociale*, Maggio 1906) dice che tra la grande maggioranza dei proporzionalisti francesi i quali sono partigiani di lasciare la classificazione dei candidati di una lista interamente alla diserezione del corpo elettorale i sistemi più accreditati tra i varii proposti sono i seguenti: sistema Benoist di concedere all'elettore parecchi voti preferenziali sottolineando nella lista i candidati preferiti; sistema di concedere all'elettore facoltà di numerare i candidati con un numero progressivo secondo l'ordine di preferenza; sistema di votare un sol nome che varrebbe anche come voto di lista; sistema proposto dal Dessaint di far votare all'elettore tante schede con un sol nome ciascuna, quanti sono i candidati preferiti, prescrivendo che ciascuna lista abbia schede di colore diverso; l'elettore che volesse votare per cinque dei sette candidati della lista A ne scriverebbe i nomi uno per scheda, in cinque schede di uguale colore e dimensione, le chiuderebbe in una busta e getterebbe la busta nell'urna.

Il Duthoit scarta la numerazione progressiva e il sistema Dessaint come troppo complicati, la sottolineatura Benoist perchè potrebbe incoraggiare i candidati e i loro più ardenti fautori a campagne personali « demoralizzanti e fatali alla disciplina dei partiti »; rifiuta altresì il voto uninominale perchè nel numero dei voti arrecherebbe contrasti troppo stridenti fra gli eletti di una stessa lista e propugna invece il metodo proposto dal Bouchey-Allex nel progetto di legge per la R. P. nelle elezioni amministrative e che consiste nel consentire ad un elettore di cancellare uno o più nomi sulla lista prescelta.

Il Duthoit s'illude che quest'ultimo sistema non incoraggerebbe l'indisciplina perchè se « a rigore si può ammettere che un candidato solleciti per sè voti di preferenza, si può difficilmente supporre che si agiti per far cancellare i suoi compagni di lista : un tal procedimento sarebbe troppo manifestamente odioso e squalificherebbe per sempre l'uomo o la fazione politica che non arrossissero di esservi ricorsi. "

Dopo questa scorsa fra i varii sistemi noi concludiamo esprimendo l'avviso che quando si voglia concedere all'elettore più voti è necessario rinunciare a concedere ai presentatori di stabilire un qualsiasi ordine di preferenza e che bisogni trovare un sistema che permetta all'elettore di fare una vera cernita fra i candidati di una lista ed al tempo stesso risponda a questi requisiti: consenta l'uso della scheda stampata di ufficio comprendente tutte le liste in competizione, della quale scheda tra poco metteremo in rilievo la capitale importanza, e consenta altresì di determinare la cifra elettorale di ciascuna lista in base alla quale deve farsi la ripartizione dei seggi in modo che non vi sia sperequazione fra le liste comprendenti un diverso numero di candidati oppure anche un candidato solo.

La soluzione non è certo facile a trovarsi e perciò noi preferiremmo di rinunciarvi ed insistere sulla opportunità di scegliere il sistema belga, come funziona in Belgio da dieci anni, anche per la ragione fondamentale che il deputato Benoist diceva alla *Société d'Economie Sociale* il

27 Novembre 1905 a Parigi : (1) « Ciò che ci ha
determinati a scegliere il sistema belga è che
esso vive, esiste ; non è perfetto, ma ha la grande
qualità che vive, funziona, sopprime l'obiezione
contro l'attuabilità del sistema : la miglior prova
che può andare è che esso va. »

Ed infatti le modificazioni al sistema, gli adattamenti alle speciali condizioni del nostro Paese
potrebbero forse utilmente rimandarsi a quando
si fosse già veduto alla prova. Ma d'altra parte
ci rendiamo conto delle resistenze che il sistema
belga incontrerebbe non tanto per il voto unico, quanto proprio per la facoltà data ai presentatori di stabilire l'ordine di precedenza dei candidati : siamo sicuri che questo sistema andrebbe
benissimo pei partiti radicale, repubblicano e
socialista e anche per quello clericale che hanno
organizzazioni riconosciute ed obbediscono a di-
rezioni centrali ; sarebbe forse in pratica quasi
inattuabile per il grosso del partito costituzionale specialmente nelle regioni meridionali e
specialmente considerando che si vogliono circoscrizioni ampie. Pensiamo infatti ad una circoscrizione come sarebbe quella di Napoli che

(1) Cfr. *Réforme Sociale* 16 Février 1906, p. 312.

dovrebbe eleggere 17 e forse più rappresentanti :
una diecina e forse più di deputati uscenti si ri-
presenterebbero agli elettori in una sola lista; ma
chi potrebbe avere ed a chi sarebbe riconosciuta
l'autorità di stabilire anteriormente alla elezione
una graduatoria di precedenza tra i deputati u-
scenti? Non c'è che l'ordine alfabetico che possa permettere in tali condizioni di compilare una
lista.

Ma accetteremo dunque il sistema francese?
No, perche non risponde alle due condizioni sue-
sposte : lascia cioè all'elettore facoltà di votare
con scheda manoscritta o stampata, ma con can-
cellazioni e sostituzioni, e per ottenere la perequazione fra liste con diverso numero di candidati adotta il voto cumulativo. Inoltre il sistema
francese abolisce il voto in testa alla lista. E ciò
non ci sembra opportuno. Non ci persuade perciò nemmeno l'Urban (op. cit. II, 141) il quale
propugna l'abolizione del voto in testa di lista
per sostituirlo col solo voto laterale che sarebbe
« sempre individuale e devolutivo in favore dei
diversi candidati in ordine di presentazione » so-
stenendo che quanti accettano integralmente l'ordine di presentazione e adesso votano annerendo
la casella posta in testa alla lista voterebbero in-

vece pel primo candidato nella casella a fianco
al nome di questo. Ciò darebbe sempre più al
sistema belga un carattere di analogia col voto
singolo trasmissibile dell'Hare.

Noi reputiamo invece il voto di lista altamente
utile per conferire omogeneità e compattezza ai
candidati appartenenti ad una stessa lista che
riescono eletti e perchè risulti ben chiaro che essi riescono eletti in forza di una esplicita adesione di un certo numero di elettori che hanno approvato il significato politico rappresentato da
quel libero raggruppamento di nomi.

Perciò noi prescriveremmo che nella scheda
stampata di ufficio in testa ad ogni lista fosse una
casella pel voto di lista e che fosse da considerarsi non valida qualsiasi scheda la quale non
recasse un voto di lista ed un voto di lista soltanto. La ripartizione dei seggi fra le liste dovrebbe farsi unicamente in base alla cifra elettorale di ciascuna lista risultante esclusivamente
dalla somma dei voti di lista.

Inoltre ciascun elettore dovrebbe avere la facoltà di votare per un certo numero di candidati,
esclusivamente appartenenti alla lista alla quale
avesse dato il voto di lista, e sempre inferiore al
numero dei candidati da eleggersi : per esempio

di non più di quattro nei collegi fino a dieci deputati; di non più di sei in quelli fino a quindici; di non più di otto in quelli di numero superiore. Questi voti nominativi costituirebbero la classificazione dei candidati nell'interno di ciascuna lista. (1) Abbiamo già detto che, interdicendosi il

(1) Si potrebbe da taluno osservare che il dover segnare tre, cinque nomi in una lunga lista costituisce una lieve difficoltà ed anche un certo imbarazzo per gli elettori meno istruiti, e che possono esservi partiti più disciplinati nei quali l'ordine di preferenza dei candidati sarebbe accettato con molto favore dalla gran maggioranza dagli elettori del partito stesso. Ora non ripugnerebbe affatto al nostro sistema di lasciare in facoltà ai presentatori, col consenso s'intende di: tutti i candidati, di disporre la lista in ordine diverso da quello alfabetico. L'ordine di elezione dovrebbe sempre essere esclusivamente determinato fra i candidati di una stessa lista dal numero di voti personali da ciascuno di essi riportato, ma l'elettore il quale approvasse incondizionatamente l'opera dei presentatori potrebbe votare pei primi candidati della lista senza dovere andare a cercare i preferiti in mezzo agli altri nomi. Ciò permetterebbe anche di stabilire, se ciò non sembrasse concessione eccessiva, che quando l'elettore nella propria scheda si limitasse a segnare il solo voto di lista — purchè la lista non fosse disposta in ordine alfabetico — si dovesse at-

panachage si potrebbe consentire ad un candidato
di essere, col consenso dei presentatori di tutte
le liste interessate, compreso in più di una lista.

Con questo sistema :

l'elettore non dovrebbe che annerire alcune caselle della scheda stampata di ufficio e tutte nella
stessa colonna ;

si potrebbe limitare l'annullamento delle schede al solo caso nel quale l'elettore avesse segnato più voti di lista o non ne avesse segnato alcuno
oltre si intende i casi comuni di segni di riconoscimento, schede non vidimate dal seggio ecc.)
ritenendosi valide anche le schede nelle quali
l'elettore inesperto avesse dato voti nominativi
a candidati di liste diverse perchè si riterrebbe-
ro nulli i vati personali per candidati appartenenti
a liste diverse da quella per la quale l'elettore a-

---

tribuire un voto personale a ciascuno dei candidati
segnati nella lista, nel limite dei voti personali consentiti dalla legge all'elettore in quella circoscrizione.
E' facile intendere come di tale facoltà di valersi del-
l'ordine di preferenza non si gioverebbero che i partiti più fortemente organizzati, il socialista per esempio; e l'elettore meno istruito o più rigidamente fedele al proprio partito non avrebbe che da annerire la
sola casella in testa alla lista.

vesse segnato il voto di lista, pur rimanendo valida la scheda;

le operazioni di scrutinio sarebbero semplicissime;

le schede incomplete e le candidature isolate si troverebbero in condizioni di perfetta equità per concorrere alla ripartizione dei seggi;

si darebbe all'elettore il modo di esercitare
una vera graduazione di preferenza fra i candidati di una lista; e ciò, data l'estensione che si
vuol dare alle circoscrizioni, permetterebbe all'elettore di votare per quei candidati che conoscesse meglio, rendendosi così più efficace la
« designazione di capacità ».

Si potrebbe obiettare che in tal modo si potranno avere candidati eletti con vario numero di voti e, magari, con votazioni esigue. E' possibile
che ciò avvenga, ma tutti i candidati saranno
soltanto *preferiti* ai candidati della stessa lista
per effetto di questi voti personali, ma *eletti* saranno soltanto con i voti di lista, tanto che la
cifra elettorale potrebbe essere anche aggiunta
ai voti personali di ciascuno perchè effettivamente spetta a tutti. E l'esistenza del voto di lista
obbligatorio non permetterebbe nemmeno che al
nostro sistema si rivolgesse l'accusa superficiale,

ma pure suggestiva per le masse, che è stata più
volte mossa contro taluni sistemi svizzeri e, ul-
timamente, contro quello francese dal deputato
socialista Breton nella discussione della Camera
Francese.

Si dice cioè che col sistema francese, come avviene in Svizzera, vi saranno candidati eletti con
un numero di voti minore di quello riportato da
candidati non eletti di altre liste. Infatti supponiamo, per semplicità, una circoscrizione a tre
deputati e due sole liste in competizione. I candidati della lista conservatrice sono A. B. C. e
riportano rispettivamente 3000, 2900, 2800 voti;
quelli della lista liberale sono D. E. F. e riportano 2500, 2400, 2300 voti : le cifre elettorali risultando dalla somma dei singoli voti personali saranno di 8700 per la lista conservatrice e di
7200 per la liberale e sulla base di queste si farà
la ripartizione assegnando alla prima due seggi che spettano ad A e B, ed alla seconda un seggio che spetta a D. Ed allora gli avversarii gri-
dano scandalizzati : Bella giustizia! D ha avuto soltanto 2500 voti ed è eletto mentre quel povero C che ne ha avuti ben 2800 rimane a terra.
Ma non pensano che gli elettori che hanno votato per il povero C sono precisamente gli stessi

che hanno votato per A e B e che saranno da essi rappresentati, mentre gli elettori che hanno
votato per D non hanno ancora avuta alcuna
rappresentanza. L'obiezione è dunque veramente
sciocca e basterebbe ad eliminarla il dare al voto
di un elettore un valore graduale perchè allora
i voti di A rimarrebbero 3000 e quelli di D 2500
perchè voti di prima fila, ma quelli di B e di E
si ridurrebbero, valendo soltanto come mezzi
voti a 1450 ed a 1200; e quelli di C e di F, valendo soltanto come terzi di voto a 933 ed a 766 e
quindi apparirebbe tutta la giustizia che riescano eletti A, D e B. Ma appunto perchè l'obiezione è sciocca non manca di fare impressione sugli spiriti grossolani e non è male che il nostro
sistema la elimini completamente senza bisogno
di ricorrere al voto graduale sul quale noi avremmo fermato la nostra attenta simpatia se esso non
fosse incompatibile con la scheda stampata di
ufficio a tipo belga.

Ed abbiamo già detta che a questa noi teniamo
in modo assoluto, tanto da crederne necessaria
l'adozione anche separatamente da qualsiasi
più o meno radicale riforma dei sistemi di scrutinio, poichè essa è compatibile anche coi sistemi
maggioritari e difatti vigeva già in Belgio con lo

scrutinio di lista prima del 1890 e vige in Olanda ed altrove anche adesso col collegio uninominale.

Ognuno sa come la scheda manoscritta anche con un solo nome si presti ottimamente al riconoscimento dell'elettore con abile disposizione ed inversione dei titoli accademici, nobiliari, cavallereschi del candidato ecc. ecc., con la disposizione della scrittura, con mille altri mezzi escogitati con inesauribile fecondità per rendere più estesa e più efficace la corruzione. Ma peggio ancora avviene quando si possono in una scheda scrivere a mano più nomi, o servirsi di una scheda parte stampata e parte manoscritta con cancellature e sostituzioni dei nomi.

Basti dire che quando vigeva lo scrutinio di lista in Italia dal 1882 al 1891, si era giunti in taluni collegi plurinominali, come ne fanno fede gli Atti parlamentari, a far firmare le schede: sicuro; l'elettore scriveva il suo bravo nome e cognome, od un nome convenzionale come se fosse quello di uno dei candidati! Ora noi siamo fermamente persuasi che uno dei mezzi più efficaci contro la corruzione è quello di rendere estremamente difficile per non dire impossibile il controllare in qual modo l'elettore abbia votato: quindi

il consentire all'elettore di fare soltanto alcuni segni di lapis, in posti determinati sulla scheda uniforme, stampata di ufficio e consegnata dal seggio, costituisce una grande garanzia. La corruzione si esercita quando si spera che riesca efficace :
e l'elettore il quale sia sicuro che non si potrà sapere come egli abbia votato, molto probabilmente,
anche dopo aver mostrato di cedere alle corruzioni, alle blandizie od alle intimidazioni voterà
come crederà meglio.

I SUPPLENTI

E veniamo ora ad un'altra questione che si riferisce alla organizzazione della votazione : quella che concerne i supplenti. L'istituzione dei supplenti, come è facile comprendere, costituisce
un complemento necessario della R. P. — Infatti dopo di avere, all'atto delle elezioni generali,
stabilito la equa ripartizione dei seggi tra i partiti proporzionalmente alle loro forze, dovendosi
poi provvedere ad un seggio rimasto, per qualsiasi ragione, vacante, se si procedesse ad una
nuova elezione, non potendo questa farsi che col
sistema maggioritario, il seggio sarebbe conqui-

stato dal partito più forte nella circoscrizione, con turbamento dell'equilibrio proporzionale.

Non mancano però coloro che rinunciano malvolentieri alle elezioni suppletive nel corso della legislatura, vedendo in esse un mezzo di sondare le modificazioni della pubblica opinione e che, soprattutto, temono che l'esistenza dei supplenti sia fonte di pericolo per la tranquillità delle circoscrizioni e degli stessi deputati in carica. Si dice infatti che chi è investito del diritto di successione per tutta la legislatura potrà avere grande interesse a costringere uno degli eletti a dimettersi per prenderne il posto. Ma si dimentica che ciascuno non può sostituire altro che un eletto della stessa lista alla quale esso apparteneva e che quindi questa opera — di assai problematica riuscita del resto — non potrebbe farsi che rischiando ad un gran brutto giuoco la propria posizione politica avvenire.

D'altronde che le elezioni supplettive siano utili come sondaggio della opinione è cosa che si afferma assai meglio che non si dimostri. E volendo conservare la proporzionalità, il sistema della supplenza ci pare sempre di gran lunga il migliore fra quelli escogitati. Vi è infatti chi ha pensato, in caso di vacanza, ad una elezione di-

retta da parte della Camera la quale potrebbe così
riaprire le sue porte ai migliori fra i candidati
caduti, oppure anche ad invitare i presentatori
della lista alla quale apparteneva l'eletto da sostituire a proporre, ad esempio, una terna di nomi
tra i quali il corpo elettorale o i sindaci o i deputati della circoscrizione dovrebbero scegliere il nuovo rappresentante.

Si è anche pensato a convocare per la nuova
elezione soltanto quelle sezioni elettorali nelle
quali la lista della quale faceva parte il sostituen-
do aveva riportato la maggioranza assoluta dei
voti, ma gli inconvenienti di tutti questi sistemi
e di altri analoghi sono così evidenti che non occorre soffermarcisi.

Ed allora ritorniamo alla supplenza : i modi per
designare i supplenti sono due : quello più comune di dichiarare, in ordine decrescente di voti, primo, secondo ecc. supplente i candidati di
una lista che abbiano raccolto le votazioni più
elevate dopo gli eletti ; così si fa in tutti i sistemi svizzeri, in quelli da essi derivati ed in tutti i
disegni di legge che sono stati proposti in Francia ; l'altro meno comune, praticato soltanto nel
Belgio, consiste nel far sì che in una lista i candidati effettivi siano distinti da quelli supplenti, pur

potendo la stessa persona avere contemporaneamente le due qualità nella medesima lista, e che
l'elettore possa avere per la designazione di un
supplente gli stessi diritti che ha per la elezione
di un rappresentante effettivo.

La relazione De Jaer, già citata (1) spiega che
tale distinzione si giustifica particolarmente così: « Se non vi fossero supplenti non si tratterebbe che dei candidati A, B, C, che i presentatori sceglierebbero per presentarli come soli candidati e non si tratterebbe affatto di D. E. F.
Se una candidatura è offerta a questi ultimi ciò
dipende soltanto dal fatto che occorrono tre candidati di più. I presentatori intendono bene presentarli come supplenti, ma non già di presentarli in condizioni che essi possano nuocere ai loro
candidati principali A. B. C..... La logica e la
lealtà si accordano dunque per dare la preferenza al sistema del progetto piuttosto che a quello
che consiste nel dire : saranno supplenti coloro
che raccoglieranno il maggior numero di voti
dopo gli effettivi. Quest'ultimo sistema obbliga
a presentare un numero di candidati più conside-

---

(1) Cfr. negli allegati alla RELAZIONE BENOIST, p.
264.

revole di quello di coloro che possono riuscire
eletti e tale sistema produce inconvenienti ».

Si è pure detto che tale distinzione si fonda sul
fatto che si violerebbe la Costituzione se si facesse
entrare in Parlamento un candidato che rimase
già soccombente e non fu mai effettivamente eletto. Invece il supplente è, nel sistema belga, un
eletto, del quale si sospende l'entrata in funzioni
fino a che certe determinate condizioni si veri-
fichino.

A noi non sembrano molto persuasive tali ragioni, perchè il modo per sfuggire alla difficoltà costituzionale ci sembra un ripiego solistico,
e in quanto alla necessità di accrescere il numero dei candidati di una lista perchè vi siano anche coloro i quali possano rimanere supplenti,
non solo non ci sembra un difetto, ma piuttosto
un vantaggio. Ci sembra infatti che sarebbe assai bene che i partiti presentassero liste complete,
o quasi complete, senza subordinare il numero dei
candidati a previsioni troppo rigide di quelli
che potranno essere i resultati delle elezioni. Tali previsioni o che siano sbagliate per difetto, o
che siano sbagliate per eccesso sono sempre pericolose. Nè è male che l'elettore abbia una maggiore latitudine per indicare, nell'ambito d'una

possono riuscire
sconvenienti ».
zione si fonda sul
zione se si facesse
lidato che rimase
flettivamente elet-
sistema belga, un
ntrata in funzioni
oodizioni si veri-

xrsuasive tali ra-
gire alla difficol-
ripiego sofistico,
xrescere il nume-
rchè vi siano an-
ianere supplenti,
cio, ma piuttosto
i che sarebbe as-
ro liste complete,
are il numero dei
rigide di quelli
sle elezioni. Ta-
se per difetto, o
ooo sempre pe-
abbia una mag-
l'ambito d'una

lista, le sue preferenze. Intanto noi vediamo che in pratica nel Belgio, per correggere le possibili previsioni errate ed evitare che un candidato che non riesca eletto sia escluso anche dalla supplenza, si è costretti a presentare come supplenti gran parte di quelli stessi che si è presentati come effettivi.

Del resto una prova che del sistema, quale vige nel Belgio, non si sia nel Belgio stesso molto sodisfatti, si ha nel fatto che anche l'Orban (*op. cit.* II, 142) propone che il sistema sia semplificato con l'adozione dell'altro metodo che era stato proposto dal Ministro Beernaert nel progetto da lui presentato per la R. P. e secondo il quale non si poteva essere supplente se non di un candidato effettivo e determinato : i due nomi, dell'effettivo e del supplente, figuravano perciò nella stessa casella e l'elettore votava quindi con un solo segno di lapis per tutti e due. Ma anche questo sistema ci pare mediocremente sodisfacente, sia perchè obbliga l'elettore a cui piace un determinato candidato effettivo, a subire per forza il relativo supplente, sia perchè complica eccessivamente la lista, raddoppiando il numero dei candidati presentati, il che bisogna evitare sopratutto in Italia dove si desidera di adottare circoscrizioni assai ampie e infine perchè non si otterrebbe pei supplenti una graduazione di preferenza, da parte del corpo elettorale.

Per tutte queste ragioni, noi ci schieriamo recisamente a favore del sistema Svizzero-Francese, accolto anche dall'on. Caetani, e consistente nella designazione automatica dei supplenti fra i candidati non eletti di una lista.

Si potrebbe però obiettare che, per quanto raro, potrebbe darsi il caso che in una circoscrizione una lista raccogliesse una grandissima maggioranza di suffragi, più dei nove decimi per esempio in una circoscrizione a dieci deputati, ed ottenesse così tutti i seggi, e perciò, vedendo eletti subito tutti i suoi candidati, rimanesse senza supplenti. Orbene, in tal caso, avverandosi la vacanza di un seggio, si potrà procedere all'elezione suppletiva come si fa allorchè i supplenti sono esauriti, perchè infatti procedendosi in quella circoscrizione ad una elezione a sistema maggioritario, il seggio toccherà indubbiamente a un candidato della stessa gradazione politica di quella lista, che ha dimostrato di possedere la grandissima maggioranza nella circoscrizione.

' LA R. P.

ine perchè non si
aduazione di pro-
torale.

ci schieriamo na-
vizzero-Francese,
i, e consistente
dei supplenti fra
la.

, per quanto raro,
ma circoscrizione
dissima maggio-
decimi per esem-
deputati, ed otte-
ò, vedendo eletti
inesse senza sup-
randosi la vacan-
dere all'elezione
supplenti sono
odosi in quella
stema maggiori-
mente a un can-
litica di quella
leve la grandis-
ione.

IL METODO PER LA RIPARTIZIONE DEI SEGGI

Passiamo ora a un altro problema che può formare oggetto di discussione nella scelta di un sistema proporzionale, vale a dire al metodo da usarsi per la ripartizione dei seggi.

I metodi sui quali può cadere la scelta sono quello del quoziente di tipo svizzero; quello del più uno che prende nome dall'Hagenbach-Bischoff; e quello del comun divisore del d'Hondt.

Per deciderci in proposito ci pare che due sono i requisiti ai quali dobbiamo badare : la precisione dei resultati che con esso sia possibile ottenere e la semplicità che lo renda facilmente comprensibile a tutti gli elettori. Noi cominceremo perciò ad escludere quello del più uno, perchè introduce questo elemento estraneo che è senza dubbio ingegnoso, ma che appare alla mente dei più come arbitrario. Inoltre nel funzionamento è il più complicato fra tutti. Il Duthoit nella relazione citata, (*Réforme Sociale* t. mai 1906) dice : « Il metodo del più uno sorte nel maggior numero dei casi gli stessi effetti di quello d'Hondt. E' forse di un rigore matematico più grande, ma esige calcoli più numerosi. »

Fra gli altri il sistema del quoziente è quello
che si presenta con maggiore naturalezza alla
mente; infatti esso consiste nel dividere il numero dei votanti per quello degli eligendi, e nel dividere successivamente la cifra elettorale di ciascun partito per il quoziente ottenuto dalla prima divisione. Ma quasi sempre nella pratica noi
troviamo che in tal modo non si riescono a ripartire tutti i seggi della circoscrizione. E allora ecco
sorgere molti e diversi sistemi per attribuire in varii modi questi seggi ancora rimasti vacanti. Dice
infatti il Benoist nella sua relazione (pag. 19):
« A chi e come attribuirli? Secondo l'età? Con
l'estrazione a sorte? Al partito più favorito? Al
partito meno favorito? Alla lista che ha il totale di voti più elevato? A quella che ha il residuo
più forte? Sono questi espedienti che si allontanano assai dalla giustizia e dalla verità sognate;
che fanno, in ultimo, ricadere nel relativo, nel
contingente, nell'empirismo, nell'arbitrario che
si fuggiva e di cui certi costituiscono una vera
contradizione col principio della R. P. » Eppure
abbiamo veduto che i sistemi Svizzeri si dividono fra quelli che danno i seggi restanti alla lista
che ha maggior numero di voti e quelli che li
assegnano invece alla lista che ha il residuo più

i R. P.

ziente è quello
aturalezza alla
videre il nume-
zendi, e nel di-
ettorale di cia-
nuto dalle pri-
ella pratica noi
scono a riparti-
. E allora ecco
attribuire in va-
ti vacanti. Dice
one (pag. 19):
ido l'età? Con
à favorito? Al
che ha il tota-
ie ha il residuo
che si allonta-
verità sognate;
el relativo, nel
'arbitrario che
cono una vera
. P.» Eppure
zzeri si divido-
stanti alla lista
e quelli che li
i il residuo più

forte. Ma per quest'ultimo metodo sorgono ancora suddivisioni : come residui più elevati si debbono comprendere soltanto quelli delle liste la cui cifra elettorale supera il quoziente e che perciò hanno già avuto qualche rappresentante, oppure vi si debbono comprendere anche i totali di voti, inferiori al quoziente, delle liste che non hanno ancora concorso alla ripartizione dei seggi? Il dare una soluzione piuttosto che un altra a tali problemi produce in pratica differenze notevoli, che possono divenire notevolissime se le circoscrizioni sono assai ampie.

Le imperfezioni e le ingiustizie del sistema del quoziente semplice sono state più volte messe in luce anche con esempi che poi sono stati riprodotti dai varii autori nelle loro rispettive pubblicazioni. (1)

(1) Cfr. D'HONDT. SYSTÈME PRATIQUE ET RAISONNÉ DE R. P. — Bruxelles 1882; la sua Comunicazione e la discussione seguitane negli Atti della Conferenza Internazionale di Anversa del 1885; LE POURQUOI DU SYSTÈME DE L'ASSOCIATION RÉFORMISTE - Bruxelles 1895 — Cfr. anche: VERNES, DES PRINCIPES DE LA R. P. nel volume cit. — LA R. P., ÉTUDES etc. Paris 1888 pp. 64 e segg. ed anche SARIPOLOS cit. T. II pp. 332 e segg. e BONNEFOY cit. pp. 115 e segg. nonchè molte delle altre pubblicazioni già citate, concernenti la R. P.

Accenniamo anche noi rapidissimamente qualche esempio.

Dice il d'Hondt: supponiamo che in un elezione per tre deputati siano in competizione tre liste che raccolgano rispettivamente 1550, 750, e 700 voti. Essendo i voti in tutto 3000 e i deputati da eleggere tre, il quoziente sarà 1000. La prima lista soltanto raggiunge il quoziente e ottiene un seggio, ma rimangono due seggi ancora da attribuire: se si escludono dall'attribuzione le liste che non hanno raggiunto il quoziente anche questi due seggi andranno alla prima lista e si avrà un'ingiustizia: se invece si assegnano alle liste che hanno le frazioni di voti più elevate, il secondo ed il terzo seggio dovranno essere assegnati alla seconda e alla terza lista, il cui totale di voti supera il resto di voti che rimane dal totale della prima lista, dopo estrattone il quoziente, resto che è di 550. Quindi nella prima ipotesi la maggioranza schiaccerà la minoranza: nella seconda ipotesi la minoranza più piccola che ha raccolto 700 voti varrà quanto la maggioranza che ha raccolti un numero di voti più che doppio.

Senza dire che, come osserva il d'Hondt, è illogico che, dopo avere stabilito in principio che

gruppo ha diritto a un seggio quando ha raccolto un gruppo di voti uguale al quoziente, si assegna un seggio a gruppi di voti inferiori al quoziente.

Osserviamo però che la ragione principale
dell'ingiustizia non sta tanto nel quoziente quanto nella piccolezza della circoscrizione, perché
se per esempio i seggi da attribuire fossero sei,
e quindi il quoziente fosse di 500, si avrebbe
che toccherebbero tre seggi alla prima lista; due
alla seconda ed uno alla terza, in modo che la
ripartizione sarebbe già di molto più equa.

Ad ogni modo il d'Hondt ha col sistema suo
abilmente cercato di evitare questi inconvenienti
col trovare col suo comun divisore il numero
partitore che fosse il metro comune per tutte le
liste. E il suo sistema ha a suo vantaggio l'approvazione della Conferenza Internazionale di Anversa nella quale, dopo viva discussione, i più
illustri proporzionalisti del mondo si accordaro-
no nel proclamare la superiorità del sistema del
comun divisore su tutti quelli antecendentemente
proposti, riconoscendo che esso costituiva « un
metodo pratico e rigoroso per attuare la R. P. »;
e poi a suo favore una testimonianza veramente preziosa, quella di Ernesto Naville principale

propugnatore della ripartizione col quoziente in Svizzera, il quale nel 1901 scriveva : « Considero il procedimento d'Hondt, come superiore a quello della legge ginevrina che completa il quoziente considerando come unità le frazioni più grosse »: (1) ha a suo favore d'essere stato prescelto dalla *Ligue pour la R. P.* francese e quindi introdotto in tutti i progetti presentati alla Camera francese per ispirazione di essa, e precipuamente in quelli Mill e Flandin, confortati dalle Relazioni Benoist, Flandin e Varenne : il sistema del d'Hondt è stato prescelto anche nel progetto wurtemberghese : ed infine ha per sè la esperienza belga di dieci anni che ne ha dimostrato la rapidità, la semplicità e la praticità.

In Francia il La Chesnais (2) ha creduto di dimostrare che il sistema d'Hondt, in quanto ad esattezza, dà resultati un po' più lontani dalla proporzionalità matematica che non il sistema razionale del quoziente, ma i suoi calcoli sono fatti raggruppando un po' arbitrariamente le circoscrizioni vigenti e supponendo che i voti riportati da-

(1) Cfr *Réforme Sociale* 1 mai 1906.

(2) LA CHESNAIS, LES RADICAUX ET LA R. P.: *Revue Politique et Parlémentaire*, octobre 1906.

gli eletti a scrutinio uninominale fossero invece
voti raccolti con un sistema proporzionale. Quindi i suoi calcoli sono alquanto dubbi e non possono costituire una prova veramente convincente.

Nel complesso noi saremmo favorevoli alla
applicazione integrale in Italia del sistema del
comun divisore, che, non appena se ne è compreso il funzionamento, appare di facile e rapido
maneggio. In via subordinata accoglieremmo il
sistema del quoziente lasciando i seggi rimasti da
attribuire alle frazioni di voti più elevate, ponendo alla stessa stregua le cifre elettorali delle
liste che non hanno raggiunto il quoziente e i
residui di quelle, che avendolo raggiunto, hanno
già ottenuto uno o più seggi nella prima ripartizione.

Ci stacchiamo perciò in questo punto dal progetto dell'on. Caetani il quale accoglie invece
il sistema del *più uno*.

II. QUORUM

Un altra questione può farsi a proposito della
ripartizione e cioè se convenga fissare un *quorum* ossia stabilire la necessità per una lista o
per una candidatura isolata di raccogliere una

certa percentuale del totale di tutti i voti emessi
come condizione per concorrere alla ripartizione dei seggi.

Noi abbiamo già veduto l'applicazione del
quorum nella legislazione Svizzera e abbiamo già
manifestato il nostro parere contrario. Quando
nel Belgio si discusse la legge del 1899, dove il
quorum era stato propugnato fino dal 1883 dal
Pirmez e dove esso era adottato per le elezioni comunali ed era stato proposto per le legislative
nel progetto Beernaert, fu assai dibattuto se non
si dovesse integrare il progetto governativo con
una siffatta disposizione.

Però i sostenitori del *quorum* non erano concordi nella misura poichè vi erano quelli che
desideravano un *quorum* artificiale più o meno variabile secondo l'importanza delle circoscrizioni, mentre altri si contentavano del *quorum*
naturale cioè della cifra ottenuta dividendo il numero dei voti validi per quello degli eligendi.

Tanto, il De Jaer relatore del progetto dinanzi
alla Camera, quanto il Léger relatore dinanzi al
Senato, vi si mostrarono, a nome delle rispettive
Commissioni, contrarii. Il De Jaer a chi chiede-
va se per esempio potesse ammettersi che nella
circoscrizione di Bruxelles, che allora doveva e-

R. P.

i voti emessi
alla ripar-

...icazione del
e abbiamo già
...ario. Quando
1899, dove il
dal 1883 del
le elezioni co-
...le legislative
...stituto se non
...vernativo

...on erano co-
...o quelli che
...e più o me-
...elle circoscri-
...) del *quorum*
...videndo il su-
...fi eligendi.
...getto dinanzi
...re dinanzi ai
...elle rispettive
a chi chiede-
...rsi che nella
...ra doveva e-

...ggere 18 rappresentanti, potesse proclamarsi
...tto un candidato che avesse raccolto appena
...diciottesima parte dei suffragi rispondeva:
...E perchè no? Questa diciottesima parte di voti
...resenta una cifra di voti pari per importanza
...quella che otterrebbe ora un eletto il quale in u-
...o dei 18 collegi uninominali riunisse l'unani-
...tà dei voti ». E il Léger più esplicitamente di-
...rava : « E' nella logica indiscutibile di questo
...ma d'Hondt di non ammettere alcun *quorum*
...chè fa parte dell'essenza di tale sistema, ed è
...ciò che lo caratterizza, di ripartire tutti i seg-
...da attribuire, finchè non siano esauriti, me-
...nte quozienti naturali decrescenti per scala
...matica, mentre un *quorum* è una barriera a
...sta degressione. Esiste dunque contradizio-
...fra questi due termini. Gli emendamenti ten-
...ti a fissare un *quorum* si urtano così nel prin-
...o stesso formulato nel disegno di legge. »
...infatti, nella discussione, avendo il Nyssens
...posto un *quorum* pari al 10 % dei votanti e-
...fu costretto a ritirare il suo emendamento che
...o mancò non facesse andare a picco la legge
...la tenace opposizione dei progressisti che per
...a del Lorand dichiararono che si sarebbero
...ti a qualsiasi costo perchè il *quorum* a-

vrebbe significato la loro esclusione da tutte le
grandi circoscrizioni. (1)

I proporzionalisti francesi non hanno accettato
il principio del *quorum* nel loro progetto, e credo che anche in Italia vi si debba assolutamente
rinunziare perchè il timore di troppe liste e di
troppe candidature isolate non è sufficiente a
giustificare una violazione del principio di proporzionalità che si vuole raggiungere. Infatti
quando col *quorum* arbitrariamente fissato si toglie ad un gruppo di elettori un seggio al quale
proporzionalmente avrebbero diritto, questo seggio va ad ingrossare la rappresentanza di un altro gruppo di elettori sconvolgendo così tutta
l'equità distributiva. E poi non si è detto che
le candidature isolate e le liste incomplete, che
ciascun gruppo di 100 elettori ha diritto di pre-

Si aggiunga che l'esperienza belga ha dimostrato che anzichè una tendenza verso il frazionamento dei partiti in troppe liste, si ha invece una tendenza alle coalizioni di partiti affini, come, per farsene un'arma contro la R. P., diceva il deputato Breton alla Camera francese riferendo una testimonianza inviatagli dal deputato socialista belga Destrés. (1) E' naturale che cio avvenga per vedere di strappare al partito più forte, e che rappresenta il nemico comune, il maggior numero di seggi. Aggiungiamo subito che queste coalizioni sono suggerite e talvolta rese quasi necessarie nel Belgio sopratutto dalla piccolezza delle circoscrizioni nelle quali i partiti più deboli non possono da soli ottenere rappresentanza.

MODALITÀ MINORI

Rimarrebbero ora da esaminare le disposizioni relative alla organizzazione minuta della R. P.,

(1) CHAMBRE DES DÉPUTÉS; *Séance du 25 octobre 1909;* COMPTE RENDO IN EXTENSO in *Journal Officiel du 26 octobre,* p. 2326.

Ciò, come abbiamo avvertito in una nota precedente, è stato confermato dall'esito delle recentissime elezioni belghe.

come modalità per la presentazione delle liste,
modalità dello scrutinio, della proclamazione ecc.
Ma su queste non può sorgere seria divergenza.
L'esame delle leggi o dei progetti di leggi sul-
l'argomento, può bastare alla compilazione ac-
curata di queste disposizioni accessorie, come dimostra anche il disegno di legge dell'on. Caetani.

Più importante senza dubbio sarebbe la parte
che si riferisce alla composizione dell'ufficio centrale di ogni circoscrizione e dei seggi, ma anche
questo argomento non è strettamente connesso
con un sistema proporzionale e noi desideriamo
di non confondere le linee generali che abbiamo
voluto discutere e fissare con l'esame delle particolari disposizioni. Constatiamo però che la dichiarazione preventiva delle candidature, indispensabile in un sistema proporzionale, consente
che nei seggi possano entrare rappresentanti ufficialmente designati delle varie liste, il che costituisce una grande garanzia per la regolarità delle operazioni elettorali.

Noi vorremmo anzi, nell'interesse stesso della
R. P., che tutte le disposizioni procedurali che
non sono con essi strettamente connesse, facessero materia di un disegno di legge a parte in

ione delle liste,
clamazione ecc.
eria divergenza.
ti di leggi sul-
ompilazione ac-
ssorie, come di-
dell'on. Caeta-

arebbe la parte
dell'ufficio cen-
eggi, ma anche
mente connesso
noi desideriamo
ili che abbiano
ame delle parti-
però che la di-
ididature, indi-
ionale, consente
ppresentanti uf-
ste, il che costi-
i regolarità del-

se stesso della
procedurali che
connesse, faces-
gge a parte in

modo che quello esclusivamente dedicato alla
organizzazione del sistema proporzionale pre-
detto, potesse constare di pochi articoli chiari e
precisi, come quelli, per esempio, del progetto
venuto in discussione dinanzi alla Camera Francese. Il volere riunire in un solo disegno tutte
le più minute disposizioni si presta all'accusa dei
facili critici che qualsiasi sistema proporzionale
deve necessariamente essere farraginoso e di difficile comprensione.

LE LINEE CARATTERISTICHE DEL METODO PROPOSTO

Concludendo su questa parte, il sistema che noi
vorremmo vedere adottato in Italia può compendiarsi nei seguenti punti fondamentali :

1° Non più tardi di alcuni giorni prima di
quello dell'elezione debbono essere presentate al-
l'Ufficio Centrale di una circoscrizione, le liste
dei candidati che possono comprendere un sol
nome e non debbono comprenderne più di quanti siano i rappresentanti da eleggere.

2° L'elettore deve votare su di una scheda
consegnata g dal Presidente del seggio e nella
quale, di ufficio, siano state stampate, in ordine
progressivo stabilito dalla sorte, tutte le liste

debitamente presentate e accettate dai candidati in esse compresi.

3° L'elettore deve, in ogni caso, esprimere il voto di lista, segnandolo nella casella sopra alla lista stessa. Tale voto vale una unità, qualunque sia il numero dei candidati della lista. La somma dei voti di lista dati ad una lista costituisce la sua cifra elettorale in base alla quale essa concorre alla ripartizione dei seggi.

4° L'elettore deve anche, meno quando si tratti di candidature isolate, segnare annerendo le caselle poste a fianco dei relativi candidati un certo numero di voti personali, numero che sarà per ogni circoscrizione fissato per legge e dovrà essere alquanto inferiore a quello dei rappresentanti da eleggere. I voti nominativi saranno validi soltanto se dati a candidati iscritti nella lista

seggi assegnati alla lista nella ripartizione, e quindi dichiarati primo supplente, secondo supplente e cosi via fino ad un numero pari a quello dei candidati eletti della stessa lista.

5° La ripartizione dei seggi si effettua sulla base delle cifre elettorali delle liste col sistema del comun divisore del d'Hondt e senza nessuna limitazione di *quorum*.

LE OBIEZIONI CONTRO LA R. P.

Io sono assai in dubbio sulla utilità di esaminare e confutare le molteplici obiezioni che si muovono contro la Rappresentanza Proporzionale perchè esse sono state ripetute tante e tante volte e altrettante volte efficacemente ribattute dai proporzionalisti, lasciando la controversia al punto di partenza.

Chi si dia la pena di confrontare per esempio le obiezioni mosse da principio contro il sistema dell'Hare, la discussione del 1899 nei due rami della proporzionalità, mi sembra più opportuno anzichè combattere le obiezioni generiche prevenire quelle specifiche che, presumibilmente, si faranno in Italia.

Ma poichè è facile prevedere che non si mancherà, anche in Italia, di premettere alle critiche particolari quelle d'ordine generale guardiamo un poco anche queste.

Trattando del fondamento comune di tutti i sistemi proporzionali noi abbiamo già dovuto accennare alle obiezioni, diremo cosi, di carattere pregiudiziale che si appuntano contro il principio della proporzionalità per concludere che esso, incontrastabile per quanti vedono nell'elettorato un diritto naturale, non è meno compatibile, nè meno sostanzialmente equo e necessario, quando si accetti la teoria più moderna che il voto sia una funzione affidata dallo Stato ai cittadini nei quali riconosce la capacità di compierla pel raggiungimento delle finalità etiche e sociali che lo Stato si propone.

Quindi ripetendo col Saripolos che la R. P. innova soltanto i procedimenti e i modi elettorali, ma non tocca i principî e la natura del governo rappresentativo in una democrazia, guardiamo le obiezioni che, a parte la questione di principio, si rivolgono alla R. P.: esse possono dividersi in due categorie generali: quella delle critiche al modo di funzionare di un sistema proporzionale, e quella delle critiche agli effetti che ne deriverebbero.

CRITICHE AL FUNZIONAMENTO DELLA R. P.

Cominciando dunque dalle critiche al funzionamento della R. P., bisogna riconoscere che perchè la discussione sia proficua occorre che essa si svolga su di un sistema concreto, perchè invero, in una materia così delicata e complicata come quella elettorale, è più che mai difficile raggiungere la perfezione e spesso, correggendo alcuni difetti, si incorre in altri che sono magari più gravi. Non a torto quindi il deputato socialista Breton (1), nella Seduta del 25 ottobre 1909 alla Camera Francese, diceva che bisognava prendere di mira un sistema particolare e nettamente definito, perchè altrimenti un partigiano abile della R. P. trova risposta a tutte le obiezioni, attingendo, a volta a volta, i proprii argo-

(1) CHAMBRE DES DEPUTES — COMPTE-RENDU IN EXTENSO; *Journal Officiel du 26 octobre 1909; pp. 2319-2335*

menti, dai numerosi sistemi proporzionali. Il
male è, aggiunge il Breton, che nessun sistema
riesce a possedere simultaneamente la qualità di
assicurare il libero esercizio del suffragio universale e di evitare le manovre gesuitiche e gli
intrighi immorali : cosicchè se si vuole aumentare
le garanzie dell'elettore e assicurare con piena
indipendenza la sua libera scelta, si apre fatalmente la porta agli intrighi peggiori, e se si vuole render questi impossibili, si è ridotti a immo-
bilizzare moralmente l'elettore chiudendolo, suo
malgrado, in un angusto cerchio, restringendo
se non sopprimendo, l'esercizio del più prezioso
dei suoi diritti di cittadino.

Inoltre il Breton riesumando un'antica opinione del deputato Benoist, assevera che vi sono
troppi sistemi proporzionali perchè possa esserve-
ne uno buono, poichè la « R. P. ha la sventura
che non si può trattare di essa e essere chiaro senza rinunciare ad essere completo, nè trattare di essa ed essere completo senza cessare di essere chiaro » (1).

(1) Nel campo delle obiezioni alla R. P. abbiamo infatti il curioso fenomeno che il deputato Benoist in
alcuni poderosi articoli della *Revue des deux Mondes*,
raccolti poi nel volume *La Crise de l'État moderne*

Di queste premesse il deputato Breton si è valso assai male perchè la critica da lui fatta al sistema speciale che era in discussione, quello Flandin-Varenne, è stata assai più fiacca di quella che
anche un proporzionalista avrebbe potuto fare,
ma resta vero il principio da lui posto che le critiche al funzionamento di un sistema debbano rivolgersi non genericamente al principio proporzionalista, che del resto il maggior numero degli
avversari si affrettano a riconoscere bello e giusto

(Paris 1895) è stato acuto ed efficace critico della R. P.
Divenuto poi, specialmente in seguito all'esperimento
belga, fervido fautore della R. P. e il più ardente apostolo che essa abbia in Francia, e chiamato nel 1905
ad essere il relatore delle proposte di legge proporzionalista, il Benoist ha lealmente riprodotte tutte le sue
obiezioni di dieci anni prima, confutandole punto per
punto. Ma gli avversarii della R. P. anche oggi, non
sanno fare di meglio che attingere i loro argomenti
dalle pagine del Benoist, che il Benoist stesso ha con-
futato. Cosicchè questi al Breton che ne invocava la
incontestabile autorità rispondeva argutamente che la
sua autorità del 1909 era molto più grande che quella
del 1895 perchè egli aveva quindici anni di studio di
più e questi quindici anni di studi e di esperienza, attraverso l'applicazione belga, lo avevano fatto divenire proporzionalista.

tato Breton si è val-
da lui fatta al siste-
ssione, quello Flam-
fiacca di quella che
vrebbe potuto fare,
ui posto che le criti-
sistema debbano ri-
al principio propor-
ggior numero degli
oscere bello e giusto

ace critico della R. P
eguito all'esperimenti
' e il più ardente apo-
i, e chiamato nel 1905
ste di legge proporzio-
:riprodotte tutte le sue
:nfutandole punto per
R. P. anche oggi, non
sere i loro argomenti
Benoist stesso ha con-
so che ne invocava la
va argutamente che la
più grande che quella
anni di studio di
di esperienza, ai-
averano fatto diventi-

in teoria, ma contro un sistema determinato. E
appunto perciò noi abbiamo a volta a volta, esaminando i vari sistemi, discusso le critiche a cui si
prestavano e le imperfezioni di cui potevano essere accusati, e il sistema che abbiamo creduto di
prupugnare a preferenza di qualsiasi altro, per
l'attuazione in Italia, è appunto quello che nel
suo funzionamento ci pare resistere meglio a tutte
le possibili obiezioni.

Vi è però una critica che si rivolge dagli avversarii indistintamente a qualsiasi sistema: al-
lndiamo a quella circa la complicatezza del procedimento proporzionale e la conseguente difficoltà di farlo comprendere all'elettore. Per rispondere a tale critica noi abbiamo due argomenti: uno tratto dall'esperienza, l'altro dalla obiet-
tiva osservazione della cosa stessa. Infatti abbiamo già mostrato quanto poco arduo sia il
compito dell'elettore, quanto modesto quello dei
seggi incaricati dello scrutinio: un poco più de-
licato, ma pur sempre semplicissimo, quello riserbato all'ufficio centrale che deve — non lo si
dimentichi — essere composto con persone di assai elevata cultura. E qui, per essere convincente, l'affermazione deve riguardare soprattutto il
nostro Paese, e perciò fondarsi sul confronto di

quanto oggi si richiede materialmente all'elettore
con quanto gli si richiederebbe col sistema da noi
proposto, o magari con quello belga e con quello
francese che sono gli archetipi dai quali esso deriva.

Oggi l'elettore deve scrivere di suo pugno il
nome e cognome di un candidato; dal 1882 al
1891 doveva scrivere quelli di due, tre o quattro
candidati; col sistema proporzionale invece non
gli si chiederebbe che alcuni segni di lapis da porre su una scheda stampata nella quale le liste sono chiaramente contradistinte con un grosso numero d'ordine. Il meno facile fra tutti i sistemi
proporzionali, sotto questo riguardo, è certamente quello Flandin-Varenne perchè secondo questo l'elettore può scrivere di suo pugno tutta
o parte della scheda: abbiamo già detto le
ragioni per le quali noi siamo contrari a tale concessione, ma anche ammesso che questo fosse il
sistema prescelto, è chiaro che di tale facoltà frui-
rebbe soltanto l'elettore più esperto mentre la
gran massa si varrebbe del diritto di deporre nel-
l'urna una scheda stampata.

Nè se il compito materiale dell'elettore è così
facile, meno facile è il suo compito intellettuale:

propria scelta : può scegliere i candidati per la
fede che ha nelle idee politiche che essi affermano di professare, oppure può determinarsi per la
tendenza politica rappresentata da una data lista
a cagione della fiducia o della simpatia personale
che uno o più candidati di quella lista gli inspi-
rano.

Sotto questo aspetto riconosciamo che il sistema da noi preferito è lievemente meno facile
di quello belga, perchè l'elettore belga deve semplicemente dire : voto per la lista radicale e quindi pei candidati radicali in essa compresi e secondo l'ordine che il partito radicale nel quale ho
fiducia li ha posti ; oppure : voto per Tizio che è
radicale e quindi per la lista della quale egli ha
accettato di far parte. L'elettore nostro invece
dovrebbe in ogni caso scegliere tra le varie liste
quella che gli sembrasse migliore, e poi, in o-
gni singola lista, i candidati da lui giudicati migliori.

Ma noi abbiamo dato la preferenza a questo sistema che richiede un grado lievemente maggiore di discernimento politico nell'elettore, appunto perchè un'altra delle obiezioni generiche
che si muovono al funzionamento di qualsiasi sistema proporzionale è quella di annullare la vo-

lontà dell'elettore a beneficio dei partiti. Ora è naturale che se si sostiene che l'elettore debba poter far pesare la propria volontà singola e fare una vera designazione di capacità, si deve necessariamente pretendere da lui uno sforzo un poco maggiore.

Quanto abbiamo detto per eliminare l'accusa di difficoltà per l'elettore (di quella concernente le operazioni materiali di spoglio e di ripartizione non ci pare che valga la pena di occuparsi) (1)

(1) Tanto l'esperienza svizzera quanto l'esperienza belga hanno infatti dimostrato come le operazioni di scrutinio fino dalle prime applicazioni siano procedute nei seggi e negli uffici centrali delle circoscrizioni, con rapidità e sicurezza. Cfr. a questo proposito quanto scrive il DUBOIS *op. cit.* e le opinioni di avversari

ci apre la via a trattare di due obiezioni in gran
parte escludentisi a vicenda che si sogliono rivolgere a tutti i sistemi proporzionali in genere :
poichè o si interdice il *panachage* e si mantiene
il voto uninominale secondo il sistema belga e
in tal caso si dice che l'influenza dei comitati soffoca completamente l'indipendenza degli elettori ; o si lascia libero l'elettore di votare per chi
crede, salvo contare simultaneamente il voto al
candidato anche a beneficio della lista alla quale egli ha dichiarato di appartenere, e in tal caso
si obietta che si apre la lotta accanita fra i candidati della stessa lista.

Quanto all'influenza dei Comitati e quindi dei
partiti quando quelli non sono che l'esponente di

In quanto all'Italia si pensi che è da molti propugnata una riforma del seggi elettorali nel senso di far-
vi partecipare persone di competenza, di probità e di
esperienza amministrativa tali da dare affidamento
a tutti i partiti. Ma anche se i seggi dovessero rimanere quali sono adesso, si richiederebbe da loro col sistema proporzionale una abilità senza dubbio assai minore di quella di cui essi dànno così frequenti prove
oggi nel sottrarre le schede che dovrebbero essere assegnate, nell'assegnare quelle che non dovrebbero
esserlo ed in tante piccole o grosse, ma sempre astute,
violazioni della legge!

questi, abbiamo già riconosciuto che essa esiste di fatto e che è di tanto maggiore quanto più limitata è la facoltà attribuita ad ogni singolo elettore; ma abbiamo già notato che è una vera ipocrisia il non riconoscere che l'influenza dei Comitati e delle minoranze del corpo elettorale, organizzate in partiti politici, è altrettanto grande col regime vigente ed anzi è, in certi casi, di gran lunga maggiore. Lo stesso Bonnefoy, il quale non manca (*op. cit.* pag. 647) di farsi eco di tale accusa contro la R. P., riconosce che anche lo scrutinio di lista maggioritario produrrebbe un male simile. E il collegio uninominale non fa forse altrettanto? Non staremo qui a ripetere quante poche persone in effetto determinino oggi la scelta dei candidati, e come l'elettore sia costretto a scegliere non chi effettivamente preferisce, ma bensì chi gli dispiace di meno. Con la R. P., specie applicandola con larghe circoscrizioni, un nucleo di elettori dissidenti potrà almeno presentare una candidatura isolata e sottrarsi così all'imposizione dei partiti organizzati, mentre col sistema maggioritario sia uninominale, sia di lista, ciò non sarebbe assolutamente possibile, salvo, s'intende, a fare un'affermazione senza speranza di utile resultato e con la cer-

tezza di danneggiare i candidati affini a tutto
beneficio dei candidati decisamente avversarii.
Quindi, nella peggiore delle ipotesi, col sistema proporzionale l'influenza dei Comitati e dei
Partiti rimarrebbe nè più nè meno che quella
che è adesso perchè anche ora nelle regioni dove
la coscienza politica è sviluppata e i partiti politici organizzati, sono sempre questi che impon-
gono il candidato al corpo elettorale : nelle altre
regioni (e non sono certo quelle da cui ci vengono
i rappresentanti migliori) i comitati, finchè la vita politica non si fosse sviluppata (e la R. P.
concorrerebbe a svilupparla) continuerebbero ad
essere, come ora, l'espressione di interessi e di
clientele personali.

E d'altra parte se la R. P. inducesse il partito
costituzionale a organizzarsi su basi politiche e
con ordinamenti nazionali, come già in Italia
sono organizzati i partiti radicale, repubblicano,
socialista e vanno organizzandosi il clericale e il
democratico costituzionale, sarebbe tanto di guadagnato per la sincerità e per la dignità della vita
pubblica e io reputerei ciò come uno dei maggiori
beneficii che la R. P. avrebbe arrecato nel nostro
Paese, perchè, come diceva, tra i vivi applausi
della Camera Francese, Paul Deschanel nel suo

discorso già citato del 21 ottobre 1909, « Comitato per comitato io preferisco le grandi Associazioni politiche nelle quali entrano gli eletti del
popolo e gli uomini più rappresentativi di ciascun partito, a quei comitati locali, a quei raggruppamenti, composti troppo spesso di personalità senza mandato che, non essendo responsabili dinanzi al suffragio universale, pretendono
fargli la legge, dettar g' le sue scelte e tenere nelle loro mani gli eletti responsabili del popolo :
organizzazione di partito per organizzazione di
partito io preferisco l'organizzazione nazionale
che ha sotto gli occhi l'insieme del Paese, il complesso delle quistioni e che difende delle idee,
all'organizzazione dei partiti nel Comune, nel
Cantone o nel Dipartimento che è necessariamente preoccupata di questioni locali e personali. »

Quanto poi alle lotte tra i candidati di una
stessa lista che secondo gli antiproporzionalisti
derivano dal consentire all'elettore le designazioni di preferenza sotto qualsiasi forma, bisogna
distinguere : difatti noi riconosciamo che il sistema francese pare fatto apposta per fomentarle, in-
coraggiarle e renderle efficaci. Il deputato Breton
nel discorso 25 ottobre 1909, non a torto rimpro-
verava al Deschanel di avere con troppa disinvol-

tura eliminato, scivolandovi sopra accortamente,
la più temibile delle accuse mosse al sistema
Flandin-Varenne che era in discussione.

Il Deschanel infatti aveva detto : « Quanto alla concorrenza tra candidati dello stesso partito
che si disputerebbero per ottenere di sopravan-
zarsi l'un l'altro essa sarebbe meno temibile che
nel regime presente, nel quale essa è di una e-
strema intensità poichè si tratta del possesso di
un mandato unico ». Ciò non è vero perchè nel
collegio uninominale quando due candidati scen-
dono a disputarsi il campo devono necessariamente farlo a viso aperto e divenendo antagoni-
sti e avversarii o nel nome di una diversa interpretazione dei principi generali che essi affermano di avere comuni, o di una diversa maniera di
sentire e di tutelare gli interessi locali, o magari soltanto anche per ragioni personali che al
corpo elettorale è pur necessario far conoscere,
mentre al sistema francese si rimprovera che la
competizione possa avvenire in modo coperto e
subdolo fra candidati apparentemente stretti da
un vincolo di solidarietà. Ma sopratutto ciò non
risponde affatto all'obiezione gravissima fatta
al sistema francese, poichè, come non manca di
osservare il Breton, per essere eletto col sistema

proporzionale francese, si tratterebbe assai più di cercare di porsi in testa alla propria lista che non di cercare di porre la propria lista in testa alle altre liste concorrenti.

Il solo ritegno a compiere manovre dannose pei compagni di lista — oltre che da una scrupolosa correttezza politica e da una rigida probità personale nei singoli candidati e nei loro amici (1) — poteva venire dal pensiero che togliendo i voti ai compagni di lista si diminuisse anche la cifra elettorale della lista stessa con evidente e grave pericolo di tutti coloro che vi appartengono. La concessione del voto cumulativo ha tolto quest'ultimo ritegno perchè dando la facoltà all'elettore di scrivere più volte nella scheda il nome dello stesso candidato favorendo questo, e dando in ugual modo tutti i voti disponibili alla lista, si è aperta la via a tutte le più pericolose manovre. E' troppo severo il Breton

(1) Dico il BRETON, nel citato discorso, con crudezza che può sembrare cinica, ma che è profondamente sincera: « Bisogna veder gli uomini quali essi sono con le loro passioni e col loro egoismo; meglio vale dunque tentare di conciliare i loro interessi col loro dovere e non mettere la loro virtù e il loro interesse a una prova il cui resultato rimane sempre dubbio ».

dicendo : « Spesso, troppo spesso, si assisterà
a questo spettacolo scandaloso, vergognoso, di-
sgustoso, di due camerati portati sulla stessa
lista e molto più preoccupati di denigrarsi e di
nuocersi reciprocamente che di combattere l'avversario comune e di difendere le proprie comuni idee e i proprii sentimenti comuni »? Noi non
crediamo, perchè ricordiamo quanto avveniva in
Italia ai tempi dello scrutinio di lista, specialmente nelle circoscrizioni a voto limitato nelle
quali la lista soccombente aveva un eletto solo,
e quindi occorreva, se si temeva la sconfitta della
propria lista, ottenere una votazione più alta degli altri candidati in essa compresi, per assicurarsi ad ogni modo l'elezione. L'onorevole Tittoni
nella discussione alla Camera per l'abolizione
dello scrutinio di lista il 21 aprile 1891, ha fatto
un quadro veramente suggestivo (1) di quello che
può avvenire all'ultima ora fra candidati della
stessa lista, quando si ingenera, magari senza ra-

---

(1) Diceva l'on. TOMMASO TITTONI : « Che cosa
ha fatto lo scrutinio di lista? Ha gettato nei nostri collegi un pugno di candidati e li ha spinti ad una lotta
feroce per l'esistenza, nella quale il sentimento prepo-
tente della conservazione ha trascinato uomini rispet-
tabili ed irreprensibili nella vita pubblica e privata

gione, il sospetto reciproco. E quanto l'onor.
Tittoni ha detto si potrebbe parola per parola
applicare al sistema francese, che ha in più la
pericolosissima arma del voto cumulativo. Noi

---

ad atti non del tutto delicati e corretti. Com'è avvenuto ciò? Lo abbiamo veduto nel modo più chiaro nelle
ultime elezioni generali. Nel periodo di preparazione
elettorale si sono formate le liste: si sono suggellati
gli accordi più o meno omogenei e legittimi: si sono
scambiate tra i candidati le promesse di appoggio. Ma
poi che cosa è avvenuto? All'ultim'ora, alla vigilia della votazione, hanno cominciato a serpeggiare le voci
che in una data sezione un candidato faceva votare
per se solo, che in un'altra sezione si toglieva dalla
lista un nome, e allora molti candidati senza darsi
più pensiero di doveri o d'impegni non hanno più pensato che al timore di soccombere, si sono risvegliati i
sentimenti egoistici, ed il pensiero di difendersi contro
sorprese vere o immaginarie, è bastato per giustificare tutto e nell'intero collegio non è stato altro che pa-
nico, ressa e confusione, ed al grido di: *si salvi chi
può*, ha avuto luogo una nuova forma di voto che la
legge non prevedeva davvero, il voto uninominale nel
collegio plurinominale ». (ATTI PARLAMENTARI; CAM.
DEI DEP, LEG. XVII, 1ª Sessione, Seduta 21 aprile 1891
pag. 1321).

Figuriamoci che cosa avverrebbe in casi siffatti col
voto cumulativo!

riteniamo quindi effettivamente esistente il pericolo della lotta fra i candidati di una stessa lista, ma in certi sistemi e non, necessariamente, in tutti i sistemi proporzionali. Crediamo anzi che il sistema di rappresentanza proporzionale proposto in Francia finirebbe in pratica col dare non sodisfacenti resultati sia per la piccolezza delle circoscrizioni adottate, sia pel grave pericolo del quale ci siamo ora occupati : ma se cosi avvenisse sarebbe sommamente ingiusto attribuire alla R. P. difetti inerenti soltanto ad un particolare sistema. Infatti non solo col sistema belga tale pericolo non esiste, ma anche con quello da noi propugnato, che pur lascia larga libertà all'elettore, esso viene grandemente diminuito, perchè ogni candidato sa innanzi che effettivamente l'elettore dovrà fare una designazione di preferenza per alcuni candidati della stessa lista, e le manovre dell'ultima ora non potrebbero alterare una situazione che sarà il frutto di lunga preparazione e di complesse circostanze, da cui dipenderà il maggiore o minor favore che nella massa elettorale omogenea di ciascun partito godrà ogni singolo candidato.

Una obiezione che si attiene essa pure al funzionamento del meccanismo di ogni sistema pro-

porzionale, sebbene concerna i resultati che esso
dà, è quella che la R. P. mente al suo nome in
quanto non riesce a dare un numero di eletti matematicamente proporzionale a ciascun partito
in competizione. A tale obiezione che, in genere, si fonda sull'esempio belga, abbiamo già
risposto esaminando appunto il sistema belga e
non possiamo che confermare qui che la R. P.
dà sempre resultati molto più equi di qualsiasi
sistema maggioritario od empirico, che la proporzionalità assoluta nel senso matematico della
parola si potrebbe ottenere soltanto adottando il
Collegio unico che invece per molte altre ragioni
conviene respingere e che infine è sempre possibile conseguire una proporzionalità grandemente approssimativa quando il numero dei seggi
da ripartire in ciascuna circoscrizione non sia
troppo esiguo.

Del resto ci sembra assurdo che di questo argomento si facciano forti i partigiani dei varii
sistemi maggioritarii, i quali, disposti a tollera-
re l'assenza assoluta di equità distribuitiva, e talvolta le inversioni più illogiche e immorali nei
risultamenti elettorali, diventano poi di una sen-
sibilità così delicata quando la proporzionalità
non è raggiunta con quel rigore aritmetico che

sarebbe possibile soltanto se si potessero avere
le frazioni di deputato oltre che i deputati interi.

Ma il ragionamento degli avversarii, e prendiamo anche qui ad esempio il Breton, non manca in apparenza, di fondamento; poichè essi dicono : anche il sistema uninominale assicura una
certa equità distribuitiva, e poichè la R. P. non
ci dà altro che un errore insignificantemente minore, non vale la pena, per così poco, di abbandonare lo scrutinio uninominale.

Anzitutto la differenza in meglio è tutt'altro che
lieve anche quando la R. P. funzioni nelle condizioni le meno favorevoli, ed è rilevantissima
se si applichi il criterio delle circoscrizioni ampie, ma ammesso anche che il ragionamento sia
in parte o in tutto fondato, gli avversari dimenti-
cano, o trovano comodo di dimenticare due cose :
che l'equità distribuitiva non è la sola finalità
nè il solo pregio della R. P.; e che la inesatta distribuzione dei mandati fra i partiti non è, nè il
solo nè il maggiore difetto del collegio uninominale. Noi saremmo sostenitori dell'abolizione del
collegio uninominale anche se questo desse in
pratica risultati dieci volte più equi di quelli che
effettivamente non dia e non possa dare, ma al-
l'atto di sostituirlo con la circoscrizione ampia

e con lo scrutinio di lista, ci troviamo di fronte al
gravissimo pericolo, documentato da infiniti casi
in tutti i Paesi dove esso è stato in vigore, dello
schiacciamento delle minoranze o dell'attribuzione della maggioranza dei seggi al partito che è
in minoranza nel Paese : e di fronte a siffatto pericolo l'unico modo per evitarlo è quello di integrare lo scrutinio di lista con un sistema proporzionale che permetta di fruire degli altri beneficii
pei quali lo preferiamo al collegio uninominale,
senza subirne gli svantaggi. Perciò il confronto
in materia di equità distributiva deve essere fatto non già fra collegio uninominale e R. P., ma
fra scrutinio di lista e R. P.. Ora nel confronto
fra questi due termini la superiorità della R. P.
nel garentire un'equa, sincera rappresentanza a
tutti i partiti appare assolutamente schiacciante
come è riconosciuto dagli stessi avversarii a cominciare dal deputato francese Breton. A tali
concetti s'ispirava evidentemente con profondo
senso di verità il deputato Giuseppe Reinach
nella seduta del 26 ottobre 1909 alla Camera francese, (1) quando diceva che il regime maggiori-

_____

(1) CHAMBRE DES DEP.; COMPTE-RENDU IN EXTENSO;
Journal Officiel du 27 octobre 1909; p. 2349.

tario è iniquo, che lo scrutinio di lista puro e semplice essendo « la condizione necessaria, indispensabile, pregiudiziale della R. P. » costituisce come un ponte fra il regime maggioritario e
quello dell'equità e, rivolto a tutti i colleghi, sog-
giungeva : « Voi siete liberi di conservare il collegio uninominale, voi siete liberi di non costrui-
re il ponte, ma se voi non mantenete il collegio
uninominale, se voi fate lo scrutinio di lista, voi
passerete il ponte. »

CRITICHE AGLI EFFETTI DELLA R. P.

Veniamo ora dalle obiezioni concernenti il funzionamento della R. P. a quelle che concernono
i suoi effetti politici.

La prima categoria di obiezioni si può riassumere nella diffidenza circa l'importanza dei risultati benefici della riforma : a chi dice che la
R. P. arrecherebbe maggiore giustizia, maggiore sincerità, più verità, più buona fede e più buon
senso nel regime rappresentativo, che le astensioni diminuirebbero, l'accanimento partigiano sce-
merebbe e che anche la corruzione diverrebbe
minore, gli avversarii rispondono che la R. P.
non manterrebbe le sue promesse e che il benefi-

cio del cambiamento sarebbe minore di quanto si
annuncia. Fra coloro i quali ragionavano così
vi era anche il Benoist della prima maniera nella
Crise de l'Etat moderne, il quale concludeva dicendo che gli amici della R. P. si spingevano
un po' troppo innanzi nelle loro promesse, perchè se con la R. P. si sarebbero avute una verità e una giustizia maggiori non si sarebbero
però avute nè tutta la giustizia, nè tutta la verità,
e quando anche si fossero raggiunti tutti i vantaggi promessi, come minori coalizioni, minori
astensioni e minori sorprese, vi sarebbero però
sempre stati vizi e difetti del sistema maggioritario che la R. P. non avrebbe sanato, ed altri che
essa avrebbe peggiorati : « Essa non sopprimerebbe nè diminuirebbe la corruzione elettorale,
non metterebbe ostacoli per se stessa alle abusive
ingerenze governative, non purificherebbe le elezioni, non espellerebbe nè neutralizzerebbe quegli elementi perturbatori che ora le falsano » ; in
più essa accrescerebbe la potenza dei comitati e
darebbe molteplici occasioni di frode nell'inter-
minabile serie di operazioni da essa richieste.

Quanto alla specie e alla misura dei benefici
che noi crediamo di poterci attendere dalla R. P.
parleremo più tardi : notiamo intanto che il Be-

noist della seconda maniera, nella Relazione parlamentare del 1905, risponde alle sue stesse obiezioni di dieci anni prima dicendo che la sola esperienza potrà mostrare, se non avesse già mostrato il contrario l'esperienza belga, se davvero il beneficio del cambiamento sarà minore di quanto si annuncia, ma che in ogni modo essa segnerà in ogni lato un progresso effettivo, sicuro in confronto al regime maggioritario e questo è già molto perchè « le istituzioni non debbono mai paragonarsi o giudicarsi in base alla perfezione ideale delle cose che non esistono, ma in base all'imperfezione riconosciuta delle cose che esistono » (1).

E' difatti evidente che, pur cercando il meglio, non bisogna richiedere ad alcun sistema elettorale più di quello che esso possa dare, e perciò nessuna persona di buon senso pretenderà mai che, con una riforma di metodo, si possano mutare i costumi di un popolo; ma quello che occorre di vedere è se un metodo favorisce od ostacola l'esplicarsi di una cattiva tendenza; ora noi diciamo che mentre il sistema maggioritario rende utile ed efficace la corruzione e la frode, la R. P. fa-

(1) Relazione BENOIST *cit.* pp. 27 e 35.

rebbe sì che i mali intenzionati si accorgesse-
ro della sproporzione tra i fastidi e i pericoli della violazione della legge e del buon costume ed
i resultati che, dato il sistema in vigore, con tale
violazione sarebbe possibile raggiungere. Ora,
come diceva recentemente alla nostra Camera il
deputato Treves ad un altro proposito, ma sempre in argomento elettorale, con ciò « si opererebb-
be il risanamento per virtù naturale dell'esperienza della inefficacia del male, perchè non c'è niente che faccia diventar più buoni, che il toccare
con mano che il proprio malfatto non ha prodotto
giovamento » (1).

Di ciò invece non vogliono persuadersi gli avversarii della R. P. i quali non intendono tutta
la praticità positiva di questo modo di ragiona-
re. Infatti anche il Bonnefoy (*op. cit.* pag. 648)
pensa di essere riuscito a sfrondare con facile
trionfo un altro ramo di alloro dal serto della
R. P. negando che essa possa essere un ostacolo e un rimedio alla corruzione elettorale.

« E' forse esatto — egli dice — che con questo
nuovo sistema di suffragio i costumi elettorali

----

(1) ATTI PARL. CAM. DEI DEP., LEG. XXIII, Tornata
29 aprile 1910, p. 6457.

diventerebbero più puri e più onesti e che se un siffatto regime fosse inaugurato in Francia non si sarebbe avuto bisogno di promulgare meno di un mese prima di quello delle elezioni generali legislative una legge sulla corruzione e sulle frodi elettorali? » Ed a questa domanda si risponde : « Noi crediamo che si avrà un bel cambiare il sistema elettorale ed un bell'introdurre la R. P. ma la corruzione e le frodi esisteranno semp,e... Vi saranno tanta corruzione e tante frodi dopo l'adozione della R. P. quanto prima. » « Anzi, egli aggiunge, si lotterà e si corromperà tanto più quanto più sarà difficile a conseguirsi la vincita, che è il successo ed il potere ».

E dopo ciò il Bonnefoy si crede autorizzato a concludere : « I proporzionalisti vedono un poco troppo gli uomini quali dovrebbero essere e non quali sono nella realtà delle cose, nella vita quotidiana e nella vita politica soprattutto. Sono ideologi, sono teorici, sognatori, ai quali sfuggono completamente le contingenze della vita pratica, pure così importanti ».

Ma il Bonnefoy non sa o non vuol capire ciò che questi pretesi sognatori intendono dire. Nessuno è così folle da sostenere che la R. P. cambi i costumi ed i caratteri degli uomini. Si dice sol-

tanto che nel regime maggioritario un voto può
bastare a far vincere o perdere uno o più seggi,
a seconda che la circoscrizione sia uninominale
o plurinominale. Quindi la tentazione di accaparrarsi ad ogni costo i pochi voti che possono decidere della lotta, di tutta la lotta è forte; e purtroppo si sa che è relativamente facile e sicura
la conquista di quei pochi voti. Invece la R. P.
è congegnata in modo che nella maggior parte
dei casi occorre spostare un forte nucleo di voti per variare l'attribuzione dei seggi e ad ogni
modo non si potrà mai trattare che dello spostamento di un solo seggio in un ampia circoscrizione. Questo dicono i proporzionalisti, anzi per
essere più precisi, gli stessi proporzionalisti che
il Bonnefoy cita per gabellarli di teorici e di sognatori. Così i deputati francesi Le Gavrian e
Dansette nella relazione che precedeva il primo
disegno di legge per la R. P. da loro presentato
nel 1896 dicevano: « La R. P. sopprimerebbe
quasi completamente il complesso d'immoralità
che sono rinnovate dalla Roma decadente. Per
conquistare un seggio in più occorrerebbe, nella
maggior parte dei casi, un numero di voti così
considerevole che vi sarebbe sproporzione manifesta fra lo scopo da raggiungere e il mezzo da

mettere in opera ». Il deputato belga Bertrand, alla Camera dei Rappresentanti nella seduta del 15 settembre 1899, diceva presso a poco lo stesso : « La pressione e la compera dei voti sono spesso rese necessarie quando si tratta di ottenere la maggioranza assoluta. Con la R. P. le elezioni si faranno più correttamente e più onestamente perchè il successo non dipenderà più da qualche voto come oggi. L'elezione sarà dunque assai più libera che col regime maggioritario ». E il Saripolos (Tomo I, p. 447) : « La corruzione elettorale è largamente favorita dal procedimento elettorale maggioritario che accorda tutto alla metà più uno. Ciò vale bene la pena, agli occhi dei politicanti di accaparrarsi certi elettori poco scrupolosi, a prezzo di sacrifici di denaro, o con promesse considerevoli ».

Sono queste parole di ideologi, di teorici e di sognatori?

Veniamo alle obiezioni che riguardano gli effetti della R. P. sui partiti. Si comincia col dire che essa ha il torto di permettere ai partiti anticostituzionali, o rivoluzionari, di essere rappresentati.

Veramente questa obiezione si adatta meglio ai sistemi che presuppongono il collegio unico

ed il voto unico con quoziente, che non a quelli
i quali consentono circoscrizioni di non eccessiva
ampiezza. Infatti l'obiezione nacque quando si
discuteva il sistema dell'Hare, poichè è agevole
intendere come in tutto il territorio dello Stato sia
assai facile anche ad opinioni poco serie e del
tutto eterodosse, raccogliere l'esiguo numero di
voti che basta a costituire il quoziente.

Ma quando il Paese è diviso in circoscrizioni,
per quanto ampie, questa obiezione perde invece
gran parte del suo valore, perchè se si può comprendere che si possa, non solo senza danno, ma
anche con vantaggio della cosa pubblica, trascu-
rare la rappresentanza di un'opinione che abbia
così scarso seguito da essere, ad esempio, profes-
sata da appena la cinquecentottesima parte in tutto il corpo elettorale di uno Stato, non si comprende invece con qual fondamento si possa contrastare la rappresentanza a quell'aggregato di elettori
che in una circoscrizione che elegge dieci deputati costituisca almeno la decima parte de g' elettori che hanno partecipato alla votazione. Quanto
poi al negare la rappresentanza ai partiti non
costituzionali è ovvio osservare che ciò è assurdo in teoria perchè costituisce la negazione di
ogni sano principio democratico, ed è stolto In

pratica perchè i partiti avversarii sono sempre
meno temibili quando sono ammessi a discutere
e ad agire sul terreno legale, e sono chiamati ad
accettare la responsabilità di accogliere o rifiutare proposte concrete, ed a commisurare l'attuazione parziale o totale delle idee propugnate con
le esigenze della realtà, che non quando è loro
negata la possibilità di far valere in modo pacifico e nella libera discussione parlamentare le
proprie teorie. E noi speriamo che una siffatta
obiezione non possa essere sollevata in Italia se
si pensi che il Saripolos per confutarla con l'affermazione che « i partiti violenti ed estremi di-
vengono molto più moderati se si permette loro di
esprimere liberamente le loro idee, poichè rifiutare a tali partiti ogni rappresentanza, è spin-
gerli alla rivolta » (1) è ricorso alla grande autorità di un moderato italiano, di Cesare Balbo, il
quale più di mezzo secolo fa già scriveva : « Se
rimane un grande interesse, una numerosa e po-
tente condizione di persone non rappresentata,
non chiamata, aliena dal governo, questa gli
sarà contro sempre, inevitabilmente, e lo distur-

---

(1) SARIPOLOS, *op. cit.* II p. 175.

berà di continuo e finirà co ldistruggerlo ». (1)
Quindi non ci fermeremo più oltre a confutare affermazioni come quella del Fouillée il quale dice che « affinchè la rappresentanza proporzionale sia attuabile , occorre che esistano in un Paese soltanto partiti costituzionali » (2), o dell'Hilty il quale dichiara che è grandemente desiderabile che alcuni partiti come gli anarchici, o i monarchici in una repubblica, non ottengano alcuna rappresentanza. (3)

Analoga a questa obiezione è l'altra che con la
R. P. i più varii interessi, o le più strampalate
idee possano essere rappresentate. Si è arrivati
a dire che, per esempio, i fabbricanti di ombrelli
potrebbero mettersi d'accordo per volere un om-
brellaio loro rappresentante in Parlamento e che
altrettanto potrebbero fare gli ubriachi, o gli
omeopatici, o i mormoni e cosi via. E perfino il
Bernatzik, il quale dedica un largo studio alla

---

(1) BALBO. DELLA MONARCHIA RAPPRESENTATIVA IN I-
TALIA IN SAGGI POLITICI, 1860, p. 305.

(2) FOUILLÉE. LA PROPRIETÉ SOCIALE ET LA DÉMOCRA-
TIE. Paris 1884 p. 187.

(3) HILTY. DIE MINORITAETENVERTRETUNG, *Politisches
Jahrbuch der schweizirischen Eidgenossenschaft.* Anno VII. Berna 1892 p. 159.

R. P., non si perita di scrivere : ma forse « se parecchi azionisti di una Società per la produzione dello zucchero sono Wagneriani, si dovrà avere un Wagneriano nel Consiglio di Amministrazione ? » (1)

A parte la forma di discutibile efficacia di queste spiritosaggini, esse possono in ogni caso attagliarsi meglio al collegio unico : ma è giusto riconoscere che anche nei sistemi proporzionali congegnati con circoscrizioni di giusta grandezza si potrebbe aprire la via a rappresentanze di interessi e di classi piuttosto che di opinioni politiche.

Così nella prima applicazione pratica della R. P. nel Belgio, nelle elezioni del 1900, nella circoscrizione di Bruxelles i commercianti e gli industriali vollero contrapporre una lista propria a quelle dei partiti politici, ma lo scarso successo riportato, tanto che essi rimasero lontani dalla cifra necessaria per partecipare alla ripartizione dei seggi, non incoraggiò certo altri a seguire l'esempio. Altrettanto si dica per alcuni casi spora-

(1) BERNATZIK: Das System der Proportional-wahl, *Jahrbuch fur Gesetzgebung, Verwaltung und Volkswirtschaft*, 1893.

dici conformi che si sono verificati in Svizzera.
Ammettiamo pur non di meno che, talvolta, potrebbe avverarsi che qualche classe o categoria di
cittadini come gli impiegati, gli agricoltori ecc.
potessero in qualche circoscrizione presentare una
lista propria, estranea alle divisioni politiche, ma
crediamo che la pratica si incaricherebbe di mostrare tutti i gravi inconvenienti del sistema e perciò farebbe desistere da idee siffatte. Quanto poi
alla riuscita di candidature bizzarre o poco degne,
è facile comprendere come la R. P. se non le
esclude completamente, le rende certo più difficili che non il sistema uninominale col quale è stato possibile avere in Italia il fenomeno Coccapiel-
ler e altri più recenti, sui quali non insisteremo,
e in Francia quello del deputato mussulmano e
così via.

Un'altra obiezione, presso a poco della stessa
specie, ma maggiormente fondata, si faceva al
voto preferenziale, ma potrebbe anche ripetersi
per i sistemi proporzionali più moderni. Formu-
liamo questa obiezione con le parole del Racioppi : (1) « Uno dei più gravi difetti che si attribui-

---

(1) RACIOPPI. SULLA RAPPRESENTANZA PROPORZIONA-
LE, Roma 1883, p. 134.

scono al voto preferenziale. o (a parlare più propriamente) al quoziente elettorale, è quello che
lo accusa di riempire le Camere di vuoti declama-
tori, di rappresentanti a idee fisse, eccentriche,
angolose; di deputati *punte di ferro*, di deputati
insomma a mandato imperativo. »

Noi non crediamo che il pretendere dai rappresentanti di essere coerenti nella loro azione parlamentare al programma liberamente esposto agli
elettori nell'atto di sollecitare i suffragi, costituisca un mandato imperativo e per il resto del contenuto di questa obiezione ne riparleremo quando tratteremo dei vantaggi del sistema proporzionale perchè invero ci sembra uno dei non minori
benefici della R. P., il fatto che i deputati, sapendo di dovere la loro elezione ad aggregati concordi ed omogenei di elettori, potranno essere più
sinceri nelle promesse e più saldi ed onesti nel-
l'informare ad esse la loro azione politica.

Ma veniamo alle obiezioni più gravi contro la
R. P. le quali sono non solamente svariatissime ma
anche così opposte e contradittorie che possono
quasi confutarsi ed elidersi le une con le altre.

Si dice cioè che la R. P. accresce lo spirito di
partito e che essa atrofizza la vita dei partiti, che
essa favorisce lo sminuzzamento dei partiti e che

essa eccita i partiti stessi a coalizioni contro natura ; che essa impedisce nel Parlamento la costituzione di solide maggioranze e che perpetua la
dominazione del partito al potere. Così enunciate
tali obiezioni sembrano davvero escludersi a vicenda, ma onestamente il Goblet d'Alviella (*op.
cit.* p. 15) ammette che « esse sono contradittorie
soltanto se si formulano unitamente in termini as-
soluti : una stessa istituzione può benissimo, secondo le circostanze, produrre inconvenienti contrarii. » Ciò senza dubbio è vero, ma è pur vero
anche che quando un'idea, od un sistema, solleva-
no obiezioni così contradittorie, è molto facile che
la verità stia nel mezzo, parimente lontana dagli
eccessi dei varii contradittori. Ad ogni modo esa-
miniamole.

Che la R. P. possa determinare l'apatia nel
corpo elettorale e quindi la fiacchezza nei partiti
politici, perchè essendo ciascun partito sicuro di
avere qualche rappresentante non pone neppure
troppo impegno per diffondere le proprie idee,
diceva già il deputato belga Rosseuw alla Camera dei Rappresentanti nella seduta del 30
maggio 1893 : e, nonostante che l'esperimento
belga abbia dimostrato il contrario, il deputato
Breton nel suo discorso, più volte citato, del 25

ottobre 1909, alla Camera Francese, ripeteva che
tra gli altri effetti perniciosi la R. P. avrebbe anche quello di atrofizzare la vita dei partiti, poichè
mentre negli scrutinii maggioritarii « basta spostare qualche centinaio, qualche diecina di voti
per conquistare una circoscrizione, e le lotte elettorali sono più vive, più ardenti, più appassio-
nate, con gran vantaggio dei partiti di avanguar-
dia i cui sforzi sono più efficaci » invece con la
R. P. « la vita politica si atrofizza, l'attività dei
partiti si attenua, la passione scompare, i seggi
posseduti dai partiti sono in antecedenza assicu-
rati loro con quasi certezza; essi non possono,
nel maggior numero dei casi, pensare a guada-
gnare le migliaia di voti indispensabili per aumentare la loro rappresentanza; con la possibilità di un resultato immediato, scompare così il
principale movente dell'attività degli individui
e dei partiti. »

Anzitutto notiamo che questa obiezione può reg-
gere unicamente per circoscrizioni molto ristrette, a tre deputati per esempio, quali noi abbiamo combattuto. E' facile infatti comprendere che
in una circoscrizione nella quale tre partiti di
forze presso a poco uguali abbiano ciascuno un
proprio rappresentante, occorrerebbe uno spo-

stamento considerevolissimo di voti, perchè un partito avesse due rappresentanti e l'altro non ne ottenesse alcuno. Nelle circoscrizioni più ampie una sicurezza siffatta non potrà mai essere posseduta da alcun partito e quindi la apatia temuta non potrà avvenire. Oltre a ciò la coscienza che ogni elettore acquisterà della efficacia del proprio voto e la possibilità di votare in modo coerente alle proprie idee senza essere, come nel regime maggioritario, combattuti nell'incertezza di doversi per forza decidere fra due candidati parimente sgraditi, farà sì che la partecipazione alle urne sia molto più attiva. E neppure ci sembra da temere l'eccesso opposto che cioè le competizioni elettorali si accentuino con l'accrescimento dello spirito di partito, perchè la competizione nel campo delle idee politiche non degenererà nell'acre lotta partigiana nella quale, come nel collegio uninominale, si rischia tutto per tutto, e si reca l'accanimento e l'assenza di scrupoli che derivano dalla certezza che pochi voti decideranno la vittoria totale o la sconfitta completa. Quindi nè apatia nè eccesso di acrimonia nella lotta, ma quel giusto fervore di competizione civile che è da desiderarsi. Nè si deve dimenticare che se in talune circoscrizioni si avrà l'inestimabile beneficio

di sostituire una lotta meno acre alla violenza
cannibalesca di certe elezioni odierne, in molte
altre circoscrizioni si avrà il vantaggio di suscitare la gara e la passione politica laddove esse
mancano per il convincimento radicato nelle minoranze della inutilità stessa della lotta.

Le nostre statistiche elettorali ci dimostrano
che in ogni convocazione di comizi sono sempre
centinaia i collegi nei quali un solo candidato
è eletto senza alcun competitore. La R. P. permetterà a tutte le minoranze, sia pure esigue,
che ora rinunciano alla lotta, di farsi numericamente e moralmente valere.

Ma l'accusa più diffusa e forse più grave che si
fa alla R. P., è quella di consentire il frazionamento dei partiti politici. Si dice — e risparmiere-
mo al lettore le molte citazioni — che tutte le sfu-
mature politiche vorranno lottare distintamente
per ottenere una loro propria rappresentanza. Ora
ciò può costituire un male ed un bene al tempo
stesso. Se infatti vi è una gradazione politica la
quale è tenuta legata ad un partito, con le cui
direttive sostanzialmente discorda, soltanto dal
vincolo di un meschino interesse elettorale, ben
venga quel sistema che le permetterà di emanci-
parsi e di differenziarsi lealmente nel campo del-

le idee e dell'azione politica. Se invece la R. P.
dovesse avere per effetto di sgretolare i partiti in
tante formule che non avessero una vera diversità
di contenuto, essa rischierebbe di disorganizzare
la vita politica. Ma ciò difficilmente accadrà perchè nel cimento elettorale i partiti che si frazione-
ranno si porranno in una condizione di assoluta
inferiorità di fronte ai partiti che rimarranno compatti. E nessuno potrà negare la convincente importanza di due constatazioni tratte dall'esperienza : la prima è che nel Belgio dopo dieci anni di
R. P. i partiti sono rimasti precisamente tali quali erano prima, la seconda che vi sono Paesi nei
quali vige il regime maggioritario ed in cui il
frazionamento dei partiti esiste in modo impres-
sionante. Cosichè mentre l'esperienza dovrebbe
portare chi esamini obiettivamente alla conclusione che il frazionamento dei partiti avviene o
non avviene per circostanze indipendenti dalla
esistenza o no della R. P., noi troviamo che gli
avversarii di essa, in quei paesi dove il frazionamento esiste, dichiarano che la R. P. non può
essere organizzata perchè i partiti sono troppo numerosi, e, viceversa, nei paesi dove il frazionamento non c'è, dichiarano che la R. P. non deve

essere introdotta per non provocare il frazionamento.

Così il Bonnefoy (*op. cit.* p. 627) il quale per
combattere la R. P. si vale dell'argomento che
essa provoca il frazionamento dei partiti, prima
afferma che di tale inconveniente ci si è accorti
nel Belgio, ma per dimostrare che l'inconveniente esiste anzichè valersi di argomenti tratti dal-
l'esperienza, e poteva farlo scrivendo nel 1902 si
limita a riferire previsioni espresse da parlamentari avversari della riforma, nella discussione avvenuta al Parlamento Belga nel 1899 prima del-
l'introduzione della R. P., e poi non si perita di
valersi dell'autorità del deputato Ruau il quale,
nella relazione sulla riforma elettorale presentata
nel 1902 alla Camera Francese scriveva : « Nei
Paesi nei quali come in Belgio, le opinioni sono
ben definite e si dividono in tre o quattro liste, la
R. P. può essere organizzata. In Francia nello
stato presente dei partiti divisi e sminuzzati al-
l'infinito, senza quasi una linea precisa di divisione il numero di quelli che parteciperebbero
alla ripartizione dei voti renderebbe qualsiasi regime proporzionale impraticabile. » Giudizio questo non certamente giusto, perchè se i deputati
francesi oggi eletti si dividono in otto e più gra-

dazioni politiche, e se il Reichstag tedesco è
giunto a suddividersi fino in diciassette gradazioni, la R. P. darebbe piuttosto luogo alla fusione
delle gradazioni che non hanno una vera ragione
di autonomia, piuttosto che alla formazione di
gradazioni nuove.

E tanto del resto è sentita, anche dagli antiproporzionalisti che si valgono del frazionamento
dei partiti come di argomento contro la R. P.,
la verità del fatto che essa produce la convenienza della compattezza piuttosto che dello sgretolamento, che la si accusa anche di favorire le
coalizioni tra partiti. E' grazioso per esempio,
vedere che lo stesso Bonnefoy, dopo avere affermato che la R. P. porterà senza dubbio al frazionamento dei partiti, poi, alla distanza di poche
pagine (*op. cit.* p. 647) quando gli fa comodo di
confutare l'opinione del Saripolos e di altri proporzionalisti, che la R. P. renda maggiore la
sincerità del suffragio universale, perchè essa non
obbliga i partiti a ricorrere a coalizioni e-
lettorali, allora il Bonnefoy, è pronto a dichiarare che « nelle circoscrizioni dipartimentali, o
anche regionali con scrutinio di lista e R. P.
siffatte coalizioni elettorali sussisteranno ugualmente, e per avere un voto efficace, non si esi-

terà il più spesso quando non si vorrà astenersi, dal fare ciò che indica il signor Saripolos cioè «sa crificare le proprie idee per formare con coloro che non hanno opinioni assolutamente opposte alle proprie, una maggioranza ».

La verità fra queste affermazioni contradittorie è che la R. P. non rende in alcun caso necessarie le coalizioni, ma che se, per qualche particolare situazione politica, due partiti affini giudicano utile un'alleanza, la R. P. non pone alcun ostacolo alla sua formazione. Già fino dal 1900 il Goblet d'Alviella scriveva (*op. cit.* p. 15): « Il rimprovero di spingere alle coalizioni può essere scartato sommariamente. O ci si trova dinanzi a due partiti che sono ormai certi di ottenere la loro parte di rappresentanza, e allora perchè andrebbero a coalizzarsi quando possono raggiungere lo stesso resultato conservando la loro completa autonomia? O si tratta di gruppi isolatamente troppo deboli per ottenere un sol seggio e potrà sì accadere che si coalizzino, ma la necessità se ne farà sentire con frequenza ben minore che non sotto un regime nel quale, per esercitare qualche influenza, i partiti debbono raggiungere la maggioranza assoluta dei suffragi. »

L'esperienza pratica ha poi effettivamente di-

mostrato che prima nelle elezioni del 1906 e del
1908 e quindi, in modo più spiccato, in quelle del
1900 nel Belgio qualche alleanza fra liberali e socialisti contro i cattolici si è conclusa: ma ciò, come abbiamo accennato altrove, dipende dal fatto
che le circoscrizioni troppo ristrette adottate nel
Belgio producono il sacrificio di troppo ingenti
residui di voti e dall'altro fatto, peculiare alla situazione politica del Belgio, che ormai i cattolici
rimangono al Governo per un numero insignifi-
cante di voti e che quindi liberali e socialisti, al
di sopra di qualsiasi divisione di scuola o di partito, hanno a comune il supremo interesse di
strappare il potere ai conservatori cattolici. Così
giustamente nella recente discussione alla Camera Francese si è affermato, per rispondere a

non porrebbe alcun ostacolo alla formazione di alleanze elettorali.

Ma il frazionamento più che per l'effetto dannoso che può avere per la vita dei singoli partiti viene temuto per le conseguenze che potrebbe recare nella costituzione di una Assemblea Nazionale. Tale pericolo è efficacemente enunciato dall'Esmein e messo innanzi con le parole dell'Esmein anche dal Bonnefoy (1): « Se la rappresentanza legale e proporzionale delle minoranze, non è una conseguenza esatta dei principii, essa offre inoltre un pericolo dei più gravi per i Paesi nei quali vige il Governo Parlamentare. Essa tende di fatto a dividere le Assemblee in gruppi e partiti sempre più numerosi il che costituisce una delle condizioni più sfavorevoli per il funzionamento normale e corretto di tale Governo. Senza dubbio questo sminuzzamento è in gran parte un prodotto dei fatti sociali del tempo presente; percio appunto non pare affatto saggio di facilitarlo e accentuarlo con l'azione legislativa. »

Si teme insomma che pel frazionamento dei partiti venga a mancare, nell'Assemblea, una

---

(1) BONNEFOY, *Op. cit.;* p. 630

maggioranza compatta, che renda possibile il governo, ma un siffatto pericolo dipende, se mai,
non dal frazionamento dei partiti, ma più assai
dalle proporzioni numeriche delle parti politiche
in cui si divide il corpo elettorale. Infatti nel
Belgio non vi sono, si può dire, che tre grandi
partiti: cattolico, liberale e socialista; eppure
quando il partito cattolico avrà, ed il giorno non
potrà tardare, perduto la esigua maggioranza
che ancora gli permette di governare, nessuno
dei tre partiti avrà la maggioranza. Si dirà che
una tale situazione è stata affrettata dalla R. P.,
ed è verissimo, ma non già perchè la R. P. l'abbia creata, ma perchè essa non ha fatto che
rispecchiare più fedelmente la condizione effettiva del corpo elettorale. Col sistema maggioritario vi si sarebbe arrivati più tardi, ma vi si sarebbe arrivati, anzi esso avrebbe probabilmente
prodotto già prima un effetto analogo, se i voti
della parte conservatrice non fossero stati, come
ancora sono, artificiosamente moltiplicati dalla
esistenza del voto plurimo. E, anche senza entrare nelle situazioni complicate dei Parlamenti
tedesco ed austriaco, guardiamo che cosa succe-
de nella Camera francese secondo la situazione,

del resto già prima esistente, ma accentuata ora
dalle elezioni del 24 aprile-8 maggio 1910. Il
gruppo di gran lunga più forte di deputati, è
quello dei radicali e radicali socialisti che conta
all'incirca 250 deputati, ma esso non basta a costituire la maggioranza dell'Assemblea che si
compone di 598 membri. Dunque nessun Governo potrebbe in Francia reggersi senza il concorso di una frazione alline sia questa rappresentata dai socialisti o dai repubblicani di sinistra.
E in Italia stessa, anche col sistema maggioritario, se noi uscissimo dal confusionismo e dai raggruppamenti personalisti, che non concorrono
certamente all'educazione del Paese, e se i clerico-
moderati si decidessero a lottare per proprio conto dovunque, anzichè preferire di aiutare sotto
mano, nella maggior parte dei collegi, i candidati
monarchici di qualsiasi gradazione, noi avremmo
già una situazione analoga a quella francese vale a dire che nell'Assemblea nessun gruppo a-
vrebbe forze sufficienti per governare senza l'intesa con partiti affini.

Quindi non bisogna rimproverare alla R. P.
ciò che da essa non dipende e che può anche avvenire, come difatti avviene, col sistema mag-

gioritario, e ben dice il Deschamps (1) che gli avversarii nel muovere questa obiezione sono vit-
time di una illusione ottica che fa loro prendere
l'effetto per la causa. « E' lo stesso errore, egli
aggiunge, di quello che si commetterebbe rim-
proverando al barometro il tempo che fa : il barometro non fa il tempo, ma lo indica e lo segna
e parimente l'elezione proporzionale segna e ri-
flette la situazione del corpo elettorale, ma non
crea tale situazione ». E il Saripolos (*op. cit.* II
p. 201) conferma che la R. P. non può far sì
che una minoranza diventi maggioranza, e se non
vi è una maggioranza assoluta nel Paese non si
può pretendere di avere un Parlamento che rac-
chiuda una maggioranza forte e omogenea : tanto varrebbe sostenere che in vista di un interesse
pratico si deve falsare la rappresentanza e dare
il modo alla rappresentanza di una minoranza di
governare il Paese.

Ma esiste almeno davvero questo interesse pratico? Noi ne dubitiamo perchè crediamo che la

---

(1) DESCHAMPS, NOTRE RÉGIME ÉLECTORAL, LA DÉMO-
CRATIE ET LA R. P. — Bruxelles, 1896, p. 13.

mancanza di una maggioranza assoluta compatta nell'Assemblea Nazionale non sia un male e possa essere un bene. Infatti, poichè governare bisogna ed una maggioranza che sorregga un determinato governo è pur necessaria, il partito più forte non mancherà di integrarsi con le parti della Camera con le quali abbia affinità maggiore, e queste saranno sempre disposte a prestare il loro concorso per evitare che esso sia dato invece dalle parti politiche più lontane. Abbiamo detto che tale necessità può anche essere un bene perchè quando una parte politica omogenea sia abbastanza forte per governare da sola, contro tutte le opposizioni riunite, il governo sarà sempre dominato da un criterio di unilateralità e difficilmente sarà aperto ad accogliere le iniziative e le idee buone che facciano parte del programma di altri partiti : invece l'essere costretti a conciliare in un campo di azione comune anche trazioni affini, produrrà il benefico effetto che si accolgano alcuni capi saldi del loro programma rinnovando e rinsanguando così il programma della frazione più forte.

Se noi respingiamo dunque l'obiezione della impossibilità di governare con Assemblee elette

con sistema proporzionale, (1) non crediamo **nep-**
pure che sia da accogliersi quella che muove **da**
timori opposti che cioè la R. P. perpetui la domi-

(1) Consideri il lettore a questo proposito le sensatis-
sime osservazioni del GOBLET D'ALVIELLA (*op. cit.*
p. 20) alle quali interamente ci associamo: « Occorre
dunque rassegnarsi, quando tutti i partiti sono in minoranza nel corpo elettorale a non trovare maggioranza nel Parlamento. Da ciò deriverà forse che i poteri pubblici siano colpiti da paralisi? L'arte del Governo diventerà più difficile: esigerà moderazione e
tatto maggiori. Tuttavia il gruppo più forte o che si
trovi in situazione più propizia potrà perfettamente
assumere il potere e esercitarlo fra gli altri partiti,
sia che ottenga a mano a mano il concorso delle differenti minoranze, sia che pratichi una politica di con-
ciliazione, contro la quale gli estremi soltanto potranno insorgere, governare e transigere. Val meglio che
le transazioni si operino a porte chiuse nel comitati
alla vigilia delle elezioni, o negli uffici del Parlamento fra i rappresentanti ufficiali dei partiti? Nel primo caso esse assumono la forma di coalizioni che falsano la sincerità dello scrutinio, nel secondo esse hanno la probabilità di riuscire a provvedimenti, che, pur
conservando il suggello delle loro origini politiche,
tacciano una parte maggiore ai diritti delle minoranze. » Parole queste tanto più importanti poichè nei
nostri Parlamenti avviene o sta per avvenire ormai,
quello che, secondo quanto diceva il deputato Woeste

nazione del partito che si trova al potere. E' naturale che all'atto della prima applicazione di un
sistema proporzionale il partito che è al potere
subisca una forte diminuzione nel numero dei
suoi rappresentanti : è ciò che è avvenuto ai cattolici belgi nel 1900; è ciò che temevano l'anno
scorso i radicali e i radicali-socialisti francesi a
tal segno da sottoporre a questo timore tutto su-
biettivo l'adozione immediata della grande riforma, ma quando si è distribuita la rappresentanza proporzionalmente ai partiti è naturale che
i cambiamenti debbano essere più lenti perchè

nella Seduta della Camera Belga del 22 settembre
1899, sarebbe accaduto solo per effetto della R. P. e
cioè: « invece di una maggioranza non vi sarà più
che una sovrapposizione di minoranze ». E per quanto si riferisce all'Italia si pensi che l'on. GIOLITTI
nel suo discorso pronunziato da Presidente del Consiglio dei Ministri in Dronero il 18 ottobre 1893, diceva :
« Senza partiti politici ben delineati le istituzioni parlamentari non funzionano e i Ministeri di coalizione
fra partiti opposti possono valere per superare mo-
mentanee difficoltà, ma non riescono a risolvere problemi importanti ». Che noi sappiamo, dal 1893 ad oggi la R. P. non è stata in vigore in Italia eppure la
storia politica nostra non si è certo svolta in conformità di questa teoria dell'on. Giolitti!

come dice il Globet (*op. cit.* p. 19) « le fluttuazio-
ni dei partiti nel seno del Parlamento si modelle-
ranno sulle variazioni del corpo elettorale invece
di essere determinate dal caso della ripartizione
degli elettori o dagli sbalzi dell'opinione in alcune circoscrizioni dubbie ». E aggiunge benissimo lo stesso Goblet : « Che importa che i can-
biamenti dell'orientazione politica siano più rari
e più lenti se essi sono più consistenti e più giu-
stificati? Sarà, nel dominio elettorale, l'evoluzione sostituita alla rivoluzione ».

Eppure a questa obiezione che noi crediamo derivata sopratutto dalla osservazione un po' superficiale della situazione politica belga la dove la
persistenza della esigua maggioranza del partito
cattolico dipende da altre ragioni che già abbiamo accennato, deve essersi ispirato anche il deputato socialista Calda nel dire recentemente alla
Camera Italiana : « Diffido poi anche di più della
R. P. perchè, a mio modesto avviso, la R. P.
è un magnifico strumento per impedire alle minoranze di divenire maggioranze » (1).

Siamo qui dinanzi al consueto errore di ragio-

---

(1) ATTI PARLAMENTARI. CAM. DEI DEP. Legislatura
XXIII*, Tornata del 30 aprile 1910, p. 6474.

namento derivante dalla consuetudine mentale
ingenerata dai sistemi maggioritarii. Infatti l'on.
Calda può voler dire soltanto questo : che la
R. P. non consente ad una minoranza ardita e
forte di conquistare la maggioranza dei seggi
dell'Assemblea, e non soltanto ciò è conforme a
giustizia, ma che una siffatta violazione della logica e dell'equità sia possibile costituisce uno
dei più gravi difetti del sistema maggioritario.
Che se invece una minoranza è effettivamente
divenuta la maggioranza del corpo elettorale,
essa otterrà sempre con la R. P. la maggioranza di un Assemblea, il che non può certo
dirsi che sempre accada con gli altri sistemi elettorali. Con la R. P. è invece matematicamente
sicuro che il partito il quale abbia la metà più uno
dei suffragi avrà anche la metà più uno degli eletti. Forse l'on. Calda ha pensato all'esempio belga
e al fatto che le minoranze liberali e socialiste, pur
superando con la somma dei rispettivi suffragi, il
totale dei voti dei cattolici non sono ancora riuscite
a strappare loro la maggioranza dei seggi, ma
abbiamo già veduto come questo dipenda dalla
piccolezza delle circoscrizioni elettorali e come del
resto, senza la R. P., il predominio della maggioranza cattolica fosse infinitamente più forte. Se

poi l'accusa dell'on. Calda muove dal presupposto che la R. P. intiepiderebbe le lotte politiche e quindi ritarderebbe il trionfo di un partito, noi abbiamo già risposto a obiezioni di questo genere e osserveremo soltanto al deputato socialista che a qualsiasi partito meno che a quello nel quale egli milita possono essere consentiti dubbi siffatti, perchè le statistiche elettorali italiane ci dimostrano come il partito socialista abbia accresciuto il numero dei suffragi raccolti in proporzione di gran lunga superiore all'aumento del numero degli eletti e ciò anche per effetto di quanto è avvenuto nei collegi nei quali la lotta era fatta unicamente per desiderio di propaganda e di affermazione senza nemmeno la più remota speranza di vittoria.

Potremmo anche raccogliere non poche obiezioni minori e di carattere più particolare, ma ad esse risponde implicitamente od esplicitamente quanto siamo venuti dicendo nel corso del nostro lavoro. Ricordiamone ad ogni modo soltanto qualcuna.

Il Bonnefoy (*op. cit.* p. 640) dice che la R. P. renderà impossibile al potere esecutivo di valersi della facoltà data g' dello scioglimento della Camera, e ciò perchè con la R. P. la nuova Ca-

mera sarebbe presso a poco come quella disciolta. Curioso argomento, invero : lo scioglimento
della Camera si può giustificare soltanto nel caso
nel quale il potere esecutivo sia persuaso che l'o-
pinione del Paese è diversa da quella della Camera e voglia sincerarsene : perchè se il Bonnefoy intendesse dire che la R. P. impedisce a un
Governo di foggiarsi una Camera a propria im-
magine e somiglianza, come meglio gli conviene, credo che difficilmente un proporzionalista
potrebbe fare della R. P. un elogio migliore.
Dunque o il Governo era nel vero pensando che
per cambiate condizioni la Camera non fosse più
l'espressioné della volontà nazionale ed allora la
Camera nuova sarà diversa, oppure il Governo
era in errore ed in tal caso è giusto che la Camera nuova sia, press'a poco, la riproduzione
della Camera vecchia.

Certo che il sistema proporzionale renderà pro-
habilmente assai rara la necessità dello scioglimento della Camera, perchè impedirà che, come
avviene col sistema maggioritario, si formino
Camere le quali, fin dal loro inizio, non siano
l'espressione sincera del sentimento del Paese
e rispondano soltanto ad una necessità transitoria.

Il deputato Gioux ha accusato la P. P. di

danneggiare la rappresentanza rurale a beneficio delle grandi città, tal quale come farebbe lo scrutinio di lista puro e semplice, cosicchè si può dire che « la democrazia rurale sarebbe letteralmente schiacciata col sistema della R. P. » (1)

Anche a questa obiezione non si può dare un valore assoluto perchè l'inconveniente lamentato si potrà avere soltanto se si facciano circoscrizioni piccole, in modo che i distretti rurali prossimi alle città siano numericamente schiacciati dagli elettori del grande centro. Ma se le circoscrizioni sono sufficientemente ampie l'inconveniente lamentato non potrà avvenire, e bisogna anche non dimenticare che se le città esercitano una influenza non eccessiva, ma notevole nella scelta dei deputati, ciò può essere anche logico ed opportuno considerando come nelle città sia più elevata la cultura e meglio evoluto il discernimento politico. Invece oggi in Italia le città hanno una rappresentanza più scarsa che non le campagne, poichè, come abbiamo dimostrato in un altro no-

(1) CHAMBRE DES DÉPUTÉS, COMPTE RENDU IN EXTENSO DE LA SÉANCE DU 26 OCTOBRE 1909: *Journal Officiel*, pp. 2344 et suiv.

stro lavoro, (1) mentre la popolazione media di
un collegio nei capoluoghi di provincia è di
70,125 abitanti, negli altri collegi è di 63,412 e
se fra i capoluoghi di Provincia prendiamo gli
undici che hanno una popolazione di oltre 100.000
abitanti, rileviamo che in essi la popolazione media sale a 77,069 abitanti. Dato anche perciò che
la R. P. desse alle città un'influenza lievemente
maggiore non farebbe, anche sotto questo aspetto, che correggere una ingiustizia del regime vigente.

Lo stesso deputato Gioux nel medesimo discorso dice poi che la R. P. deve essere respinta perchè rende impossibile una relazione diretta fra
l'eletto e l'elettore, che egli considera come un cittadino determinato il quale affida un mandato determinato. Nè, secondo il Gioux, a questa relazione si può sostituire l'indeterminatezza di un'idea
generale o di un principio o programma generaliz-
zato, specialmente perchè l'elettore quanto più
è evoluto e tanto più vuol conoscere personalmente il candidato fidandosi meno delle etichette. Qui
non siamo più in campo di obiezioni alla R. P.,

_____

(1) Cfr. la mia RELAZIONE AL IV CONGRESSO RADICALE
pp. 2-3.

ma bensì di difesa dello scrutinio uninominale
contro lo scrutinio di lista, e più ancora di teoria
del mandato: e quindi noi possiamo esonerarci
dal rispondere all'obiezione perchè abbiamo già
detto che la maggior parte dei mali del parlamentarismo va ricercata appunto nella relazione diretta e personale fra elettore ed eletto per cui troppo spesso questo diventa un procuratore di quello. Non torneremo dunque a ripetere qui come
occorra spezzare le circoscrizioni ristrette per
spazzar via le clientele, le passioncelle di cam-
panile e le grette considerazioni egoistiche che si
annidano sotto l'onesta apparenza della relazione
e della conoscenza diretta fra rappresentato e
rappresentante. Ed è davvero confortante per i
proporzionalisti di notare che in fondo alle o-
biezioni degli avversarii vi è sempre, confessato
o no, il desiderio di rimanere ad ogni costo fedeli
al collegio uninominale o il timore che la R. P.
rechi danno ad un determinato partito politico.
Si guardi infatti il Bonnefoy che dedica un grosso volume, da noi spesso citato, a combattere la
R. P.: orbene al termine del suo lavoro egli ci
rivela le ragioni profonde della sua contrarietà,
ragioni di carattere talmente pregiudiziale, che
gli avrebbero perfino potuto risparmiare di scri-

vere il libro. Infatti egli si fa forte dell'argomento che la R. P. è incompatibile con la circoscrizione uninominale della quale magnifica i vantaggi. E non sapeva questo fino da principio?
Invece noi abbiamo dichiarata la nostra preferenza per la circoscrizione ampia ed abbiamo
poi trovata, nella R. P., la possibilità di abbandonare la circoscrizione ristretta senza incorrere
nei gravi pericoli e nei gravi difetti pei quali ci
sembra che lo scrutinio di lista maggioritario
non solo paralizzi o distrugga i beneficii morali
e politici proprii delle circoscrizioni ampie, ma
sia addirittura, nel suo complesso, peggiore dello
scrutinio uninominale.

Ma anche meglio il Bonnefoy fa intendere la
ragione vera e pregiudiziale della sua contrarietà
alla riforma, quando (ob. cit. p. 678) egli scrive :
« Anche se la R. P. desse resultati esatti, anche
se fosse una cosa eccellente, non è una ragione
perchè essa sia adottata. Coloro che la reclamano
lo fanno assai meno perchè essa sia o possa sembrare uno strumento di progresso, che perchè
essa debba essere loro favorevole ». Ed aggiunge con lodevole sincerità che poichè coloro i quali chiedono in Francia nell'ora presente l'adozione della R. P., sono avversarii del governo re-

pubblicano, così coloro che di questo sono invece fautori debbono esserle contrarii per spirito
di conservazione.

Ed anche tutta la memorabile discussione del-
l'ottobre-novembre 1909 alla Camera francese.
è informata dalla preoccupazione predominante
che la R. P. potrebbe accrescere le forze di un
partito e diminuire quelle di un altro. Ora noi
crediamo di poter affermare che come le obiezioni sia pratiche che teoriche rivolte e ripetute contro la R. P. non infirmano la sua bontà e praticità intrinseca, così essa possiede pregi positivi
di tal natura da farne desiderare e propugnare
l'adozione per ragioni elevate e obiettive di interesse nazionale molto superiori alle cupidigie
destinate ad essere deluse ed alle paure prive di
fondamento dalle quali coloro che giudicano la
R. P. sotto un gretto aspetto partigiano sono quasi sempre mossi ad auspicarne o a combatterne la
adozione.

Esamineremo ora nel prossimo capitolo quali
vantaggi la R. P. arrecherebbe alla nostra vita
pubblica se venisse adottata nelle elezioni politiche.

QUALI EFFETTI AVREBBE LA R. P. IN ITALIA.

LE PREVISIONI POSSIBILI

Nessuno può saggiamente presumere di essere in grado di arrischiare previsioni sicure sugli effetti di una qualsiasi riforma elettorale e quindi questo non vuol essere un capitolo di profezie. Non farò dunque neppure ciò che, scrivendo con altri obiettivi da quelli assegnati al presente lavoro, ho fatto altrove. Infatti quando io ho cercato di indagare quali effetti avrebbe avuto pei partiti della democrazia in Italia l'adozione del nuovo sistema (1) non ho mancato di fare le più

_____

(1) LA RIFORMA ELETTORALE, cit. (Helaz. al IV° Congresso del Partito Radicale) p. 20 e seg. Vedi specialmente la tabella: Numero dei candidati dei partiti popolari eletti nelle elezioni generali del 1904 e del 1909, paragonato col numero dei candidati che sarebbero riusciti eletti nelle stesse elezioni se fosse in vigore il sistema proporzionale belga.

ampie riserve circa a tutte le cause immancabili
di errore in simili conteggi, che pure sono stati
sempre tentati anche all'estero quando si è discusso dell'applicazione di un sistema proporzionale. E se in un altro scritto (1) mi sono proposto
il quesito « *A quali partiti gioverebbe in Italia
la R. P.?* » è stato soltanto per rispondere ad
un timore molto diffuso che cioè i partiti inter-
medi i quali costituiscono la maggioranza di un
Paese abbiano sempre ad aspettarsi grave nocumento dalla R. P. la quale invece avvantagge-
rebbe sempre i partiti estremi.

Ed a questo dubbio, in quello scritto, ho risposto affermando che nessun partito sarebbe
danneggiato o avvantaggiato in modo particolare, oltre i limiti del giusto, dalla adozione della R. P. Tale risposta confido che anche senza
che io insista più a lungo nell'argomento, risulti confermata da quanto nel presente libro sono
venuto a mano a mano esponendo.

---

(1) *La Riforma Elettorale* (Bollettino del Comitato
Parlamentare ecc.) n. 1, Marzo 1910 pp. 4 e segg.

I PREGI DELLA R. P.

Diverso è dunque il fine di quest'ultimo capitolo che deve costituire anche la conclusione complessiva delle indagini e degli studi i cui frutti sono venuto a mano a mano esponendo nei precedenti capitoli.

Certamente sarebbe già bastante ragione, per propugnare la R. P., il fatto che essa ponesse fine a molti dei mali del collegio uninominale senza farci incorrere nei mali, sotto alcuni aspetti non minori, sotto altri anche peggiori, dello scrutinio di lista maggioritario. Ma è mio saldo convincimento che oltre a questi pregi negativi la R. P. tanto se la si consideri genericamente quanto, come è nostra intenzione, particolarmente nei riguardi dell'Italia nostra, offra vantaggi positivi sicuri, tali da raccomandarne l'adozione. Il primo di tutti fra questi vantaggi è naturalmente quello che corrisponde al principio e al fondamento stesso della R. P. : e cioè la equa ripartizione della rappresentanza fra tutte le opinioni, fra tutti i **partiti**.

Ma tale vantaggio non è il solo ed è veramente propizio alle sorti della riforma che così

sia, perchè è assolutamente necessario, diciamolo con le parole dell'Orban : « considerare ogni
elezione non solamente come un calcolo aritmetico, ma come una operazione politica, avente
per scopo, per una parte di garentire in ogni
circoscrizione, una porzione conveniente di rappresentanza alla maggioranza e alla minoranza
e per un altra parte di costituire in tutto il Paese
un'Assemblea veramente governativa, un organo dello Stato ». (1)

E appunto considerando l'elezione, nel suo
complesso, come un'operazione politica noi possiamo, dopo quarant'anni, accettare ancora il giudizio del Brunialti che riconosceva nella R. P.
« un'opera di libertà di verità, di giustizia, di politica e di pace, un'opera utile e necessaria ». (2)

Opera di libertà anche oggi perchè all'elettore
sarà consentita una libertà di scelta molto maggiore fra i candidati ed egli non sarà più costretto a scegliere fra l'astensione o il voto dato contro voglia a chi non impersona veramente le proprie idee, perchè egli avrà la certezza che il suo

(1) ORBAN, Droit constitutionnel de la Belgique
T II p. 72.
(2) BRUNIALTI. Libertà e democrazia, Milano 1871
p. 475.

voto avrà veramente la possibilità di influire sul_
la elezione dei rappresentanti.

Opera di verità e di sincerità perchè ogni parti_
to potrà vivere di vita sua propria e l'eletto « non
sarà più l'ibrido frutto di un cumulo di opinioni
accozzate con tanti arteficî, il risultato di ele_
menti contraditorii violentemente amalgama-
ti. » (1)

Opera di giustizia per la equità della rappresentanza a tutti i cittadini assegnata; opera di pace
perchè le lotte fra i partiti non cesseranno, ma
potranno svolgersi in campo più sereno ed avere
a base idee e programmi anzichè astii personali.

Opera di politica perchè accrescerà nell'elettore e nell'eletto il senso della responsabilità nel-
l'uno nel dare il suffragio, nell'altro nel commisurare le promesse all'azione e l'azione alle promesse.

Se noi scorriamo le opere dei proporzionalisti
incontriamo nella enumerazione dei vantaggi
presso a poco la stessa uniformità che abbiamo
rilevato nelle obiezioni presso gli avversarii della R. P. Ma pure anche i più prudenti e tempera-
ti nelle previsioni, anche quelli che, come il Go-

---

(1) BRUNIALTI, *cit. id. ibid.*

blet d'Alviella, (*op. cit.* pp. 21-22) dichiarano onestamente che la R. P. non è una panacea e che
dall'oggi al domani essa non varrà certo a introdurre nelle nazioni i costumi idilliaci predetti da
alcuni dei suoi apologisti, affermano chiaramente che : 1°) Essa correggerà il meccanismo del Governo Parlamentare assicurando a ciascun gruppo serio di elettori una parte di seggi in rapporto con la sua forza numerica e sopprimendo
la funzione che sotto il regime maggioritario, fa
degli eletti i mandatarii così della minoranza come della maggioranza ; 2°) essa permetterà ai partiti di farsi rappresentare dai migliori candidati
ed ai candidati di recare maggior sincerità nei
proprii atteggiamenti elettorali ; 3°) farà penetrare
la lotta fino nelle circoscrizioni più infeudate a
certi partiti, pur togliendo alla lotta stessa il carattere di acredine prodotto dall'importanza esagerata della posta che si giuoca nella elezione
uninominale ; 4°) garantirà i diritti della maggioranza vera impedendo il trionfo abusivo di una
minoranza favorita dall'alea dello scrutinio ;
5°) dando maggiore immobilità al possesso dei
seggi e magari ritardando le modificazioni nella
distribuzione dei partiti nel seno dell'Assemblee
deliberanti metterà tali modificazioni in armonia

coi movimenti effettivi dell'opinione pubblica;
6°) pur producendo talvolta la moltiplicazione dei
gruppi politici nelle Assemblee, renderà possibile la loro intesa per un'azione comune.

Questi vantaggi che il Goblet così bene sintetizza ci sembrano veramente proprii, come anche
l'esperienza ha dimostrato, della R. P. e ci pare
che essi implichino in sè tutti gli altri vantaggi
che, con espressioni diverse, altri scrittori le hanno attribuito, come per esempio il Saripolos (*op.
cit.* T. II, 144) il quale dice che «l'elezione proporzionale, assicurando la partecipazione effettiva
e proporzionale di tutti i cittadini alla nomina
degli organi dello Stato, ristabilisce i due grandi
principii della forma di Stato democratico: la
partecipazione di tutti agli affari pubblici, e il
governo della vera maggioranza».

VANTAGGI DELLA R. P. PER L'ITALIA

Ma questi ed altri siffatti o minori vantaggi che
in genere si attribuiscono alla R. P. dai suoi
fautori, come e in quanto sono applicabili all'Italia e conciliabili con le sue condizioni politiche
e sociali nel momento presente? Procuriamo di
rispondere brevemente a tale domanda.

Che la R. P. riescirebbe a distribuire i seggi
tra i varii partiti politici con equità molto maggiore del regime vigente, anche se non con proporzionalità matematicamente esatta, si può considerare sicuro. Infatti, come è noto, i candidati
dei tre partiti popolari, quelli cioè dei quali
il colore politico e le votazioni riportate possono
con maggiore certezza essere controllate, hanno
raccolto circa il terzo dei suffragi validamente
espressi nelle ultime elezioni politiche, mentre
hanno ottenuto all'incirca il quinto dei seggi.
Ora con la R. P. o questi partiti conserverebbero
il numero dei suffragi e avrebbero il numero di
rappresentanti ad essi adeguato, o i suffragi stessi sarebbero più scarsi di quelli che ora, per effetto del regime uninominale, occasionalmente
soltanto, andavano a candidati popolari, e in tal
caso si avrebbe un accertamento più esatto del
sentimento del Paese : nessun dubbio quindi
che in ogni caso la Camera eletta con un sistema
proporzionale, accortamente prescelto e adottato
in modo saggio e razionale, rappresenterebbe assai meglio le tendenze vere del Paese.

Ma, a parer nostro, assai più benefico e assai
più importante sarebbe l'effetto politico della rappresentanza proporzionale nella composizione

dell'Assemblea, non già per quanto concerne la
distribuzione numerica degli eletti dei varii partiti, qualunque fosse per essere lo spostamento nelle forze di ciascuno di essi arrecato dalla riforma,
ma per la indipendenza e la determinatezza che
gli eletti acquisterebbero dal mutamento del sistema di elezione. Ed in ciò sta veramente, secondo noi, e proprio in Italia, il pregio massimo della riforma.

Oggi nella nostra Camera elettiva, quasi nessun
rappresentante si sente perfettamente libero nell'e-
strinsecazione della propria attività, perchè ciascuno va debitore dell'elezione ad un amalgama
eterogeneo di elettori che egli si deve preoccu-
pare di non disgustare se non vuole mettere in
grave pericolo la propria rielezione. Così vi sono
questioni che molti desidererebbero trattare, vi
sono idee che molti bramerebbero di agitare nel-
l'Assemblea Nazionale, ma che sono prudente-
mente differite o mantenute nel segreto della coscienza perchè il portarle alla discussione parlamentare potrebbe avere effetti elettorali troppo
perniciosi. Forse il cambiamento del sistema di
scrutinio avrebbe il potere di rinsaldare il carattere e di infondere ardimenti nuovi? Non siamo
così ingenui da pensarlo, ma reputiamo che esso

sottrarrebbe, con tutto beneficio della sincerità, gli eletti, a timori oggi purtroppo fondati.

Prendiamo, solo a titolo di esempio e senza entrare affatto in merito, il problema del divorzio. Non vi è dubbio che vi sono nella nostra Camera molti convinti fautori di esso, ma ciascuno sa che propugnandolo apertamente alla Camera rischia di porre una barriera insuperabile fra sé e cento o duecento elettori del proprio collegio dai quali ha ottenuto il suffragio, ed il cui distacco può compromettere in maniera irrimediabile la elezione futura. E così come per il divorzio per tante e tante altre quistioni, in modo che rinunciando a trattarne una per non scontentare l'ala destra del proprio corpo elettorale, ed a trattarne un'altra per non scontentare l'ala sinistra, il deputato finisce col persuadersi che il modo più prudente per garentirsi il quieto vivere è quello di fare il meno possibile. La verità è che in ciascun collegio elettorale vi è un aggregato di cittadini che sa precisamente che cosa e chi vuole e forma il grosso del corpo elettorale in un senso o nel senso opposto, ma, il deputato, più che della massa compatta dei proprii elettori, è indotto a preoccuparsi della minoranza ondeggiante che può, gettandosi a destra o a sinistra, far salire l'uno o l'altro piatto della bilancia. Così abbiamo nell'Assemblea Nazionale deputati clericali, conservatori, democratici, radicali, repubblicani, socialisti, ma soltanto fino a un certo punto, perchè nessun socialista è eletto da tutti socialisti, nessun radicale da tutti radicali, nessun liberale da tutti liberali e così via.

E se noi consideriamo lo svolgersi della nostra vita politica e parlamentare negli ultimi decenni, noi dobbiamo riconoscere per esempio, che nel Paese è rimasta viva una forte e larga corrente di liberali attaccati alle istituzioni monarchiche, ma nemici di compromissioni o sottomissioni dello Stato verso la Chiesa cattolica ed il partito che ne difende gli interessi, mentre invece nel Parlamento questa corrente che è conforme alle tradizioni e ai convincimenti di tanta parte della borghesia italiana non trova più una salda e sincera rappresentanza. Perchè ciò? Forse perchè uomini che erano parimente lontani dal conservatorismo dei moderati e dei clericali e dagli ardimenti eterodossi dei democratici più avanzati hanno cambiato parere? No; ma solo perchè in ogni collegio uninominale quelli che così pensavano si sono trovati serrati da una parte dalle forze democratiche più avanzate, dall'altra dalle forze più retrive. E a mano a mano che, per naturale evoluzione di tempi, le forze democratiche acquistavano vigore e guadagnavano proseliti, più difficile, perfino impossibile, riusciva il fronteggiarle senza accettare l'aiuto di quelle forze retrive le quali, non sufficentemente valide per ottenere un proprio rappresentante, erano però indispensabili per contrastare il passo ai partiti più avanzati. Da ciò le transazioni con la propria coscienza, le rinuncie, le incertezze, le compromissioni.

Liberiamo la nostra vita politica da questa coercizione che l'opprime, da questa necessità di vili transazioni che la soffoca : facciamo sì che le idee riescano ad avere legittima e genuina rappresentanza ed i programmi possano non essere subordinati agli interessi!

Se noi passassimo dal collegio uninominale alla circoscrizione più ampia conservando il sistema maggioritario, la situazione peggiorerebbe ancora ed il confusionismo ne sarebbe aggravato.

Invece la R. P. spazza via tali brutture poichè sostituisce al raggruppamento puramente territoriale degli elettori intorno ad una persona, il raggruppamento spontaneo intorno ad un'idea. Durante l'elezione non si ha più la preoccupa-

zione del vincere o del perdere poichè, come diceva oltre mezzo secolo fa Emilio de Girardin « non
vi sono più nè vincitori nè vinti » (1) ma bensì di
raccogliere il maggior numero di aderenti intorno a un'idea poichè « ciascun partito invece ʻ
cercare di avvilire i candidati del partito avversario si sforzerà di crearsi aderenti con la propaganda e con la persuasione dirette e di condurli alle
urne ». (2) Dopo l'elezione l'eletto saprà di dovere il mandato che ha ottenuto, unicamente ·
elettori che hanno con lui perfetta identità di vedute e di aspirazioni e che gli conserveranno il
proprio favore quanto più egli sarà ardito e sincero propugnatore delle idee che gli hanno valso
l'elezione. Si aggiunga a ciò che, per effetto della
circoscrizione ampia e pel contenuto veramente
politico dato all'elezione, gli eletti saranno gli
uomini più conosciuti ed eminenti di ciascun partito e si dica poi se è un utopia l'affermare che la
R. P. vivificherebbe, purificherebbe ed elevereb-
be la nostra vita parlamentare!

Certamente le correnti più retrive o anche sol-

---

(1) DE GIRARDIN: LA POLITIQUE UNIVERSELLE 3ª ed.
Paris 1855, p. 66.

(2) SARIPOLOS: *op. cit.* T. II. p. 158.

tanto più schiettamente conservatrici del nostro
Paese che oggi si limitano ad aiutare larvatamente
gli avversarii dei partiti avanzati tenendoli pri-
gionieri, avrebbero domani nella Camera rappresentanti loro proprii, forse anche in numero non
esiguo, ma non eserciterebbero più alcuna influenza su tutti coloro dei quali riescono oggi a
paralizzare o a dirigere l'azione.

E' possibile, senza dubbio, che la maggioranza
nell'Assemblea dovesse essere costituita come diceva un avversario della R. P. già da noi ricordato, con una sovrapposizione di minoranze, ma
l'alleanza fondata sulla lealtà non potrebbe che
avere per effetto l'equilibrio.

CONDIZIONI REGIONALI DELL'ITALIA E R. P.

Quanto abbiamo detto fin qui non ci fa dimenticare che per giudicare del funzionamento della
R. P. in Italia, bisogna anche tenere conto della notevole diversità delle condizioni della vita
politica nelle diverse regioni italiane.

Nessuno vorrà negare che vi sono già, anche
nel nostro Paese, regioni nelle quali la delimitazione fra i varii partiti è già assai netta, e dove
perciò non solo la R. P. potrebbe funzionare e-

gregiamente, ma dove lo scrutinio di lista maggioritario, che lascia il posto soltanto per il partito più forte e, tutto al più, per quello che numericamente vien subito dopo, sarebbe perniciosissimo ed ingiusto. Non si può nemmeno negare però che vi sono altre regioni nelle quali la differenziazione politica è ancora in uno stadio pressochè rudimentale perchè le lotte vi hanno sempre avuto carattere assai più personale e locale che non nettamente politico. In queste regioni, naturalmente, la R. P. funzionerebbe da prima, per quanto concerne i suoi effetti, in modo alquanto più confuso, nel senso che le liste concorrenti potrebbero non avere un colore così ben definito come altrove. Ma, a noi sembra che, nonostante questo, la R. P. anche in quelle regioni, sarebbe il migliore fra i sistemi di scrutinio e avrebbe una efficacia educativa che gli altri sistemi non posseggono assolutamente. Infatti si è generalmente di accordo nel giudicare che lo scrutinio uninominale riesce dannoso e onusto di pericoli e di brutture specialmente nelle regioni apolitiche e che, particolarmente riguardo a queste, conviene abbandonarlo. Che cosa avverrebbe se vi si sostituisse lo scrutinio di lista maggioritario? In gran parte la risposta a tale domanda

ci è data dal ricordo di quanto successe durante
l'esperimento fatto dal 1882 al 1891. Le liste si
formerebbero con criteri esclusivamente personali in base a patti scorretti di scambio di voti fra
candidati ed il confusionismo impererebbe più
che mai. Invece con la R. P. nella peggiore delle
ipotesi potrebbe sulle prime accadere altrettanto, ma — poichè in una vasta circoscrizione il sistema proporzionale consente anche con piccole e
disseminate forze di sperare un utile risultato —
di fronte alla lista incolore sorgerebbe la lista politica vera e propria e la propaganda d'idee sarebbe intrapresa con maggiore vigore che ora non
avvenga, appunto per la speranza di ottenere
qualche cosa. Se anche in un'intera circoscrizione non si conseguisse altro effetto che quello di fare riuscire eletto un solo rappresentante che si
fosse presentato agli elettori con un programma
politico esplicito e sicuro, ciò avrebbe grande e
benefica efficacia di insegnamento.

Se si considera poi che questo eletto, per le ragioni già da noi prima esposte, essendo svincola-
to dalle clientele locali e dal timore di comprome-
tere la propria rielezione potrebbe esplicare una a-
zione sincera e diritta, è facile comprendere qual
beneficio tale fatto costituirebbe. Nelle prime ele-

zioni fatte col nuovo sistema probabilmente continuerebbero ad aversi qua e là candidature personali di coloro che, malfamati, non sarebbero accolti nelle liste politicamente incolori ma composte di oneste persone : però l'ingranaggio stesso del sistema renderebbe a poco a poco inutili gli sforzi di costoro. E poi, per quanto poco sviluppata possa essere in alcune regioni la vita politica, le divisioni, se pure rudimentali, potrebbero sempre stabilirsi e quasi dovunque tre liste almeno — la conservatrice, la liberale, la popolare — potrebbero essere presentate.

Quando nel 1881 si adottò in Italia lo scrutinio di lista, uno degli argomenti che di preferenza si invocavano a suo favore era quello che avrebbe portato al riordinamento, alla formazione ed alla organizzazione dei partiti e non fu nulla : invece la R. P. più o meno rapidamente a seconda delle particolari condizioni regionali non potrebbe fallire a questo scopo.

Il fatto dunque che vi siano in Italia regioni ancora apolitiche non è un argomento che possa sconsigliare l'adozione della R. P. : tutt'altro.

Con animo tranquillo possiamo perciò affermare che, più o meno anche in Italia, la R. P. produrrebbe non solo i benefici effetti di equità

stributiva che le sono proprii, ma anche quelli
di carattere politico e sociale che i suoi fautori le
attribuiscono e che l'esperienza dimostra avere
essa effettivamente arrecati nei Paesi dove è stata introdotta.

ADOZIONE PARZIALE DELLA R. P.

Ma qui sorge naturale e spontanea una domanda : i vantaggi che si aspettano dalla R. P. in
Italia sarebbero da sperare, sia pure in parte, se
il sistema proporzionale fosse soltanto parzialmente anzichè totalmente attuato?

È questa non è una ipotesi campata nel vuoto :
essa ha radici nella realtà politica dell'oggi e
quindi va maturamente discussa.

Già nel gruppo proporzionalista parlamentare
italiano da alcuni mesi si era affacciata l'idea di
far precedere un esperimento limitato di R. P.
all'attuazione della riforma in tutto il Paese. Ma
oggi questa idea si è mutata in proposito determinato, annunciato chiaramente nel suo programma di Governo, letto al Parlamento il 28
Aprile 1910, dal presidente del Consiglio Luigi
Luzzatti. « Noi vagheggiamo — egli diceva —
la unificazione dei collegi elettorali, in cui sono
ora divise le grandi città. Una riforma siffatta ci

darebbe l'agio di sperimentare, per la prima volta, se il metodo della rappresentanza proporzionale sia utilmente applicabile alle nostre condizioni sociali e politiche ». (1) E per confermare
anche meglio che si trattava di vera Rappresentanza Proporzionale da conseguirsi con sistemi
razionali e non con metodi empirici, nella seduta
successiva l'on. Luzzatti interrompeva l'on. Treves il quale diceva : « voi venite innanzi propo-
nendoci lo scrutinio di lista, cioè l'unificazione
dei collegi elettorali nelle grandi città, con la rappresentanza delle minoranze » esclamando : «Non
rappresentanza delle minoranze, ma rappresentanza proporzionale; e non è la stessa cosa » (2)
Nella replica poi ai varii oratori che avevano
parlato sulle comunicazioni del Governo, il Presidente del Consiglio assicurava : « al riprendersi
dei lavori parlamentari, è intendimento del Governo, e ne prendo l'impegno, di presentare la riforma elettorale » (3)

---

(1) ATTI PARL. LEG. XXIII — CAM. DEP. — *Tornata
28 apr. 1910* p. 6399.

(2) ATTI PARL.; CAM. DEP.; — LEG. XXIII. — *Tornata
29 apr. 1910*, p. 6457.

(3) ATTI PARL.; CAM. DEP.; — LEG. XXIII. — *Tornata
30 apr. 1910*, p. 6487.

Noi ci troveremo dunque dinanzi, prima della fine di questo anno 1910, alla proposta concreta dell'introduzione dello scrutinio di lista proporzionale nelle grandi città.

Discutere tale proposta può senza dubbio sembrare ardimento grande, quando si pensi che essa viene da uno dei più eminenti Maestri del Diritto Costituzionale, il quale dal banco del Governo non dimentica l'idea per la quale manifestava viva simpatia dalla cattedra fin da oltre quaranta anni e che, con misurate ma eloquenti parole, esaltava, alla vigilia di tornare al Potere, nella ultima prolusione di Diritto Costituzionale, nel novembre 1909 alla Università di Roma.

Parrebbe dunque che quanti sono fautori della R. P. dovrebbero riconoscere che quando un antico e non dubbio amico della idea proporzionalista fa una proposta siffatta, significa che egli è persuaso che non è possibile, per ora, muovere più di questo primo timido passo e che esso non è tale da compromettere i passi futuri.

Ma proprio questa compromissione dell'avvenire noi vediamo nella riforma quale è annunciata.

E questo ci rende guardinghi, assai più che non la adozione soltanto graduale del principio proporzionale.

Perchè il procedere per gradi e per esperimenti può anche essere partito molto più saggio che affrontare di un colpo l'attuazione di una grande riforma, ma l'esperimento, per essere probatorio ed efficace, deve avvenire o in proporzioni ridotte, ma in circostanze omogenee a quelle nelle quali avverrebbe l'applicazione totale oppure in proporzioni uguali ed in circostanze diverse ma analoghe. Quindi comprenderemmo l'esperimento proporzionale, quando questo consistesse nella applicazione della R. P. o alle elezioni amministrative di tutto il Paese ovvero alle elezioni politiche ma soltanto in alcune vaste circoscrizioni provinciali di parti diverse d'Italia.

L'esperimento della prima maniera è quello vagheggiato in Francia dal Briand, sullo scorcio della passata legislatura, e senza dubbio sotto varii aspetti riuscirebbe convincente: infatti esso potrebbe fornire un criterio sufficientemente esatto del modo in cui il sistema sarebbe compreso dal pubblico, dei difetti dell'ingranaggio, della difficoltà delle operazioni di ripartizione e di assegnazione affidate ai seggi, della equità dei resultati e così via. Ma rimarrebbe sempre la profonda, radicale differenza di condizio-

ni che distingue le elezioni amministrative dalle politiche, così che se la R. P. desse buona, ot-
tima prova nelle elezioni amministrative, gli antiproporzionalisti non si confesserebbero paghi
e direbbero che ciò non varrebbe affatto a dimostrare che altrettanto ci si potesse aspettare per le
elezioni politiche; e, viceversa, se la R. P. non
funzionasse bene, i proporzionalisti si affrette-
rebbero a dire che con ciò non sarebbe escluso
che essa potesse riuscire bene nelle elezioni politiche, nelle quali le delimitazioni fra partiti e
e candidati sono ben altrimenti distinte ecc. ecc.

Ma il sistema ridotto ideato dall'on. Luzzatti
sarebbe, a parer nostro, anche meno probatorio.
Intanto non sappiamo ancora a quali città sarebbe applicato, ma, è supponibile, a quelle di oltre
100,000 abitanti: a dieci città dunque, esclusa
Messina, che, per popolazione effettiva, non raggiunge più i 100,000 abitanti che superava di assai nell'ultimo censimento. Ora fra queste dieci
città appena tre, Milano, Roma e Napoli, avrebbero un numero di rappresentanti tale da consentire un funzionamento abbastanza equo della
R. P.; Torino ne avrebbe già, sotto questo aspetto un numero troppo scarso; Firenze, Palermo,

Genova anche più scarso e le altre addirittura insufficiente.

Inoltre la grande città offre condizioni di ambiente, di vita politica, di composizione di popolazione diversissime dalle condizioni delle circoscrizioni rurali e degli stessi piccoli centri e quindi il buono o il cattivo resultato che la R. P. darebbe nei centri massimi non sarebbe reputato convincente o per un verso o per un altro.

Ma occorre non dimenticare anche un altro fatto: la R. P., così parzialmente applicata, costituirebbe, nella stessa equità a cui darebbe luogo, una ingiustizia verso i partiti popolari che se ne sentirebbero lesi e si volgerebbero forse contro al principio stesso della R. P. attribuendole una responsabilità che bisognerebbe invece far cadere esclusivamente sul sistema adottato.

Non bisogna infatti dimenticare che se lo scrutinio fatto col collegio uninominale, nel suo complesso, produce risultati non interamente iniqui ciò avviene soltanto per le compensazioni di fatto che si stabiliscono fra Collegio e Collegio: ingiustizie opposte tendono spesso ad elidersi e compensarsi a vicenda. Ora, applicando la R. P. solo nelle grandi città, si verrebbero a togliere elementi di compensazione a tutto danno dei partiti popolari. Questi nelle grandi città si avvantaggiano oggi oltre il giusto e ciò li compensa, sia pure in parte, delle ingiustizie che subiscono in moltissimi Collegi rurali o dei piccoli centri. Infatti su 49 collegi che compongono la rappresentanza delle città con popolazione superiore ai 100,000 abitanti, i partiti popolari ne occupano, all'atto che scriviamo, ben 22, e cioè 14 i socialisti, 4 i repubblicani, 4 i radicali. E' facile comprendere che tali posizioni non potrebbero in alcun modo essere conservate specialmente nelle città nelle quali, come a Firenze, tutti i Collegi sono stati conquistati dai partiti popolari.

Questo avverrebbe, come è naturale, anche se la R. P. fosse adottata in tutto il territorio dello Stato, ma i partiti sarebbero largamente compensati dai vantaggi che otterrebbero nelle altre circoscrizioni nelle quali ora sono oppressi. Invece col sistema dell'on. Luzzatti risentirebbero i danni senza avere i vantaggi. Un primo grido di allarme è stato levato dal deputato socialista Calda nel suo discorso alla Camera il 30 aprile 1910 nel quale egli diceva : « Quando voi temperate l'allargamento del suffragio nelle città con la R. P., voi togliete con una mano ciò che date con l'altra. Se voi deste l'allargamento del suffragio pu-

ro e semplice, senza connetterlo con la R. P. nelle città, in questo la democrazia potrebbe avere
un vantaggio; ma se voi questo non fate, danneg-
giate la democrazia ». (1)

Il danno temuto sarebbe anche più grave se si
volessero arrotondare le circoscrizioni delle grandi città col territorio rurale immediatamente li-
mitrofo : e se questo non si facesse e si lascias-
se perciò che la circoscrizione plurinominale
comprendesse soltanto quattro collegi, come a
Firenze e a Palermo, tre come a Genova, a Bologna, a Venezia e magari soltanto due come a
Catania, il sistema proporzionale non potrebbe
che dare resultati di equità assai problematica
per colpa degli inevitabili grossi residui inutilizzati all'atto della ripartizione.

In un modo o nell'altro dunque, l'esperimento
ideato dall'on. Luzzatti si presterebbe a suscitare le antipatie, le resistenze e forse anche le
ostilità aperte dei partiti avanzati, le quali antipatie, resistenze ed ostilità dovute ad uno spiega-
bile istinto di difesa, quando fosser combinate
con le opposizioni dei conservatori, nemici per

_____

(1) ATTI PARL.; CAM. DEI DEP.; LEG. XXIII; Tornata
del 30 aprile 1910, p. 6474.

principio della riforma, non potrebbero che comprometterla in modo grave e forse irrimediabile.

D'altra parte noi non disconosciamo che ove non si potesse, per le eccessive diffidenze dei miseoneisti, adottare simultaneamente, la riforma in tutto il territorio dello Stato, un esperimento parziale avrebbe un'efficacia di propaganda e di divulgazione veramente notevole. Niente vale così bene a dissipare i dubbi e i timori quanto la realtà dinanzi alla quale, sempre s'intende che essa risponda alle promesse, i preconcetti e i pregiudizi debbono dissiparsi come nebbia al sole. Ma se a questo mezzo termine dell'esperimento parziale si dovesse venire, piuttosto che alle grandi città si dovrebbe pensare ad alcune circoscrizioni tipiche in regioni diverse d'Italia. Si potrebbero cioè costituire alcune circoscrizioni larghe chiamate ad eleggere non meno di dieci rappresentanti ciascuna e scelte in modo da averne almeno due nell'Italia settentrionale, due in quella centrale, due in quella meridionale, una in quella insulare. E si dovrebbe anche costituirle in modo che tre fra esse, una al nord, una al centro, una al sud, comprendessero una grande città mentre le altre fossero composte di piccoli centri e di territori rurali. Così facendo si avrebbero veramente gli elementi per un'esperienza probatoria, poichè si vedrebbe funzionare il sistema nei varî ambienti sociali del nostro Paese e non si danneggerebbe alcun partito perchè di fronte alla circoscrizione provinciale od interprovinciale, tutti i partiti si troverebbero in condizioni di perfetta uguaglianza.

Si noti anche che un esperimento siffatto potrebbe permettere di applicare, nelle diverse circoscrizioni assoggettate all'esperimento, modalità di votazione, di scrutinio diverse in modo per esempio da sperimentare il sistema belga, quello francese e magari quello del gruppo proporzionalista italiano con o senza le modificazioni proposte in questo volume.

Alcuno potrebbe obiettare però che il Paese non è un gabinetto sperimentale che si presti a così diverse esperienze, e tal altro che non si debbono introdurre nella stessa Assemblea deputati provenienti da origini elettorali diverse. Quest'ultima osservazione anzi fu fatta alla Camera Italiana nel 1891 quando si trattava di mantenere lo scrutinio di lista nelle grandi città e fu recentemente ripetuta dall'on. Giolitti in una in-

terruzione all'ora citato discorso del deputato Calda (1).

Considerazioni queste invero non di gran peso
e facilmente sorpassabili anche con l'esempio
di altri Paesi nei quali si è avuta la convivenza
di sistemi elettorali diversi e di collegi plurinomi-

---

(1) Nella tornata del 24 aprile 1891 (ATTI PARL.; CAM.
DEI DEP.; LEG. XVII.; SESS. 1ª p. 1422) il deputato PAIS
diceva : « Io non comprendo questi sistemi misti i quali creano dei privilegi che costituiscono un'offesa, e u-
na grave offesa per i piccoli comuni, che generano disparità tra elettori ed elettori, e in certo qual modo
anche stabiliscono una gerarchia tra deputati e deputati, fra elettori ed elettori. » Il NICOTERA, allora
Ministro dell'Interno, dichiarava : « Si propone d'introdurre nella Camera una distinzione pericolosa. Si
avrebbero deputati delle grandi città e deputati rurali! » Ed il BONGHI : « Noi avremmo distrutto implicitamente il principio che vale nel resto del Paese; noi
diremmo a quella città, voi votate come ente distinto
da tutto il resto del Paese; mentre fino ad ora gli ab-
biam detto; voi città votate così come vota tutto quanto il resto del Paese ».

L'on. GIOLITTI nella tornata del 30 aprile 1910
(ATTI PARLAMENTARI; CAM. DEI DEP. LEG. XXIIIª p. 6475)
diceva : « Io voglio una categoria sola di deputati e
non due ».

nali e uninominali senza che la duplicità del sistema arrecasse inconvenienti.

Ma piuttosto noi chiediamo : è veramente necessario ricorrere ad un esperimento graduale?
Quale esperimento migliore di quello decenna-
le già compiuto dal Belgio e che sotto ogni rispetto è così suggestivamente suasivo?

E' vero : il Paese non ha ancora familiarità sufficiente col nuovo sistema : a cominciare da
quelli stessi che nei congressi politici repubblicani, socialisti e radicali hanno votato che la R. P.
divenisse parte integrante dei programmi dei rispettivi partiti la familiarità coi vari sistemi
proporzionali è assai scarsa. Ma quando il problema sia posto sul serio sulla piattaforma politica e quando sopratutto la discussione possa avvenire su un sistema concreto, la diffusione della conoscenza di esso sarà rapidissima, sia per
la facilità intrinseca che ne rende agevole la comprensione, sia per la curiosità che ogni cosa nuova non manca di suscitare, sia infine per l'interesse diretto che i partiti avrebbero nella istruzione
e nell'addestramento del corpo elettorale.

La conclusione dunque del nostro studio, nel
quale abbiamo voluto tener conto delle opinioni
diverse, dei sistemi differenti, delle varie possibi-

lità, è il voto ardente che la R. P. nelle elezioni politiche entri sollecitamente nella legislazione del nostro Paese, poichè è salda in noi la persuasione che essa, sotto ogni aspetto, sia la sola utile, efficace e possibile riforma dei sistemi elettorali, e la sola capace di elevare e di purificare la vita politica della Nazione, poichè si ispira a principii di probità, di sincerità, e di giustizia.

BIBLIOGRAFIA

Per comodità del lettore, raccogliamo, disponendole in ordine alfabetico, alcune indicazioni bibliografiche sulla Rappresentanza Proporzionale.

Una bibliografia completa sull'argomento — oltre che essere difficilissima a compilarsi — richiederebbe spazio assai maggiore di quello di cui possiamo disporre nel presente volume. Un saggio bibliografico, non completo, ma assai più ricco di questo, poichè comprenderà circa 650 numeri, pubblicheremo nel Bollettino « La Riforma Elettorale » che si rivolge ad un pubblico quasi di specialisti.

Ad ogni modo le indicazioni che il lettore troverà qui riunite sono più che sufficienti per avviare uno studioso della R. P. a raccogliere rapidamente nozioni su ogni lato del problema ed a trovare, nei varii volumi, messe più abbondante di dati bibliografici.

AELVOET ARTHUR — La Représentation Proportionnelle; Gand, 1900.

AMABILE GIUSEPPE — La proporzionalità nella rappresentanza politica e il sistema dell'urna multipla; Napoli, 1901.

ARNAUD — La revision belge (1890-1893); Paris-Bruxelles, 1894.

ASHWORTH T. R. — Proportional Representation applied at party government; London, 1901.

ATTI DELLA ASSOCIAZIONE PER LO STUDIO DELLA RAPPRE-
SENTANZA PROPORZIONALE BOLLETTINI I°-VIII°;
Firenze, 1872-1885.

RAGGIO - LA REPRÉSENTATION PROPORTIONNELLE EN FRAN
CE ET EN SUISSE; 1897.

BAYSSELLANCE A. — REPRÉSENTATION PROPORTIONNEL-
LE DES MINORITÉS AU MOYEN D'UNE NOUVELLE
MÉTHODE DE SCRUTIN; Paris, 1879.

BÉCHAUX AUGUSTE — LE SCRUTIN DE LISTE PROPOR-
TIONNEL; Paris, 1885.
LES PROGRÈS RÉCENTS DE LA REPRÉSENTATION
PROPORTIONNELLE; Paris, 1890.

— LES PROGRÈS DE LA REPRÉSENTATION PROPORTION-
NELLE EN SUISSE; (in *Réforme Sociale*,
1. Mai 1889).

— UNE ENQUÊTE SUR LE VOTE OBLIGATOIRE, LES
ÉLECTIONS MUNICIPALES ET LA REPRÉSENTATION
PROPORTIONNELLE DES PARTIS; (in *Correspon-
dant*, 25 février 1904).

BENOIST CHARLES — LA CRISE DE L'ETAT MODERNE ET
L'ORGANISATION DU SUFFRAGE UNIVERSEL; Pa-
ris, 1896.
RAPPORT FAIT AU NOM DE LA COMMISSION DU
SUFFRAGE UNIVERSEL À LA CHAMBRE FRANÇAI-
SE; 1905-906.
POUR LA RÉFORME ÉLECTORALE; Paris, 1908.

BERNATZIK — DAS SYSTEM DER PROPORTIONALWAHL;
*Jahrbuch für Gesetzgebung Verwaltung
und Volkswirthschaft*, 1893, II, p. 35.

BERRY   PROPORTIONAL REPRESENTATION; Worcester,
1892.

BESSON   - ESSAI SUR LA REPRÉSENTATION PROPORTION-
NELLE; Dijon, 1897.

BLANC LOUIS — QUESTIONS D'AUJOUR D'HUI ET DE DE-
MAIN; Paris, 1873.

BONELLI GUSTAVO — Studio sulla rappresentanza proporzionale delle minoranze; Firenze (*Rivista Europea*) 1880.

BONNEFOY GASTON — La Représentation Proportionnelle; Paris, 1902.

BORELY — La Représentation Proportionnelle; Paris 1870.

Brève exposition du système électoral de la liste libre, recommandé par l'Association réformiste à l'étude des électeurs génevois; Genève, 1869.

BRUNIALTI A. — Libertà e democrazia; studii sulla giusta rappresentanza; 1ª Ed., Milano 1871, 2ª Ed., Milano 1880.

CAHN ERNEST — Das Verhæltnisswahlsystem in den modernen Kulturstaat; Berlin, 1909.

CAMEAU P. — La Représentation Proportionnelle en Belgique; Paris, 1902.

CELLI P. — La estensione del suffragio politico e la Rappresentanza Proporzionale delle Minoranze; Milano, 1878.

CHRISTOPHLE — De la Représentation Proportionnelle; Paris, 1887.

CLÉMENT H. — La Réforme électorale; Paris, 1906.

COMBOTHECRA H. S. — La Représentation Proportionnelle et son application à Genève; (*Révue de droit public*: janvier-février 1902).

COMMONS — Proportional representation; New York, 1896.

CONSIDÉRANT V. — De la sincerité du Gouvernement représentatif; Genève, 1846; 2ª ed., Zurich, 1892.

DALLOLIO ALBERTO — Relazione all'Associazione Costituzionale delle Romagne intorno alla Rappresentanza Proporzionale; Bologna 1877.

DELCROIX ALFRED — COMMENTAIRE DE LA LOI DU 29 DÉCEMBRE 1899; Bruxelles, 1900.

DESCHAMPS ALPHONSE — LA DÉMOCRATIE ET LA RÉFORME ÉLECTORALE PAR LA REPRÉSENTATION PROPORTIONNELLE; Bruxelles, 1881.

— — NOTRE RÉGIME ÉLECTORAL, LA DÉMOCRATIE ET LA REPRÉSENTATION PROPORTIONNELLE, Bruxelles, 1896.

DOBBS — GENERAL REPRESENTATION ON A COMPLETE READJUSTEMENT AND MODIFICATION OF M. HARE'S PLAN; London, 1871.

DUBOIS — LA REPRÉSENTATION PROPORTIONNELLE SOUMISE À L'EXPERIENCE BELGE; Paris, 1906.

DUMONT H. — LA REPRÉSENTATION PROPORTIONNELLE EN BELGIQUE; (Revue Pol. et Parl.; T. XXII [1899] pp. 524-555).

DUPRIEZ LEON — L'ORGANISATION DU SUFFRAGE UNIVERSEL EN BELGIQUE; Paris 1901.

DUTHOIT EUGÉNE — LE SUFFRAGE DE DEMAIN; Paris 1901.

FAWCETT — M. HARE'S REFORM BILL SIMPLIFIED AND EXPLAINED; London, 1860; 1872.

FERRARIS CARLO — LA RAPPRESENTANZA DELLE MINORANZE NEL PARLAMENTO; Torino 1870.

FORNASINI R. — IL PRINCIPIO DELLA RAPPRESENTANZA PROPORZIONALE E LA SUA APPLICAZIONE; Firenze, 1879.

FREY — MANUEL DE REPRÉSENTATION PROPORTIONNELLE; Genève, 1889.

— LES LOIS SUISSES SUR LA REPRÉSENTATION PROPORTIONNELLE; Genève 1897.

GENALA FRANCESCO — DELLA LIBERTÀ ED EQUIVALENZA DEI SUFFRAGI; Milano, 1871.

GIAVAZZI — IL PRINCIPIO DELLA PROPORZIONALITÀ NELLA RAPPRESENTANZA; Padova 1897.

GOBLET D' ALVIELLA — La Représentation Proportionnelle en Belgique; Bruxelles, 1900.

HACK — Ueber die Vertretung der Minoritaeten; Tuebingen, 1872.

HAGENBACH-BISCHOFF — La majorité absolue remplacée par la représentation proportionnelle; Bâle, 1888.

HARE THOMAS — Machinery of representation; London, 1857.

— The election of representatives; London; 1860-74.

— A treatise on the Election of representation Parliamentary and Municipal; London 1859-1873.

HOFFSCHMIDT A. — Effets nuisibles de la représentation proportionnelle; Bruxelles, 1891.

HONDT (D') VICTOR — Systeme pratique et raisonné de représentation proportionnelle; Gand, 1882.

KIRIAKI (De) — La Riforma Elettorale; Roma, 1879,

LACAVA PIETRO — Sulla riforma della legge elettorale; Napoli, 1881.

LA CHESNAIS P. G. — La Représentation Proportionnelle et les partis politiques; Paris, 1904.

LAFFITTE J. P. — La réforme électorale, la représentation proportionnelle; Paris, 1897.

LEFÈVRE-PONTALIS — Les élections en Europe à la fin du XIX. Siècle; Paris, 1902.

LIMPENS H. — La représentation vraie ou réelle; Gand, 1893.

MARTIN L. — La représentation proportionnelle; Paris, 1896.

MILL (J. STUART) — Il Governo rappresentativo. — Trad. It. in Bibl. Sc. Polit.

MILL (*J.* STUART) — On. M. Hare's Scheme; (*Frazers Magazine*, maggio 1859).

— Personal Representation. — *Speech in the House of Commons*, 29 mai 1867; London 1867.

MIRABELLI ROBERTO — Il suffragio popolare e la rappresentanza giusta; Napoli, 1881.

MOMMAERT JEAN — La représentation vraie; Bruxelles, 1891.

— Le mécanisme de la Représentation proportionnelle d'après la loi du 29 décembre 1899; Bruxelles, 1900.

MORELLI ALBERTO — Alcune osservazioni sulla rappresentanza proporzionale; Venezia, 1876.

MORIN ANTOINE — Mise en pratique de la représentation proportionnelle; Genève, 1874.

NAVILLE ERNEST — Les élections de Genève; Genève, 1864.

— La question électorale en Europe et en Amérique; Genève, 1867; deuxième ed; 1871.

— Les progrès de la réforme électorale; 1873-74-75-85.

— Les objections à la représentation proportionnelle; (*Révue Pol. et Parl.*; avril 1897).

NÉRINCX ALFRED — Le suffrage universel, le vote plural et la représentation proportionnelle; Bruxelles, 1900.

— La rappresentanza proporzionale nel Belgio; (*Nuova Antologia*, 15 Febbraio 1901).

ORLANDO VITTORIO EMANUELE — La riforma elettorale; Milano, 1883.

PADELLETTI GUIDO — La rappresentanza proporzionale in Italia; (*Nuova Antologia*, settembre 1871).

PALMA LUIGI — Del potere elettorale negli Stati liberi; Milano, 1869.

PATERNOSTRO — Sulla dottrina della rappresen-
 tanza proporzionale delle minoranze; Ro-
 ma, 1878.
PERNOLET — La réprécentation proportionnelle;
 Paris, 1877.
PETY DE THOZEE — Loi électorale de Danemark,
 précédée d'une introduction; Bruxelles, 1874.
PIRMEZ EUDORE — La représentation vraie; Bruxelles, 1883.
P. M. — La rappresentanza proporzionale delle minoranze nella Camera elettiva; Milano, 1882.
RACIOPPI F. — Sulla rappresentanza proporzionale;
 Roma, 1883.
RENOUVIER C. — La représentation proportionnelle; Paris, 1888.
 —   La représentation proportionnelle expli-
 quée; Paris, 1904.
Reports from His Majesty's Representatives in Foreign Countries and in British Colonies
 respecting the Application of the Principle of Proportional Representation to Public Elections, London, 1907.
Représentation Proportionnelle (la). Organ de l'Association réformiste belge. Journal hebdoma-
 daire, 1882; Révue mensuelle 1883-1896.
Représentation Proportionnelle (la). Études de legi-
 station et statistique comparées, publiées
 par la Societé pour l'étude de la R. P.; Paris, 1888.
ROSIN — Minoritaetenvertretung und Proportionalwahlen; Berlin, 1892.
SARIPOLOS N. — La démocratie et l'élection proportionnelle; Paris, 1899.
SERRA-GROPPELLI — Della riforma elettorale; Venezia, 1868.

SÉVERIN DE LA CHAPELLE L. O. — LE SCRUTIN DE LISTE ET LA REPRÉSENTATION PROPORTIONNELLE; Paris, 1884.
DE LA REPRÉSENTATION PROPORTIONNELLE; Paris, 1895.
ÉTUDES COMPLÉMENTAIRES DE REPRÉSENTATION POLITIQUE VRAIE; 1903.

SONNINO SIDNEY — DELLA RAPPRESENTANZA PROPORZIONALE IN ITALIA; Firenze, 1872.

SMEDT (DE) JULES — DE LA REPRÉSENTATION DES MINORITÉS; Bruxelles, 1874.

STELLUTI SCALA E. — LA RAPPRESENTANZA POLITICA DELLE MINORANZE; Fabriano, 1880.

VERNÉS M. — DES PRINCIPES DE LA REPRÉSENTATION PROPORTIONNELLE, DES PROCEDÉS PROPOSÉS POUR L'ASSURER ET DE LEUR APPLICATION À LA FRANCE; nel volume: LA REPRÉSENTATION PROPORTIONNELLE cit.

VILLEQUET — RÉFORME ÉLECTORALE, REPRÉSENTATION DE LA MINORITÉ; SISTÈME DES DEUX TIERS; Bruxelles, 1881.

VILLEY — LÉGISLATION ÉLECTORALE COMPARÉE DES PRINCIPAUX PAYS D'EUROPE; Paris, 1900.

WALLE (VAN DEN) — LE PROBLÈME DE LA REPRÉSENTATION PROPORTIONNELLE RÉSOLU; Malines, 1893.

WERTHEIM — MEHRHEIT ODER VERHÆLTNISSVERTRETUNG? Nurberg, 1887.

WOESTE CHARLES — UNE EXPÉRIENCE DE LA REPRÉSENTATION PROPORTIONNELLE; Bruxelles, 1895.
LES MÉCOMPTES DE LA REPRÉSENTATION PROPORTIONNELLE; (Révue générale, janvier 1898).

ZILLE ARTURO — DEL MIGLIOR MODO DI TRATTARE IL QUOZIENTE NELLE ELEZIONI; Pordenone, 1879.

INDICE

Proprietà letteraria - Diritti riservati

Lightning Source UK Ltd.
Milton Keynes UK
UKHW021247301118
333254UK00010B/767/P